法藏知津

六　編

杜潔祥　主編

第6冊

「文明論」與佛教世界觀
——現代中國反「現代性」的思想與詩學個案（下）

盧　冶　著

花木蘭文化事業有限公司

國家圖書館出版品預行編目資料

「文明論」與佛教世界觀——現代中國反「現代性」的思想與
詩學個案（下）／盧冶 著 — 初版 -- 新北市：花木蘭文化事
業有限公司，2019〔民 108〕
目 4+264 面；19×26 公分
（法藏知津六編 第 6 冊）
ISBN 978-986-485-715-9（精裝）
1. 思想史 2. 中國
030.8   108001214

ISBN-978-986-485-715-9

9 789864 857159

法藏知津六編
第 六 冊   ISBN：978-986-485-715-9

「文明論」與佛教世界觀
——現代中國反「現代性」的思想與詩學個案（下）

作　者　盧 冶
主　編　杜潔祥
副總編輯　楊嘉樂
編　輯　許郁翎
出　版　花木蘭文化事業有限公司
社　長　高小娟
聯絡地址　235 新北市中和區中安街七二號十三樓
　　　　　電話：02-2923-1455／傳真：02-2923-1452
網　址　http://www.huamulan.tw 信箱 hml810518@gmail.com
印　刷　普羅文化出版廣告事業
初　版　2019 年 3 月
定　價　六編 17 冊（精裝）新台幣 36,000 元　　版權所有·請勿翻印

「文明論」與佛教世界觀
——現代中國反「現代性」的思想與詩學個案（下）

盧冶　著

目
次

第三章 文明的「覺悟」與「修行」：
撬動新儒家之「廢名與熊十力之爭」

第一節 「我」的辯證技術：十力・復觀 VS 廢名・莫須有

　　文明聯合的亞洲主義的破產，並不意味著站在「人類」「世界」的立足點上反思「現代危機」的思考路徑的失效。1947 年，周作人的好友和「四大弟子」〔註1〕之一廢名（馮文炳，1901～1967）在他的小說《莫須有先生坐飛機以後》〔註2〕的「開場白」中，以「莫須有先生」的名義對「物質文明和人類幸福的問題」發表了一番感想〔註3〕，大意是比起異族入侵的民族仇恨，他更看重的是這場戰爭所昭示的「現代」危機。他以文化保守主義者的聲氣把日本人的侵略讀解爲「現代文明」的入侵，雖然是老生常談，在彼時「民族危亡」壓倒一切的文化界卻顯得頗爲突兀，而作者的語氣似乎有意要與文化界的「民族主義」空氣相抗，如同要找出森林中的樹葉一般，稱在戰爭中出於「應戰之需」而無所不在的收音機、飛機、到處牽拉的電線都是「現代」的

〔註1〕 指俞平伯、江紹原、沈啓無、廢名。
〔註2〕 原文見王風編：《廢名集》第二卷，北京：北京大學出版社，2009 年版，第808～1129 頁。
〔註3〕 同上，參見第 810～811 頁。

魔音，其透露出的眞正心思是中國人、特別是他眼中的「讀書人」未能持守內心、盲目追隨「現代」的物質欲望，而這欲望的結果是可怕的：不論戰爭是輸是贏，它都可能令中華民族變成拾人餘唾的「現代文明的乞丐」。作者認爲中國老百姓「有的是歲月，有的是心事」，不需要「現代文明」，並勸誡戰爭中的國人不要以一切爲備戰爲藉口，當下就應回到自己所擁有的傳統哲學、對文明的覺悟中去，「求黃老、孟夫子之孔子節用而愛人」「大禹菲飲食而致孝乎鬼神」，如此，機器時代的人類才有幸福可言，「不但救國，也救了世界。」

很顯然，這部小說的「開場白」所持念的「中華文明照明世界」之論，正是1910年代末的文明論爭中崛起的「新儒家」諸學人的論調。1920年代，中國「新儒家」開始以一種集團性的姿態登上歷史舞臺。馬一浮、賀麟、錢穆、馮友蘭、方東美、熊十力、车宗三、唐君毅、徐復觀等人漸次崛起，將儒、釋、道和西學話語進行了一輪又一輪的重新整合，把長生久遠的東方哲學和中國文明展現給世界。「新儒家」的體系化思想以熊十力與其弟子车宗三、唐君毅、徐復觀的「道德本體心性論」最具代表性。他們最基本的觀念就是以「體用不二」「心物一如」的整體主義的圓融思想對抗西哲的「體用分離」、「心物兩端」。經過了晚清的「佛教復興」和孔教論爭，他們希望重聚已經渙散的儒家思想的社會號召力，以「哲學救國」爲旗幟，讓「儒教中國」的風姿在新的時代重新確立。

從「心性論」哲學和「中道」思想來說，廢名與這些學者向內尋求的思路別無二致，然而有趣的是，這部小說卻正是作者以佛教徒的身份與這一群體中堪稱代表的、剛剛「出佛入儒」的熊十力辯論的「副產品」。

熊十力（1885～1968）與廢名是湖北同鄉。30年代兩人在北京大學期間就有過激烈的爭論，在廢名因抗戰爆發避居家鄉時，熊氏給他寄去了自己的哲學新著——語體文本的《新唯識論》，更引發了廢名著書駁斥的雄心。在鄉間的「水牛居」裏，廢名寫出了其第一部、也是唯一一部系統的哲學論著《阿賴耶識論》。惜因戰爭關係，手稿未能發表。抗戰勝利返京後，兩人曾住在同一院落，每日相對吃飯，仍然爭論不休。在同一時期寫作的《莫須有先生坐飛機以後》中，廢名不隱其名，專章講述與「熊十力翁」論爭的始末，並寫作一系列佛學文章繼續與之對話。在大約同一時期標誌著廢名「接受延安模

式」的政論文《一個中國人民讀新民主主義論後歡喜的話》（1949）〔註4〕中，十力亦是作者筆下需要被重新啓蒙的「中國讀書人」的代表。

儒佛之爭是兩人論爭中最主要的話題，其動機卻非「宗教徒」之間的信仰之爭，而是內置於「反西方現代」這個共同目標中的「本體分歧」：廢名質疑十力等「學問家」因爲錯解了佛教的「本體論」而犯了形而上學的錯誤，成爲西方現代文明的信徒，不知不覺走到了與自身所宣揚的「文明」的對立面。

新儒家學者之間從不乏此類論爭。梁漱溟就曾經批評十力及其門徒「把玩哲學」，不能了知和落實學問的「眞諦」〔註5〕，而廢名仍可謂最早系統批評十力的奠基性著作《新唯識論》的論者〔註6〕，也是最早指出「新儒家」與其「文明目標」之根本衝突的人物。比起「碩學鴻儒」和「高僧大德」，文學家廢名「不自量力」的挑戰尤爲意味深長，他的視角或許更容易使我們看到中國學術「現代化」的進程。在某種意義上，新儒家之「新」是要超克「體制儒學」的過患，爲傳統儒學找到一個新的位置，然而「儒教」、「儒學」、「儒術」被「哲學」所代替的話語趨勢已經意味著「西學」在中國學界確立了不可動搖的地位：它改變了學術界「說話」的方式，也使儒家思想是「學」還是「教」成爲一個無解的問題。

從這一角度來說，《阿賴耶識論》和《莫須有先生坐飛機以後》作爲與十力哲學直接對話的產物，是內在於思想界的問題視域之內的。它們是廢名創作生涯中異軍突起的「雙生子」，也是理解作者在 1949 年以後著述的一條重要導線。而《莫須有先生坐飛機以後》和作爲其「前傳」的《莫須有先生傳》則可以看作是佛教文學史、或現代文學史上的「佛教小說」中鮮有的「禪修寫作」──作者自認是一名「眞正的佛教徒」，這意味著他並非是將佛語作爲修辭裝飾，而是作爲根本的敘事動力。特別是「《坐飛機以後》」，其裏層的「情感結構」和表層的「問題意識」都由佛教世界觀所引發，在某種意義上，作者試圖以佛教徒的感悟重新闡釋「民間」「民眾」和「政府」，不僅是對傳統佛道的自

〔註4〕　原文參見王風編：《廢名集》第四卷，北京：北京大學出版社，2009 年版，第 1940～1989 頁。文末題署時間爲「三十八年四月一日」根據編者的考證，該文約於北平解放後開始構思。

〔註5〕　參見梁漱溟：《讀熊著各書書後》，此爲 1962 年梁漱溟託學生帶給馬一浮的長文。見《梁漱溟全集》第七卷，濟南：山東人民出版社，2008 年，第 357 頁。

〔註6〕　參見姚彬彬：《略論廢名與熊十力關於唯識「種子」義之辨》，《佛教文化》2010 年第 2 期；陳振國：《廢名佛教哲學思想研究初探──〈阿賴耶識論〉解讀》，《南京師範大學文學院學報》，2010 年 3 月第 1 期。

然主義致敬，也是一個針對「當下中國」問題的想像性解決：一個關於「現在」的烏托邦，一種「無我之我」的啟蒙，這正是晚清以降章太炎、周作人等文化保守主義者的共同體構想在抗戰乃至建國後的歷史環境中的一種延續。

　　然而，十力與廢名這場綿延續數年的爭論，在當時即由於「學問」之障令一眾文友「觀棋不語」〔註7〕。「40年代的哲學家廢名」不僅在那時鮮有知音，直到今天也是現當代文學作家研究的一個關隘。雖有佛教史學者姚彬彬、陳振國等正面解析這場論爭的義理，廢名本人卻仍是「哲學史上的失蹤者」〔註8〕。為避免與佛學、哲學正面碰撞，研究者們習慣將其作品直接處理為「神秘、哀惘、美好、充滿禪味」的「禪意空間」，或更多地用後現代主義的敘事學解讀之，在不同程度上，這多少掩蓋了作者在文本中滲透的哲學、政治和另類的詩學訊息。可以說，這起論爭在人文學界的價值，是被佛學、哲學、文學的邊際相互抵消的。在文學界，它是表達民國文人的性情軼事，在佛教界，自學成才的佛教徒廢名更未引起佛教學者的重視〔註9〕。而反過來說，夾縫中的學案所擊中的，也正是「邊界」的「盲區」。

一、名相因緣

　　1924年，熊子真援引大乘佛教經典《大智度論》自號「十力」〔註10〕，

〔註7〕　參見周作人：《憶廢名》（《周作人散文全集8》，鍾叔河編訂，桂林：廣西師範大學出版社，2009年，第741～746頁）；張中行曾戲論十力、廢名二人之爭「妙不可醬油」（張中行：《熊十力》，見《負暄瑣話》，北京：中華書局，2006年，第24～29頁），沈從文雖然自謂文風頗受廢名的影響，對於其《莫須有先生傳》卻不能認同，認為不過是「供個人寫作的憚悅，以及二三同好者病的嗜好」，間接來說，也可以視作對廢名治佛學的不滿與不解。（見沈從文：《論馮文炳》，《沈從文全集》第9卷，太原：北嶽文藝出版社，2002年，第145頁。）

〔註8〕　論者眉睫基於廢名一些文本晦澀難解、創作和人生選擇的起伏轉折缺少詳細解析等原因，稱其為「文學史上的失蹤者」。參見眉睫：《文學史上的失蹤者》，北京：金城出版社，2013年。本文認為，在哲學史上廢名研究亦需要拓展一定的空間。

〔註9〕　關於十力、廢名二人辯論在學理層面的精要，已有姚彬彬《略論廢名與熊十力關於唯識「種子」義之辨》（《佛教文化》2010年第2期）和陳振國《廢名佛教哲學思想研究初探：〈阿賴耶識〉論解讀》（《南京師範大學文學院學報》，2010年第1期）珠玉在前。但在辯論雙方的思想背景和佛儒視點的問題上，仍有可開闢之處。

〔註10〕　「十力」指行世間十善所能夠獲得的功德。佛有根本智及後得智，後得智開出十種智慧，可使眾生達「增上勝」「決定勝」二種力量，故名十力。謂：一、

以喻示自己具備佛陀究竟圓滿的性智、願力與實踐能力。從這段「名相因緣」，可以清晰地看到章太炎式的唯意志論者的姿影。十力早年投身反滿革命、倡言共和政體的種種經歷，都與《民報》時期「自尊無畏」「依自不依他」的太炎思想息息相關，及至「出入儒佛」的經歷亦然。他起初崇拜王船山，後讀章太炎談佛學的著作，「始悟船山甚淺」〔註11〕。1918 年結集的《心書》可以說是他在儒、釋、道三教與中西之間進退闕如、舉棋不定的寫照，而其主要傾向仍「大都依傍章太炎的學說」〔註12〕，崇佛貶儒。此時正是「共和失敗」「歐戰危局」的背景下以「文化」「文明」來反攝現實政治的時期。1917 年參加護法運動失敗，心灰意冷的十力也像「蘇報案」時的太炎先生一樣，開始反思認識立足點的問題，走上了「學問救國」之路。

　　起初，十力也選擇唯識學作爲展開學術──政治宏圖的門徑。他因著文批評梁漱溟在「東西方文化論爭」中的名文《東西文化及其哲學》而與梁氏成爲諍友，梁氏更將其介紹給南京支那內學院的歐陽竟無（即歐陽漸），此人是晚清以楊仁山爲首的「知識──信仰共同體」中影響頗深的佛學宗師。十力拜入歐陽門下，在號稱「近代唯識三系」之一的內學院系統地學習玄奘、無著、世親等論師的唯識經論，直到 1922 年，又因梁漱溟等人的舉薦被蔡元培聘爲北京大學的特約講師。在長達十年的時間裏，他一直是唯識學的忠誠護衛。也正是在此期間，他竭力推薦喜愛西方文學的同鄉廢名信佛學佛。其時又有胡適研究中國禪宗歷史、周作人談佛論儒，許地山、廢名等人亦受此風氣影響，學因明、辯唯識，五四後的北京大學一時猶有晚清以來的「佛學救國」之遺象。

　　當廢名成爲一名虔信的佛教徒後，熊十力本人卻對唯識學和佛教本身產生了深刻的懷疑。在北大主講《唯識學概論》的過程中，他的思想始終在劇烈爭鬥，通過與林宰平、馬一浮、梁漱溟、張東蓀、湯用彤、錢穆、蒙文通等學人交流法義、切磋辯難，他最終還是做出了儒者的判斷和抉擇。1932 年，

　　　　知是處非處智力；二、知過現未來業報智力；三、知諸禪解脫三昧智力；四、知諸根勝劣智力；五、知種種解智力；六、知種種界智力；七、知一切至處道智力；八、知宿命無漏智力；九、知天眼無礙智力；十、知永斷漏盡智力。見《大智度論》、《佛說佛十力經》。

〔註11〕　參見《熊子眞心書·船山學自記》，北京：中華書局，1985 年，第 95 頁。
〔註12〕　參見釋巨贊：《評熊十力所著書》，原載 1937 年《論學》月刊，《佛教公論》第 10 期轉載，署名萬均。

十力的煌煌巨作《新唯識論》（文言文本）出版，這是他從思想上背離其師歐陽竟無的標誌，也是聞名於世的「熊學」學問體系的核心，其立旨是反對「舊師」（十力對於無著、世親等論師的稱謂）一系的唯識學而自立「新」義。在其師友和許多教界人士看來，此一體系儘管仍然藉重著唯識學的範疇概念和邏輯織體，卻幾乎已經是「反唯識論」了。該作發表後，歐陽竟無及其高弟呂澂（秋逸）、王恩洋、陳銘樞（眞如）、釋太虛及其高弟釋印順，以及周叔迦、釋巨贊、朱世龍等教界人士都加入了批判十力的隊伍中。〔註13〕在此後出版的語體文本的《新唯識論》〔註14〕中，十力更是一反《心書》中崇佛貶儒的態度，指出眾緣性空、萬法唯識的「空觀」仍不敵中國儒家以「陰陽」變易之法、以「道德心性」爲本體而「開出大用」的積極入世的態度，佛家的「涅槃寂靜」無異於「消極沈寂」，複雜精深的法相唯識，於「人生及群化」也終是「究不相似」的戲論而已。

　　這種轉變再一次反映在十力對「名相」的玩賞之上。1949 年，十力以《易》之剝卦「剝極而復」、《老子》「萬物並作，吾以觀復」等義，爲其得意弟子徐佛觀改名「復觀」，並在書信中敘及緣由：

　　　　復觀原名佛觀，佛氏於宇宙萬象作空觀而已。般若心經照見五蘊皆空，是大乘無量義之總攝。五蘊即目宇宙萬象。**此等宇宙觀其影響於人生及群化諸方面，畢竟不妥**。大乘雖以大悲不捨世間救此空觀，然爲眾生未度盡故，方興悲願，**其教化終歸趣寂**。與吾聖人裁成天地、輔相萬物、參贊化育、開物成務、立成器以爲天下利，**富有日新諸廣大義趣，究不相似**。余故造新論，繼大般若空經而盛演變經。……今爲吾子易佛觀以今名，且字曰見心。易復之象曰：復其見天地心乎。取義在此。復者剝之反也。今大地眾生，方顛倒以趨於剝，吾夏人尤剝極，其忍不思復乎？剝極而復，非去其慘酷之忿心，而見溫愛之天心，則不可以復也。……〔註15〕（黑體字爲本文所加）

〔註13〕　參見郭齊勇：《熊十力與中國傳統文化》，臺北，遠流出版公司，1990 年，第195～205 頁；又請詳見熊十力：《熊十力全集》，蕭萐父主編、郭齊勇副主編，武漢，湖北教育出版社，2001 年，附卷（上）。

〔註14〕　本文《新唯識論》（包括文言文本和語體文刪定本）以上海：上海書 2008 年版的「十力叢書」《新唯識論》爲據。

〔註15〕　《熊十力全集》卷 8，武漢：湖北教育出版社，2001 年，第 552 頁。

此段文字對於分析歷史上和現代的儒佛辨正都頗具典型意義。從中可以清晰地看到十力對佛教哲學的「儒者式疑問」：佛法的本體空觀建設在解脫生死輪迴、趣入涅槃的基礎上，始終是一種「宗教信仰」。晚清以來的「人間佛教」雖與救國危亡的政治訴求有重疊之處，其本質和目的卻完全不同：菩薩在世間法中的實踐必須以安住空性為前提，即視人間為鏡花水月的幻有，並非究竟真實，因此雖廣度眾生，卻無一眾眾生實可度者。而十力經過一番掙扎，認為大乘佛教此一迂遠境界終究了不可得。禪宗「虛空粉碎，大地平沉」的景象畢竟未曾見過〔註16〕，眼前的戰爭頻仍、國破山河卻是堅固、真實的存在，若實踐主體懷著解脫心境，視政治上的「成敗得失」為假象，終歸與儒家心心念念的社會實踐有所隔閡。

無獨有偶，與熊十力以名顯志一樣，佛學素養漸深的廢名也借姓名的遊戲傳達他的世界觀。在熊十力忙於與他曾經的佛門師友辯論的1926年，25歲的馮文炳第一次使用筆名「廢名」撰寫了散文體小說《無題之三》（載《語絲》第八十九期，1926年7月26日，結集後即《橋》），這一筆名一直使用到1957年為人民文學出版社出版的《廢名小說選》所作的序文為止。馮文炳具因何事而「廢名」我們無從得知，僅從1927年4月23日《忘記了的日記》中的自敘來推測，改名可能寄寓著思想的深刻變化：

> 從昨天（1926年6月9日）起，我不要我那名字，起一個名字，
> 就叫做廢名。我在這四年內，真的蛻了不少殼，最近的一年尤其蛻
> 得古怪，就把昨天當個紀念日子罷。〔註17〕

這裡所謂「最近的一年」，時間大致是廢名寫作和發表《竹林的故事》等14篇小說的一年間，也正是這些作品奠定了他在文壇的聲望。與此同時，這些文本也愈來愈清晰地顯示出作者對佛教的認同。然而，佛教在廢名創作中的作用並不是一成不變的。從某種意義上說，他的創作可以看作是由淺入深地逐漸消納、內化佛教思想的過程。他自幼生長在「南禪之鄉」湖北黃梅，自然受到禪宗文化的浸染，卻是在成年後與熊氏、周作人等人的交流、以及

〔註16〕《熊十力全集》卷8，武漢：湖北教育出版社，2001年，第553頁。

〔註17〕根據《廢名集》中的注釋，《忘記了的日記》（原載《語絲》第一百二十八期）和《說夢》（《語絲》第一百三十三期，1927年5月28日），「為其以往的文學創作和其他生活實踐提供了背景和主觀動機方面的解釋。」（參見馮榮光：《馮文炳生平年表》，《廢名集》第六卷，北京：北京大學出版社，2009年版，第3445頁。

胡適因研究禪學史的需要，向其打聽家鄉五祖寺〔註18〕等「外緣」的刺激才真正激發了他認識、學習佛教教理的願望。如果說，早期的小說、散文和詩歌還只是「身在山中」的直覺體悟，在閱讀了禪宗和唯識學的重要經典《維摩詰經》《百法明門論》《唯識三十頌》《攝大乘論》等著述並且實修禪定之後，以「莫須有先生」爲主人公的兩部小說已被知識論和信仰這雙重意義上的「佛思」所浸透。在最直觀的意義上，「莫須有先生」自然是「無」的標識，與「廢名」這個自我否定的「眞名」構成了雙關式的呼應。這種方式清楚地點出了「傳記」的虛實相生的特性，以及小說敘事本質的虛幻性，在富含佛教思想的《紅樓夢》這類中國古典小說中，這是極爲常見的做法，它蘊涵著大乘佛教的基本世界觀：小說與生活一樣，假作眞時眞亦假。對廢名來說，這種關於世界的「空」與「有」的辯證，首先是借「廢名」與「莫須有先生」之間的平行關係正式建立起來的。即如「莫須有先生」自謂：

> 外國書上說，「歷史都是假的，除了名字；小說都是眞的，除了
> 名字。」可見我們就是用了一個假名字，仍不害其爲眞的事實。

> 它可以說是歷史，它簡直還是一部哲學。本來照赫格爾的學說
> 歷史就是哲學。我們還是從俗，把《莫須有先生坐飛機以後》當作
> 一部傳記文學〔註19〕。

十力與佛觀、廢名與莫須有，這兩段本不相干的「更名」軼事卻因爲兩人的論爭而匯聚到一起。在《新唯識論》的《阿賴耶識論》這兩部以佛教爲名的著作中，十力和廢名各自的儒佛立場從本質上來說是非常鮮明的（儘管十力自稱「新唯識」，在著作的中段就已經明確了擇儒的立場）。他們分別以

〔註18〕 參見郭濟訪《夢的眞實與美：廢名》（花山文藝出版社，1992 年，第 56 頁）：「胡適其時正在撰寫中國禪宗史，對來自禪宗聖地的黃梅人廢名十分感興趣，經常邀廢名到家中喝茶聊天，談禪論道。有一次，胡適突然問廢名：「你們黃梅五祖到底是在馮茂山，還是馮墓山？我在法國圖書館看敦煌石窟發現的唐人寫經作馮墓山。廢名根據自己兒時的有關記憶作了回答，引起了胡適的高度注意。正是這樣的一些交談，使廢名大開眼界，他開始認識到了家鄉黃梅在歷史文化史上的重要價值」。可以說正是帶著這樣的一種自豪感，廢名開始了對於佛禪之學的自覺的認識與瞭解。亦可參見《莫須有先生坐飛機以後》中的敘述。《廢名集》第四卷，北京：北京大學出版社，2009 年版，第 1036～1037 頁。

〔註19〕 廢名：《莫須有先生坐飛機以後》，王風編《廢名集》第二卷，北京：北京大學出版社，2009 年版，第 809 頁。

儒家和佛家作爲最具包容性的哲學體系。十力認爲，眞正的儒者不必著力闢佛，因爲萬物皆是本體的「大用流行」，「外王」可以格義百家、擴展無極。

而廢名的觀點卻如同章太炎，即認爲佛教說出了世界的實相眞理，並非一般的宗教，「一般的宗教屬於科學的研究範圍，佛教則是眞理。從眞理觀之，科學與哲學俱係夢耳」〔註 20〕。儒家、道家乃至於西方哲學中的康德、甚至於基督教都分有這個眞理的餘光，只是認取和覺悟的程度有所不同罷了。顯然，從教派立場上來說，十力和廢名之爭是無解的。重要的是，這種「教派」之爭卻是以「學派」的名義出現的：雙方都以科學的、普遍眞理的姿態，試圖將佛與儒用於指導彼時的現實「群治」和民族危亡。因此，這場小小的論爭所反映的乃是從「宗教」到「哲學」的變遷所模糊的一個基本問題：所謂「體用不二」的東方文明，其本體意義上的「體」究竟是什麼，其所反映的製論者的「歷史主體觀」又是什麼？

二、「化繁爲簡」還是「偷天換日」

值得注意的是，在佛教哲學中走過一巡，十力沒有變更他的號。從佛典上的「十力」所蘊涵的豐富含義來看，唯識學帶給十力的是心力的充盈，也是知識論的充盈。自晚清以來，救世的社會實踐所需要的是「血氣」，十力正像他晚清的前輩們那樣，以大乘佛教「不捨眾生」「至大至廣」「悲願無盡」，而成就其「有血氣的政治哲學」〔註21〕，但似乎對中國的知識界來說，「血氣」再充盈，仍需要「實學」的骨骼。如前所敘述，晚清佛教中的唯識學就起到了「血氣」和「骨骼」的雙重作用。出佛入儒之後，「十力」的精密系統、力量感和體相的華麗莊嚴仍然未變，如劉小楓所說：「熊學」充溢著邏輯思辨的愉悅，很少有人能跟從十力進入他玄秘深奧的哲學世界。在某種意義上，這正是由於十力將唯識學的主要論辯術——因明學的辯論技巧和思辨體系充分地運用到他的「主體心性論」中的緣故。

十力的同儕和弟子們也都從大乘佛教中獲益匪淺。活躍於 50 年代的唐君毅和牟宗三等學人亦從佛學的知識論系統中汲取營養，其中，唐君毅更借用

〔註20〕　廢名：《莫須有先生坐飛機以後》，王風編《廢名集》第二卷，北京：北京大學出版社，2009 年版，第 969 頁。

〔註21〕　劉小楓語，參見《共和與經綸　熊十力〈論六經〉〈正韓〉辨正》，北京：生活·讀書·新知三聯書店，第 68 頁。

大乘圓教最主要的「教門」──《華嚴經》的「吾人現前一念心，具足十法界」的認識論次第，稱中華人文學的倫理觀是「心通九境」，一層層地細化傳統儒家「天、地、人」三才的宇宙論系統，勞思光因此將唐君毅的哲學系統稱爲「華嚴哲學」〔註22〕。可見，大乘圓教「無盡緣起」的華麗世界圖景的確帶給儒學者以「東方哲學」的「思想尊嚴」。

然而，唯識學雖是十力所受的最爲系統的邏輯教育，他後來所批判的卻正是唯識學的「繁瑣」。他對唯識學的不滿，隨著其理論的不斷調整修改，漸由枝節而到本體，在語體文版的《新唯識論》中，十力已經給整個唯識學系統安上了多重本體論、初泰論和實體論的「罪名」，在此概述如下：

首先，十力認爲唯識學犯了「一物一本體」的錯誤。據姚彬彬的分析，十力之說頗類似於亞里士多德對於柏拉圖「理念說」的批判。即認爲「在說明一具體事物的原因時，卻尋找一個與之分離的另一個事物作爲它的原因。……這樣，有多少個具體事物就應該有多少個分有的理念。從十力的角度去看，唯識學的種子的『性類』『體類』的無數劃分，亦面臨這種『一物一本體』的問題」〔註23〕；其次，十力認爲唯識學描述世界內在因果規律的根本立論「種子薰現行，現行薰種子」是把「本體與存在截然打成兩段的一種二元論的僞命題」；第三，就是將「眞如」與「賴耶」的關係視爲「二重本體論」。

如第一章所述，章太炎秉持「相即性」的思考模式，試圖立足於絕對的「一」或「無」，在二元、多元的差別中游刃有餘而終能超越之。所謂「不二」，就是要說明「眞理」不離現象本身。而十力批判唯識學強行割裂了「體與用」，並認爲在「用」的層面上道德理性的顯發和修養應是簡易直接、當下即是，而唯識學立「八識」，將「識」獨立於「眞如」，每一「識」又各自有「自體」，是「多事」；對「心」的解讀也過於繁雜，僅僅是玄奘系統的唯識，即有「兩種心」「四種心」「六種心」等種種分判，將整一的「心」肢解得破碎不堪〔註24〕。

〔註22〕　參見李玉芳、張雲江、朱麗曉：《唐君毅鍾情於華嚴宗哲學之原因初探》，《宜賓學院學報》，2006 年第 11 期。

〔註23〕　姚彬彬：《略論廢名與熊十力關於唯識「種子」義之辨》，《佛教文化》2010 年第 2 期。

〔註24〕　參見熊十力：《與馮君談佛家種子義》，《十力語要初續》，上海：上海書店，2007 年，第 163～166 頁。

針對此，在《阿賴耶識論》裏，廢名從心與物、無始與初泰、「理」的概念、種子說和體用論等幾個方面全面批判了十力在《新唯識論》中的支撐性範疇，試圖把十力加諸唯識學乃至印度佛教的「罪名」拋還給他。在《阿賴耶識論·序》中，他指出看了十力遙寄給他的《新唯識論》後「大吃一驚」，稱十力之書「無用」「不倫不類」，「已流傳人間」是「大錯已成」，兩人雖私交甚篤，爲世人故，仍要「有公無私」，駁斥一番。儘管廢名批評得十分用力〔註25〕，十力的回應卻有些冷淡。除二人的面讞之外，根據姚彬彬的考證，十力對廢名在書面上的正式回應大約只有收入《十力語要初續》中的《與馮君談佛家種子義》一文而已，反駁廢名的著眼點也僅僅在於指出他的知識錯誤：十力認爲關於種子的性質問題在唯識學各派中早有爭議，廢名所依據的唯識學論典，包括印度世親（即廢名所謂「提婆」）、彌勒所著、玄奘法師翻譯的《百法明門論》、《瑜伽師地論》及印度論師無著所作的《攝大乘論》之間就存在著鬥爭〔註26〕，而廢名則不加分別地引用之，說明他缺乏「思辨謹嚴之態度」。對此，廢名每每在文中表露讀書不在多，而在體悟到真義與精義之觀點，自陳雖只讀了一部《瑜伽論》，對《成唯識論》也只「取在案前，只供翻閱，並不怎樣借助於他」，因爲「確實已懂得阿賴耶識了，天下道理本來是自己的，是簡單的。」〔註27〕這樣以佛道的悟者自居，未免有「狂禪者」的味道了。

本文贊同從姚彬彬的結論：二人於辯論中各有勝義，也各有所失。十力以他的本體論思維批判印度之唯識，缺乏「瞭解之同情」的態度，廢名則「於爲學的精密性有所虧欠」〔註28〕。從表面上看，雙方同樣秉持反實體論的立

〔註25〕　廢名：《阿賴耶識論》，王風編：《廢名集》第四卷，北京：北京大學出版社，2009 年版，第 1844 頁。

〔註26〕　十力認爲，無著的《攝大乘論》本主張如來藏緣起，視阿賴耶識爲無常有漏之法，乃一切煩惱之根本，並於前八識上設第九識，以九識爲真。而譯師真諦則對此說作了「改造」，認爲阿賴耶識乃真妄和合之識，具有解性義爲真，具有果報義爲妄。即視阿賴耶識爲善業、惡業、無記業雜處之地，也含藏著菩提道種。從反實體論的觀點來看，廢名和十力的看法都與真諦相近。參見熊十力：《與馮君談佛家種子義》，《十力語要初續》，上海：上海書店，2007 年，第 166 頁。

〔註27〕　廢名：《阿賴耶識論》，王風編：《廢名集》第四卷，北京：北京大學出版社，2009 年版，第 1891 頁。

〔註28〕　姚彬彬：《略論廢名與熊十力關於唯識「種子」義之辨》，《佛教文化》2010 年第 2 期。

場。只是對於「種子」「體用」等名相概念本身的理解不同罷了。這似乎是場「錯位」的論爭，並沒有眞正的論點交匯。這種情形同樣發生在十力和許多教界人士的辯論之中。不同的是，在與呂澂、釋印順、釋巨贊等人辯論時，被指責爲犯了「知識錯誤」的往往是十力，而十力的回應則接近於廢名式的「直覺體悟」〔註29〕。這些現象說明「知識論」並不是論爭眞正的價值和「場所」，引發論爭的根本仍在於「中性」的「哲學」背後隱藏的不同世界觀問題。十力破斥「實體論」的種子之後並沒有回到「唯識古義」那裡去接受「非實體」的種子，而是直接挪移到《大易》的「體用」和「翕闢」，認爲易學是中國一切學術思想的根源，「佛氏無此境界」，宋明理學家闢佛是因不識「儒籍」而氣量狹窄〔註30〕。如章太炎以唯識、華嚴解莊，十力則是在《易》與唯識和華嚴之間格義。從《新唯識論》開始，十力哲學的核心範疇和基本構架只有一個，就是化用了相即性思維後的「體用不二」和來自於《易》的「翕闢成變」。「體用不二」說明的是世界的狀態，相當於「眞如緣起」，「翕闢成變」則代替了唯識學的「種子生現行，現行薰種子」，用來說明現象世界的生成過程。兩者本身又實爲一體，如「大海」與「眾漚」的關係，一切都歸於同一個「本體」。可以說，十力是繼太炎以後在中國現代學術史上又一個將「本體」加以主題化的思想家，常說「吾學貴在見體」、哲學本身是「關於本體的學問」；中華哲學的核心乃是窮究宇宙人生的大本大源，而宇宙之極致即是吾心之本體，返己體認即能證會本體〔註31〕。根據學者劉俊哲的分析，《新唯識論》於本體論方面「以體用不二爲宗極」，「於人生論方面，以天人不二爲究竟。」十力的「本體」融涵了來自於三教的術語：性智、自性、本心、仁體；天、命、道、性、理、名、仁、明德、知。歸納起來，它既是本心之體、仁之體、誠之體，也是良知之體〔註32〕。十力認爲，無論何時何地，世界的運行規律都是「即體即用」的；宇宙的本體是一個唯一的眞實，它體現爲一個生生化化不斷的現象過程。

　　而在廢名看來，不論十力多麼熟悉唯識學各宗各派的教言，他早已在「出佛入儒」的過程中任意騰挪了許多原屬唯識學的東西。無論對於唯識學關於

〔註29〕　參見熊十力等撰、林安梧編：《現代儒佛之爭》，臺北：明文書局，1990 年。
〔註30〕　熊十力：《新唯識論》（語體文本），上海：上海書店，2008 年，第 118 頁。
〔註31〕　同上，第 124 頁。
〔註32〕　參見劉俊哲：《試論熊十力的道德體用觀》，《哲學研究》2008 年第 7 期。

現象世界本源的「種生芽法」之說的闡釋本身，還是揚棄種子說之後的「體用觀」，都說明了十力才是眞正的「初泰論」者和「實體論」者。在第八章《種子義》中他諷刺十力爲「中國智者」，不能懂「印度菩薩與歐西學者的求眞，故不能面對眞實，也就是不懂得佛教的空宗和有宗。」〔註33〕這是幾乎可稱爲刻薄的評價了。他暗示十力的「化繁爲簡」並非是對印度佛學舍棄糟粕取其精華，而是整體上的「偷天換日」，在誤讀佛學的基礎上，將佛家的世界觀也一併捨棄了。而廢名最主要的批評，是指出十力把多重維度的世界觀限定爲「宗教」並將之隔絕在「哲學」之外，認爲只有「哲學」才能解決現實社會人生的問題。這是廢名認定十力「鑄成大錯」的根本所在，是他眼中的「中國的幾派人」的根本謬誤。

（一）「輪迴說」與「進化論」：阿賴耶識的取捨

1. 從「無常」到「轉變」：是體變還是用變？

《新唯識論》第四章《轉變》是針對佛教的「無常觀」而言的。不說「無常」而立「轉變」，是認爲「無常」雖然說明了生滅變化的永恆道理，卻隱含著對現實人生的「訶毀」，有消極出世的色彩，而「轉變」卻是賦「無常」以血氣，在「刹那刹那生滅滅生、活活躍躍、綿綿不斷的變化中，依據此種宇宙觀，人生只有精進向上，其於諸行無可訶毀，亦無所染著，此其根抵與出世法無相似也。」〔註34〕十力此言自然秉承了依自不依他的心力說。但廢名卻認爲，十力的「生生不息」已不是轉變而是「有始論」了。在《阿賴耶識論》關於眞如和阿賴耶識的專章論述中，廢名雖然「極力避免說熊先生不是，自己把正面的意思說出來便罷了」〔註35〕，卻點出十力的「生生不已」是「不識幻義」。易言之，他認爲十力拋棄了佛教的「顯現論」，而以「有始論」取而代之。

作爲「神創論」「有始論」的堅決反對者，廢名回憶自己雖在新文化運動中成長起來，卻最不喜達爾文與斯賓塞，不喜五四的德先生與賽先生，而對於十九世紀俄國的小說和無政府主義的口號卻極爲感動〔註36〕。他所反對的

〔註33〕　廢名：《阿賴耶識論》，王風編：《廢名集》第四卷，北京：北京大學出版社，2009 年版，第 1889 頁。

〔註34〕　熊十力：《新唯識論》（語體文本），上海：上海書店，2008 年，第 164 頁。

〔註35〕　廢名：《阿賴耶識論》，《廢名集》第四卷，北京：北京大學出版社，2009 年，第 1906 頁。

〔註36〕　廢名：《一個中國人民讀了新民主主義論後歡喜的話》，同上，第 1964～1965 頁。

「科學主義」，根源在「進化論」，表現則正是「資本主義」、「帝國主義」和「學科分化」：「我常想，現在的資本主義，帝國主義，正是科學造出來的，經濟上的自由主義與生物學的生存競爭是一個東西，科學的分類正是工廠製造的分工了。」〔註37〕他甚至認為「科學正是印度佛教所說的『業』、經濟上的自由主義，資產發達，階級鬥爭，明明顯顯的是業，是報應。」〔註38〕在讀了《大智度論》《百法明門論》《唯識三十頌》等佛教經論後，他更以「摧破進化論為目標」，「因為他是一個無根的妄想而做了近代社會一切道德的標準，殊堪浩歎」〔註39〕。而他對十力的破斥正是從明辨「阿賴耶識」與進化論的關係開始的。就此而言，他腦海中的批判對象並不僅是眼前的《新唯識論》，也聯想至魯迅、胡適這樣的新時代的「學問家」，認為這些「新文化運動」的先驅者都在不同程度上陷入了「進化」的陷阱。

> 中國的幾派人，都不能認「體」，而中了進化論的毒，斷章取義地領取「生物學」，認為「後來的是對的」，認為天經地義。共產黨認取最後的革命是無產階級的革命，胡適的《白話文學史》亦認為從前的文學「天生」要向著白話文進化。是以，熊十力翁也不知不覺地受了傳染，新的是對的，故他是《新唯識論》，以前是舊唯識了。〔註40〕

廢名這裡的批評，顯然不在於字面意義上的「新」與「舊」。如前所述，晚清以來「進化論」是為學界普遍接受的歷史哲學觀念，梁啟超用它來擺脫經學的圍困，胡適等人的新史學的「歷史發展觀」也以「進化論」蘊涵的線性時間觀作為國家主義和科學進步主義的認識論基礎；從現象上來說，「文化保守主義者」也並不完全排斥進化論。如學者唐文明認為，康有為的「公羊三世說」讓歷史進化論有了經學的面目，嚴復的易學天道論是循環還是進化其實並不明顯〔註41〕；而無論在接受了唯識學的「前」與「後」，章太炎也一直是「客觀進化論者」。

〔註37〕 廢名：《一個中國人民讀了新民主主義論後歡喜的話》，同上，第 1950～1951 頁。

〔註38〕 廢名：《說人欲與天理並說儒家道家治國之道》，同上，第 1919 頁。

〔註39〕 廢名：《阿賴耶識論》，王風編：《廢名集》第四卷，北京：北京大學出版社，2009 年，第 1842 頁。

〔註40〕 廢名：《莫須有先生坐飛機以後》，王風編：《廢名集》第二卷，北京：北京大學出版社，2009 年，第 1085 頁。

〔註41〕 唐文明：《隱秘的顛覆：牟宗三、康德與原始儒家》，北京：生活·讀書·新知三聯書店，2012 年版，第 242～243 頁。

然而亦如第一章的分析，章太炎的「俱分進化」是相對主義的。借助佛教的多維度世界觀，他把「進化」放在「俗諦」的位置上，解構了它的「公理」和「自然」地位。在《新唯識論》裏，十力也設置了許多類似的理論的前提才來談宇宙的進化。如《唯識》《功能》兩章一直在鋪陳「物」的虛幻不實。他言明自己的本意與佛教「空宗」一樣，只令人剝落迷妄知見、冥悟本體，但又自稱骨子裏與空宗畢竟不似，因其只取寂靜，不知「生化」的向上精神。也就是說，十力自稱是在肯定了佛教本體論的「非空非有」的前提下，以假名施設的方式談論宇宙演化〔註42〕。在進行了這樣的理論鋪墊後，他便完全抛棄了「空宗」的思想，在《成物》一章中直接以易經卦象來講述世界的形成。首先，他講了「體」如何生化「用」的過程：本體真如有「能變」之性，亦名為「恒轉」。「恒轉」則有「攝聚」之勢能，「攝聚勢用積極收凝，乃不期而成為無量的翕圈」。「恒轉」與其「翕」的勢用，如水與冰的關係，雖本同體，勢用不同；雖本無形質而有動勢，因此成為有形質的傾向，物質宇宙由此建立。從「恒轉」到「翕」，就是一生二，而一旦方「翕」，又同時有「闢」的勢用俱起，此便是三，即二生三。「一」是表示本體無對無待，全顯為大用，二和三則表示「用」之殊詭〔註43〕。

十力繼而將此「體用」系統用於進化論的「低級——高級」階段：從全體看，宇宙由無生物而生物，由植物而低等動物、高等動物以至人類，「層復一層，完成全體之發展。是乃健以開發之一大勢用，運乎無量物質宇宙之中，而破其錮閉以自伸。層層從隱之顯，由微至著，常使物質由粗重而進為有組織之生機體……」「從宇宙全體看，便見翕之勢雖不幸而趨於沉墜，而闢勢確然健以開發乎重陰固閉之中盛大不可禦。〔註44〕

——在這一虛一實的「世界誕生故事」裏，十力完全捨棄了唯識學，對於「阿賴耶識」隻字不提。與其說這是他的「新唯識」，不如說是用「體用不二」來講述《易》和莊學的「道生」。

如第一章所述，阿賴耶識意指有情眾生的根本心識，被玄奘系的唯識學認為是眾生輪迴流轉的「無明」根本，又被稱為剎那識、初能變、第一識。以譬喻來說，它是「儲藏庫」，具有含藏「能生萬法」的「種子」的能力。「識」

〔註42〕　熊十力：《新唯識論》（語體文本），上海：上海書店，2008年，第148頁。
〔註43〕　同上，第168～169頁。
〔註44〕　同上，第247頁。

是能生，「種子」是所生。「種子」儲藏在阿賴耶識之中，當因緣成熟時，能引生眾生的「身心世界」。主體所見聞覺知的一切萬象，如山河大地、自他人我，皆由阿賴耶識的種子所現起。現代唯識學家一般都認爲「種子」並非肉體所能見的植物種子或現代自然科學中的原子、中子等極微的實體，而在《新唯識論》中，十力認爲，唯識學的「今學」一派（即「唯識宗」一派）是明確把種子看成實體的，而「古學」一派（即地論派、攝論派）即使不是「實體論」，也是繁瑣無用的。因爲佛家各派都說萬法本體爲眞如，唯識論師爲了一圓己派己說，在眞如之外又立賴耶，又要說八識各各有其自種子、自體，又要費力說明眞如與賴耶的關係，頗似繁瑣哲學，是戲論和無謂穿鑿。在十力看來，作爲絕對眞理的「眞如」既有「能變」之「恒轉」性，以「體用」和「翕闢」已經完全足夠，無須安立「種子」來說明萬法的緣起。

　　十力既拋棄了「唯識」，其「進化論」的口氣又如此「標準」，自然引起廢名的不滿。他認爲十力在根本上錯解了「種子起現行，現行薰種子」的「世界誕生故事」，是「不懂阿賴耶識」〔註45〕而立說。從廢名的論述邏輯來說，十力受到了嚴復等進化論者的「傳染」，先是錯解了唯識學家立「識」的本意，繼而又用他自己表面上所反對的「實體論」邏輯建立了所謂的「一重體用論」，是混淆了「體法」和「假法」／「因緣」，也就是眞諦和俗諦、無爲法和有爲法的關係。在此，廢名從兩個方面同時破進化論，一是「外物內心之失」，一是「執著有物，不知是心」之失。這兩者的根本，都是在破實體論和「有始論」而樹立「無生」的緣起觀。

　　（1）反對「內心外物」

　　對於西方哲學的心物關係，十力自言取其「中道」，既反對唯心論者把「物」消納於「心」，也反對唯物論者把「心」消納於「物」。他認爲，正確的認識是心物合爲一體後，仍然存在著「不同的兩個方面」。所謂「翕（物）以顯闢，闢（心）以運翕」〔註46〕。而廢名《阿賴耶識論》不僅認爲心是主動的，更認爲「物」是在「心造」的前提下，是第二義的。心物合一後不可能存在「不同的兩個方面」。《阿賴耶識論》中最爲精彩的駁論之一，就是在《向世人說

〔註45〕　廢名：《阿賴耶識論》，王風編：《廢名集》第四卷，北京：北京大學出版社，2009 年，第 1844 頁。

〔註46〕　熊十力：《新唯識論》（語體文本），上海：上海書店，2008 年，第 174～175 頁。

唯心》一章中對十力的「心物合一論」和西方哲學「唯心／唯物」二分法的駁斥。廢名認爲，十力的「心物合一」既非唯識學的精義，也非孔子和程朱的「中庸」。在《莫須有先生坐飛機以後》中他也寫道，中庸「正是眞理，是絕對的，不是折衷的意思」「無所不在而不偏，無事不可應用而不易，佛教的『眞如』正是這個意義了。」〔註47〕

廢名在《阿賴耶識論》中破「內心外物」的觀點，與1908年章太炎《建立宗教論》一文是完全一致的。他們都認爲，在主體認識世界的現場，「心法」與「色法」起作用的方式只能是心消納色。在同一個立足點上，不可能同時存在「一邊是心，一邊是物」的情況。章太炎對此的詮釋是，「法塵在意識中，五塵在五識中，若雲五塵之名有所詮者，則法塵之名亦有所詮，若云法塵之名無所詮者，則五塵之名亦無所詮。」世界是「顯現論」的「緣起性空」，「既言緣生，其非本體可知。然則此力、此五塵者，依於何事而能顯現？亦曰心之相分，依於見分而能顯現耳。此心是眞，此質是幻，執此幻者，以爲本體，是第二倒見也。」〔註48〕而廢名也明言自己是將「物」消納於「心」的唯心論者。他認爲「世界是心」〔註49〕，而阿賴耶識就是世界，也就是「心」。「藏識（按：阿賴耶識）與轉識（前七識）各各的作用不同，中國人則籠統的叫做心」；「感官與境在佛書上叫做色法，即俗所謂物；識是心法」〔註50〕，在此框架內縱橫開闔，更有五蘊、十六處、十八界等界分。從根本上來說，色法和心法都是由藏識所變現出來的。所謂的五根、五塵，只是「識」的「見分」和「相分」，雖然具有實體的形象，但其本質都是依「識」而生。廢名因此認爲《心經》中的「色即是空，空即是色」並不是無意義的同義反覆，而是表示所觀境的切入點不同。眼見物時已是心在動，這就是「色即是空」，心在動時心即是物，才是「空即是色」。在此，「物」是「心」之作用的顯現，是第二位的，心才是第一位的。

同樣作爲唯心論者，十力對於「心第一位」的認可度卻是有問題的。如廢名所說，十力對於「習氣」的說法非常模糊：

〔註47〕　廢名：《莫須有先生坐飛機以後》，《廢名集》第二卷，北京：北京大學出版社，2009年，第968頁。

〔註48〕　參見《章太炎全集》（四），上海：上海人民出版社，1985年版，第403～418頁。

〔註49〕　廢名：《阿賴耶識論》，王風編：《廢名集》第四卷，北京：北京大學出版社，2009年，第1904頁。

〔註50〕　同上，第1897頁。

　　熊十力先生論習氣云,「習氣者,本非法爾固具,唯是有生以後,種種造作之餘勢,無間染淨,展轉叢聚,成為一團勢力,浮虛幻化,流轉宛如,雖非實物,而諸勢互相依住,恒不散失。……這都是中國學者的口聲,說的話籠統得很。其所謂「實物」應該就是實實在在的東西的意思,總不至於如世俗所說探囊取物之實物。依照唯識道理,心與心所(由心所生起的事情佛書上叫做心所,如中國所謂喜怒哀樂等都是。心比太陽,心所則是光,光是太陽所生氣的事情。所謂習氣,所謂薰習,都是心所生起的事情。)都是實實在在,若無實則是虛空,有什麼「氣分」呢?〔註51〕

廢名在這裡所質疑的正是十力的實體論。「心與物一體兩面」的兩可性說法讓人分不清十力到底要說實體性的物質,還是功能。在廢名看來,十力實際上把心和心所(即心造的事情)混為一談,是因為他仍然想抓住一個實體性的東西。他多次強調十力「看到大用顯現的物了」,原因就在此。在前述引文中,廢名說進化論者「不能認體」,其理由是他們的舉喻方式總是以一實體的「物」來展開的,比如嚴復所譯的《天演論》。廢名在第五章《致知在格物》中引用了《天演論》下卷第九篇「述赫胥黎講特嘉爾之義」,大意是有一物當前,兩個人所看到的顏色卻不同,一人謂紅,一人謂碧。而紅碧二色不能同時而出一物,因而論者推演出「色從覺變」,是主觀的「心」在運作的錯覺〔註52〕。廢名認為,此推論從「以一物當前」的前提起就錯了。所謂「眼」能見到「物」,乃是隨「俗」而說。從佛教因緣觀的角度來看,根本不能推出「同時而出一物」的結論,因為「本來無此一物也。」「眼見物」並非「諸法實相」,「唯物論」哲學家把「物」看作是實體的、有自性的、先驗的存在,「是沒有界說而說的亂話」。從俗諦的真實義角度,「應該說三樣東西,即識與感官與境。」「眼能見物」不是一個心物二元的結構,而是由識、感官、境「三事」所成:「此所謂覺,我且下一個界說,是眼識同隨著眼識而起的意識;紅或碧是境;另外再加上眼睛即感官。在這裡一人謂紅,其識與感官與境三事俱有,成見之法則;一人謂碧,其識與感官與境三事俱有,亦成見之法則」;「根據化學的實驗,酸性物將藍色石蕊質變成紅;鹼性物將紅色石蕊質變成藍,此時覺不變,感官不變,變在境,──不

〔註51〕　廢名:《阿賴耶識論》,王風編:《廢名集》第四卷,北京:北京大學出版社,2009年,第1899～1990頁。

〔註52〕　同上,第1869頁。

是變在物。」〔註53〕他根據閱讀唯識學著作的心得，認爲「識、感官、境」都是「心」——阿賴耶識的產物。眼能見物是現象，但從本質來說，原本就沒有「物」，只是色法和心法的功能在運作而已。

　　夢時是汝的意識轉，醒時是汝的意識同眼耳鼻舌身識一起轉，外物的因緣本來在汝的藏識裏頭，只是其主識有時不轉罷了。如嬰孩便沒有外在的世界。沒有外在的世界，但不是沒有外在世界的種子，麼生時便麼生了。各自的世界都是各自的一棵心之樹。心誠如種子，（牛也）無論如何要發生的，所以汝見獵心喜。心的發生誠如種子的發生，只有這裡才能見因果的道理的，所謂種生芽法〔註54〕。

　　按照這種理論，「紅」或「碧」對於不同的認識主體來說都可以說是客觀的存在，也就是唯識三性中的「依他起性」，從本質來說卻仍然是識的幻象。因爲其識、感官、境的不同，因緣和合的「見物」即不同。爲此，廢名化用《華嚴經》和《地藏菩薩本願經》的偈語，稱「心猶如一幅彩畫」，「譬工幻師，造種種幻」〔註55〕。

　　就此而言，廢名認爲唯物論者不假思索地以實在的「物」作爲自然的前提，乃是忘記了「我」作爲主體已經內在於這個「眼見物」的敘述中：在看到「物」時，已經是「心法」的作用了，用他的話來說，即「說到物時正是心」，「執著有物時，已是心的現象」〔註56〕。在此起作用的，就是「識」或「心法」所產生的「了別境」。

　　作爲徹底的唯心論者，廢名和章太炎一樣，眞正反對的並不是「唯物論」本身，而是試圖修正西方哲學「唯物／唯心」的二元關係中所隱含的以「物質」爲實，以「精神」爲虛的價值對立。章氏對於「唯物論」者的批評是：「今者排擯意識，以爲所見法塵，惟是妄想，而無外境，又取此五識所見之外境，在五識中本不分別以爲外境者，卻從意識所分以爲外境。於彼則排擯意識，於此則又不得不借資於意識，矛盾自陷，尚可通乎？」〔註57〕而廢名也認爲：

〔註53〕　廢名：《阿賴耶識論》，王風編：《廢名集》第四卷，北京：北京大學出版社，2009年，第1874頁。
〔註54〕　同上，第1903頁。
〔註55〕　廢名：《阿賴耶識論》，王風編：《廢名集》第四卷，北京：北京大學出版社，2009年，第1905頁。
〔註56〕　同上，第1874頁。
〔註57〕　章太炎：《建立宗教論》，《章太炎全集》（四），上海：上海人民出版社，1985年版，第407頁。

　　　世人執著有物，不知有心，說物世人心目有一個東西，說心則空空洞洞的，就身心說則心是官能的作用，如刀之於快。這是不合事實的，故我首說有心，心是一個東西，猶如物是一個東西，各有各的因果法則。由認識心有心這個東西之後，然後說唯心，即是中國儒者所謂合內外之道，不是物在外心在內，心物是一體，應沒有「距離」，沒有內外之分，這樣物就是心，世界是心不是物〔註58〕。

　　顯然，廢名認為應該在承認「心是一個東西」的前提下來說「唯心」。在他看來，「心」不是實體，其功能卻確實存在。如同做過的夢，如同記憶，其雖無形，卻仍是「有」。廢名以此反對狹隘的唯物論者只以看得見的東西為「有」，稱「有何以必是形？」，若要講說現象世界，則「須執著有心，如執著有物」。為說明這一點，在《阿賴耶識論》和《莫須有先生坐飛機以後》中，廢名時常舉「陌生人」為例〔註59〕：初見一位陌生人，我們主要用「眼識」去認取對方，第二次，就主要用「意識」了。因為我們總是以六根（眼、耳、鼻、舌、身、意）中的某一種路徑去「讀取」「六塵」（色、聲、香、味、觸、法），每一種各有其「識」種子，這導致我們即使面對同一「物」，或同一種「心」，認取的路徑也有所不同。「眼根」與對方的「色塵」（身體形貌等有形的姿態）相接觸後，首先發揮功能的是無色無味的「依他起性」，緊接著第六意識就開始「分別」，進行「好」或「壞」的價值判斷，也就是依「遍計所執性」引起意識的造作，產生「現行」和「種子」，在八識田中「備用」。再一次與那人見面時，種子又起現行，我們已經在戴著「第六意識」的有色眼鏡在「看」對方了，此時眼睛雖然同樣在讀取對象，但它的作用已不是最重要的。

　　古今中西的哲學中一向不乏類似的認識論。德謨克利特的「人不能兩次踏入同一條河流」乃眾所周知，現代西方「語言學轉向」思潮中的重要哲學家維特根斯坦在《文化和價值》中也曾寫道，聽中國人說話聽到的是難以捉摸的咯咯聲，懂中文的人卻承認這是一種語言〔註60〕。這就是說，在習掌一門語言之前和之後，我們認取它的徑路也會經歷由「聲音」「圖像」（能指）到「意義」（所指）的重心轉換。廢名指出，由於我們已經習慣了用母語去思

〔註58〕　廢名：《阿賴耶識論》，王風編：《廢名集》第四卷，北京：北京大學出版社，2009 年，第 1895 頁。

〔註59〕　同上，第 1897 頁。

〔註60〕　（英）維特根斯坦：《文化和價值》，黃正東、唐少傑譯，北京：清華大學出版社，1987 年，第 2 頁。

考，就常忘記了它在腦海中是以什麼樣的姿態出現的（是以聲音的形式，還是畫面），甚至忘記了自己是在用語言進行思考；當用母語「自然地」說話時，我們也常常跟隨話的「內容」走，而忘記了「話」是「聲音」。如果把語言的「能指」看作「物」、「所指」看作是「心」的話，那麼外國人聽中文就是「把心當成了物」，中國人說中文，就是把「物」看作了「心」。

從佛學認識論來說，這種認識上的「慣習」，就是「根黏著於塵」，是眾生「顛倒」「執迷」的表現。從廢名《阿賴耶識論》第二章《論妄想》、第四章《向世人說唯心》和第九章《阿賴耶識》的分析來看，在一般人的生命中起到大部分作用的都是「心見物」，也就是「內心外物」的「顛倒妄想」。依唯識學「三性」來說，「眼見物」是依他起性，由過去的因緣相取而呈現，可以說是「客觀」、中性的，「心見物」則是遍計所執性，忘記了「見物」這個現象所依據的是意識的了別作用，而不是物的性質。另一方面，很少有人能在以前五根接觸五塵、產生感受之後，保持心念的不動搖，而總是會自然地運用第六意識去進行價值判斷。從修行者的角度，如能領悟到所有的「名相」所製造的感受的「增減」都是假相，而不去追隨、進而不去製造心理差異，就恢復到了生命的本來面目，也就是唯識三性中對真如本性的描述——「圓成實性」，或《心經》所稱的「不生不滅，不垢不淨，不增不減」。這曾是章太炎訴諸於政治哲學的目標。而依照這種佛教式的認識論，廢名中期以後的文學文本往往也不再「隨俗」以「母生子」「木成林」等外在現象來建立敘事原則，而是依據「根、塵、識」的原則呈現他眼中世界的真實狀態。在某種意義上，《莫須有先生傳》和《莫須有先生坐飛機以後》的許多描寫帶給人的「晦澀」、陌生感和奇譎感就是來自於對「心物關係」的拆解。可以說，唯識學的修行方式，與 1910 年代俄國形式主義的代言人什克羅夫斯基的「陌生化」可以相參，它們的共同特點是與熟悉的事物拉開距離，將人們從狹隘的日常關係的束縛中解放出來。

（2）「體法」和「用法」之爭

蔡元培曾評價十力的「翕闢」：「熊先生認哲學（即玄學）以本體論為中心，而又認本體與現象決不能割作兩截，當為一而二、二而一之觀照。易之兼交易與不易二義也，……華嚴之一多相容、三世一時也，皆不能以超現象之本體說明之。於是立轉變不息之宇宙觀，而拈出翕闢二字，以寫照相對與

絕對之一致。」〔註61〕從蔡元培的分析來看，十力是要將「一」與「多」的辯證納入到「體用不二」之中。即如章太炎將「眞俗二諦」與唯識學的「八識」「三性」之開闔相入一樣，是爲了用最簡明而不簡化的方式來說明絕對性與相對性的關係。蔡元培並認爲，十力拈出「翕闢」二字，也是因爲《易傳》本將二字分配於動靜兩方，而嚴復在《天演論》中譯斯賓塞（嚴譯斯賓塞爾）之天演界說，「始舉以形容循環之動狀，而十力「以易之陰陽，太極圖說之動靜，均易使人有對待之觀，故特以翕闢寫照之」〔註62〕。

然而廢名認爲，十力雖然不斷強調心與物「不是可以剖析的兩片物事」，他的論述卻取消了對具體境界的判定，從而使上述「一」與「多」的辯證法和心物合一論變成了語言上的機巧，實際上仍是「內心外物論」，並且很容易演變成他自己所反對的折衷主義的「一分爲二地看問題」。劉小楓在分析十力的著作《論六經》時指出，新儒家心學或與西方神學和啓蒙主義之間不無相似之處，然而他並未深究其「何以如此」，並多少將這種相似性視作熊氏個人的創舉〔註63〕。如本文第一章所述，章太炎早已看到並批判了這種相似性，而廢名在《阿賴耶識論》中更是正面出擊，認爲在十力的「體用」「心物」中早已存在著「實重於虛」的二元性的結構，表面上貶低「外物」，標舉「自心」「內證」，實際上卻反把「外物」看得重於「自心」了。他因此將十力哲學與「中國的幾派人」和西方「不究竟」的哲學家綁到了一起。在他看來，他們總是在「心」與「物」的二元中打轉而不能解脫。從唯識學的角度，廢名認爲，導致十力這種「心物論」的根本原因，就在於從「實體論者」的角度，錯解了「種生芽法」的含義。

上述引文中，廢名強調，只有在阿賴耶識這一根本心識中「才能見因果的道理」，才是所謂的「種生芽法」。他認爲「種生芽法」是現象世界的「體法」，是「能生」，整個現象世界的外在「相狀」則是「所生」。由於生成人體五官、山河大地、一樹花果的，是藏識（賴耶）和轉識（前七識）的作用，所以此「種生芽法」非彼「植物之種」，也不能用來直接對現象世界進行描述，

〔註61〕 蔡元培：《新唯識論序》，《熊十力全集》（卷二），武漢：湖北教育出版社，2001年版，第4頁。

〔註62〕 同上。

〔註63〕 參見劉小楓：《共和與經綸：熊十力〈論六經〉〈正韓〉辨正》，北京：中國‧讀書‧新知三聯書店，2012年，第69～73頁。

不能與植物種子生芽、母生子等現象上的生滅混淆在一起，即如「箱子不能做衣服的事情」〔註64〕。這裡的「體法」是俗諦意義上的「體法」，並非真如本體。按照廢名的邏輯，人體的五官、一棵樹上花果枝葉俱全而互不相礙，便是世界的「一合相」，同時也說明了識種子「各有自體」，也就是各自功能不同，十力視之為繁瑣無用是錯解了世界的真相〔註65〕，他用「翕闢成變」來描述的宇宙進化論就是在「用箱子做衣服的事」，將現象的生滅錯認成了現象世界的「體法」。

如前所述，十力不滿於唯識論的另一點，就是將此現象世界的體用和真如本相的體用分離開來的「二重體用論」〔註66〕。他認為現象界不應另設自體，「體」只需要真如一個就夠了。而廢名在此處亦是寸步不讓的。他認為賴耶就是真如在現象界的顯現，當染污的「習氣」（在十力那裡稱為「習海」）斷滅，自然發生「轉依」，顯現出真如〔註67〕。而前述十力描述的宇宙論直接從真如本性出發來講「能變」「恒轉」「攝聚」，在廢名看來「仍是眼見物說話」〔註68〕，即是以有形相、看得見的東西為本體，也就取消了真如「不生不滅」「非空非有」的意義。

廢名認為，只有能說明「本體」的，才是「科學」。但凡有對立的、相對的、看得見的生滅變化，都只是現象，是「用」，不能言「體」。如可以說「某甲有錢」，卻不能說「某甲有腳〔註69〕」，因為無論是健康還是疾病，都是依對方而存在，不能標立存在的本體，也就不是「科學」〔註70〕。「種生芽法」是修行者、覺悟者「理智」地看世界的說法，「因果」則是凡夫看世界的方法，

〔註64〕　參見劉小楓：《共和與經綸：熊十力〈論六經〉〈正韓〉辨正》，北京：中國·讀書·新知三聯書店，2012 年，第 1898 頁。

〔註65〕　同上，參見第 1900～1901 頁的分析。另參見《佛教有宗說因果》一文，（廢名：《阿賴耶識論》，《廢名集》第四卷，北京：北京大學出版社，2009 年，第 1928～1929 頁）。

〔註66〕　參見熊十力：《新唯識論》（語體文本），上海：上海書店，2008 年，第 225～232 頁。

〔註67〕　參見《阿賴耶識論》第九、十章的分析。王風編：《廢名集》第四卷，北京：北京大學出版社，2009 年，第 1895～1907 頁。

〔註68〕　同上，第 1865 頁。

〔註69〕　同上，第 1849 頁。

〔註70〕　《阿賴耶識論》一直在宣揚「佛法是真理、理智、宗教和科學」、世界的真理只有一個，萬法歸一的觀點。而文本的複雜之處，就在於廢名在立此等式的同時，要不斷破斥將這些範疇彼此對立的觀點。

是「結縛」﹝註71﹞。在寫於40年代的另一篇駁論文《體與用》中,他舉例說,「飛機就是鋼鐵,不是鋼鐵之外別的什麼東西,但飛機確有飛機的用處,不是一塊鋼鐵的用處。就因果道理說,你如說鋼鐵是因飛機是果,那便錯了,因為飛機就是鋼鐵,非因果。」﹝註72﹞

在此,廢名的觀點與章太炎是完全一致的。他們都認為種生芽法是俗諦之體法,眞如是眞諦之體法,唯識學標立阿賴耶識是爲了將現象界運行的規律和本體界的作用區分開來。在他們看來,雖然按照大乘佛教的心性論的原則,生滅無常的現象和不生不滅的本體之間雖然確乎「不二」,離開了現象沒有一個獨立的叫作「空」或「涅槃」的獨立的、超驗理念世界,但卻不能直接就現象本身來建立關於本體的定義,因爲本體和現象之間尚有「迷」與「悟」、「妄」與「眞」的認識立足點的鴻溝。在此可復述章太炎的說法:「夫就勝義言之,名、相二者,皆由分別妄念所成。若就俗諦言之,相則在物,可認為眞;名乃在心,惟認為假。」﹝註73﹞在廢名而言亦然。從俗諦的角度來說,如「母親」「樹林」「飛機」「宇宙」,都是「假名」,「母生子」則是其「假用」。廢名舉這些例子的意圖,與前述尼采所興的「閃電」和「打閃」﹝註74﹞的譬喻是一致的,即爲說明「佛教的因果是說體的,世人的因果是說用的」﹝註75﹞。如「天下雨了」是「隨俗而說」,「天」並非「下雨」的原因一樣,世人說「母生子」「舉重運動員」,也是約「生了孩子」、「以舉重爲職業」這些生滅的現象而安立,其眞正的本質仍是「種子生現行,現行生種子」,是「眾緣性空唯識現」,並非因母而有子,因樹而有林。廢名就此批判嚴復《天演論》轉述達爾文理論的「樹生子」來論證「物競天擇」「生物競爭」的理論,認爲其犯了先驗論的錯誤。「彷彿一

﹝註71﹞ 廢名:《阿賴耶識論》,王風編:《廢名集》第四卷,北京:北京大學出版社,2009年,第1840頁。

﹝註72﹞ 廢名:《體與用》,王風編:《廢名集》第四卷,北京:北京大學出版社,2009年,第1935~1936頁。

﹝註73﹞ 章太炎:《四惑論》(署「太炎」,《民報》第二十二號,1908年7月10日),《章太炎全集》(四),上海:上海人民出版社,1985年,第455頁。

﹝註74﹞ 十力在《新唯識論》中也常舉「閃電喻」來破斥實體論。(參見《新唯識論》(語體文本),上海:上海書店,2008年,第209頁。)「閃電喻」是唯識學常用的譬喻。第一章引述尼采的「閃電喻」,很可能也直接來自唯識學。

﹝註75﹞ 廢名:《體與用》,王風編:《廢名集》第四卷,北京:北京大學出版社,2009年,第1936頁。

方面有木，一方面有子，是妄想，不是事實。由妄想推積而成的算式，是妄想而已。」〔註76〕

　　章太炎和廢名眼中的「賴耶」的功能，讓我們聯想到哲學家齊澤克以「小對形」「剩餘快感」「小窺體」、「對象 a」、「小他者」等概念來標識本是一體的「實體界」、「本體界」、「現象界」之間的區別〔註77〕。不管用什麼樣的「名」，要說明的都是本體和現象的「相即」並不是「合一」。十力取消了賴耶實際上也就取消了本體「界」與現象「界」之間的區別。按照廢名的推論，一方面，十力以母生子為喻來解釋世界的運行規律，母親或自然界的種子就成了本體，這樣就犯了「神我論」的錯誤；同時十力又用真如的「恒轉」直接生化、翕闢來描述宇宙的生成，這就是把用於本體的術語和用於現象的範疇混淆起來，把立體的認識層次打破了，放到了一個平面上。正如清代徹悟禪師（1741～1810）所批判的，「以生滅心，取實相法。」

　　按照廢名的邏輯，儘管十力此前為「本來無一物」作了許多理論的鋪墊，花費了大量的篇幅講述色法與心法以證明「物」非實在性，並同樣承認「有為法」和「無為法」之區別〔註78〕，但按照《新唯識論》的總體邏輯和「體用不二」無所不在的作用範圍，十力顯然也認為有為法可以直接轉化成無為法，無為法可以直接生成有為法。這就是為什麼在他的宇宙論中，能力和實體之間的界限始終模糊不清。在《新唯識論》的《成物》《轉變》各章中，讀者很難分清楚十力的「大用流行」是表現雲起雨落的「表面現象」還是乾坤翕闢的內在規律，宇宙在他那裡彷彿既是本體、又是現象。廢名顯然注意到了這一點：「智者如熊十力先生依然是眼見物說話，不過熊先生觀物如看活動電影罷了。」〔註79〕「（熊先生）他說物是大用的顯現，然而他看見物了，他看見大用顯現的物了。必待物而見大用的顯現！」〔註80〕就不是真正的「顯現論」，而是「實體論」和「有始論」。

〔註76〕　廢名：《阿賴耶識論》，同上，參見第 1847～1850 頁的分析。

〔註77〕　（斯洛文尼亞）齊澤克：《意識形態的崇高客體》，季廣茂譯，2002 年，北京：中央編譯出版社；《不敢問希區柯克的，就問拉康吧》，穆青譯，上海：上海人民出版社，2007 年；《實在界的面龐：齊澤克自選集》，季廣茂譯，北京：中央編譯出版社，2004 年。

〔註78〕　參見《明宗》《唯識》，《新唯識論》（語體文本），上海：上海書店，2008 年。

〔註79〕　廢名：《阿賴耶識論》，《廢名集》第四卷，北京：北京大學出版社，2009 年，第 1896 頁。

〔註80〕　同上，第 1866 頁。

　　就此，廢名批判了十力「出佛入儒」最重要的理由和最得意的概念之一──「生化」。

　　從「佛觀」到「復觀」的「名相因緣」早已揭示了，十力「出佛入儒」的主要原因是要分出佛家的「涅槃寂靜」與道家、儒家的「生生不息」「剝極而復」在精神品格上的差異。「佛氏談空寂而不悟生化，要非識性德之全。」〔註 81〕在此，十力與程頤的「釋氏只令人到知天處休了，更無存心養性事天也」（《二程集·河南程氏外書》卷十二）已經是「一個鼻孔出氣」了。他們都認為稱佛家的「寂」或「靜」言性體固可，但不能生德。而《易》曰健曰仁，生元、亨、利、貞四德，使「性體」產生了「德用」。《新唯識論》中，十力採用的實際上是大乘佛教（特別是般若空宗）用來訶責小乘佛教的方式，晚清佛學群體也正是在這一意義上啓用大乘佛教的。如有人說「《涅槃經》以常樂我淨四德顯體」，而十力認為此經是「有」宗所奉之經，雖以四德言真如，「終不以生生化化言真如，猶奉空宗規矩。」〔註 82〕然而體現在《新唯識論》中的邏輯不止如此：在以般若「空宗」的思想斥責了「有宗」之後，十力又輕輕地以一句「自己的精神與空宗在骨子裏並不似」，「空宗滯寂溺靜」，連空宗也一併拋棄，徹底投入他的《易》學「生化說」之中了。

　　晚清以來揚棄佛學的傳統思想者往往有一個共通的傾向，即將己說歸統於《易》。章太炎在「討袁被困」之時便以佛學解《易》和《論語》，「始玩爻象，重籀《論語》，明作《易》之憂患」〔註 83〕，而「大易」也同樣是十力「攝佛歸儒」、「繼大般若空經而盛演變經」的依託所在。《易》不僅得到新儒家學者的青睞，也是二戰前的京都學派「絕對無」的「場所哲學」的重要資源。在這一派思想的信徒胡蘭成那裡，《易》更是中華文明長生不衰的奧秘所在，它以簡約繁、無窮生變的複雜機理，證明了中華民族不僅能悟得真理，也能夠使之「學問化」，而其他古老文明國家卻因缺乏這一步驟而逐漸消失或衰落了。就這一點而言，十力和胡蘭成有著共同的觀感：唯識學不若《易》的活潑生動，是以傳入中國後逐漸衰落，而禪宗等其他佛教經過了「易」的機鋒「棒喝」後，才激活了原始佛教「不生不滅」的「理體」，而開出「生生不息

〔註 81〕　參見熊十力：《新唯識論》（語體文本），上海：上海書店，2008 年，第 203 頁。
〔註 82〕　參見熊十力：《新唯識論》（語體文本），上海：上海書店，2008 年，第 209 頁。
〔註 83〕　章太炎：《菿漢微言》，《菿漢三言》，虞雲國標點整理，瀋陽：遼寧教育出版社，2000 年，第 61 頁。

的大用」。《易》的視覺標誌——太極八卦圖可以說是「東方文明」的視覺形象，它直觀而生動地顯示了儒、釋、道三教都認可的理念：變易這件事本身是恆常的。佛家的當體即空，儒家的即體生用，道家的「動靜一如」，似乎都可從其中找到端倪。從「文明論」的角度，弘揚易學顯然具有對抗「停滯的文明」「靜止的文明」的「東方主義」的意味。此外，「易」在「宗教」和「哲學」之間的位置是不明確的，或許這種不明確性使它比起佛學更加適合現實的「群化」，因爲它實際上模糊了世界的「本體」和歷史「主體」的關係，也使「體」和「用」的思想變得簡潔而富有煽動力。在某種意義上，八卦圖也能說明相對於印度來說的中國性格。相對於因明、唯識中各種複雜的圖式，簡單而變化無窮的「陰陽魚」是典型的「中國式」做法。不管是對這種中國式文化性格的順應，還是出於面對西方哲學的壓力，簡單明瞭都是一個主流的、有效的選擇。

事實上，用《易》來攝佛或格義佛家正是宋明理學家的常用方法。根據佛教史家張祥龍的考證，周敦頤的《太極圖》和《太極圖說》，「是延綿八百年的宋明理學的眞正哲理起點。」朱子尤其讚賞此圖，稱「無極二字，眞得千聖以來不傳之秘。」（《宋元學案》）而周氏的太極圖比之此前道家的《太極先天圖》有一個重大改變，就是將陰靜與陽動完全對等化，而不像道家的圖示那樣更看重陰靜〔註84〕。正如廢名強調「世界是心」「阿賴耶識是心」並批判十力錯解「生」的含義，張祥龍也從對太極圖的轉變來說明「華嚴的如來藏被明確看作是原本的心，並在阿賴耶識說及其圖像那裡達到對『識』與『覺』的充分自覺。這一點在太極圖中只透露出少許暗示。所以現在的人特別愛講它是『宇宙論』、『宇宙發生論』。」〔註85〕由此可以說，十力正是基於此圖，把《易》從本然的本體論理解成了宇宙發生論，在引導人們把焦點放在「生生不息的大用」之上的同時，有意無意地淡化了本體的問題：他的「剝極而復」並不正面觸碰關於世界的初始和本源是「空」還是「有」的諍論，而只展現生生不息、生滅無常的現象。然而從「六道輪迴圖」到「太極八卦圖」，十力的立足點也從「宗教」變成了「哲學」，並在宗教和哲學之間劃出了深深的鴻溝。

〔註84〕 參見張祥龍：《拒秦興漢和應對佛教的儒家哲學》，桂林：廣西師範大學出版社，2012 年，第 257～261 頁。
〔註85〕 同上，第 263 頁。

　　與晚清佛教「宗教救國」的口號被廣爲尊重的情形不同，五四以後的「宗教」很快就被知識界對「哲學」「科學」的崇尚所淹沒。1900 年時還倡言「佛教護國論」的蔡元培，在 1917 年新文化運動肇興之際又大聲疾呼「以美育代宗教」﹝註86﹞；1908 年時在《破惡聲論》中曾爲宗教特別是爲佛教「破惡聲」而「立令譽」的魯迅，到 1927 年卻勸止發心研治宗教的學界同人江紹原說：「今雖討赤，而對於宗教學，恐仍無人留心」，「(先生的)《二十世紀之宗教學研究》，則商務館即使肯收，恐怕也不過是情面」，「所以我以爲先生所研究的宗教學，恐怕暫時要變成聊以自娛的東西」﹝註87﹞。這些現象多少都指示了從「宗教」到「哲學」的歷史軌跡。到了十力這裡，哲學與宗教的價值分判已經非常鮮明，「哲學」也作爲與「科學」同構的詞匯被重新發明出來。對十力來說，哲學與科學的不同僅在於它更加強調生命的本源：「於科學外，必有建立本根之形而上學，才是科學之極詣。」﹝註88﹞在對於唯識學「二重體用論」的批判中，十力已於無形中將「宗教與哲學」的價值鴻溝套在「體用」說之上。所謂「宗教」就意味著「先驗」與「經驗」的分割、體和用的分割，而「哲學」才是體現「相即性」的科學系統。在「宗教」／「哲學」被隔絕在「迷信」／「科學」的兩端這種學問體系的無形壓力之下，宗教界人士在與「哲學家」的辯論中往往處處受制、處境尷尬。總觀《破破新唯識論》以及十力後半生持續的種種駁論，會發現他與昔日的師友同門之間很少有「觀點」交集或對等意義上的論爭﹝註89﹞，因爲不管「宗教徒」在學理的辯論、論據的引證多麼充分，十力都能以事先設置的屏障「不變」應「萬變」。和曾經的同門呂澂之爭就是一個典型的例子。1943 年歐陽竟無去世，呂澂與熊十力書信往返，對《新唯識論》進行駁斥。他憑藉考證和梵語的優勢指出原始佛教的「心性本淨」重在強調「心性不與煩惱相類」，故是積極的「離染轉依」，

﹝註86﹞　參見蔡元培：《以美育代宗教說》(原載《新青年》第 3 卷第 6 號)，《蔡元培散文》，上海：上海科學技術文獻出版社，2013 年，第 81～85 頁。

﹝註87﹞　魯迅：《致江紹原》，《魯迅研究資料 (2)》，北京：文物出版社，1977 年，第 55～56 頁。

﹝註88﹞　參見《熊十力全集四》，武漢：湖北教育出版社，2001 年，第 5 頁。

﹝註89﹞　參見李祥俊：《熊十力思想體系建構歷程研究》，北京：北京師範大學出版社，2013 年，第 218 頁；另見江燦騰：《呂澂與熊十力論學函稿評議》，見《熊十力全集》附卷，武漢：湖北教育出版社，2001 年，第 428 頁；秦淮：《試論呂澂佛學思想的後期變化——從呂澂與熊十力辨佛學根本問題說起》，《宗教學研究》2001 年第 4 期。

不像十力所言是一種「歸於寂靜」的消極避世觀。「要之，佛家者言，重在離染轉依，而由虛妄實相，（所謂幻也，染位仍妄。）以著工夫。故立根本義曰心性本淨。淨之云者，妄法本相，非一切言執所得擾亂，（淨字梵文原是明淨與清靜異）此即性寂之說也。（自性涅槃、法住法位，不待覺而後存，故著不得覺字。）六朝以來，訛譯惑人，離言法性自內覺證者（不據名言，謂之曰內），一錯而為自己覺證，再錯而為來來覺證。於是心性本淨之解，乃成性覺。」〔註90〕然而，鴻雁往來數封後，熊十力「攤牌」自己並非佛教信徒，而是從哲學的角度「等視各家」，對各宗有取有破，反歸自身找真理。自此之後，兩人的爭論就不再有觀點上的進展了。

熊十力曾向友人抱怨：「佛教徒可惡者，尊其教於九天之上，自家高得不得了。實則佛氏元來本是一個人，並非神物。其道雖高，在大地古今萬國中，不過聖哲之一。不可因崇佛而抹煞一切。」〔註91〕，而在他的批評者看來，十力對儒家的態度存在著同樣的問題。從對「心性」性質的辨析開始直到「宗教和哲學」的一錘定音，真正的問題早已不是「考據」的正確與否了：正是「哲學與宗教」的價值分野導致觀點上的交鋒變成了一種無休止的循環論證。這一點在《新唯識論》的「情節構造」中體現得十分明顯：一旦進入了《易》的領域，十力似乎便懶得再使用他最擅長的教派差異的考據論（這也是他批駁廢名時所用的方法），也不再區分空宗有宗、大乘小乘，而一概以《易》的立場來批判「佛氏」了。可以說，在兜轉一圈後，十力最終採用的仍然是「出世」和「入世」這種最簡單、也最通俗的儒佛之見。

廢名的《阿賴耶識論》在結構和論理上看似缺乏章法，實際上與十力的這種思維「跳躍」有關。從《破生的觀念》《種子義》到《阿賴耶識》《真如》，各章節從破到立，從唯識學的相對範疇（如種子、賴耶）到絕對概念「真如」，從維護唯識學所代表的「有宗」到維護整個佛教的思想，並進而指出佛教與儒、道乃至世界各國的宗教哲學相通的地方，在某種意義上都是針對十力對待儒、佛的雙重態度而言的。十力反對「生化是用，不當於體上」的論調，認為這就是將體用折為兩截，不得圓融無礙〔註92〕；而廢名認為，十力正是

〔註90〕 轉引自郭齊勇：《熊十力思想研究》，天津：天津人民出版社，1993年第53頁。

〔註91〕 熊十力：《復劉靜窗（一九五四年十一月二十日）》，《熊十力論學書札》，上海：上海書店出版社，2009年，第164頁。

〔註92〕 參見《熊十力全集四》，武漢：湖北教育出版社，2001年，第210頁。

混淆了本體界和現象界各自的運作規律，將用於現象界的「生」這個概念用了本體之上，才會視唯識學為「初泰論」：「所謂『思』，所謂『我』，是沒有起點的，佛書上謂之『無始』。若以『生』為起點，自然以『死』為終點了，這便叫做『戲論』，也正是俗情，是可悲憫的，是經不起理智的一擊的。所以說唯心，答案便是阿賴耶識。」〔註93〕「俗情以為凡事有始，凡物有始都是從生的妄念來的，熊十力先生在其著作裏釋無始為初泰，未免不識佛義，由自己的意思加以解釋。」〔註94〕按照因緣法的「俗情」，才有生生化化、開始、發展與結束，過去、現在與未來。但這個「生」卻是假相，本體的「種子」現起萬法，是因緣和合而生；十力以「生化」來顯用的這個「生」乃是「母生子」意義上的「生」：

> 說物生物，由甲物生出乙物來，同時有甲又有乙，正是一般的「我所」之心，是執著。我曾同一友人談植物是種子續生，非甲植物生乙植物，友（按：指熊十力）破我的話舉種柳插枝為例，他說從一棵樹上摺下一根枝條來，這根枝條又長成一棵新的樹，這棵新的樹非原樹所生嗎？不是同時有甲又有乙嗎？我說離開枝條樹不可得，你以為這根枝條是那棵樹的枝條，豈知「那棵樹的枝條」是妄念的根本〔註95〕。

廢名對於十力「生」的駁斥頗類呂澂的觀點，即認為十力對「生」的理解帶有明顯的「中國人」的儒、道氣味，把「本無」之「本」理解成「本末」之「本」，把「無」理解成老子之「無」，認為萬物從無而生〔註96〕。按照廢名的邏輯，通過先將種子理解成實體，又把現象——種子的作用——看成了不生不滅、性體為空的「本體」，十力變成了「實體論中的極微論者」。這不僅違反了他自己的「心學」設定而成了「唯物論」，甚至是極狹隘的「唯形論」〔註97〕。

〔註93〕 廢名：《阿賴耶識論》，王風編：《廢名集》第四卷，北京：北京大學出版社，2009年，第1839頁。

〔註94〕 廢名：《阿賴耶識論》，王風編：《廢名集》第四卷，北京：北京大學出版社，2009年，第1886頁。

〔註95〕 同上，第1884頁。

〔註96〕 呂澂：《中國佛學源流略講》，北京：中華書局1979年版，第3～4頁。

〔註97〕 廢名：《阿賴耶識論》，王風編：《廢名集》第四卷，北京：北京大學出版社，2009年，第1835頁。

——「一重體用」或「二重體用」、「生化」的含義上的各執己見並非「修辭格式」的差異。兩者交鋒碰撞出的乃是儒與佛的世界觀之衝突，以及由此導致的知識主體的身份認同和政治、文化選擇的諸般矛盾。廢名對十力「體用不二」的邏輯軌跡的觀察是準確的。由於將本體和現象徹底地化為一體，十力自然就將「外在因果」和「內在因果」視等一同，如母生子這些原本是唯識學意義上對現象界「外在假相」的描述和「等流習氣」「業力」這樣用來說明「內在規律」的語言，在十力那裡都是混用的。這就引發了一個問題：十力將作為「認識主體」和「道德主體」的「我」混為一體，從而不經意間將章太炎式的「不齊而齊」的相對的、細緻的標準完全拉齊了。

如學者李祥俊所說，十力的哲學有一個致命的問題，就是「內在而超越的本心」與「個體自然心」的混雜，也就是本文所謂「認識主體」和「道德主體」的混淆〔註98〕。十力認為世人皆有染污之心，去其染污而證得真如。因為惡性積多，自性障弊，則「人道絕矣」，如斷惡性、隨順真如，則立證法身〔註99〕。然而如前述廢名所指出的，十力對於「染污」的「習氣」之性質的解釋失於籠統，這也導致「去染污，證真如」所依據的方法和標準的模糊。仔細看來，十力在《明心》一章中把儒家的「率循五德」視為性具之德「體」，將佛氏的「勤行六度」視為順性之修「用」，兩者合併，於是「無不從此法界流，無不還歸此法界」，天人合德、性修不二。這仍然是「一即是多，多即是一」的華麗說辭，但具體要如何做，在何種意義、何種次第上「勤行六度」，十力卻沒有做任何分析。

廢名稱十力不知「佛教」的根本是什麼，或許還可以說是佛教徒的一家之言，而十力的儒家「同道」的批評則更為尖銳：作為一名儒學者，十力也不知道「天命」和「內聖」是什麼。如余英時常批評十力「雖句句話不離『冥悟』『證會』『良知』『心性』，但他從不重視向來理學家所說的修養工夫」〔註100〕；錢穆記十力與好友馬一浮的日常行止，「一浮衣冠整肅，望之儼然」，十力則「起居無尺度，言談無繩檢。一飲一膳，亦惟己所嗜以獨進為快。同席感不適亦不

〔註98〕 李祥俊：《熊十力思想體系建構歷程研究》，北京：北京師範大學出版社，2013年，第134～141頁。

〔註99〕 熊十力：《新唯識論》（語體文本），上海：上海書店，2008年，第226～232頁。

〔註100〕 余英時：《現代儒學論》，上海：上海人民出版社，2010年，第159頁。

顧。……暌違終不能免」〔註101〕，連十力的學生徐復觀也在日記中提及「立言猖狂縱恣，凡與其思想不合之文獻，皆斥其爲僞，皆罵其爲奸」「彼雖提倡民主，而其性格實非常獨裁」「我不瞭解他何以瘋狂至此。」〔註102〕

從學理的角度，重要的並非十力個人的「人品」問題，而是使他的「人品」成爲問題的、以普遍掩蓋特殊的「主體迷思」。在社會實踐層面，儒家倫理道德有其特定的標準和適用範圍，與「天理」——「本體論的至善」顯然並不能直接對等。即如李祥俊所言，新儒學難於回答，「具體的、個人的道德主體和存在論上的主體問題，兩者在何種可能上是一回事？」〔註103〕

這一問題在彼時的宗教研究者那裡是具有一定普遍性的。大約在與廢名和十力研究佛學的同一時期，許地山也在進行因明學的研究，然而他對於「絕待」的本體真理同樣存在著懷疑：

> 果有所謂真如、空、第一義諦這樣的事物麼？所謂真如、空、第一義諦，即不能以是非、存滅、一異、來去等等對待的名辭來表示的事物，在第一義諦裏沒有是非、存滅等等的分別，它調和了一切相對的事物。這樣的調和即名爲空，也名爲涅槃。涅槃是超越假設的情境，其中沒有一切的對待與矛盾〔註104〕。

許地山本人是一個中國化的基督徒，他的信仰結構是以基督教的倫理修持爲基底，擷取佛、儒、道中的相關的倫理成分而成。他對於佛教義理有系統的研究，特別對「苦諦」有較深的感知，但對於「空」和「解脫」則始終有所疑問。如敘事詩《七寶池上底相思》〔註105〕乃由淨土宗的經典《阿彌陀經》的內容改編而成，作者或許是爲悼念亡妻故意模糊了這個「西方佛國」與六道輪迴中的「天道」在時空結構上的差異〔註106〕，將它打扮成仙人「思

〔註101〕 錢穆：《八十憶雙親　師友雜憶》，北京：生活·讀書·新知三聯書店，1998年，第201～211頁。

〔註102〕 參見徐復觀：《無慚尺布裹頭歸——徐復觀最後日記》，臺北：允晨出版公司，1987年，第59頁。

〔註103〕 李祥俊：《熊十力思想體系建構歷程研究》，北京：北京師範大學出版社，2013年，第9頁。

〔註104〕 參見許地山：《陳那以前中觀派與瑜伽派之因明》，《道教、因明及其他》，北京：中國社會科學出版社，1996年，第56頁。

〔註105〕 參見許地山：《七寶池上底相思》，《許地山文集》（上冊），高巍選輯，北京：新華出版社，1998年，第780～783頁。

〔註106〕 根據中國天台宗智者大師所立四種佛土，淨土宗的阿彌陀佛西方極樂淨土是「四土具備」的佛國，「四土」爲人、天兩道凡夫和聲聞、緣覺的聖者同居的

凡」的瑤池。首句「彌陀說：『極樂世界底池上，何來淒切的泣聲？』」已經傳達了「極樂」與「相思」的矛盾性。極樂之「極」是超越二元性之「樂」，「何來淒切的泣聲」展現的正是作者對這個「極」的質疑。從上述引文來看，仍在於對本體和現象世界的關係的處理。對「本體」「第一義諦」的理解並不僅是佛教的事情，而是所有宗教和哲學的共同問題。許地山的小說文本致力於在人生中消化各種宗教的隔閡，但他小說和詩歌中那些善良、無限包容和忍耐的女性形象中包藏了他的問題：人間的有對待的善是否能夠達到無對待的「至善」，人與天道的關係究竟要如何安置？而他之所以無法圓滿地回答這一問題，或許是因為從開始就以道德倫理和「人性」的設定作為絕對普遍的標準的緣故。「思凡」即是「將相對絕對化」的觀念最典型的例證，它證明了作者並不相信有脫離「二元對立」的苦或樂的存在。從廢名或者章太炎的角度來說，這就是沒有接受、也沒有理解「輪迴」的意義。

2.「輪迴」：哲學和宗教之分化的關鍵

從根本上說，十力捨棄「阿賴耶識」和「種子」之名，乃至捨棄佛教，並不僅僅是為了尋找更積極的精神態度，更在於想要捨棄事關生死的「輪迴說」。而如第一章所述，章太炎卻通過接受了唯識學「識投胎」的輪迴思想而成為一個激進的相對主義者，認為「輪迴說」為主體的無自性和差別性提供了最有力的證明。「八識」的色法與心法和合成身心世界，在「三界」「六道」內流轉，果報身心籍業力煩惱而變，虛偽無主，沒有恆常不變之自我存在。章太炎以此為根本的認識境界，再轉而以儒家度世想為現實之「用」，強化了「不齊而齊」的倫理觀。他的根本原則是，知識主體救於時世須劃定「能」和「所」的範圍。轉而來看《新唯識論》：雖然表面上十力仍然遵循著「生滅無常」的現象中有恆常不變的真如體性，但他取消了阿賴耶識，也就在無形中迴避了「識投胎」。雖然不斷地提到「宇宙」和無限的三千大千世界，但我們看不到他對「三千大千世界」之差異的描述；對於觀看「世界」的主體，十力也只用一個充滿宇宙、大用流行的「我」涵蓋了一切。正是在華麗而籠統的本體論——宇宙論敘述中，十力「順便」把個體生死的問題和「輪迴」取消掉了。

凡聖同居土、阿羅漢、辟支佛和地前菩薩所居的方便有餘土、斷除最後一分無明的菩薩所居的實報無礙土和佛所居的常寂光土，亦即是佛陀的本地境界。由於極樂淨土沒有貪、嗔、癡等染污性的依報環境，不會刺激「種子」起「現行」，因此即使凡夫也不會升起「思凡」的情況。

　　與十力的選擇恰成鏡象的是，廢名「始不知，終信佛」的那道界線，就體現在他對阿賴耶識的「識投胎」，也就是對「生前死後」問題的追究、對「輪迴」理論的接受：「西洋哲學家對於死生是不成問題的，他們無論唯心與唯物都是無鬼論，這便是說他們不知不覺的是『唯形』，只承認有五官世界了，形而上的話只是理論，不是實在了。故西洋的唯心論正是唯物論。若唯心，則應問死後，問生前，問死後的實在，問生前的實在。」〔註107〕在《阿賴耶識論》中，他不僅詳細說明人死亡是由於「阿賴耶識不執持」，在本論全文和小說《莫須有先生坐飛機以後》中更反覆強調的一句話，正是「不是母生子，而是識投胎」〔註108〕。「世界不止我們人類這個世界，佛說三界，欲界色界無色界，阿賴耶識藏有各界種子，故各界都可生。在各界中打轉，叫做輪迴。」〔註109〕在小說中，廢名化身的「莫須有先生」教育他的小孩說，「我告訴你，人是有先生的，正如樹種子，以前還是一棵樹，現在又將由種子長成一棵樹，前生的經驗如樹種子今生又要萌發了。」〔註110〕在《一個中國人民讀了新民主主義論後歡喜的話 ‧理智與迷信》中，作者仍然極力說明「識投胎」是科學、理智、宗教，甚至自言如說錯，便可照印度因明論辯中的規則那樣割捨生命〔註111〕。他認為，承認輪迴的存在，也就是認取了「顯現論」：

> 事實好像是一件幻術，你說有，世界便在眼前，而且大家在這時在受苦，耶穌（按：原文如此）為我們背十字架，蘇格拉底我們要他服毒；你說幻，真個便一點實在的理由沒有，反而有一個不相信的真實擺在當前，說時遲那時快，我們已是佛。眾生受苦，而實無有眾生。無有從生，而又自作自受，世界的差別，即是輪迴，便是這樣來的〔註112〕。

〔註107〕　廢名：《阿賴耶識論》，王風編：《廢名集》第四卷，北京：北京大學出版社，2009 年，第 1835 頁。

〔註108〕　廢名：《莫須有先生坐飛機以後》，王風編：《廢名集》第二卷，北京：北京大學出版社，2009 年，第 1076 頁。

〔註109〕　廢名：《阿賴耶識論》，王風編：《廢名集》第四卷，北京：北京大學出版社，2009 年，第 1092 頁。

〔註110〕　廢名：《莫須有先生坐飛機以後》，王風編：《廢名集》第二卷，北京：北京大學出版社，2009 年，第 1001 頁。

〔註111〕　廢名：《一個中國人民讀了新民主主義論後歡喜的話》，王風編：《廢名集》第四卷，北京：北京大學出版社，2009 年，第 1969 頁。

〔註112〕　廢名：《阿賴耶識論》，王風編：《廢名集》第四卷，北京：北京大學出版社，2009 年，第 1905 頁。

在這裡值得一提的是，為廢名所重視的「母生子」與「識投胎」的差異，恰好是上一章提及的日本作家三島由紀夫最後一部四部曲長篇小說《豐饒之海》的主題。三島表示「一直想寫一部解釋世界的小說」，於是將唯識學的論典《攝大乘論》「生吞活剝」〔註113〕，分別基於「識設胎」和「母生子」設立了主人公。大正時代的青年貴族青年松枝清顯於 20 歲時患病身亡，他同齡的好友本多得到了他記載夢境的日記，發現清顯在日記中所記，竟是自己的三個來世，他們有男有女，有日本人也有印度人，分別在「大東亞戰爭」、「戰後 50 年代」和「60 年代」渡過了自己的青春期，除了最後一位，每位都像清顯一樣在 20 歲時死亡。相對於同齡好友的「不斷輪迴投胎」，本多一直活著，以同一副身心，見證了清顯的「四個完全不同的生命」，也見證了日本現代史上的四個時代。

　　有趣的是，在松枝清顯和他的三個「轉世」之間，除了一個胎記之外，沒有任何性格或外貌上的相似之處，而在三島筆下，他們各自所生活的、看上去前後相續的四個日本現代的歷史「階段」，在質感上也完全不同，就好像是彼此隔絕、完全不同的世界一般。顯然，三島這樣設置小說結構的意圖，是要將東方式的「輪迴」和西方式的「進化」這兩個面對現代世界的不同視角並置在一起，互為鏡象，發現彼此的「邊界」。通過四部小說「各自為政」，最後形成一個「永劫回歸」的「巨大圓環」。可以說，作者所表達的正是對現代日本所引入的、以「線性時間」的「編年史」寫作長篇小說的「文學機制」的解構：看上去像流水一樣連續的世界和歷史實際上從來沒有一個「統一的整體」，世界是由不同的「觀念」交織而成，並不存在真正的「發展」的連續性，而是不斷跳躍，又不斷反復。而小說最後的結局是，垂垂老矣的本多在開始懷疑最後一位「轉世」青年的「真偽」時，找到了清顯當年的戀人，早年即出家的女尼求證。這位老尼表示完全不記得清顯這個人。最後，本多站在正午白晃晃的陽光下，感到這個確定無疑的、向前進化的現實世界本身，或許完全是一場夢境。

　　從這個文學文本的例子，不僅可以找到廢名在《阿賴耶識論》中所傳達的基本世界觀，也可以看到章太炎和梁漱溟等人所持的「進化論」的姿影：「以

〔註113〕　參見（日）三島由紀夫：《關於豐饒之海》，《太陽與鐵》，唐月梅譯，北京：中國文聯出版社，2000 年，第 328 頁。「我成為小說家以來，一直想寫一部解釋世界的小說。

文化爲歷史之根本，又以人的意欲爲文化之根本，而將世界歷史理解成人的
意欲不斷消除的過程，於是整個歷史的進程表現爲『佛法的狡計』」〔註114〕。
隨著「現象」上的連續時間一起「進化」，卻隨時準備戳破它的幻覺，可以說
是文化保守主義者所認同的「東方式的進化論」，也是佛教與孔德、斯賓塞、
海克爾乃至達爾文的「進化論」「合作」的方式〔註115〕。

　　如是，「阿賴耶識」的重要性在於說明佛教所持有的並非一般「常識」意義
上的「輪迴說」或「循環論」，而是能夠徹底打破「線性時間觀」的空間觀。在
認識論的意義上，強調「輪迴」是爲了強調經驗的相對性。「眾生受苦，而實無
有眾生。無有眾生，而又自作自受，世界的差別，即是輪迴，便是這樣來的。」
〔註116〕落到歷史觀上，「識投胎」「輪迴觀」即是承認歷史的「非唯一性」和相
對性：歷史沒有前後的相續性，「儲藏庫」裏冒出的「世界」也是不確定的。認
取「識投胎」意味著承認「地球」「末法時期」「娑婆世界」「銀河系」「中國」
「現代」等時空觀念歸根結底也只是此生之「我」所在的世界的時空相貌而已，
它們都如同「閃電」一樣，只有「假名」「假相」「假用」，是相對的、暫時性的
現象；即使創立了佛教的釋迦牟尼佛本人，也只是「賢劫中第四尊佛」而已。
在《莫須有先生坐飛機以後》中，廢名自稱正是「做中學生的時候科學實驗室
的習慣使得他悟得宗教，即是世界是相對的。由相對自然懂得絕對，於是莫須
有先生成爲空前的大乘佛教徒了」〔註117〕。而通過取消阿賴耶識並以「看得見
的現象」作爲立論的基礎，十力實際上以「現實」代替「現世」，也就取消了「歷
史相對主義」。在廢名看來，這是十力對「群化」有實體性的執取，並不能真的
相信這種「相對性」的緣故。在這一意義上，廢名稱十力「不懂阿賴耶識」，正
是在指責他拋棄了輪迴思想。由於不認同「識投胎」，則「汝輩哲學家」只能認
取有「形」之事爲時空、歷史、善惡、死生。如承認「有識」「有心」，則原有
的時間空間的執著都成了戲論〔註118〕。

〔註114〕　唐文明：《隱秘的顛覆：牟宗三、康德與原始儒家》，北京：生活·讀書·新知
　　　　　三聯書店，2012 年，第 243 頁。

〔註115〕　參見（美）克拉克：《東方啓蒙：東西方思想的遭遇》，上海：上海人民出版
　　　　　社，2011 年，第 123 頁。

〔註116〕　廢名：《阿賴耶識論》，王風編：《廢名集》第四卷，北京：北京大學出版社，
　　　　　2009 年，第 1905 頁。

〔註117〕　廢名：《莫須有先生坐飛機以後》，王風編：《廢名集》第二卷，北京：北京大
　　　　　學出版社，2009 年，第 888 頁。

〔註118〕　廢名：《阿賴耶識論》，王風編：《廢名集》第四卷，北京：北京大學出版社，
　　　　　2009 年，第 1865 頁。

不論我們是否接受阿賴耶識的理論，有一點是肯定的，那就是取用佛學、特別是唯識學的思想者必然會正面遭遇是否接受輪迴這一問題。十力本人也清楚這一點。在 1918 年決定出儒入佛的《心書》中，他曾詳論過「輪迴」的問題，並強調「此處信不及，則佛之教義全盤推翻」「唯其無我，所以輪迴此義甚深」〔註 119〕。而多年以後，當他說出「有迴脫形骸之神識，因欲超生。推其歸趣，本屬非人生的。」「此等宇宙觀其影響於人生及群化諸方面，畢竟不妥」等語時〔註 120〕，意謂著他已經放棄了輪迴思想，也放棄了佛學。

然而矛盾之處在於，十力畢竟在唯識學中走過一遭，希望揚棄唯識而自命爲「新」。按照唯識學自身的邏輯，主體造作諸業，業力相續於是生命的情節便相續，業的力量必然有一個存放之處，這就是阿賴耶識。而十力雖然不談賴耶及輪迴的問題，其認識論系統仍然遵守因果法則和「業力」說，以及「刹那生滅」等色法和心法的道理。這就導致十力難於說明「前念生、後念滅」和「行善作惡」的因果相續之法則的關係。如果說是前念生、後念即滅，爲什麼還有災難的發生，還有記憶的積累呢？因此，從敘述的內在邏輯上，十力是不能不承認生命中是有對記憶、因果、善惡業力能量去處的「儲存庫」的，但爲了迴避阿賴耶識，他只有含糊地將之命名爲「吾人內部生活之深淵」〔註 121〕。

這一隱喻性的置換顯然不能看成哲學家十力的抒情表達。如劉小楓所說，十力帶走了唯識的「形而上學」思辨，建立了宏偉的本體論〔註 122〕。然而以「內部生活的深淵」這類含混的語言代替唯識學的核心範疇卻表明了十力宏偉的哲學大廈在根基上存在的問題：首先，是宇宙進化論的絕對性，其次，是對個體生命和世界關係的看法。

在《轉變》一章裏，十力講述了對地球滅亡的預測。他認爲宇宙整體上是生生不息地演化的，因此地球會滅亡，但經過一個混沌期後又會有新的世

〔註 119〕　《熊子眞心書·船山學自記》，北京：中華書局，1985 年，第 95 頁。參見劉小楓：《共和與經綸　熊十力〈論六經〉〈正韓〉辨正》，北京：生活·讀書·新知三聯書店，第 68 頁。

〔註 120〕　參見《十力語要》卷四，《熊十力全集》第四卷，武漢：湖北教育出版社，2001 年，第 500 頁。

〔註 121〕　參見熊十力：《新唯識論》（語體文本），上海：上海書店，2008 年，第 226～227 頁。

〔註 122〕　參見劉小楓：《共和與經綸　熊十力〈論六經〉〈正韓〉辨正》，北京：生活·讀書·新知三聯書店，第 68 頁。

界誕生。十力在這裡的說法仍然華麗而泛然，似與傳統佛學（如生、住、異、滅和劫數思想）和現代科學的時空觀都不相妨害，然而依照「識投胎」的原理，每一期生命「死亡」，實際上是前六識的因緣「滅」，阿賴耶識這一「儲藏庫」釋放出新的種子，被第七識「末那識」──「我」執取，以「人類」來說，阿賴耶識「去後來先做主公」，變現出一個全新的時間和空間相貌，「我執」仍在，然而假名、假相、假用卻完全改變了。也就是說，在「識投胎」之後，「我」所轉生的也許是完全不同的「依報世界」，它可能與十力所描述的這個「宇宙進化」的規律毫無關係。在大乘佛教經典上呈現的「六欲天」的景象就不符合「低級」到「高級」的發展規律。本文第一章中談到，章太炎在「俱分進化論」中就曾將「進化」的總體趨勢和個別現象乃至於他方世界的可能情況都列舉而出，而十力是卻是將「低級到高級」的進化論作為一種普遍的宇宙模式來看待的。此外，十力對於個體之我和真如之我的關係的描述也非常玄妙模糊：

> 問天地毀時，人類努力創造歸於空無，則奈何。答：《易》言「窮理盡性以至於命」。直接歸於真如法性，以「佛言證大法身」解之〔註123〕。

在大乘佛教中，法身、般若（智慧）和解脫是三位一體的。解脫就是從生死輪迴中跳出，不被生死、煩惱所轉。般若則是覺悟到生命的本來面目。唐永嘉禪師稱「法身不癡即般若，般若無著即脫解，解脫清淨即法身」。正因為有對「輪迴」的認識，才有解脫和真如法身的概念。廢名在《阿賴耶識論》裏強調的輪迴和「諸法如幻」也是如此。而十力則試圖在無視「輪迴」的前提下，以「法身」、「真如」的周遍體性來回應在一期宇宙終結時個體存在意義的問題。即使十力也像章太炎和廢名一樣，認為證得了法身，「我」也就成了「無對無待」的「無寄真人」，但對個體的「我」轉化為「無寄真人」的方式，十力卻往往語焉不詳，彷彿作為個體的「小我」只要凝聚心念，就直接與宇宙的「大我」化歸一體了。

（二）被架空的「知識論」和儒家自我

1. 知識論與生命經驗

可以說，十力的新唯識學省略了佛教中幾個主要的「步驟」：在因果相續、

〔註123〕　熊十力：《新唯識論》（語體文本），上海：上海書店，2008 年，第 252 頁。

生滅無常的認識法則中舍棄了作爲儲藏庫的「賴耶」；在主體的意義上則在佛的「三身」中舍棄了自受用的「報身」、他受用的「化身」，而直接說「自他不二」的「法身」。胡蘭成曾說人有有形的「形身」和無形的「象身」，象身就相當於「如來身」或「法身」〔註124〕。十力脫離「形身」而直認「法身」爲「我」，用氣勢上極爲恢宏的「無限」的「體用不二」掩蓋了「迷」和「悟」之間的時間和空間差異。

　　與其問佛教的本體觀念，到底是有我、還是無我，到底是眞實，還是虛幻，莫如說，這是何時何地應說「有」，何時何地應說「無」的問題。作爲「有」宗，唯識學所謂的「識」是「有」，世界是「有」，與大乘般若「空」宗說「有」的含義不完全相同。從佛教各宗「判教」的觀點，十力的「一重體用論」，仍然如蘇曼殊的「滿目青山」詩，只適用於大乘圓教，是「佛」的觀法，是覺悟的終點。然而，從一個凡夫到成佛，仍然有「現象」所顯現的種種差別，也仍然要有「進化」「退化」的時間判定，即如有好夢也有惡夢，一眞法界、一重體用只適用夢醒之後的境界。如依頓教，一切時分皆不可說，因一念不生即說是佛。若依圓教，一切時分皆悉不定，因諸劫相入。即使在語言上採用「不二」「即」這樣的說法，它的鋪展卻是多維的。如地球是圓的，而因人類視覺的錯覺，仍須在「名相」上安立「直線」這個概念。各宗乃是隨著主體自身身心的界限差異來判教，好像把一個橙子從不同的剖面切開，而從各個角度來觀察一樣。如唯識學的重要經典《解深密經》，在一部經裏涉及到的概念數量，可能要比儒家「六經」加起來的還要多。這也是十力抨擊唯識「繁瑣」的證據之一。每一個概念，以及句子中其他的成分的使用，其下都是一個更細微的分類系統，最終引發名相的暴流。然而，作爲法相宗和瑜伽派依怙的甚深經典，它是大乘中期之經，如果此前沒有實修過「空性」，即不知道這些名相通向何方，如同在孤島上手握大量紙幣。

　　在廢名看來，十力處處以「一重體用論」放置四海而皆準，將「天道」與「人事」徹底地混爲一談。作爲「新儒學」的領軍人物，十力在佛學中「暗渡陳倉」的敘事轉換模式影響極大。一個最直觀的表現是：在個體的、經驗性的「我」與超越性的、絕對的「我」之間沒有明確的界線，這種情況與「個體——集體」的主體論模式是極爲接近的。用當代佛教研究者郭齊勇的話來

〔註124〕　胡蘭成：《閒愁萬種》，北京：中國長安出版社，2012年，第75頁。

說，十力對唯識學的批判，是一種「創造性誤讀」〔註125〕，但梁漱溟卻認為十力之「創造」的負面意義實不能小覷。因為要談論文明必要談論宗教，宗教與哲學本自一體。十力將宗教與哲學的割裂所導致的後果之一，就是「哲學」之「體」的「理論化」和「模糊化」。

自晚清「中體西用」到新儒家的「體用不二」，一直存在著這樣一種敘事邏輯：「東方哲學」「東方思想」的理論已經是完美無缺的，中國現代發生的種種問題僅僅出現在「用」──「行動」和「實踐」之上。特別是對於長期浸淫在傳統三教資源的中國學人來說，「體用不二」的道統之合法性是無須多言的，而牟宗三等人對「儒學第三期」的歷史疏理和「通三統」的時代使命，主要在於開出學統和政統〔註126〕。可以說，儘管熊學一門的新儒家學者是從天命之「體」開始蔓延而成為龐大精宏的體系的，難題則似乎總是出在「用」裏。

從上述廢名對於「內心外物」的批評來看，問題實際上在於不能明「體」。不論是佛家還是儒家的「修行」，都強調其理論的重心是對本體層面的「覺悟」，然而如果「體」的含義和適用範圍發生模糊，「內在而超越的本心」與「個體自然心」相混雜，就一定會導致「理論」和「實踐」的悖離。

廢名稱十力「大錯已成」，是因為他看到了道德主體和認識主體相混同的後果。按照廢名的「眼見物」邏輯，十力正是忘記了把自己放到敘述之中。廢名稱「熊翁是天才，只是習氣重，好名譽」，這裡有批判其儒家自我和「讀書人」自我的雙重意味〔註127〕。梁漱溟曾在十力身後批評老友勉強將「宗教」切出「哲學」，卻對於兩者都僅在知識論上「把弄」「賞玩」，並不曾投入生命，體悟何為「內觀」「內證」。這使他「把弄佛典數十年」，「始終不曾入也不曾出」。同時，他批評十力對「宗教」的理解粗淺模糊，這與其對唯識學的「邏輯性」的揀別形成了奇怪的對比。因為「熊先生菲薄宗教而酷好哲學，其所謂哲學尤在乎本體論，此皆其書中屢屢明白言之者。然而他不曉得本體論早絕了路，除非它結合著宗教，待從宗教而得救。」〔註128〕

〔註125〕　郭齊勇：《論熊十力對佛教唯識學的批評》，《世界宗教研究》，2007 年第 2 期，第 40〜50 頁。

〔註126〕　參見唐文明：《隱秘的顛覆：牟宗三、康德與原始儒家》，北京：生活‧讀書‧新知三聯書店，2012 年，第 14 頁。

〔註127〕　參見廢名：《莫須有先生坐飛機以後》，王風編：《廢名集》第二卷，北京：北京大學出版社，2009 年，第 1083 頁。

〔註128〕　梁漱溟：《讀熊著各書書後》，《梁漱溟全集》第七卷，濟南：山東人民出版社，2008 年，第 357 頁。

梁漱溟的看法是不無道理的：從知識上，即使是一個粗淺的佛教徒也知道「寂滅」不是「消極」，更何況在唯識論中「打滾」多年、寫出《佛家名相通釋》的碩學。然而，十力自成爲一個佛教徒開始，就取消了「行門」，對於唯識學中那些爲「實修」而搭設的種種範疇也只從「知識論」來理解，沒有「證量」，卻自言「深玩佛家唯識論」〔註129〕，即如在一層樓想像三層樓的風景。或許正因如此，《新唯識論》中的十力並不能從生命經驗出發，告訴我們「回歸本體至善」究竟意味著什麼。對於十力來說，「修行」是中國哲學的獨特成分，它是由「體」生「用」而產生的動詞，正是「修行」能開發出本體之德用，能夠「元亨利貞」。然而十力的「修行」很少涉及身體經驗。對於「空性」解剖了多年，也經過激烈的鬥爭，他仍不能在經驗上參悟到「空」是什麼。正是這一點才使十力最終放棄了「輪迴說」。儘管他假設了宇宙在現象上的開始與終結的景象，卻對佛教行者證悟絕對理體時的內心景觀（如禪宗的「虛空粉碎，大地平沉」）表示懷疑。這是佛教用來描述根本無明（avijja paccaya sankhara）被摧毀時主體身心世界的宏偉體驗：通過止和觀的訓練，心的內部強力震盪，動搖了宇宙。主體從一切常規現實中脫身而出，獲得了涅槃的確定感，這種體驗也被稱爲「菩提樹下的覺悟」「輪迴的摧毀」，它通常表明主體證得了小乘的阿羅漢果，也就是偏空涅槃。這一切都被十力對「悟」的描述排除在外。此外，如劉小楓所言，《易》對於十力來說不是卜筮之辭，而是中國最大的形上學辭典〔註130〕。值得注意的是，易傳的卜筮不僅包含了鬼神靈怪等異說的可能性，也同樣包含了主體的身體經驗〔註131〕，而十力卻像對待「阿賴耶識」一樣，將這種讖諱式讀法捨去了。

廢名與梁漱溟的看法如出一轍。在抗戰期間的湖北黃梅與鄉民接觸的過程中，他深深感到十力的哲學對於「民」的現實生存沒有幫助，因爲他的哲學裏並沒有眞實的「天命」。他多次在文中批評十力「不純粹」「心地不直」〔註132〕，並非指責其道德問題，而是標舉其著述中不斷自我纏縛的矛盾心態：潛

〔註129〕　參見熊十力：《新唯識論語體文本壬辰刪定記》，《新唯識論》，上海：上海書店，2008 年，第 113 頁。

〔註130〕　劉小楓：《共和與經綸　熊十力〈論六經〉〈正韓〉辨正》，北京：生活·讀書·新知三聯書店，第 75 頁。

〔註131〕　參見南懷瑾：《易經繫傳別講》，北京：東方出版社，2015 年。

〔註132〕　參見《莫須有先生坐飛機以後》，王風編：《廢名集》第二卷，北京：北京大學出版社，2009 年，第 973〜974 頁。

伏在敘述中轉換世界觀的真正意圖，使十力的「空性論」和「顯現論」變成了一種表面的裝飾。由於十力的哲學是從天命之「體」開始蔓延而成為龐大精宏的體系的，他並不能真的相信和回歸這個「體」，就成了至關重要的問題。

也像梁漱溟所強調的那樣，在 40 年代的一系列的佛學文章和小說文本中，廢名一再說明真正的哲學、科學與宗教必是相通的，真正的宗教家也是真正的哲學家和科學家，他們的共同特點就是對絕對理體的認取。在這裡，廢名的主要觀點與周作人很有些相似，即認為真正的儒者、真正的哲學家與佛家的世界觀必定相通。《易》的「易簡而天下之理得矣」誠哉是言〔註133〕，真理實相原本「如」是，康德的「世界是真理的命令」以及孔子和程朱的話都表達了對絕對真理的「信」。「他（按：指莫須有先生）認為儒家是宗教，凡屬真理一定超過哲學範圍而為宗教，故儒家經典提出格物二字，格物者即是非唯物的世界觀也。」〔註134〕「儒家自孔孟，便絕對無疑是宗教」。孔孟的好處，就在於他們並非僅僅是將「天命」「天理」作為「人欲」「人事」的遁辭，而是真的相信天理與天命的存在。「天命不是空空洞洞的一個概念，天命是同世間的現象一樣具體。中國從二帝三王以至於孔子，其實都是宗教家，因為儒本來是宗教，其中心事實便是『天』」。「孔子曰，「不怨天，不尤人，下學而上達。知我者，其天乎？」〔註135〕

在《體與用》《一個中國人民讀了新民主主義論後歡喜的話》等文中，廢名更一再引用孔子「敬鬼神」的相關語錄，認為《論語》「沒有一句同佛教衝突的」〔註136〕，因為孔子為世界的多元性留出了空間：「科學之於鬼神，應該是『不知為不知』。不知為不知才是知。孔子是真真不知為不知，故他說，『未知生，焉知死？』」他視孔子為「現世主義的宗教家」，其「宗教」是真正的「科學」：「我喜歡現世主義的宗教，即中國的儒家，我欣賞科學的範圍」，「中國是救現世的宗教，對於死自然是不求甚解，我真喜歡孔子的態度」〔註137〕，

〔註133〕 廢名：《阿賴耶識論》，王風編：《廢名集》第四卷，北京：北京大學出版社，2009 年，第 1886 頁。

〔註134〕 廢名：《莫須有先生坐飛機以後》，王風編：《廢名集》第二卷，北京：北京大學出版社，2009 年，第 969 頁。

〔註135〕 廢名：《孟子的性善和程子的格物》，王風編：《廢名集》第四卷，北京：北京大學出版社，2009 年，第 1924～1925 頁。

〔註136〕 廢名：《體與用》，同上，第 1934 頁。

〔註137〕 廢名《一個中國人民讀了新民主主義論後歡喜的話》，同上，第 1967～1968 頁、第 1973 頁。

「大哉孔子」〔註138〕；並認爲程朱思想中實際上也隱含了對多元世界的認同，只是世人的解讀發生了偏差，因此「同儒者講阿賴耶識確是很要緊的。儒者的格物再進一步是要到這個地位的。這時在並不是不可思議，是可以分辨得清清楚楚的。」〔註139〕作爲證據，他對孔子的敘事邏輯進行了推演，認爲孔子「天之將喪斯文也，後起者不得與於斯文也；天之未喪斯文也，匡人其於予何！」，是孔子知曉「世界是幻」的結果，因爲「若執著於生，則孔子這些話是無可奈何之辭，等於窮則呼天；若懂得示現，則孔子說的是眞實。」他又進一步釋《詩經》「天生烝民，有物有則，民之秉彝，好是懿德」，認爲這裡的「生」同樣是「因緣法」的「示現」；其「有物有則」的意義，是因世人都執著於有物，才故有「生」。這說明作詩的古德知曉「現象生滅」的本質是「夢幻泡影」，方有此說〔註140〕。廢名據此認爲，眞正的儒者雖然在井底卻能知天地寬，在認識世界的本質問題上，「眞儒」與佛學的差別只是範圍的大小而已。只要「知之爲知之」，如伊川「天地之間，有者只是有」〔註141〕，不以「特殊」的立足點強爲普遍性，不論是依「有爲法」而立論，還是依「無爲法」而立說，都是眞如實相的「大用顯現」。「芸芸眾類爲萬殊，死亦萬殊，世界是輪迴。到這時儒者自然能將倫理範圍擴大，願度眾生，聞佛之言說眞是一則以喜一則以懼。故儒者之辟佛乃其知有不盡耳。」〔註142〕此即是說，孔子等「眞儒」的偉大，在於有出世之眼光，卻以現世主義救世。在這裡，廢名很清楚地標明了「現世」與「現實」的區別，正是基於此差別，他也像章太炎一樣爲思想家們排列了座次，認爲「康德與程朱，學問雖好，終是凡夫。」凡屬宗教，從世俗的眼光看都是近乎迷信的，故孔子亦有「鳳鳥不至河不出圖」的話，「這是理智的至極」。繼而說，「若照熊先生的理論，死生鬼神都不許成問題，因爲他雖然不以物爲物，而他的世界觀是五官世界了。這個世界觀便是唯物，不是中道。」〔註143〕

〔註138〕　廢名：《阿賴耶識論》，同上，第 1877 頁。
〔註139〕　同上，第 1896 頁。
〔註140〕　同上，第 1907 頁。
〔註141〕　同上，第 1896 頁。
〔註142〕　廢名：《阿賴耶識論》，王風編：《廢名集》第四卷，北京：北京大學出版社，2009 年，第 1877 頁。
〔註143〕　廢名：《阿賴耶識論》，王風編：《廢名集》第四卷，北京：北京大學出版社，2009 年，第 1866 頁。

　　這一說法也同樣能在章太炎那裡找到依據。同在唯識學和《易》之間進行格義比附，章太炎與熊十力最大的差別，就在於他明確地以阿賴耶識作為根本。如前所述，他曾以「乾」為阿賴耶識、「坤」為第七識「我執」末那識。有學者認為這種比較很難成立，因為在唯識學的「八識」之中，阿賴耶識與前七識有「先後」關係，乾和坤則是同時俱有的〔註144〕。但章太炎認為，從易學的角度來說，乾與坤同樣有其先後次序。「大哉乾元，萬物資始」即為阿賴耶之徵，而「至哉坤元，萬物資生」即是「十二因緣」中的「無明」，為緣生第一支。無明無往不在，而第七識的「我執」即是無明本體〔註145〕。關於第七識從阿賴耶識中抓取種子和業果為新的「我」而導致輪迴相續，在廢名的《阿賴耶識論》中已有詳論，此處不再贅述，從章太炎的格義來說，他不僅認為真如與賴耶有著「真諦」與「俗諦」的界線位差，也認為表面上是平滑無跡的《易》同樣有著內部層次的差別。可以說，他同時關照到了儒與佛在論爭開闊的過程中時間和空間層次的不同，而十力的「體用不二」則首先抹平了「阿賴耶識」與「七識」的關係，又把「乾／坤」「剝／復」看成了同一個平面上的東西。在某種意義上，體用不二既是十力哲學譜系的最大貢獻，也是其最主要的癥結，原因就在於這種平面化：缺少了「實施環境」、修學次第的「體用不二」使太極「陰陽魚」的變化無窮被「簡化」成一套知識論。從這一點上來說，佛教徒廢名對十力的批評實並不在於他對佛教的「背叛」，而是在於他認為十力的哲學並無真正的「平等」「無待」之心，這使他不僅誤讀了佛學，也同樣誤讀了儒家思想：

　　　　熊十力翁不但不知佛，而且不知孔子，只看他看不起宗教而抬高哲學的價值便可知。只看他遵奉生物進化論便可知。熊翁口口聲聲提倡東方的學問，他又確實知道東方學問的意義，而他不知道他無心之中鑄成大錯。今日講學不能為世人立一信字，是與世人推波助瀾。此事甚可哀〔註146〕。

在某種意義上，十力把「內觀」等同於道德性的自省，架空了「天命」

〔註144〕　參見史革新：《章太炎佛學思想略論》，《河北學刊》，2004 年第 5 期，第 146
　　　　　～154 頁。
〔註145〕　參見章太炎：《齊物論釋定本》，《章太炎全集》（六），上海：上海人民出版社，
　　　　　1985 年，第 60～121 頁。
〔註146〕　廢名：《莫須有先生坐飛機以後》，王風編：《廢名集》第二卷，北京：北京大
　　　　　學出版社，2009 年，第 1086 頁。

或「眞如」，又由於其「道德心性論」只是在理性思維上所做的「觀念性工夫」，就使得「圓融的東方文明」成爲一種雖然結構華美，在「現實」中卻往往顯得「無從適從」的空洞的形而上體系。「新儒學」因此而有了晚清學人所批判的「體制儒學」的陰影。

2. 十力的儒家自我

個體道德問題並不是十力哲學的重心，他想要做的是爲現實政治服務。然而，當十力試圖以六經來接駁新政權所倡導的社會主義民主問題、建構關於「中國」「歷史」「文明」的新儒學敘事時，被他的宏偉敘述所遮蓋的種種問題就浮現出來了。

建國之初，十力給新政權的領導人寫了一封長函，號召他們回歸中國「固有文化」，特別是歷史上的儒學經典。這封長信後題爲《論六經》，收入《熊十力全集》第五卷中。十力的建議理由是，現代中國的一切成就，乃是在「傳統中國」的歷史延長線上。他爲孔子與六經、特別是與《易》的關係賦予了極高的價值，認爲這些經典中早已具足了民主、科學、革命，甚至於社會主義與民主主義精神。在十力眼中，孔子「推原《大易》」，由形而上學思辨開演出民主革命的精神，這位聖人具有天道形上的慧眼，能夠以「天理」把握「人事」，找到或等待革命到來的時機〔註147〕。此時，十力的話語裏已經不知不覺滲透了他所迴避的「讖諱」的意味。從「民主」和「科學」「革命」等似乎已具備了先天合法性的範疇開始推演，他得出一個極富戲劇性的結論：孔子的「民主」微言，僅僅是由於秦建立了專制帝制而演變成了封建「大義」；漢儒之所以屈服於封建思想，是因爲害怕帝國專制的政治迫害。而今，辛亥革命以後既推翻了封建帝制，那麼顯然無須捨近求遠，再以西方舶來之民主政治模式治理國家了〔註148〕。

很顯然，十力的勉力演繹，正是爲了撫平本文導論中敘述及的陳獨秀向杜亞泉所代表的「保守主義者」提出的質疑：「正確」的儒家思想如何導致了「錯誤」的「封建迫害」；「東方文明」的偉大與「封建壓迫」之間的裂痕究竟在哪裏的問題。在這裡，早已成爲儒學「護法」的十力並不願承認中國的

〔註147〕　參見肖萐父編：《熊十力全集》，武漢：湖北教育出版社，2001 年，第 657～775 頁。

〔註148〕　劉小楓：《共和與經綸　熊十力〈論六經〉〈正韓〉辨正》，北京：生活·讀書·新知三聯書店，第 74～75 頁。

「封建壓迫」是儒家思想體制化的結果，而是試圖將儒的「自我」從封建專制中分離出去。從敘事學的角度來理解十力的學說，會發現其情節推展的最終結果就是傳統儒學的全面神化。也就是說，十力的「體用不二」借助唯識學的「邏輯力量」和《易》的形上力量，在與「宗教」「讖諱」徹底劃清了界線之後，變成了一套充滿智慧和預見性的學說。對於上述歷史問題，十力在無形中給出了回答：儒學的思想與錯誤的「封建帝制」之間仍然沒有必然的聯繫，「封建迫害」是一個自然的「客觀存在」，也是儒學需要克服的「他者」。

雖然所有的思想在廣義上說都可以是格義的結果，而十力對於佛學的格義與上述對儒學的格義，都可謂「大刀闊斧」以至面目全非。錢穆曾批評十力對儒家經典的態度遠非「六經注我四字所能形容：「他簡直是興到亂說，好像是一個不學的妄人一樣」。他對十力這種作風「深惡痛絕」〔註149〕。重要的不是這種格義的「科學合理性」，而是它的心理基礎，即以「聖人自我」作為歷史動力的心態。正是對「體」——世界本源的理解的差異才產生了政治哲學和歷史哲學中的那個能動者——「主體」的問題，要回答「知識主體」如何讓一個本具文明意識的國家「認識自己」，答案也一定被彈回本體論世界觀中去。正如在《新唯識論》中「個體」之「我」和「無寄真人」之間曖昧不清的關係一樣，在十力「民主六經」的觀點中，最難處理的恐怕就是孔子代表的聖人和屈服於封建帝制的「漢儒」「宋儒」與「民」的關係。如劉小楓的觀察，十力稱「《春秋》之所謂王事」，是孔子為人民所作的自由民主法典。這裡的「王事」自然不是君主政權，而是天下所共有的最高理想，它在現代的環境中被挪移為社會主義和民主主義的理想。然而「王事」由誰來承當？十力稱《淮南子》中的「法源於眾」雖然是法家的思想，但也通於儒家，說明了聖人之法的正當性，孔子用來輸導「眾庶」的法是來源於人民，也就是「以人民之法」來規導「人民」，然而另一方面，十力又處處流露出「庸眾之道德，發於自覺者少」的意識〔註150〕。這使我們很自然地質疑他對「民」的定義和作為其自我鏡象的孔子等聖人在現代生活中的定位。這種矛盾性，與十力在《新唯識論》裏直接由個體之我跳到宇宙大「我」、「無寄真人」的模糊性可以說是一脈相承的。這也正是廢名對十力等「學問家」「讀書人」深惡

〔註149〕 轉引自余英時：《現代儒學論》，上海：上海人民出版社，2010 年，第 159 頁。

〔註150〕 這一段的推導，參見劉小楓：《共和與經綸 熊十力〈論六經〉〈正韓〉辨正》，北京：生活・讀書・新知三聯書店，第 113～118 頁。

痛絕的一點，也是他在其小說《莫須有先生坐飛機以後》中試圖「糾正」的關係。

　　在與十力的碰撞中，廢名不僅力持宗教、哲學與科學的一致性，也試圖將哲學和文學融通起來。如果十力的問題在於「平面化」的話，廢名所做的正是「折紙」的工作：他想在文字中重新恢復佛教的修證經驗和本體論、認識論的「立體性」。這個工作在哲學和文學文本中的效果是不同的。《阿賴耶識論》充滿了廢名詩人式的天真，其說理又顯得纏夾。這種文本效果不僅是廢名的個性使然：在這個「哲學／宗教」分離的現場，廢名親身體驗到了觀念侵蝕語言（或者說，語言就是觀念）的強大威力。世人所說的話映現了他們眼中的世界，要證明世界的「實相」，就要採用不一樣的表述方式。《阿賴耶識論》是「硬碰硬」的結果，是針對十力的「簡化」而展開的正面批評，他並非不清楚「正面交鋒」的難度（他自稱這是世上艱難的工作），十力的「大錯」卻始終讓他難以平復。相比之下，梁漱溟並未試圖在學理上「說服」熊十力本人，而只是提醒研究者對於十力方法和認識的角度有所警醒，這是他的高明之處。

　　在廢名的詩學文本裏，我們反而更容易看清楚他想傳達給「心性論」同盟者的觀點：所謂「向內覺悟」並不是以倫理道德的「教條」為基準來自省，而是在更為基礎的層面上——在生命體驗的層面上覺悟自己認識世界的方式，如此才會真正牽動道德的自我修復，並體悟到文明的本質。

第二節　廢名的「禪修寫作」

一、「我」的觀察點

　　按照唯識學的邏輯，生因識有，滅從色除。解脫是從有相的「色法」入手，所以行者要修身打坐。如前所述，導致十力「體用不二」成為一種宏偉的形而上學理論的心理原因，是他始終把佛學乃至於「哲學」都僅僅作為一種「知識論」系統來看待，而廢名的佛教體驗卻是身體性的。自「民國二十四年」「習靜坐」起，他的生活就鍍上了「禪修」的光澤。在《莫須有先生坐飛機以後》中批判了十力「不知佛」後，他總結「以上都是講道理，其實不應該講道理，應該講修行。」莫須有先生自從習靜坐後，「一天一天地懂得道

理了。」〔註151〕根據周作人的回憶，廢名打坐確有可視性的成果，「即趺坐稍頃，便兩手自動作種種姿態，有如體操，不能自己，彷彿自成一套，演畢乃復能活動。」〔註152〕另有人回憶，廢名曾和雍和宮一位法師談禪論道，辯詰駁難，「法師初以爲廢名乃一介書生，與道法無緣，及至談論起來，方知其對佛教典籍的熟諳程度不讓法師，且常有自己精闢的理解與闡發，特別是親眼看見廢名參禪打坐入定的境界後，更歎曰此是道法有緣的善果，非常人所能得，即爲僧爲尼，道行中人，得之者也罕見。」〔註153〕

廢名的「禪修工夫」到了何種程度並非本文關注之處。即如儒家的「內證」工夫無法從外部了知，我們所能考察的也只是文本所留下的痕跡。自從「實修」禪坐以後，廢名的寫作既是修行，也是修行的記錄。寫於 30 年代初的《莫須有先生傳》即是廢名開始嘗試以「修行者」的眼光看待世界的第一個文本實驗。彼時，與十力的交鋒還沒有正式展開，它可以說是「佛教徒」廢名對世界的獨語式體悟，體現了一個禪修者在認識世界的方法開始改變時所導致的「敘事革命」。十餘年後的「續篇」《莫須有先生坐飛機以後》則是一個主動介入思想史的文學文本，在禪的經驗基礎上又加入了唯識學的理論，它試圖在最抽象的哲學討論與鄉村經驗現實之間搭設一架詩學的橋樑，來闡述「中華文明的覺悟」以及作者爲此覺悟而進行的「修行」。

與現代以來的「佛教文學家」相比，實修體驗也是廢名最獨特的地方。同樣是佛理禪意，作者在其「佛教文學」中設置的內在的對話性和問題意識的差異也決定了文本表達效果的不同。詩僧蘇曼殊是在那些美學化了的禪宗詩學的「成規套路」之下進行書寫的，其「宗教性」的意義也不在於「修證」，而在於以「出世」的態度爲民族革命的「入世」提供符號性證明。20 年代以後，晚清的「政治佛學」也隨著「五四新文化」而轉入了「文化佛學」的階段，蘇曼殊「開闢」的佛教小說也在許地山、沈從文等人那裡得到了某種意義上的延續。然而這些作家或以直觀體悟暗合佛理，或者同樣借用「莊禪詩學」的程式套路，很少有真正致力於佛教修持者。如前所述，於「宗教文學」

〔註151〕 參見廢名：《莫須有先生坐飛機以後》，王風編：《廢名集》第二卷，北京：北京大學出版社，2009 年，第 1087 頁。

〔註152〕 周作人：《懷廢名》，《周作人散文全集》8，鍾叔河編訂，桂林：廣西師範大學出版社，2009 年，第 746 頁。

〔註153〕 參見楊厚均：《廢名創作中禪意的形成與嬗變》，《湘潭大學學報（哲學社會科學版）》，1999 年第 3 期，第 59 頁。

成就最大的許地山雖然對佛教義理有許多研究，其佛理敘事也比蘇曼殊精嚴
得多，他的詩文卻呈示了對這些義理的根本的疑惑。沈從文研讀過佛經，也
寫出《邊城》等具有「禪意」的小說，對世界的看法多多少少具有佛教「空
觀」的色彩，但始終只是一般興趣者的嘗試。他在詩意優美的文風上曾受到
「馮文炳」早期作品《竹林的故事》的影響，卻對「廢名」的《莫須有先生
傳》感到不滿，認為作者故意令文字文法不通，是「趣味的惡化」，「把文體
帶到一個不值得提倡的方向上去」〔註154〕。

　　確如沈從文所說，廢名的文學風格自這部作品起開始發生明顯的變化。
它是作者自1927年起在北京西山斷斷續續的隱居生活的總結記錄，比之前的
任何一部作品都更具清晰的自傳性質。然而比起《橋》的清秀哀惘，它雖聲
名在外，卻因其過於「晦澀」而乏人問津。直到60年代，在香港的文學家鮑
耀明還曾向周作人寫信抱怨看不懂這部作品〔註155〕。有論者認為，莫須有先
生「不論人懂與不懂的亂說一氣」，是因為作者彼時經歷了被迫休學、弟弟被
國民黨所害等一系列人生變故，因而產生「內心的創傷與隱痛」所致〔註156〕。
從小說的「事件」層面來看，如是解讀是合理的，然而從敘事的本質來看，「看
不懂」「看得懂」的直觀判斷早已意味著我們是內在於某一種觀念之中。「完
整感」和「真實感」意味著範式，在「整合意義」的時候，我們已經遮掩了
許多東西。正像現代西方立體主義、超現實主義的繪畫以破壞「眼見物」的
直觀性而試圖傳達「本真」一樣，《莫須有先生傳》也因其對現代小說的經典
敘事範式——它內在規定著關於現代社會的主體、運轉方式與意義秩序的理
解方式——的破壞而顯得孤異嶙峋。小說中的大部分句式和修辭都處於時刻
自我解體的狀態，詞和句子內容的每一部分都是我們熟悉的，但其使用方式
卻破壞了慣有的秩序感和完整感。在常識性的分類中，社會性的、文化的、
感官性的關係本身不在同一層面，但作者卻有意將之並置一處，正是這種文

〔註154〕　沈從文：《論馮文炳》，《沈從文全集》第9卷，太原：北嶽文藝出版社，2002
　　　　　年，第145頁。在該文中，沈從文認為馮文炳使用「廢名」透露出他的文風
　　　　　趣味的惡化，是「很可惜的」。

〔註155〕　參見鮑耀明1962年4月13日寄周作人信，鮑耀明編：《周作人與鮑耀明通信
　　　　　集》，開封：河南大學出版社，2004年，第145頁。

〔註156〕　參見管興平、李漢芝：《論廢名小說的含蓄與晦澀》，《湖南第一師範學報》，
　　　　　2002年第2卷第1期。作者認為，廢名小說的晦澀與其經歷有關。從1926
　　　　　年到1927年，北京大學被合併成「京師大學校」，廢名被迫休學，其弟共產
　　　　　黨員馮文華被殺。從1927年下半年起一年有餘，廢名隱居西山正黃旗村裏，
　　　　　開學後才回城。

體讓沈從文感到不適。但沈從文的觀感恰恰從另一角度提示了,《莫須有先生傳》的文體特點已不再停留於僅僅從佛教中汲取虛靜空靈的意境的層面上。廢名並非純粹以不完整性來製造表層的趣味和新奇感,他真正想要暗示的是,事件發生的當時當刻,主體就是這樣看的。

可以說,這部作品透露了廢名開始以禪修者的眼光看待世界,這正是其無法被現有的文學研究的闡釋框架完全覆蓋的地方。鑒於此,在正式進入廢名的小說文本之前,有必要花點時間來從「實修」的角度闡述一下佛教「心性論」者「內觀」的本質:

在梵語中,「禪那」(Dhyana)即「靜慮」之意,並非枯木般的靜坐,也不是主體通過「放空大腦」而變得死寂沉沉,而是截斷外向思維尋求的通路,引向內觀(Vipassana)。它不是指在道德觀念上反省自身的修養行為,而是通過鎖定「所緣境」(如觀呼吸的「數息法」)使心不再追逐於外在的環境,讓心的覺察能力變得微細而敏銳,像鏡子一樣映照出整個內在和外在世界的真實之相。「觀」和「照」是佛教禪定最重要的特徵。沒有它們,就不叫禪,只是一般的「定」或「止」而已。從唯識學的角度,阿賴耶識只有「能藏」「執藏」的功能,其本身在因地上無法改變,而修行者通過「內觀」發現業流流轉的本質,從而轉變第六意識的分別心和第七意識的「我執」,使前五根也就是通常所說的「感官」「身體」境界發生質的改變。內觀像脫衣服一樣,從粗重到微細一層一層勘破色、受、想、行、識這五蘊,看到「身體」和「煩惱」都不是「我」,從而放下「我執」和「法執」。直到發現阿賴耶識裏的根本無明,照破無明亦非「我」,從而證得真如。這個「證得」意味著心已不再受身體的影響,心已經能夠轉「境」而不被「境」所轉,於是不是在知識上,而是在生命體驗上,成為了所謂的「無寄真人」。

就此來說,禪修的意義不在於消滅身心,而在於體認到每時每刻的生滅無常,就像打開一束光,才能照出空氣中的灰塵。禪修的目標不是消滅如灰塵般的煩惱,僅僅是認識和發現到煩惱的存在,就產生巨大的解構性力量,因為主體認知到這些煩惱、整個身心和外在世界都是心造的產物,沒有真實的體性。這樣一來,即使「業報身」尚未了結〔註157〕,事情照樣在做,卻因為不再執著而消滅了苦。

〔註157〕 從小乘佛教最高果位的「阿羅漢」來說,斷盡三界見、思二惑,一切外境都不再妨礙心的解脫,在此身之後不再受輪迴,「我生已盡,梵行已立,所作已作,自知不受後有。」,也能有種種神通變化。

由此來看廢名的文本。廢名常用的詩學形象之一是鏡子。學者吳曉東認為，鏡子是在《橋》等系列短篇小說和廢名詩歌中出現頻率最高的意象之一（如《鏡》《蓮花》《妝臺》《無題》等），它隱喻了鏡花水月的幻美世界。他同時敏銳地觀察到，廢名使用這一形象的獨特之處在於把鏡象看作是實體。「從廢名創作的深層心理動機來看，『鏡』中的虛象世界其實具有某種本體意義，幻象與實象物我無間，渾然一體，鏡象人生甚至勝過實在人生」〔註158〕。這一觀察本身是準確的，但研究者就此得出的結論是廢名的觀點與佛教禪宗並不相同，因為禪宗認為「名相不實，世界如幻」。作為證據，他引用了《莫須有先生坐飛機以後·教國語》中的相關語句：「人生如夢，不是說人生如夢一樣是假的，是說人生如夢一樣是真的」〔註159〕，並認為這是廢名沒有擺脫拉康理論中成長過程中的「鏡象階段」的表現。

本文認為，「人生是夢」恰恰是廢名認同禪宗的地方。小說中的這句話正在於要強調佛教的世界觀：人生是夢幻泡影，並非由於生活的挫傷而產生的傷感也並非譬喻，而是「本體真理」，是「實相」。無論在與十力的辯論中，還是他自己的詩學「獨語」中，廢名極力要強調的一直是「人生是夢」，而非「人生如夢。」這可以說是佛教對生滅、有為法的現象世界所做的說明，睡時是夢，醒時亦是夢，世界既非「唯心」也非「唯物」，而是「唯幻」，如吳曉東所言，「一個幻象化的本體世界在（鏡、影、夢、水）這些隱喻背後得以生成，最終指向一個烏托邦的世界。」〔註160〕只不過這個烏托邦世界不在他方，也不是遠離塵囂的山水田園。而就是主體所在的現實世界本身。從「輪迴」到「涅槃」，就是一個「大夢誰先覺」的認知過程。

> 庭院深深深幾許？老太婆呵，世界實在同一塊玻璃一樣的不是空虛。我常常喜歡一個人繞灣兒，走一個人家的門前過，過門而不入，因為我知道那裡頭有著個可人兒。然而那也要工作得意的時候，否則我也很容易三魂渺渺，七魄茫茫，簡直站不住了。唉，在天之父，什麼時候把你的兒子平安的接回去，不要罰我受苦。〔註161〕

〔註158〕　參見吳曉東：《記憶的神話》，北京：新世界出版社，2001 年，第 149～150頁。

〔註159〕　廢名：《莫須有先生坐飛機以後》，王風編：《廢名集》第二卷，北京：北京大學出版社，2009 年版，第 887 頁。

〔註160〕　廢名：《莫須有先生傳》，王風編：《廢名集》第二卷，北京：北京大學出版社，2009 年版，第 149 頁。

〔註161〕　同上，第 690 頁。

　　《莫須有先生傳》中的這個段落經常被研究者摘引，它的大意是「莫須有先生」路過看到一位姑娘，起了愛憐之心。這個剎那間的心理活動卻以老太婆（即文中「莫須有先生」隱居時的房東太太）和「天之父」作為「起興」的臺階，信手把唐詩宋詞和「西方文學」拈接到一起。這個短小的段落集中體現了《莫須有先生傳》的里程碑式意義：它是作者綜合性手法的開始。自本作以後，廢名習慣將對古今中外的哲學和文學藝術的理解都歸化到同一種認知當中：與其說世界究竟是什麼，不如說它「呈現」為什麼。

　　從修辭資源來看，整部作品都是這種雜糅性的組裝：佛經、《莊子》、《詩經》、《紅樓夢》、唐詩宋詞和莎士比亞構成了小說大量對話、獨白和戲謔的骨骼。如以現代西方敘事學理論解之，似乎「拼貼」「互文」即可了事，但從佛教世界觀的角度，則仍需要進一步考察作者拼貼這些知識的意圖和動力：在詢問這些資源在何種意義上被放置在一起之時，會發現這裡始終有兩個層次，一是關於「真實」的理念，一是關於「真實」的具體體驗。首先，「世界同一塊玻璃一樣的不是空虛」所傳達的仍然是「人生之夢難醒」的理念。引文中的玻璃和夢一樣，都使人容易忘記其本身。在與十力辯論的過程中，廢名反覆強調佛教並非虛無主義，因為夢中皆虛，而「做了夢」這件事卻是真實的。這裡的觀念可與他評說塞萬提斯的話相映照：「……屠格涅夫說西萬提斯的《吉訶德先生》是代表一個理想派，……我的意思則適得其反，他是——他是一個『經驗派』，耍了一個猴戲給我們看。」〔註162〕廢名此說應指塞萬提斯的《堂吉訶德》中的套層結構和間離效果。作者在小說中又杜撰了一個作者，增加了對自己所講的故事的批語和手稿，這種敘事表現手法使它成為啟發博爾赫斯式的後現代敘事的「元文本」之一。在廢名看來，塞萬提斯的意圖並不是提供敘事的機巧，而是將人生本身的機關亮給讀者看，這恰恰說明他是「人生是夢」的經驗派，而非「人生如夢」的理想派。《阿賴耶識論》中的一段話可堪為注解：「事實好像是一件幻術，你說有，世界便在眼前，而且大家在這裡受苦，耶穌為我們背十字架，蘇格拉底我們要他服毒；你說幻，真個便一點實在的理由沒有，反而有一個不相信的真實擺在當前，說時遲那時快，我們已是佛。」〔註163〕

〔註162〕　廢名：《郵筒》，王風編：《廢名集》第三卷，北京：北京大學出版社，2009年版，第1242頁。

〔註163〕　廢名：《阿賴耶識論》，王風編：《廢名集》第四卷，北京：北京大學出版社，2009年版，第1905頁。

其次是關於「真實」的體驗。對於「經驗世界」的忠實是廢名文本的特點，然而他所關注的「經驗現實」是以「幻有」爲前提的，這種觀念在他早期的作品中已經開始有所體現。《橋》是朦朧詩境的代表，彌漫著「輓歌」（吳曉東語〔註 164〕）式的哀傷，其成分是愛情與童年經驗的混合物。這一時期的廢名具有浪漫氣質，其文中也含有一些套路化的莊禪詩學的成分，更易於爲世人所接受，但廢名獨有的世界觀和在此觀照下的生活質感卻已經開始絲絲縷縷地滲漏出來。亦如吳曉東所說，「廢名對《橋》精雕細刻般的打磨並不是貧血的。相反，他比別的作家更貼近並內化了傳統的詩性文化，他的小說中也才蘊藏著可以回味的詩學意蘊。」他舉出作者《橋·燈》中的一段，寫細竹和琴子在夜裏拿著盞燈去照花，其中有一句「白日這些花是看得何等的熟，而且剛才不正擦衣而過嗎？及至此刻，則頗用得著驚心動魄四個字。」吳曉東進而分析，作者對日常生活的細節用「驚心動魄」來形容似乎小題大做，但這種詩意卻昭示了由時間的變換帶來的觀察點的變換所造成的出其不意的美感〔註 165〕。

可以說，這種「出其不意」的美感和錯位感，主要來自於對生活「幻有」的經驗性體悟，「唉，人世色聲香味觸每每就是一個靈魂，表現到好看處就不可思議。」〔註 166〕生活沒有「本質」，隨著主體觀察點的不同而變化。現象世界的種種身心感受，常常就來自於觀察點帶來的錯覺。《莫須有先生傳》裏，兩個村裏的女人「二奶奶」和「大媽」在「莫須有先生」的門口寒喧。作者寫道：「要不是世上還剩下我兩塊石頭，我就討厭你們兩人跑到我的門口來紛擾了，奇怪，世上事都是一個心理作用。」〔註 167〕實相「不增不減」，喜歡和討厭只是心自身的功能而已。廢名的「內省」正是上述禪修內觀過程中練習「心」和「身」分離的結果。小說中「聾舅爺」的外甥女死去，「莫須有先生」一邊聽著他報告消息，一邊展開了如下的心理活動。

> 你們且別鬧且別鬧！我一定有一個參禪之可能！我且把眼睛閉
> 著⋯⋯
>
> 莫須有先生，姑娘生得太乖巧了，乖巧孩子就短命！

〔註 164〕 吳曉東：《記憶的神話》，北京：新世界出版社，2001 年，第 157 頁。
〔註 165〕 同上，第 151～152 頁。
〔註 166〕 廢名：《莫須有先生傳》，王風編：《廢名集》第二卷，北京：北京大學出版社，2009 年版，第 769 頁。
〔註 167〕 同上，第 734 頁。

　　我再不聽你們說話再不聽你們說話，聾舅爺你別哭你別哭，我的世界何所增減？有你們這一個無名的女孩兒以前我是我的世界，沒有你們這一個有名的女孩兒以後我的世界也還是我，——等我再觀察一下，——是的，世界正同一個人的記憶一般大小，不能因為可憐的莫須有先生一旦死了就成了一個窟窿丟了一個東西呵。什麼叫做「我的」？我不如說我的這一枝寫字的筆是我的！我在琉璃廠買來的！死了我拿去！在一個古人的夢裏我丟了！欲將張翰松江雨，畫作屏風寄鮑昭。然而我這個解脫之身軀還得跟著我走呵，不由得我的彼岸之淚回轉頭來，風蕭蕭兮易水寒，著實的泣別一下，再認識一下，於是我才真是我所最親愛的，指鹿為馬，認賊作子，形影相隨，一直到世俗之語言「莫須有先生蓋棺論定」了。人就從此算是死了。今天今天，她，她，她，美麗的姑娘呵，好比我畫一幅畫，是我的得意之作，令我狂喜，令我寂寞，令我認識自己，令我思索宇宙，本來無一物，顏料的排列聚合而已，時間的剝蝕那是當然的，那又是一個顏料的變化而已，一切，一切，這是一切呵，你們如不感到此言的確實，那是你們感得不真切，是你們生活之膚淺！……〔註168〕

　　在《莫須有先生坐飛機以後》的第二章裏，作者也描述了在戰亂中來到鄉下避難的一家人的種種憂患，但眼前的兩個蘿蔔卻構成了「莫須有先生」六歲的兒子純的「現實世界」：「如果要他形容世間『大』的觀念，他一定舉這兩個蘿蔔了。」〔註169〕於無形中，純的舉動或已暗合了莫須有先生在佛教哲學中體會到的「大如須彌，小如芥子」、天下之事「至大無外，至小無內」的「真理」。

　　如果說，廢名與十力辯論的關節點之一在於是否看到了主體立足點的差異以及對立足點的時間和空間相貌的判別，那麼《莫須有先生傳》就是從詩學的角度「現身說法」地呈示立足點的一次精彩演繹。「莫須有先生」經常在同一組情境中將方位和時間變換幾次，不斷轉換著視覺的濾鏡，有時候故意

〔註168〕　廢名：《莫須有先生傳》，王風編：《廢名集》第二卷，北京：北京大學出版社，2009 年版，第 784 頁。

〔註169〕　廢名：《莫須有先生坐飛機以後》，王風編：《廢名集》第二卷，北京：北京大學出版社，2009 年版，第 816 頁。

進行變形和扭曲，仿如透過哈哈鏡來看待自己和他人。他與房東太太對話，外頭有客來找。房東太太說，

> 你且到屋子裏去。是找你的我就通報於你。

> 故不動，飛鳥之過目。天上的星出現了沒有？月亮當然就要上來了。是？相信？有把握？什麼？人類豈不也可憐，也可笑？昨日你記住了，明朝那裡是你的？胡爲乎「明朝」？四月已經是夜大概是實在的。……

> 莫須有先生！來的不是別人又是兩個巡警！〔註170〕

如果將主體在同一時空情境中的心理流動進行視覺摹擬，或許就如同超現實主義畫家埃舍爾看上去是立體的、實際上卻是在同一平面上繪出的城堡「視幻圖」和達利的「軟化的鐘錶」一樣。廢名在這裡所用的正是「第六意識」本具的功能。小說對於敘事節奏的操控所暗示的是，時間眞的會「軟化下來」。從這一意義來說，解構性之所以成爲《莫須有先生傳》最主要的風格特點，因爲它是一個佛教徒對於「現實主義者」的表述方式的一種破壞，同時也是對所有人感知方式的盡可能的復原。它全面地展現了「世界」和「我」之間的「單線」關係。從這部作品開始，這種關於「觀察點」的體悟由於獲得了世界觀的整體組織而得到了全面強化，不再是前期「偶然閃現的靈光」。早期作品中的美、回憶、童年、愛情仍然是這部小說中的成分，但這些能指的組織方式已經發生了改變。由於作者不僅從體悟上、也從理論上開始認同於「幻」，這部作品可以說是以田園烏托邦的「現實完整性」的「破壞」姿態出現的。

從敘事文學的歷史來看，《莫須有先生傳》與西方意識流小說、現代主義、後現代主義的風格有著天然的親近性。20 世紀初西方「意識流小說」引發了對「眞實」問題的廣泛探討，反過來也揭開了「現實主義小說」的「敘事」面紗，從喬伊斯、普魯斯特們的角度，看上去破碎的描述可能更接近思維運作的眞實規律。與《莫須有先生傳》在哲學思想上最貼近的是柏格森哲學，而柏格森與意識流小說和電影理論的起源關係密切。考慮到柏格森本人曾經親到印度禪修並成爲正式的佛教徒的經歷〔註171〕，這種相似毋寧說是必然

〔註170〕 廢名：《莫須有先生傳》，同上，第 743 頁。

〔註171〕 參見姚彬彬：《1921 年前後關於柏格森哲學與佛學關係論辯之始末》，《華東師範大學學報（哲學社會科學版）》，2014 年第 3 期。

的。莫須有先生看著的「玻璃」映現的是「真」的。「假」與「真」的辯證在於：情感發生了，也可以描述出來，但它的「連貫性」只是一種假象，並無實質的意義。白居易的禪詩「言下忘言一時了，夢中說夢兩重虛」（《讀禪經》）即是此意。這是在禪修的「止」與「觀」的徑路中所能找到的「真相」，與意識流小說的原理一樣，它們都可以通過電影這一「夢幻機器」的運作作喻。電影的本質只是靜止的呆照所產生的連續性的幻覺，而我們卻將之讀解為人、事、物，亦如速度所產生的勢能讓我們把旋轉的火炬看成火輪一樣。禪修的「止」是令身心運轉的速度放慢，正如讓放映機停止旋轉，讓人能看一張張膠片；反過來，主體本身的觀察的速度快於放映機的速度，那就是越來越細緻的「觀」：修觀者逐漸跟上了電影放映、瀑布流動的速度，「速度」——時間本身也就消失了，就彷彿乘坐在行駛的列車上，卻能覺察到列車在開動一樣。

在禪修者看來，只要經過更細緻、更耐心的觀察，就會發現身心世界原本如同不斷流動的瀑布、其統一、完整的形態只是由於速度而形成的假象罷了。然而對這種時空認識狀態的認知，正是這個小說文本「晦澀難懂」的主要原因。所謂「現實主義」的敘事，對線性時間和三維空間的不假思索的運用，是「正常敘事」的基礎。而打破「正常的敘事邏輯」必然意味著對此時間與空間的拆解。禪修者分析現象不以時間先後為法則，他只關注現象間的內在關係，而為之脫去時間的束縛。如此，聯繫在一起的現象並成了一把扇子，可以在時間中逐一展開，亦可在思想中任意折疊：「本來一個夢已自成其時間與空間，所以如來一念見三世，明天怎麼樣明天又再看，所謂日月至焉而已矣。我告訴你罷，聖人才真是凡人，經典也大都是小說，只有我這個非聖無法之人最能夠懂得道理，斗室之內，天天坐在這裡空口計算，就如同小時所讀過的一篇寓言所記的一位懶漢一樣，躺著躺著，一腳一腳——把我的瓶子踢翻了！糟糕，摔破了！眼巴巴的不勝其顧甕子，側耳而萬籟俱寂，這是怎麼一回事？……原來莫須有先生剛才自言自語已經跨過門檻自入其室矣……」〔註172〕

西山卜居時的馮文炳開始認識到，「我」是各種參照譜系的疊加。他曾長期生活在新文學以來的個人主義之「我」中，也自認還殘留一些傳統社會「讀

〔註172〕 廢名：《莫須有先生傳》，王風編：《廢名集》第二卷，北京：北京大學出版社，2009 年版，第 786 頁。

書人」的習氣。對於童年和少年時代的純潔之我、戀愛之我，思考生死之我，他也不假思索地在創作中加以鋪陳。在「隱居」期間，或可能受禪修的影響，他越來越意識到，不論是戀愛、還是家國天下的崩解、房東、鄰居的鄉野交往，都不過是「我」的執念的延伸，是「我」的世界裏的聲響，於是只有「廢名」。

　　——世上沒有一個東西不干我事，靜極卻嫌流水鬧，閒多翻笑白雲忙，房後頭那個野孩子還把我的牆上寫一個我是王八，他以爲莫須有先生一看見就怒目了。……這叫做《我我歌》。〔註173〕

　　——人生在世實在就應該練習到同講故事一樣，同唱戲一樣，哀而不傷，君君臣臣父父子子，一切一切關係都能夠不過如此，戀愛也好，亡國也好，做到眞切處棄甲丟盔，回頭還是好好的打扮自己。〔註174〕

　　——想念一個人總還以一種響應爲悅樂，實在同你們鄉下老太太愛見個人情差不了多少。總之的的確確是離不了自己的表現。記得曾經有個「黃毛丫頭」這樣給了我一個當頭棒，說，「你那裡是愛人呢？都是表現你自己！」〔註175〕

　　由於對於「我執」的發見，原有的屬性和身份開始被「莫須有」重新組合起來。這位先生感到，不僅是「我」，市民與鄉民、漢人與旗人等「他者」亦無固定的「本質」，對社會時事的感喟，以及對「新文學家」的戀愛小說模式和對以往作品的自嘲與回憶，轉化爲對話中的種種「密碼」，不同主體的「阿賴耶識」的交織，如同無數面鏡子對在一起「彼此爲幻」。以旗人房東太太與莫須有先生的對話爲例：

　　　　說著她把她的嘴鼓起來了。莫須有先生也把他的嘴鼓起來了。

　　　　幸而頭上掉了一顆棗子，砰的一聲落地好響，把莫須有先生的腦殼抬高了，不期而開口：

　　　　「結杏子的時候你們山上怎麼就有棗子？」

〔註173〕　廢名：《莫須有先生傳》，王風編：《廢名集》第二卷，北京：北京大學出版社，2009 年版，第 727 頁。

〔註174〕　同上，第 702～703 頁。

〔註175〕　廢名：《莫須有先生傳》，王風編：《廢名集》第二卷，北京：北京大學出版社，2009 年版，第 720 頁。

　　　　「大概這個枣子於我們家裏的日子很有關係，而你的精神上也
　　受了一點傷，不知不覺的就碰出來了。七棵樹，你看，去年一共賣
　　了一百五十斤，我自己還晾了二十來斤，——一會兒我的外甥女兒
　　就拿出來，我叫她揀那好的盛一碟子，請莫須有先生嘗嘗我們鄉下
　　東西。」

又如，

　　　　莫須有先生，你同誰說話？

　　　　我知道，你是想出來同誰說話。我是想出來說說話兒，所以我
　　趕快把衣服晾乾了又都收進去……〔註176〕

　　小說大量篇幅都由這樣的對話組織而成。沈從文批評它的一個主要理
由，是認爲這些半文半白的「不莊重」的文體是出於對人物的嘲弄，但這種
嘲弄「若不能從所描寫的人格顯出，卻依賴到作者的文體，這成就是失敗的
成就。」〔註177〕然而在廢名看來，所謂的「人格」原本就是不存在的，它只
是因緣和合的暫時產物。那些對話帶給讀者的突兀和新奇感，很大程度上來
自於我們對「村婦」「農民」的常識性想像。而廢名的描寫似乎處處在「打禪
機」。「二奶奶」「房東太太」甚至很有些南禪「公案」系統中「村婦禪」的角
色意味。公案是中國南宗禪對於禪宗祖師和行者的開悟記錄和引導方法，其
中的村婦禪是以普通鄉野婦女的姿態爲行者「接引禪機」的故事。在著名的
禪宗史書《五燈會元》裏也載有大量村婦禪，如德山大師路遇的澧州婆子、
臨濟大師遇見的平田婆子，以及台山婆子、趙州婆子、燒庵婆子、凌行婆子
等，都是主持開悟的「執機人」。村婦與「新文學家」莫須有先生的對話，或
許是廢名有意爲之。在寫作小說的同時，廢名本人也曾與師友周作人等拋接
禪機、相互唱和〔註178〕。但從另一方面看，村婦禪的故事中並未寫明這些「婆

〔註176〕　廢名：《莫須有先生傳》，王風編：《廢名集》第二卷，北京：北京大學出版社，
　　　　　2009 年版，第 732 頁。

〔註177〕　沈從文：《論馮文炳》，《沈從文全集》第 9 卷，太原：北嶽文藝出版社，2002
　　　　　年，第 145 頁。

〔註178〕　1933 年 1 月 31 日，周作人致信廢名，講述了重讀《莫須有先生傳》的新體
　　　　　會：「出屋齋居士……此書乃是賢者語錄，或如世俗所稱言行錄耳，卻比禪和
　　　　　子的容易瞭解，則因係同一派路，雖落水有淺深，到底非完全異路也……想
　　　　　從別方面寫一篇亦不可得，欲寫此等文雖精通近代『文學學』尚不可至，況
　　　　　如不佞之不學者乎，可爲一笑。」參見馮榮光：《馮文炳生平年表》，王風編：
　　　　　《廢名集》第六卷，北京：北京大學出版社，2009 年版，第 3463 頁。

子」是普通人，抑或是佛與菩薩們「裝扮」的。那些使修行者開悟的對話實際上極其普通，與平常人的說話無異。在廢名的文本中亦然。從上文的關聯性來看，這些對話的緣起都很清楚，意義也並無晦澀之處。這或許是因爲廢名想要「復原」生活的緣故。日常生活的對話原本就充滿了彈跳與突兀，一方面是「語境」的限制，另一方面，通常所謂的「對話」往往也都是在自己的思路之中自說自話罷了。房東太太並不是「洞穿世事」的神秘他者，而是一個普通的旗人老太太。以湖北口音說國語的廢名出於對於旗人京腔的好奇（他經常有意運用這些方言，如「別及，別及」「敢情」「明兒喀」「這麼些個」等）而「複製」了她的腔調，而從小說的其他章節來看，「精神上受了一點傷」這類語言或許是廢名本人慣用的修辭，卻並不是「讀書人」的專屬。事實上，同時代開始生產的「社會主義現實主義」敘事中，所謂「鄉土的」自然語言是一種經過「民族形式」的理念植入而雕琢出來的人工形式。此外，作爲「京派文人」圈中的一員，廢名並非不清楚「旗人」這一身份所可能負載的現代歷史的沉重感，但在這裡只有一些提示、一點顏色和一絲氣味，如小說第三章《花園巧遇》中關於「皇帝早已轟走」的對話〔註179〕，要呈現的只是這些身份對於「莫須有先生」來說可能是什麼而已。這些對話由來自於不同觀念、不同闡釋框架的信息組成，這同樣接近於「日常」的本來面目。在文本中，對「村婦」的一般的田園性想像，以及對「公案禪」的神秘主義的想像因此既彼此建構，卻也相互抵消了。

　　作者如是觀照的「理論意義」，就是在發現事物的「路徑」的同時，讓讀者認識到它並無實質，其敘事目的與其說是拆解「現實」，不如說是看清構成「現實」的「心」。

　　在西方思想界，與廢名的文本意圖較爲貼近的概念是法國哲學家羅蘭·巴爾特的「支配話語」（tenir）〔註180〕。像柏格森的哲學一樣，這位後結構主義者的「概念主義」也深受東方思想的影響，他甚至根據佛老的「中道」和「中庸」觀，爲法蘭西學院撰寫了《中性》《如何共同生活》等講義。「支配話語」是與唯識三性中的「遍計所執性」相近的一個概念，指的是日常生活中無處

〔註179〕　參見廢名：《莫須有先生傳》，王風編：《廢名集》第二卷，北京：北京大學出版社，2009 年版，第 682 頁。

〔註180〕　（法）羅蘭·巴爾特：《如何共同生活》，懷宇譯，北京：人民大學出版社，2010年，第 192 頁、第 211～212 頁。

不在的「意義聚合關係」：一句話、一個人用早餐時的整個情態動作，是在整個話語的「邏各斯」系統下才顯示其意味的。對此，巴爾特舉例說，「姆蘇太太看到我抽煙就搭話說，我兒子自從考上科技大學後就不抽煙了。」〔註181〕自然，姆蘇太太的真正意圖，是要向對方「我兒子考上了科技大學」這個信息，在法語裏，這是通過一種語法結構上的修辭而實現的。巴爾特列舉了日常生活中「支配話語」各種各樣的表現方式。如某先生正坐在一家舒適的早餐店裏安然卻是快速地用餐，忙碌中有節制。在所有人看來，他身處滿足需要的狀態之中、享受快樂的場景之中：

> 我強烈地感到，早餐以這種方式進行，就是（這位先生）進行
> 支配的一種話語：有力量、有佔有內容、有連續性、有張力、有某
> 種誇張、裝腔作勢。精神投入：早餐是一種服飾外表〔註182〕。

巴爾特認為，支配話語的核心情緒是「傲慢」，它表明主體身在「我」的世界而不自知，卻試圖依自身為尺度來影響他人。它的基礎是「邏各斯主義」所產生的「二元對立」。而巴爾特式的解構主義的「政治實踐」就是認識到「支配話語」的運作方式，並想辦法再現它，他在《中性》中以佛道思想立「中性三十說」，以「第三項，非A非B」，避開二元對立的脅迫、傲慢，並通過建立一個又一個細小的概念範疇來拆解「常識」〔註183〕，讓人們像照鏡子一樣看到它們。這與禪修者「內觀」的意義是接近的。

巴爾特的「支配話語」也可以幫助我們理解《莫須有先生傳》中的情景和對話組織方式。這部小說的「潛在意圖」就是對組成「生活」的「心法」與「色法」進行文學再現。在這個意義上，它表面上反映了碎片化、不連貫、疏離感等敘事特徵，其內在卻是統一的。屬於社會身份的「我」由「心法」所統攝，身體感受的「我」為「色法」所統治。與其說這是同一個「主體」在這些「元素」間輾轉騰挪，不如說是同一個「主體的幻覺」在運作：那個能分別種種善惡好壞、能了知這個世界的「我」並不真實，即如廢名引《華嚴經》中句：「眼耳鼻舌身／心意諸情根／因此轉眾苦／而實無所轉／法性無

〔註181〕（法）羅蘭·巴爾特：《如何共同生活》，懷宇譯，北京：人民大學出版社，2010年，第192頁、第211～212頁。

〔註182〕（法）羅蘭·巴爾特：《如何共同生活》，懷宇譯，北京：人民大學出版社，2010年，第211～212頁。

〔註183〕（法）羅蘭·巴爾特：《中性》，張祖建譯，北京：人民大學出版社，2010年。

所轉／示現故有轉」〔註184〕，此一個心識「在胎爲身，處世爲人，在眼爲見，在耳能聞，在鼻辨香，在舌談論，在手執捉，在足運奔。」〔註185〕所謂「我」不過是「心」的作用和功能，廢名的禪修寫作說明了這一點。由主體的自我解構性質決定，要在《莫須有先生傳》中尋找一個固定的人物、時間和空間的敘事是可能的，但作者也同時試圖表達這種「可信性」的建構性。在小說第一章《姓名年齡籍貫》中，莫須有先生打了個「禪機」：他的拐棍兒掉在地上，有人爲他拾起來。

> 「這個棍兒不錯，給老頭拄了倒好，是花椒木的，妙峰山買回
> 來的是不是？花了幾個銅子呢？」
>
> 這樣一來這個傳記完全失了信用了，莫須有先生實人實地了，
> 莫須有先生連忙一打岔：
>
> 「什麼妙峰山！妙峰山在那裡？我壓根兒就不知道！我的一位
> 好朋友送我的！」〔註186〕

對於文化和政治哲學來說，這種認識可以最大限度地破解隱藏在「身份」設定背後的權力性：「身份」是在關係結構中被指認，一旦看到了這種關係結構，它就失去了延展的空間，也就失去了神話性的力量。

二、根、塵、識：深細的生活觀察、拆解與管理

與後來的《莫須有先生坐飛機以後》相比，《莫須有先生傳》顯得晦澀很多。其中的原因之一是《莫須有先生傳》有意對「表層敘事」進行一定程度的拆解。作者剛剛對現實世界的虛幻性、對於「世界是『我』的妄念的顯現」有所覺察，小說的敘事也就直接建立對「我」和「我所」（佛教術語）所建構的「常識」的破壞之上。

從這一點，我們尚可以在後結構主義闡釋學的脈絡中解釋《莫須有先生傳》，但這種解讀卻不能完全包含《莫須有先生坐飛機以後》。作者在第一章

〔註184〕　參見廢名：《阿賴耶識論》，《廢名集》第四卷，北京：北京大學出版社，2009年，第 1906 頁。

〔註185〕　釋體慧：《昭明寺佛七開示》，《顯密文庫》網絡平臺：http://read.goodweb.cn/news/news-view.asp 跡 newsid=65438。

〔註186〕　廢名：《莫須有先生傳》，王風編：《廢名集》第二卷，北京：北京大學出版社，2009 年版，第 666 頁。

《開場白》中評價了兩部作品的關係：《莫須有先生傳》可以說是小說，即是說那裡面的名字都是假的，——其實那裡面的事實也都是假的，等於莫須有先生做了一場夢，」「莫須有先生好久就想登報聲明，若就事實說，則《莫須有先生坐飛機以後》完全是事實，其中五倫俱全，莫須有先生不是過著孤獨的生活了。」〔註187〕

「五倫俱全」意味著廢名有意識地從《莫須有先生傳》對「常識世界」的顛覆心態中走出來，回到了「現實」的社會聯繫之中。從前作正式開始的「佛學」嘗試，在《坐飛機以後》裏才眞正做到了融會貫通。佛教理論的深入反而使敍述變得平和，用禪宗的話說，是在「看山不是山」之後，回到了日常生活中「看山還是山」。同時，它還是廢名一生創作中最爲「中和」的一個文本，融合了前期的清透、《莫須有先生傳》中的奇崛，也是作者後期常以思想家、政論家的姿態「發議論」的開端。它清晰地表達了作者徹底的心性論立場，「相由心生」「萬法唯識」的展現被從容自然地融入生活的流程之中，不再從文本的拆解上下工夫，也不像《阿賴耶識論》中的理論說教那樣密集。如「莫須有先生」觀察妻兒的日常行爲，「莫須有先生太太今天考慮要一個水瓢；而此後的兩三年竟實現了」；兒子純在父親的教導下編草繩，最後「竟能取之不盡，用之不竭」，對此「莫須有先生雖然一言不發，等於拍案驚奇」〔註188〕。小說的許多章節都由這類日常瑣事連綴起來，而與一般的細節描寫不同，這同樣是從禪修者的角度來記錄旁人「視而不見」「聽而不聞」的生理和心理過程，也就是當事人自身難於覺察的「因緣和合」的生滅過程。一個具有自我意識的主體如何由最初心念的發動到因緣的輾轉相聚，終於「心想事成」後，又被新的事物轉移了注意力。這就是「萬法唯識」「心隨境轉」，而「莫須有先生」的「拍案驚奇」可以說是對「體用不二」的詩性表達：「實相」就在現物之中，是「世界的眞理的命令」，別無道理，只有「太息」〔註189〕。

這些情節的連綴方式表明，廢名對於日常生活種種細節的重視已經爐火純青，或許確是來自於禪坐的成果亦未可知。小說在對事件的描寫中無時不

〔註187〕 廢名：《莫須有先生坐飛機以後》，王風編：《廢名集》第二卷，北京：北京大學出版社，2009年版，第809頁。

〔註188〕 同上，第863頁。

〔註189〕 同上，第851～852頁。

在突顯這一點：心的知覺本性不同於外在環境，它靜靜地觀察而不介入。「總之從高上看來，世界都不是實用的了，只有莫須有先生小孩子的心靈存在。」〔註190〕，「心」在起起伏伏的事件中獨立出來的傾向非常明顯，是這部作品最獨特的地方之一。作者之所以不再用破壞的方式拆解語言，或許是因為他對「心」之作用的覺知已經比《莫須有先生傳》時期要深入了。日常的「吃、穿、住、行」如是，社會、歷史事件的構成亦如是。小說對民族危亡的思索、對於中國社會政治和文化現實的種種感悟都體現了「內觀」的深化。這一節先要說明的是，如果說唯識學在理論上幫助了熊十力建立了他的邏輯嚴密性，對於廢名的小說也有同樣的功效。在敘事層面，《莫須有先生坐飛機以後》已經能夠較系統地使用自於唯識學和禪修的義理。這是小說第九章，「莫須有先生」一家到「停前街」去看集會的情景：

> 在會沒有發動的時候，人山人海，盡是吃東西，這個吃東西簡直像無聲電影，專門顯得嘴動作，沒有味覺。在會發動的時候，則是鑼鼓喧天，人山人海又只有視覺，沒有聽覺，因為專門尋要看的看了，聲音是波浪，正如行船的人是要達到目的，波濤洶湧與目的無關。莫須有先生在人山人海之中則彷彿只聽見聲音，當然因為他是寂靜。……〔註191〕

小說中類似於引文的詩性描述，都與《阿賴耶識論》裏廢名對「心物關係」的論述和對十力的駁斥相呼應。小說敘事展開的根本動機，是通過對表層事件生成路徑和狀態的觀照，來研判觀念或事物是以怎樣的路徑和方式產生的。在這裡，廢名正是以唯識學的「色法」與「心法」、根、塵、識、蘊、處、界等認識單位，來「放慢」觀察主體感知於物、感知於世界的方式。如純拿了糖先要給媽媽看然後才吃，莫須有先生覺得這是受「此地人情」，或者「各地人情」的薰染。於是，「糖之於小孩子就先是視覺，到了媽媽那裡才是食覺了」〔註192〕；「純的味覺完全不用事，只是佔有心，歡喜心」〔註193〕；莫須有先生和自家孩子到山中揀柴，當地鄉下孩子則來拾野糞，「他的目中沒

〔註190〕　廢名：《莫須有先生坐飛機以後》，王風編：《廢名集》第二卷，北京：北京大學出版社，2009 年版，第 1043 頁。
〔註191〕　同上，第 930 頁。
〔註192〕　同上，第 1026 頁。
〔註193〕　同上，第 1006 頁。

有山林風味，充滿了豬糞氣息，雖然他的糞籃是空虛的。換一句話說，也便是山林風味，他的拾遺心情不亞於莫須有先生的拾遺心情了，所見不同而已。」最後的總結是，「大家都是有三世因果的，故無法強同」「人各一宇宙，此人的宇宙與彼人的宇宙無法雷同」「而夢是事實，所謂同床異夢」〔註194〕。

　　從這些例證來看，敘述者發現，在「認識世界」的現場所發生的，都是唯識學所謂根與塵的黏著。而作者最常見的敘述行為，就是把這種認識的徑路呈現出來。對於彼時流行的小說敘事來說，這種呈現已經足夠成為文本的「與眾不同」之處。它已經滲入於文本中每一個細節，從而隨時隨地製造著新奇與詩意。即使是在孩子等待父母的一個平常的場景中，作者也要說「爸爸同媽媽來的時候，是先聽見爸爸媽媽的聲音，夜色已不能見人了。」〔註195〕

　　對「心法」和「色法」的認識有助我們把握小說的種種「小事件」內在的認識秩序。對於禪修來說，看到「根塵黏著」只是「觀」的第一步。如要達到熊十力所說的「體用不二」「心物一如」之境，修行的下一步就是要訓練「根與塵」的「分離」，哪一根黏著於哪一塵，就訓練使之分離，或反其道而用之。在唯識學的認識論中，六根、六塵、六識搭建起十八界，架起虛假又桎梏著主體不能逃脫的宇宙人生，行者的對治方法就是通過內觀將之拆開，不讓根、塵、識相配合，這樣就會發現「日常」除了假合而成的相狀外別無其他，讓人煩惱的不是根與塵，而是「識」對它們的抓取。易言之，禪修者廢名對「現實」的拆解方式，就是暫時依循佛教的分類方式觀察世界。比如，對於黏著於聲音「所指」──即說話的內容而加以分別的習慣，就訓練自己不去分別此內容，也不去以進行價值判斷（是讚美還是辱罵，聲音是好聽的還是難聽的）。而是像維特根斯坦聽中國人說話一樣，回到「能指」自身的樣子。又如從「五蘊」的概念來做「觀照」的分解動作時，人吃東西只是五蘊在咀嚼著一堆聲色而已，並無所謂食物，也沒有真實的「人」和「吃」。在此意義上，個體與群體的關係，也只是小五蘊和大五蘊的幻覺而已。

　　這種訓練方法即禪宗所說的「解黏去縛」，它經常成為廢名小說構建一個場景、乃至整個章節的方式。如《莫須有先生坐飛機以後》的第十一章《一

〔註194〕　廢名：《莫須有先生坐飛機以後》，王風編：《廢名集》第二卷，北京：北京大
　　　　　學出版社，2009年版，第1074～1075頁。
〔註195〕　同上，第1070頁。

天的事情》〔註196〕的整個章節即由一個日常生活事件所引發的漫長思考所組成：全家人受了村民幾個上好芋頭的禮，久違地美餐一頓。莫須有先生由此小事而引發了許多遐想，從自己和家人因「芋頭」而生的身心變化，到禮樂之道、儒佛之辨、鄉村時事、國家興亡，可謂麻雀之微五臟俱全。這些聯想看似散漫蕪雜，其「意識流」卻有一種內在的「管理」規律，即以佛學對「貪、嗔、癡、慢、疑」「五毒」的概括來總攝這些「現實和歷史」「哲學與宗教」的事件與思辨，而「貪、嗔、癡」又由「根、塵、識」相互勾結而產生。因此，主體的反省就不僅僅停留在一般的道德「倫理」層面，而是將相對的道德勾聯到了生命運行的本質。如作者從莫須有先生太太以「回來煮飯」來「慫恿」孩子們去揀柴，「兩個小孩子便高興極了，趣味之中而有功利的意義參加，於是趣味更重了。所以世間確乎是貪」這類描述中的價值判斷如同章太炎的「俱分進化論」，包含著「天理」與「人事」兩個視角。孩子本能的高興沒有對錯之分，卻表達了世界之「無明」的本質。廢名這種處理問題的方式或許可以與許地山在相對道德與「至善」「眞如」之間的疑問進行「對話」。「貪」是輪迴的無明，是生命的一部分。度眾生不是增加功利，也不是減少，只是「順其自然」而已。也正因此，廢名的小說裏沒有許地山式的「純美善良」、忍辱負重的女性，因爲在有善有惡、有捨有貪的相對的世界中，就能「看到」無對待的眞理。眞正的「體用不二」就來自於對現象規律的省察，並不需要將「至善」刻意地「拉回」人間，樹立標杆式的人物來體現。

　　如是，《莫須有先生坐飛機以後》顯示了廢名的詩學文本對佛教的認識論分類系統越來越強烈的依賴性。如莫須有先生一家找到新房子，「先看用水，又琢磨買柴的事宜，見了水又問火」〔註197〕，「莫須有先生小時是流動性質，周君是凝滯性質，『各個根器』是一定，是否能解脫成佛則看造化」等等〔註198〕，主體的知識、文學愛好、家庭和日常生活的每一天都借由「覺悟」的認知而被組織起來。對敘述者來說，佛教已經不是一般的文學性修飾，而是對他眼中生命本相的呈現。通過這些詩學上的建構，廢名要傳達的正是他眼中的「心物關係」：所謂「心物一如」「思修交盡」的圓融，並不是「聖杯」一

〔註196〕　廢名：《莫須有先生坐飛機以後》，王風編：《廢名集》第二卷，北京：北京大學出版社，2009年版，第956～974頁。
〔註197〕　同上，第841頁。
〔註198〕　同上，第947頁。

樣被架空的「理體」，而是由認識立足點的頻繁變換，就能「當下」體認到的真理。從這一角度，熊十力無法認同的「虛空粉碎，大地平沉」並不僅僅是禪修者「證果」時的瞬間體悟，也是無時無刻不發生在禪修過程中對「心」與「物」的解構和重組：所謂大地平沉，是主體了物到無有一色身，沒有了「見性」，見不到世界眾生相；虛空粉碎則是切身體悟到自性與虛空等齊，此時主體以心識了知世間事，而不再以眼、耳等諸根與六塵接觸，這便是廢名所謂的「心物合一」後，統統是「心」了。

　　「觀」「照」給廢名文本帶來的另一個變化，就是「管理」。在與十力的辯論中，他曾針對「多重體用論」發動猛烈攻擊。因為十力反對唯識學將每一識各自立體，而廢名則認為，這正表明了世界的平等相與差別相的相即性，每個「識」都有其運作的「邊界」，發現了這一點，就可以循「界」而行事，如庖丁解牛遊刃有餘。因此，「自我管理」就成了禪修中自然而然的成果和深化禪觀的方法論。因為認清了各種「識」運作的規律，也就可以對身體感受和社會事件進行新的分類、組織和重新結構，按照自己的意願和所理解的生活形態來管理自己〔註199〕。在外在的行為方面，包括日常生活的管理，如飲食要有節制、避免過度睡眠、軀體姿式端正，調息等，都幫助主體引向「內觀」。從這個角度來說，《一天的事情》正是「管理」的產物，在將漫天的思緒收回來後，「莫須有先生」總結道，「本來為得痛恨自己貪口腹，跑到那個大松林裏去解憂，結果把自己的憂愁都忘記了，大約因為自己是中國人的原故，說的盡是有為法的話」〔註200〕。與此同是，敘述者提醒讀者別忘了「修行」是生活，生活卻不一定是「修行」。有了觀照和管理，才能說舉手投足皆是道。「有許多功利主義者簡直說莫須有先生對於日常生活有能幹，其實這是一個很大的誤會，莫須有先生最怕他貪著生活而失掉修行的意義，所謂能幹者只是謹慎，有預算，節用，不借債而已。」〔註201〕因此可以說，與蘇曼殊以其「無管理」的生活來標榜「狂僧」身份不同的是，《莫須有先生坐飛機以

〔註199〕　關於禪修者的「管理」式生活如何體現了「反本質主義」的思想，同樣可以在羅蘭·巴爾特的《如何共同生活》和《莫須有先生坐飛機以後》之間進行互參。

〔註200〕　廢名：《莫須有先生坐飛機以後》，王風編：《廢名集》第二卷，北京：北京大學出版社，2009年版，第947頁。

〔註201〕　同上，第841頁。

後》是一個禪修者過著內心穩定的生活的寫照。也是在這一意義上，新的抒情方式和「政治、文明的烏托邦風景才被締造出來。

第三節 「常民」、「國家」和「教育」：廢名的「覺悟」
　　　　與文明的「現實重構」

　　理解了「禪修」的過程和意義，我們才能回到廢名的「政論思想」部分和他的文明論主題。1937 年抗戰全面爆發，廢名攜妻小南下避居故鄉湖北黃梅，直到 1946 年重新返回北平教書。有關這段近十年的避難經歷，詳實確鑿的傳記資料很少。除親人和相識者的回憶外，研究者主要的依據仍然是中篇小說《莫須有先生坐飛機以後》〔註202〕。小說是作者在 1947 年寫完《阿賴耶識論》後開始正式著筆的。某種意義上說，這是他在十力處碰壁的憤鬱之志的延伸。寫作期間，與十力的辯論仍然持續進行著。或許是由於主觀上對十力的「學問」強烈的對抗意識，該文本要比它的前作《莫須有先生傳》更講求主體「虛實辯證」的特徵和對「眞實」的經驗性呈現。按照作者自己的聲明，這部小說本身即歷史和哲學，只是「從俗」而姑且稱爲傳記文學〔註203〕。對於彼時的廢名來說，「小說」作爲用來指出「現實」的虛幻本質的一種敘事工具，已經無須被特別標舉出來：「無隱名之必要，應該把名字都拿出來了」〔註204〕。開始的幾章中，廢名還稱十力爲「老哲學家」，後來則直稱其爲「熊十力翁」了。

　　從這種「文本自律」的意識來看，這部介於小說、隨筆和日記之間的敘事作品幾乎具有與「信史」相同的資料功能。我們盡可以將「莫須有先生」替換爲「廢名」，不必擔心關於「虛構與眞實」的悖論和「作者已死」的敘事命題，來審察他在黃梅鄉村的諸種經歷。

　　從小說強烈的社會關懷意圖來看，可以說《莫須有先生傳》是小乘佛教「自了漢」，《莫須有先生坐飛機以後》則是大乘菩薩道的「隨緣渡眾」。作者提出並試圖解決其時所有的社會問題：家族主義、民眾、「國家」，相對於怎

〔註202〕 如張吉兵《抗戰時期廢名論》（華中師範大學出版社，2008 年版）的主要依
　　　　　據便是廢名本人的作品和研究者自己的想像力。
〔註203〕 廢名：《莫須有先生坐飛機以後》，王風編：《廢名集》第二卷，北京：北京大
　　　　　學出版社，2009 年版，第 809 頁。
〔註204〕 同上，第 972 頁。

樣的主體、怎樣的情境來說意味著什麼，以及「自己」在其中扮演什麼樣的角色。總體上，小說的「社會問題意識」由這樣一條敘事線索構成：

「莫須有先生」在鄉間發現了中國的「民」本具對「文明」的覺悟，傳統的「家族主義」是維持鄉村經驗秩序的一部分。他認為對此無須「批判」亦無須「讚揚」，因為「無為」思想就自然地體現在鄉間生活秩序中，具有消納戰爭等危害的能力。就此而言，他認為真正的亡國並不來自於「外擾」，而是來源於由「學問家」「讀書人」組成的政府嚴重地脫離民眾生活現實的「內憂」，以及西方「現代文明」的入侵對中國人「文明自信」帶來的損害。

以重新定義和區別「聖人」與「學問家」的方法，廢名試圖處理「聖人」與「民眾」之間的難題。在他看來，十力等學問家在把民眾自然運用的天道真理加以理論化的過程中，已經完全偏離了這些真理的本旨。在這一意義上，他認為對「民」真正的啓蒙者只是給其一面鏡子，讓他看到自己。啓蒙者沒有超越於民眾的心性，啓蒙也沒有固定的「內容」，只有因地制宜。真正「科學的」（在他的觀念中也是「宗教的」）啓蒙應該是「無我」的，而「讀書人」卻有「所知障」，其理論總需要「指導」實踐，要求有一塊「實踐」的場地去耕耘。他們無法擺脫「我相」與「人相」，雖然呼喚平等，本身卻總是忘不了差別。

相對於所「破」，必有所立。僅僅停留在知識論上的「本體」「天命」難於令世人消納和理解，而小說的許多問題設置正是針對這一點，它試圖證明真如本體的覺悟如何能與人類的生活息息相關。在主體方面，莫須有先生以聖人的瞭解者和隨順者自居，他在鄉間所做的工作，就是以釋迦佛「觀一切眾生皆有佛性」的做法，行大乘菩薩的「夢中佛事」、「非啓蒙的啓蒙」。既然主體對「文明」的覺悟不是在生命中增加和減少什麼，「修行」只意味著對本具之真理的發現，那麼作為「客體世界」，烏托邦也就不會是一個關於「封閉空間」的想像。儘管小說中思考「文明」的場所是在仍殘存禪宗思想和種種傳統「古道」的黃梅，但文明的依據卻並不是這個「場所」。在時間上，它既非過去也非未來，而就在於這個經歷著戰爭劫難的「當下」；在空間上，它就在於覺悟的主體所在的現場。

一、「本地風光」：「民間獲救」的「覺悟」

小說第四章《卜居》描述了逃難中的「莫須有先生」因居無定所而憂愁

之際，爲同姓鄉人「搭救」，一家四口獲得安身之處的經歷。事件的經過大致是：前一日，莫須有先生上街四處打聽租房事宜，卻被私販牛肉的村民誤認爲是鄉公所派來偵察私訪的官員，避他唯恐不及。到了第二天，這令人頭疼的住房問題卻被輕易地解決了：莫須有先生暫住人家的戶主、舊鄉紳石老爹隨意地領著他敲開一戶陌生農戶的門，向開門的青年農民「順」說道：「這是你本家的先生，先生現在要到金家寨學校教書，你把你的屋子打掃出來，先生就在這裡住家。」〔註205〕

小說接下來描述了順如何向石老爹和莫須有先生恭敬行禮，安排日用，一一解決了莫須有先生擔心的種種基本的生活問題。而幫忙來搬家和接濟家什的人裏，就有前一天在街上「悄悄逃走」的鄉民。

從文本的敘事意圖來看，這首先是一則五四「新文學家」被其批判對象的「家族主義」所拯救的反諷性例證，其衝擊性可以與魯迅《祝福》裏的「我」與祥林嫂的相遇並論。眾所周知，現代啓蒙主義所建構的乃是「壓迫／反抗」的二元系統，個體要通過對家族主義的反叛才能覺醒爲個人〔註206〕，而作爲一名在五四新文學教育下成長起來的「京派文學家」，廢名對於這種模式再熟悉不過。在全書中他經常提及魯迅〔註207〕，正是在後者已經被樹立爲啓蒙抗爭模式的「神話」的意義上。

僅僅一天，對於鄉民來說，莫須有先生就不再是一個「闖入者」，他的困難意想不到地得到了解決，而這境遇的神奇變化，不過是因爲在鄉民眼中的「名相」——社會身份「認同」的變化。可以說，在危難之際拯救了他的，不是名爲「石大爺」和「順子」的「活生生的人」，也不是血緣，而是家族的「符號」體系——細究起來，石大爺也只是「莫須有先生太太」娘家的同族而已，他們一家跟這個村子並無任何關係。然而只需要語言上的一點暗示，鄉民們就默認了一種親密的關係，這正是家族觀念的強大力量在「現實」中的作用。反過來對於莫須有先生來說，「民眾」在彼時也已不再是「知識論」，它正在構成「經驗上的現實」。在這裡，「觀念中的民」與「肉體的民」是同

〔註205〕　廢名：《莫須有先生坐飛機以後》，王風編：《廢名集》第二卷，北京：北京大學出版社，2009年版，第841頁。

〔註206〕　參見賀桂梅：《村莊裏的中國：趙樹理與〈三里灣〉》，《「社會史視野下的中國現代當文學——以趙樹理爲中心」會議論文集》，2014年，第44～87頁。

〔註207〕　廢名：《莫須有先生坐飛機以後》，王風編：《廢名集》第二卷，北京：北京大學出版社，2009年版，第906～907頁；第919頁。

時存在而歷然分明的，但前者的成分顯然更多一些。像《阿賴耶識論》中的「陌生人」例子一樣，莫須有先生眼中的石老爹和順是一套已經被「城裏的新文學家」規定好的觀念，如今在他眼前，這「觀念」和「肉體」結合在一起，並且被反芻回來：莫須有先生親眼看到了「新文學的後果」在他自己身上所起到的作用。

　　知識論與經驗論的界際性遭遇，在現代文學史上是屢見不鮮的。啓蒙理論的持有者從開始就經常遭到「現實」的反諷式打擊，然而，似乎只有魯迅等少數幾位作家才對這種「結構性反諷」具有深切的自明意識。「民」是知識主體建構的「共同體敘事」中最重要的「他者」。祥林嫂、順和石老爹是魯迅們以一種矛盾痛苦的心態逃避了的、卻終身在書齋中加以遙致的「故鬼」，也是周作人在思想上感到親切、卻只能在異國他鄉尋找的「常民」，更是熊十力在向新政權的領導人提議借鑑儒家傳統時試圖重新闡釋的人群。然而，《祝福》裏的「我」在被當面質問「人死後有無靈魂」時，無法用他那一套知識回答對方；「莫須有先生」也在自己輕易獲救的意外中發現「家族觀念可以用來救人」。而或許有些諷刺的是，廢名與熊十力的論爭與情誼，與其說具有「不拘小節」的魏晉風度，不如說也同樣是在「鄉誼」這一點上才得以維繫的：廢名的老父親死去，熊十力給他寫了墓誌銘，按照儒家的「標準方式」講敘了這個鄉紳的一生〔註208〕。同是這個熊十力，在給梁漱溟的信中卻狠狠寫到家庭的罪惡。余英時曾對這種現象不無感慨地寫道：「一位自由主義者、一位馬克思主義者和一位新儒家（指傅斯年、李大釗、熊十力）——這是中國二十世紀三個互相排斥的思想流派——都異口同聲地說中國的家族制度是『萬惡之源』，這也許要算是中國現代思想史上的一個奇蹟。」〔註209〕這些「現場」之所以具有難於言傳的「震驚感」，原因正在於：不管如何用理論去覆蓋，在與「他者」遭遇的剎那，總有剩下來的、讓思想或理論停止運轉的某種力量。這就是列維納斯所說的與「他者」面對面（face to face）〔註210〕。

　　知識主體這種矛盾的心態，或許正是廢名要呈現這個現場的意義。正如在現代都市小說中，也只有穆時英和茅盾等幾人眞正表達了都市帶來的衝擊

〔註208〕　參見熊十力：《黃梅馮府君墓誌》，《廢名集》第六卷，北京：北京大學出版社，2009 年版，第 3425～3427 頁。

〔註209〕　余英時：《現代儒學論》，上海：上海人民出版社，2010 年，第 118 頁。

〔註210〕　參見（法）列維納斯：《從存在到存在者》，吳蕙儀譯，杭州：江蘇教育出版社，2006 年。

一樣，多數作家只是在「啓蒙的問題」內部，而看不到問題的結構形態。廢名是能夠看到問題的人之一。在爲《周作人散文鈔》所作的序中，他對魯迅有一段意味深長的評價：「魯迅先生的小說差不多都是目及辛亥革命因而對於民族深有所感，乾脆的說他是不相信群眾的，結果卻好像與群眾爲一夥，我有一位朋友曾經說道，『魯迅他本來是一個 cynic（憤世嫉俗者），結果何以歸入多數黨呢？』」〔註211〕

莫須有先生的「獲救場景」是意圖在「啓蒙」的現場指認這種尷尬的狀態，而作者的思考模式卻既非「五四」亦非「延安」，而是在「佛教徒」的反觀自省之下，將意義運作的各種邊界重新整合，得出的一種新的闡釋路徑。

廢名知道，鄉民們恭敬讀書人的主要原因，是因爲後者在傳統家族主義的譜系中是能夠影響和改變他們命運的「特權階層」：「鄉下先生從來媚官府〔註212〕」。1943 年，他曾反其道而行之，請本家馮順等佃農做客吃飯，在當時被傳爲佳話〔註213〕。在小說裏，他不無自豪地寫到「反請」之事如何引起眾村民的驚訝，因爲並沒有「讀書人」這樣做的先例。對他而言，此舉一方面是表達感激之情，同時也存有他對於「民」的認識秩序重建的一種微小的個人努力：他希望恢復在他所喜愛的「聖人典籍」中能時常看到的、「平等」的禮樂「古道」。

這種舉動與知識階級主流的「階級自省」是非常不同的。它可以說是「啓蒙」也可以說是「反啓蒙」，是對「理論與現實」、「聖人／下愚」「啓蒙者／民」等一系列平面思考的二元論的反撥。而作者展開這種相對性意義的基礎，正是「絕對」的天命。其理由是，如果僅僅是以「讀書人階級」的身份完成一個顛倒式的、懺悔式的自省，那麼本章前後關於「偶然、必然」的哲學討論就未免多餘了。在描述獲救經歷之前，作者先發了一段議論：

　　　　天下事是偶然還是必然？待事情經過之後好像是必然的，簡直是安排著如此的；然而在未展開以前，不能知道事情將如何發生，

〔註211〕　參見廢名：《〈周作人散文鈔〉序》，《回望周作人·其文其書》，孫郁、黃喬生主編，開封：河南大學出版社，第 88 頁。

〔註212〕　廢名：《莫須有先生坐飛機以後》，王風編：《廢名集》第二卷，北京：北京大學出版社，2009 年版，第 945 頁。

〔註213〕　參見《莫須有先生坐飛機以後》第十四章《留客吃飯的事情》。學者張吉兵通過採訪，證明小說中所寫爲實。參見《抗戰時期廢名論》，上海：華中師範大學出版社，2008 年版，第 25 頁。

> 發生的都是偶然了。偶然是要你用功，必然是你忽然懂得道理。那
> 麼人生正是一個必然，是一個修行的途徑，是一個達到自由的途徑。
> 只可惜世人都在迷途之中，故以為一切是偶然的遇合了。莫須有先
> 生在他今番卜居這件事情上面作如是想。〔註214〕

本章的末尾，「獲救」了的莫須有先生一家對此發表了一番感歎。太太說「人生在世真是一件奇事」，而莫須有先生則就他開頭的問題進行總結，「偶然正是工夫，正是必然。」放下這塊心頭石，也得到了人生的體悟，「莫須有先生於是乎不亦君子乎，連忙安貧樂道了，這裡找房子那裡找房子都是多事，天下的鳥兒那裡沒有房子住呢？〔註215〕」

此類關於天命、偶然性、歷史與自由意志之關係的議論，是《莫須有先生坐飛機以後》的眼目所在，在每一章節的具體事件中，這類體悟都起到了組織全篇的作用。自小說的《開場白》起，作者便以「透過現象看本質」的習慣進行自我分析：「莫須有」一家的逃難生活充滿了擔憂和恐懼，憂房之事只是其中之一。特別是先生和太太都是少小離鄉、接受了「現代文明」薰陶的「半個城裏人」，落到「難民」的境地回到故里的過程經歷了諸多心理的調適，第二章《土橋鎮買白糖》（因為要寄人籬下，必須送禮）中所記錄的尷尬心態就反映了這一點。總而言之，「亂世」給了主人公全家一種恍如隔世的幻覺感，這在彼時的文學文本中是常見的現象。正如張愛玲在小說《傾城之戀》之中表達的一樣，戰爭帶來戲劇性的人生起伏，往往會引起主體「人生是夢」的感歎，並誘發行為選擇上的變化。《傾城之戀》中彼此算計的男女因此覺悟而結了婚，而莫須有先生則據此有了反思人生、應用「禪修體驗」的契機：他認識到，出城逃難也好，為衣食憂慮也好，所求並非一定是環境或物質，人生的種種造作行為，只是「為求安心」的過程。人總是把心中事託付給某樣東西，便得安心。如小孩子知道日本老不會來，知道「媽媽的靈魂今天安穩」，就安心了，莫須有先生和太太知道房子有水後，飲用洗滌都可解決，就安心了。莫須有先生進而發現，人生的問題在於，依附於某人、某事、某物的安心方法並不能真的令人安心。因為整個過程始終是向外求的。因此才如佛所說，人生是苦的。而只有領悟到人生是夢，「法爾如是」，才有「聖者」的真正的安心。

〔註214〕 廢名：《莫須有先生坐飛機以後》，王風編：《廢名集》第二卷，北京：北京大學出版社，2009年版，第834頁。

〔註215〕 同上，第850頁。

「民間獲救」的意外、震撼和反思使莫須有先生本人獲得了這種安心。此後，無論是在中小學當教員、爲鄉民當戶長還是在水牛居「動手著論」與熊十力翁遙論哲學，乃至於和鄉民們一起逃難「跑反」，他的心態已經全然不同。除他本人以外，太太及孩子的「悟境」雖有不同，卻也從優悲苦惱到體驗了從未有過的「亂世安穩」：

> 莫須有先生做小孩時當太平之世在縣城自己家裏看放猖，看戲，看會，看龍燈，藝術與宗教合而爲一，與小孩子的心裏十分調和，即藝術與宗教合而爲一了。現在慈同純一樣覺得熱鬧，一樣是小孩子的心理，而天下是亂世了。莫須有先生爲了彌補這個缺陷，很有一番努力，同時也得了家族中心社會的幫助，數年之後慈同純都已不覺得自己是難民了，**一切都是本地風光了。**〔註216〕（黑體字爲本文所加）

聯繫上下文，會發現此處所謂的「本地風光」並不是指優美的、田園式的「鄉村風景」，而是主體終於獲得安心感，在心靈上找到了最終歸宿之意。依禪宗的術語來說，「本地風光」指的是修行者對「本體」「眞如」的覺悟：認識到除了自己所在之處，別無一「他處」可逃的事實，事件的結果好壞無須擔憂，因爲生滅無常的現象世界自有其因果法則，種瓜得瓜，自有前緣，一切都是「自自然然，現現成成」。由此在現緣中安住，「就路還家」，同樣是行住坐臥、感受外界的塵塵剎剎，同樣是體會人生起落，主體卻不再執著擔憂了。

從懷著惶急的心情逃難，到有了「本地風光」的安穩，廢名的反思讓我們想到章太炎在《齊物論釋》中破斥進化論的句子：「夫現在必有未來，今日必有明日，此誰所證明者？然嬰兒初生，狸鼠相遇，寧知代之名言哉！兒啼號以索乳者，固知現在索之，未來可以得之也；鼠奔軼以避狸者，亦知現在見狸，未來可以被噬也。此皆心所自取，愚者與有。」〔註217〕至此，通過「亂世獲救」的體驗，廢名才眞正展現了一個心性論者和禪修者最理想的生活態度。這是一種近似存在主義的達觀態度。心對於外境的不再緊張，卻同時敏銳地感知它的功能是如何「造就了世界」的。在敘述本身（能指）意義上，

〔註216〕　廢名：《莫須有先生坐飛機以後》，王風編：《廢名集》第二卷，北京：北京大學出版社，2009 年版，第 933 頁。

〔註217〕　章太炎：《齊物論釋》，《章太炎全集》（四），上海：上海人民出版社，1985年，第 14～15 頁。

它完全應和了作者聲明的觀念：世界是心。一個普通的個體或許難以改變外在的環境，但是他個人的「苦受」卻通過這種覺悟減輕了。從其佛教式的「心性論」角度，正是「心向外求」導致了輪迴，然而經過「覺悟」，輪迴實際上也就是涅槃。修行的目的是爲了破除此向「向外求」的心，解決人生的根本的被動性。爲此必須借假修真，面對現實扮演應扮的角色，至於涅槃的境界則不在可以討論的範圍內。廢名／莫須有先生也明言，他所找到的是「宗教」，但至少在「現實」的軌則下，面對「現實」能夠起到的心理效果是不言而喻的。內在的安心導致心態的變化，外在的境緣似乎也安穩起來。莫須有先生太太「依葫蘆做水瓢」和純的「編草繩」，這些生活瑣事中的詩意都由心的安定而產生。如果知識者能夠給人以什麼「啓蒙」的話，這就是最佳的啓蒙了：在任何環境中，了知「苦」的本質並破解它。

這就是上述關於「天命的偶然和必然」議論的意義所在。它正是作者關於佛教「第一義諦」「阿賴耶識」「真如」「本體」「文明」的文學性闡述。他反覆表達，「生本不樂」「法爾如是」乃是常人的真理，覺悟到這一點才可能有解脫，有自由。西方人的「不自由，毋寧死」，因向外求，不求存在即地獄，因此「笑其無是處」〔註218〕。

如學者賀桂梅所言，「在1930～40年代之交的『民族形式』論爭之後，『村莊』這一鄉土中國社會的最小單位得以成爲中國當代文學書寫的重要對象。」〔註219〕而「理想的鄉村生活方式、鄉村與國家的關係、個人與空間的現代性想像」，當然不僅是左翼作家和「延安文藝」的「專利」。「就路還家」「本地風光」是廢名眼中的鄉村仍然具有「文明覺悟」的表徵，由此我們才能抵達他的文明烏托邦的精神獨特性。

關於廢名筆下的鄉土世界，如下的看法代表著一種主流的解讀，「鄉土不是一種物質存在，而是被對象化的、對抗著存在於傳統或現實肌體中一切理性或非理性之病症的理想結晶，是人類賴以詩意地棲居的精神家園。」〔註220〕

〔註218〕 廢名：《莫須有先生坐飛機以後》，王風編：《廢名集》第二卷，北京：北京大學出版社，2009年版，第813頁，864頁。

〔註219〕 參見賀桂梅：《村莊裏的中國：趙樹理與〈三里灣〉》，《「社會史視野下的中國現代當文學——以趙樹理爲中心」會議論文集》，2014年，第65頁。

〔註220〕 張學敏：《精神家園的追尋者：從廢名鍾愛的「黃昏」意象說起》，安陽工學院學報，2008年第5期，第58～50頁。

　　虛擬而理想的精神家園，與無奈的、破敗的現實世界「拉開距離」——對於田園烏托邦，我們一向存在著這種約定俗成的看法。如前所述，錯位感和距離感是廢名詩學的核心特徵之一。如《橋》這樣的「心象小說」（吳曉東語〔註221〕），其詩意和美感的生成即在於觀照者的眼光、角度和距離。亦有研究者就此認爲，《莫須有先生傳》的晦澀乃是因爲對社會現實「隔岸觀照」的緣故，其詩意美終究不符合現實，而產生了失意和挫傷〔註222〕。

　　然而，從《莫須有先生傳》開始，「拉開距離」就只是一種語言上的錯覺。從某種意義上，這正是僅從意識流小說和「解構主義」敘事的脈絡中來解讀廢名的文本可能會遭遇的問題。儘管從起源的意義上，它們與佛教在資源和世界觀上有重疊之處，都是爲了挑戰「現實主義」對「眞實」的敘事執念而誕生的，但它們也因爲「套路化」而開始產生與「新儒家」哲學類似的問題：「意識流」將內心世界與外在世界分成兩個領域，導致敘事的全面「內化」，而 20 世紀 60 年代以後的「後結構主義」小說則開始陷入徹底的遊戲化和虛無主義。某種意義上，這也是「語言」本身的形而上學問題：由於寫作總是「事後」的事情，把經驗「假裝還原」到現場的方式在變成「套路」的同時，也引發了「虛無主義」的認識態度。而從敘事心理學的角度，封閉的「心理空間」和「遊戲空間」在「心底深處」，實際上都在內在地呼喚著一個與之相對的「現實」空間。

　　在「莊禪詩學」的脈絡中解讀廢名存在著同樣的問題。正像我們在蘇曼殊的詩歌和小說中看到的一樣，同義反復式的解讀方法和程式化的「禪宗詩學」早在唐宋時期就開始「相互生產」了。梁漱溟對熊十力「把玩哲學」的批評也同樣可以用於那些陶醉於一般性的佛禪氛圍中的文學家和批評家。他們經常滿足於將六朝以來受佛教影響的傳統詩學中「明心見性」「不事雕飾」「妙悟與靜觀」「虛靜靈動」「神韻飛揚」之類的詞匯不假思索地再敷塗一遍，這些詞匯搭建了一個中國水墨畫一樣的空間，在其中，所有的「道具」都是現成的。

　　進入廢名文本的這些「偏差」，實際上正是「反現代的現代性」的困難所在。由於我們總是下意識地把「傳統」轉化成一個已經失落的空間，「現

〔註221〕　吳曉東：《記憶的神話》，北京：新世界出版社，2001 年。
〔註222〕　參見管興平、李漢芝：《論廢名小說的含蓄與晦澀》，《湖南第一師範學報》，2002 年第 2 期，第 38～41 頁。

代」才變得堅不可摧。廢名早期的作品如《桃園》《棗》等，的確像沈從文的《邊城》一樣具有某種地理上的封閉性暗示，這些空間不同於蘇曼殊的「四海皆中國」式的「天下」，而是在「現代」的包圍和侵蝕下獨自堅守的「世外桃源」。從這種理解來看，《莫須有先生坐飛機以後》的「逃難」也的確有一條回歸已經殘破不堪但仍然保留著詩意的鄉間生活的敘事線，但如上對「安心之法」的解釋卻軟化了這種實體意義上的封閉空間。主體「覺悟」到人生的無處可逃，除了無法逃到一個絕對安全的地理空間之外，當然也包括了無法逃進某種「理論」的避風港中。「人生是沒有什麼可躲避的，處處是人生」〔註223〕。「亂世求安」的經歷讓廢名發現，現有的鄉村和其中的人們既非「革命的大潮」之前的無名聚合體，亦非「麻木不仁」的「封建餘孽」（由此產生了「國民性」的批判），他們是在風蝕了的社會結構之下活生生「過去」之殘留，而所謂「現實」乃是制度衰落後所遺留下來的「知識／經驗」的混合物。這些制度或者已經廢弛並受到批判，但它持久的餘韻支撐了眼前這些人的生活。

正是對人生「法爾如是」的「覺悟」，把「不食人間煙火」的田園烏托邦轉變成一個「現實的、人間的」理想之地。在否定的意義上，它並不是放棄對「現代文明」的欲望而回到一個詩意的、封閉的鄉村空間去，這個空間不僅從不存在，也從來就不是廢名要找的東西。小說中許多標誌性的符號如「五祖寺」「王祠堂」等，似乎顯示了主體的「懷舊」之心，然而它們的敘事功能似乎更類同於佛像與佛的關係，是使「真理」顯影的具形之物，也是歷史留下的風痕：正像章太炎號召以歷史遺跡、祖先事蹟作為鼓舞民族精神的依憑一樣，廢名也以故鄉的舊風物作為「愛國，愛鄉，愛歷史」的教材。但，這歷史是活生生的，如同「橋」這個意象，「凡由這邊渡到那邊去都叫做橋，不在乎形式。」〔註224〕在「主體覺悟」的意義上，「抗戰時期的鄉下」其實並未因外敵的「入侵」而有實際的損壞。「文明」只在主體「覺悟」的此處，在認清現實的當下，即有真正的解脫和安穩。如同上面獲救的場景一樣，其場域只能在「知識論」和「經驗論」的動態界際之中加以定位，而不是在「現實空間」之上再疊加的一個超驗的、靜止的理想世界。這與竹內好的「中國革

〔註223〕 廢名：《莫須有先生坐飛機以後》，王風編：《廢名集》第二卷，北京：北京大學出版社，2009 年版，第 1066 頁。

〔註224〕 同上，第 1045 頁。

命的失敗其實是勝利」的言論亦有類似之處，也可以說，這種精神覺悟的烏托邦，才是「場所哲學」的「場」的眞正意義。

然而莫須有先生從佛教啓發而得到的「精神解脫」對於「他者」來說有什麼意義呢？這個問題仍然需要從「我」對「他者」的闡釋開始。在對於自己的逃難生活有了一個完整的反思之後，莫須有先生的眞正收穫就在於獲得了能夠參與詮釋社會問題的「思想」，他對於「我」、家人、民、國家等個體和群體範疇都有了具體的定位，對於自己的行爲及行爲的價值和可能的結果也有了方針與判斷，在無形中也參與著新儒家「內聖」如何開出「外王」、以及共產主義的「階級論」的「先鋒隊」和「領導權」的種種問題。

二、「覺悟者」的身份重構

（一）「保長──國家」

莫須有先生無家可歸的憂愁因爲鄉民的家族觀念和對讀書人的崇拜而得到了解決，隨後他發現鄉民們自己的憂愁主要來自於保甲制度，「要錢要米」和「抽人當兵」。與石老爹的談話帶來莫須有先生如下的感悟：

> 老百姓只説日本老（注：原文如此）一定要敗，彷彿是説書人談古，同中華民國不是一個空間的事，不是與自己有切膚之痛的事，凡屬談日本他們都很喜歡談，人生到底還是有閒暇似的，可以説説故事了，而切奉之痛的事第一是「保上又要抽兵」，其次是出錢出米，**中華民國最具體的感覺是「保長」**。〔註225〕（黑體字爲本文所加）

最後，作者總結到，這場戰爭對於鄉民們來說，「分明是國事，而與國事無關，而是家事。」〔註226〕這一句話是本章的點睛之語，它旨在將農民的經驗性的「國」和知識分子所建構的「民族危亡」區分開來。佩里·安德森將家庭、社會、民族、國家都安置在「想像的共同體」中，而「想像」一詞不僅關聯著「觀念」，也意味著「誰」的觀念。如果說，「民族國家」是以「知識階層」的自我爲主體而塑造的，那麼對於和莫須有先生面對面的石老爹而言，國家是以「保長──國家」的形式出現的。或者可以這樣說：讀書人的

〔註225〕 廢名：《莫須有先生坐飛機以後》，王風編：《廢名集》第二卷，北京：北京大學出版社，2009 年版，第 827 頁。
〔註226〕 同上，第 822 頁。

「國」對於石老爹和順子來說，好像一件太大的衣服，跟皮膚接觸的部分就只是「保上要抽兵」而已。

對於如何判斷、如何看待兩種「國家」，廢名有其明確的價值選擇：「民族精神」需以其占多數的「民」來決定，「民」的性格也就是宗教／文明的性格。就此而言，他與老師周作人的基本態度是一致的：中國民族的主體精神，就在儒家式的求「生存」之中。

就「覺悟」的程度而言，廢名把因了悟到「實相」而自在解脫的孔孟老莊和釋迦牟尼都標舉爲「聖人」，把「民」求生存的態度認爲是順應自然天命。「因爲是中國人的原故，說的盡是有爲法的話。」〔註227〕而他唯一不能認同的，就是「讀書人」「腐儒」「士大夫」的「求榮」。他反覆表示愛聖人而惡讀書人，自幼厭惡私塾教育，卻特別崇尚《大學》的「致知格物」。因爲聖人的「理」是對的，但「讀書人」錯解了「理」以及它的傳播方式〔註228〕。

對此需要稍作停留，對小說語境中聖人、民和讀書人的關係進行詳細的解釋：從佛教徒的角度，莫須有先生認爲凡夫與聖人都內在於眞理，只是有俗諦和眞諦，也就是隨順「有爲法」（現象的自覺）和「無爲法」（本眞的自覺）的不同。他反覆陳說普通的鄉民雖然沒有知識，其生活卻往往能順乎天理而與聖人相悅，「中國的老百姓的求生的精神是中國民族所以悠長之故，中國的二帝三王是中國民族精神的代表。」〔註229〕在此，莫須有先生對於他的妻子和對鄉民的描述有其一致之處。他常觀察妻子的行爲，認爲其「有捨得而無解脫」，這是說她和那些守禮、厚道的鄉民一樣以求現世安穩爲目的，在待人接物中能樂善好施，懂得有捨有得，下意識地遵守著人倫的法則。而多數的鄉民缺陷固多，然其種種家私營謀算計卻非愚昧，而是求生存的必然。莫須有先生因此將農民稱爲「經驗派」，這在他是一個中性詞。小說中，廢名常將莫須有先生太太、兒子純和村民一起列爲這種「求生存」的「經驗派」，因爲他們代表了「心隨境轉」的普通人，他們的心只隨著一個個「眼前要解決的問題」走，在許多時候，他們的整個世界可能就是考慮要怎樣從種「壺盧」而得水瓢，或者爲兩個漂亮的蘿蔔而高興。在廢名看來，這雖然是「有爲的」，但卻是「就事論事」的，沒有多餘的「迂曲之心」。如以「唯識三性」

〔註227〕 廢名：《莫須有先生坐飛機以後》，王風編：《廢名集》第二卷，北京：北京大學出版社，2009 年版，第 974 頁。

〔註228〕 同上，第 1943 頁。

〔註229〕 同上，第 981 頁。

來概括，「求生存」的「經驗派」乃是自然的「依他起性」，渴了要喝，餓了要吃，是輪迴眾生由過去之「因」所感的既成之「果」，是因緣法則的「宿命」，乃是正當之理。只是「因果法」「有為法」「世間善法」，不能超越相對差別、二元對立，「假中看假」，畢竟是局中迷人。而莫須有先生自己所隨順的是聖人之法，因能體察「無我」之相，雖在局中，卻有了局外人的覺悟了。

民可與聖人「相親」，而「讀書人」和「聖人」卻天差地別。廢名語境中的讀書人，從狹義上說即是第一章所談到的「儒學體制化」的產物，特別是宋明儒中的「腐儒」，當代的代表則是熊十力等學問家。「中國的聖人是無為，中國的讀書人是多事」「中國的聖人是農民的代表，中國的讀書人是自己發脾氣罷了。」〔註230〕

所謂聖人無為、讀書人多事的含義是，「讀書人」是能夠書寫、具有觀念的階層。從廢名的「天命觀」的角度，「聖人」從心不逾矩，「民」埋首於眼前的生活也是順應天理，唯有「讀書人」這個階層「多事」地製造了整個觀念結構，那麼他們就理應為這個結構負起責任。然而「學問家」一方面認假為真、參不透「現實的虛幻本質」，另一方面又認真作假──脫離了現實的經驗性，試圖在理念上將「民族」「國家」乃至於「歷史」的觀念強加給「民眾」，而中國的歷史卻早已是一部以儒家士大夫的眼光為主導的觀念史了。

廢名的這一系列觀點，可舉小說第十一章《一天的事情》中的「芋頭事件」來說明。一位王姓農民給「莫須有先生」一家送去上好的芋頭，讓全家人歡喜一天。莫須有先生認為這位農民頗具「古風」，因為他平日與自己一家別無深交，甚至面也不識，只是直心相送，送後也未有任何示恩之意，無曲禮、亦無討好「讀書人」的意思。莫須有先生因之贊他「大有古風」。

在這裡，莫須有先生所謂的「古道、中道」就是先秦「原儒」的聖人之道，也是釋迦「無我相無人相」的道。他就此認為，與這位普通農民相比，十力這類「讀書人」的「學問」「太不純粹」，已「失其赤子之心」〔註231〕。因為其「哲學救國」從未能使「民」理解，關於「民族國家」的設定也並沒有把「民」的自然需要和生存經驗納入到考量之中。反過來，「民族國家」所規定的權利和義務，其實際的主體承擔者卻正是眼前這些「鄉民」。在莫須有

〔註230〕 廢名：《莫須有先生坐飛機以後》，王風編：《廢名集》第二卷，北京：北京大學出版社，2009年版，第1033頁。
〔註231〕 同上，第973頁。

先生／廢名看來，「讀書人」造作脫離生存需要的形上觀念以約束他者，遠離了「存在」的根本「實相」，因此「不純粹」「多事」，亦如《楞嚴經》所言，「因地不直，果遭迂曲」。

以上，廢名對於聖人、讀書人、民和「唯心派」、「唯物派」、「經驗派」在認識論意義上的角色分配都與章太炎的觀點極為相似。聖人和「唯心派」代表最高的覺悟，是真諦和圓成實性，「民」和「經驗派」代表著俗諦「依他起性」，唯有「讀書人」可謂「遍計所執性」，是形而上學的「表象主義」，是不自然的。廢名進而建立了他的主體價值觀：小說中貫穿始終的對家族與國家、公與私、忠與孝的思考亦以此分判為前提。作者認為「哲學救國」的口號被超驗的「民族幻覺」所牽轉，這種幻覺裏包含了自我的不易察覺的傲慢以及對「他者」的過度想像，不但不可能解決眼前的危亡，更可能引民族走向劫毀。就此而言，「坐飛機以後」這個標題就是反諷性的。因為「飛機」並不為中國的百姓所需要。「我們趕快把鐵路恢復但好了，飛機則可有可無。」〔註232〕對於家族主義，他認為「可好可壞」，好的地方就是民間的禮樂古風，壞處則是由「好名重利」的「讀書人」的自私所致。聖人和民的「忠」，是忠於自己的宿命、性格和生活，是以求存之下無所謂奴隸。中國國民因此不怕奴於夷狄，因為沒有精神上的屈從；怕就怕他們奴於官，因為在民對官的屈從裏有著對於「讀書人」的求榮的嚮往，即對「虛構的理念」的隨順，這才產生真正的奴隸性。「官員」和「讀書人」自己不承擔「保甲」的義務，而他們那些關於「愛國」「抗戰」的激昂而空洞的濫調也被「民」轉化成各種以求自保的方式。莫須有先生眼見村民們用「八股文」式的「抗日」官話拼命表白自己的愛國精神，其實只為住學校而能免兵役而已。他認為正是這一點才真正傷害到了自然的生存態度，也就傷害了文明的本質。這就是作者所謂的「內憂」：「日本老不是他們的切膚之痛，日本老來了他們跑就是了，而苛政猛於虎是他們當前的現實。於是莫須有先生得了結論，中國不是外患，而是內憂。」〔註233〕

廢名在抗戰最激烈的時候反覆強調的正是這個「內憂」。在讀書人、聖人和民之間的定位、外患和內憂的價值分判，是他反對五四新文化運動「德先

〔註232〕　廢名：《莫須有先生坐飛機以後》，王風編：《廢名集》第二卷，北京：北京大學出版社，2009 年版，第 811 頁。

〔註233〕　同上，第 828 頁。

生」和「賽先生」的邏輯起點。而從他對原始儒家的崇拜、對宋儒和官學的厭惡都可以看到周作人的影子。對於三教的關係，他也贊同於周作人的「一氣化三清」，特別是認爲「中國人的性格是儒家式的」〔註234〕，只不過他更相信佛教的世界觀最爲圓滿，可以包含儒、道而已。師徒二人都認爲，孔孟和大禹在人生上達觀，在知識論上「以知爲知，不知爲不知」，在政治實踐上親民、謙遜，其「平等」的態度，與佛教的菩薩「以物觀物」的態度相一致；而對於中國的歷史，兩人也都認爲「宋儒」徹底把持了中國人的「歷史觀念」。廢名寫道，「宋儒懂得二帝三王的哲學，而不懂其事功，宋儒有功於哲學，有害於國家民族，說宋明以來的中國的歷史是宋儒製造的亦無不可。」「中國的歷史都是歪曲的，歪曲的都是大家所承認的」。〔註235〕

這毋寧是說，由於「體制儒學」已經內化爲「中國歷史」的敘述肌質，反對體制儒學的觀念也就意味著要全盤批判歷史的書寫方式。廢名認爲，「這個關係眞是太大，因爲是歷史，是民族的命運，應向國人垂泣而道之。」「不是論過去的是非，是爲將來的存亡，因爲將來的禍患還是無窮的。」〔註236〕

在婦女的「氣節」上，廢名與周作人尤其有志一同。他們都認爲，「中國的婦女和農民是健全的，中國婦女被敵人強暴，並不以爲非死不可。」「氣節亦不在『死』的上面，在『生』的上面。」〔註237〕然而從馮玉祥們的愛國官話看出〔註238〕，中國人已失掉了語言，「官話早已導致亡國」，政治主權意義上的國家，只是「空殼」罷了。也正是在此一「文化民族主義」的立場上，他明確表示同情彼時已因「附逆」而引發一片譴責之聲的周作人的境遇，甚至認爲他是一位「有火般的憤恨」的眞正的愛國者，因爲「忠於道理便是忠於生活，於是大家說他做漢奸容或有之，因爲本著他的理智他是不喜歡宋儒的，換一句話他是反抗中國的歷史的。這一層莫須有先生知之最深。莫須有先生，甚至於熊十力翁，有時不免隨俗，即是學世人的樣兒說話作事，知堂老一生最不屑爲的是一個『俗』字，他不跟著我們一齊逃了……」〔註239〕

〔註234〕　廢名：《莫須有先生坐飛機以後》，王風編：《廢名集》第二卷，北京：北京大學出版社，2009 年版，參見第 1024 頁。
〔註235〕　同上，第 889 頁。
〔註236〕　同上，第 897
〔註237〕　同上，第 982 頁。
〔註238〕　同上，第 897 頁。
〔註239〕　同上，第 972～973 頁。

　　《莫須有先生坐飛機以後》鮮明地表達了「知堂與熊翁正是相反」的態度，從作者與十力和知堂的深厚交情來看，此種分判不可謂不嚴重。在廢名的價值光譜中，唐以後「八股文」的作者、宋以後「整個篡改了中國歷史」的「腐儒們」和「中了進化論之毒」的「幾派人」——熊十力、胡適等文化巨擘，都不過是「求榮」的「讀書人」罷了。包括他自己在內，爲「愛惜羽毛」和自身安寧而南下，實際上卻並不能承擔「愛國」的重擔。而對於留滯北方、終致墮落的周作人，他甚至以孔子欲居九夷爲典來辯護，「將來抗戰勝利了，知堂先生將以國民的資格聽國家法律的裁判而入獄，莫須有先生亦將贈老人這一句話：君子居之，何陋之有？」〔註240〕這種態度的尖銳和反叛，直到今天亦難於見容於世。然而於莫須有先生，這不過是對「傳統」的「自然哲學」的位移，是莊子的「聖人不死，大盜不止」的現代詮釋。

（二）「隱逸派」的懺悔：非主流的「延安路徑」與「知識自我」的位置

1. 政府是孩子

　　廢名認爲，「國」的觀念由讀書人所塑造，「保衛國家」亦應由讀書人負責。然而彼時的學問家既不知道「家族體系」作爲一種話語結構仍然在現實中有效，也不知道他們自己所創造的「國」的觀念體系在鄉民的現實中運作的方式。用本體論——認識論的哲學語言來說，這正是他們把體與用分開、把心與物分開的表徵。最終的結果就是，他們所構建的國族意識形態在外敵入侵之際大大加重了「民「的生活負擔。

　　對此，莫須有先生亦不斷表示自省和慚愧之意。他回想「民國二十六年前」自己曾像魯迅一樣痛恨中國民眾沒出息，而今終究覺悟〔註241〕。在「獲救」之後他接受了村民們委託的「戶長」身份，除了表達感恩之情，也因爲他感到應該從「民」的角度來體察他們作「國民」的困境。期間，他始終保持著反省和謙虛：「同莫須有先生一樣一向在大都市大學校裏頭當教員的人，可以說是沒有做過『國民』。做國民的痛苦，做國民的責任，做

〔註240〕　廢名：《莫須有先生坐飛機以後》，王風編：《廢名集》第二卷，北京：北京大學出版社，2009年版，參見第974頁。

〔註241〕　《莫須有先生坐飛機以後》曾數次提及魯迅，將「魯迅」和「魯迅現象」作爲視「民」爲被啓蒙對象」的「新文學家」主體符號來看待。參見第906、919頁。

國民的義務，他們一概沒有經驗。」「莫須有先生做戶長，在鄉人看來是自己的事情，不像舉國民大會代表不可同日而語。他是領略著，還不敢說是經驗著（因爲他是特殊階級，而且還有一個難民的資格，大家不認爲他有保民的義務）」。〔註242〕

就在《莫須有先生坐飛機以後》因《現代雜誌》的停刊而無疾乃終不久，得知北平解放的廢名又寫出了《一個中國人民讀了新民主主義論後歡喜的話》，充滿了對中國共產黨新政權的期待，並建議新政府加強對「知識階層」的教育。「這一點共產黨是非嚴格不可。是絕對要與勞動階級配合的。是絕對要改變讀書人生活習慣的」〔註243〕

「《坐飛機以後》」和這篇文章在精神上是連續的，也一直是廢名建國後觀念的主要基調。在輾轉於北京大學、東北人民大學（後改爲吉林大學）的教學和創作生涯中，廢名時常自豪地提及在抗戰中這段「作農民」的經歷，也一直堅持貫徹「人民性」的觀點。他稱知識分子「不配談國家的事情，因爲他們與國家的事情不相干」；「因爲保甲與他們無關，故說中國知識階級是特殊階級，一點也沒有冤枉他。」〔註244〕這類批判看上去與延安的「整風運動」中常見的「批評和自我批評」似乎沒有什麼不同。20世紀30年代以後的「左轉」風潮，在某種意義上是知識分子主體以「個人主義」的「我」融入集體主義的「我們」的過程，也是「啓蒙主義」「啓蒙者和被啓蒙者」的角色顛倒的過程：懺悔的主人公在毛澤東的《延安文藝座談會上的講話》和《新民主主義論》等文中拾取一種道德自卑的原型，然後與「知識分子自我」加以對證，進而再以「深入」「下生活」的體會來加深懺悔的力度，這就是何其芳、丁玲等人的「轉型」方式。

然而，沒有親身經歷此一延安式規訓的廢名，乃是在他自己的「人生領悟」中、在他親身體察到的鄉村意義秩序中進入「新時代」的。他對《新民主主義論》的認同來自於上文所說的「經驗派」，即認爲作者毛澤東能夠讀懂中國農民的性格和他們的生存方式。他勸年幼的女兒相信新政權，卻又「知

〔註242〕《莫須有先生坐飛機以後》曾數次提及魯迅，將「魯迅」和「魯迅現象」作爲視「民」爲被啓蒙對象」的「新文學家」主體符號來看待。參見第936頁。

〔註243〕廢名：《一個中國人民讀了新民主主義論後歡喜的話》，王風編：《廢名集》第四卷，北京：北京大學出版社，2009年版，第1978頁。

〔註244〕廢名：《莫須有先生坐飛機以後》，王風編：《廢名集》第二卷，北京：北京大學出版社，2009年版，第935頁。

道小孩子是看不懂的」、「不是看不懂他的意思，是看不懂他的經驗」。「要像我這樣的唯心論者才能歡喜《新民主主義論》了」〔註245〕。

廢名的認知脈絡與趙樹理在「延安敘述」中的處境和被闡述的情況比較接近。學者賀桂梅認為，曾一度被推舉為《延安文藝座談會上的講話》之典範的趙樹理後來漸漸受到批評，被認為「不善於寫先進人物」，這是因為趙的思考模式一開始就與《講話》提供的意義秩序和願景有所不同〔註246〕。易言之，趙始終是在鄉村世界意義秩序的整體性視角中來理解農民的，這種意義秩序實際上並不能完全重合於啟蒙與被啟蒙、改造與被改造的階級論模式。

廢名亦如是。他的「讓人民自己作主」更接近「無為而治」的自然哲學。在他看來，中國的問題從歷史到現在都是簡單的，它實際上只有「農民」和「讀書人」（官僚士大夫）兩個階級。民是主，官是客，這不是「人口數量」而言，而是「讀書人」所講的道理從根本上是多餘的——中國農民的「求生存」，早已即是「民族復興的工作」〔註247〕。他做了一個有趣的比喻：民與政府的關係如同家長和孩子，農民交稅當兵、供給政府，如同供給子弟上學：

> 政府替他們惹出災難來了，國家有外患了，正如小孩子在外面闖下了滔天大禍，他們還是自認晦氣要埋頭耕田負擔一切的，所以國民黨所主持的抗日戰爭之中，只有農民出兵出糧做了名副其實的抗日工作。〔註248〕

既然「民」有著自然天成的生存方式和社會能力，成功的、負責的政府就是隨順於「民」，作「儘量不添亂的孩子」。歷史即由官所寫，則士大夫應付國責，民只負做百姓之責。於是「斯民也三代之所以直道而行」〔註249〕，這正是廢名的烏托邦的「國家構想」。正像他讚揚周作人對孫中山「中華民國」的敬佩一樣。〔註250〕這一構想與章太炎關於「中華民國」的設想有一定的相

〔註245〕　廢名：《一個中國人民讀了新民主主義論後歡喜的話》，王風編：《廢名集》第四卷，北京：北京大學出版社，2009年版，第1948頁。

〔註246〕　賀桂梅：《村莊裏的中國：趙樹理與〈三里灣〉》，《「社會史視野下的中國現代當文學——以趙樹理為中心」會議論文集》，2014年，第44～87頁。

〔註247〕　廢名：《莫須有先生坐飛機以後》，王風編：《廢名集》第二卷，北京：北京大學出版社，2009年版，第917～920頁。

〔註248〕　廢名：《一個中國人民讀了新民主主義論後歡喜的話》，《廢名集》第四卷，北京：北京大學出版社，2009年版，第1942～1943頁。

〔註249〕　廢名：《莫須有先生坐飛機以後》，王風編：《廢名集》第二卷，北京：北京大學出版社，2009年版，第918頁。

〔註250〕　同上，第972頁。

近之處，這可以說是建立在個體生存體驗上的反國家主義的聯合體。也正是沿著這一邏輯，廢名才在與國民黨的參照中接受了延安政權。在他看來，國共兩黨都是「讀書人」的政府，兩者的不同只在於是否誠實和尊重「他者」的經驗性現實，就像同為「學問家」的知堂與十力的不同一樣。在這一點上，他認為共產黨是「誠實的」，「順乎天理，體乎人情」，而稱國民黨「不誠無物」〔註 251〕。與熊十力試圖在中國歷史中尋找「階級」和「民主」的對應物的理念不同，廢名認為「從蘇聯借來的」階級話語是「科學的」，因為他把「階級」理解成能夠打破「進化論」線性時間觀的辯證法：

> 生存競爭是邪說，而馬克思階級鬥爭是科學，因為階級鬥爭是辯證法。達樂文斯賓塞與經濟上的自由主義是一個母親的雙生子，結果產生了資本主義和帝國主義。這需要階級鬥爭的方法解之。〔註 252〕

他對共產黨將「外來之物」被運用得如此巧妙表達了驚歎，認為它正好可以用來打碎知識階層的傲慢，以及農民階層對讀書人習慣性的諂媚。另一方面，它的作用也僅在於這裡。廢名清楚地將「階段」劃為「假名」的範疇，認為它是「唯物論者」的手段〔註 253〕。歸根結底，他讚美「階級」乃是為了用來打破「政府」和「民」的二元對立。

2. 重塑「隱逸派」

這一點也最終通向廢名——「莫須有先生」對自己的定位。他的「懺悔」和「反省」的重點，並非學習民眾的生產和生活經驗（當然也包括這一點，並且在建國之後越來越強化〔註 254〕）。比起「手不能提、肩不能擔」等「形而下」的生活問題，不能站在農民的角度考慮問題，也就是「過度詮釋他者」的形而上學思維，才是廢名眼中「讀書人」最嚴重的錯誤。就此而言，他學習民眾的生活經驗並不是為了變成農民，而正是為了體會「以物觀物」，為了

〔註 251〕 廢名：《一個中國人民讀了新民主主義論後歡喜的話》，王風編：《廢名集》第四卷，北京：北京大學出版社，2009 年版，第 1947 頁。

〔註 252〕 廢名：《一個中國人民讀了新民主主義論後歡喜的話》，王風編：《廢名集》第四卷，北京：北京大學出版社，2009 年版，第 1964～1965 頁。

〔註 253〕 廢名：《莫須有先生坐飛機以後》，王風編：《廢名集》第二卷，北京：北京大學出版社，2009 年版，第 1052 頁。

〔註 254〕 參見廢名的《新民歌講稿》（1958）《美學講義》（1961），王風編：《廢名集》第六卷，北京：北京大學出版社，2009 年版。

覺悟「何爲他者」。他內心深處的自我定位是一個能夠看清各種「界限」的位置，那就是介於「聖人」與「民」之間，能夠時時反省「讀書人」「新文學家」之錯處的「隱逸派」。

這就是爲什麼，小說到了後半部分，莫須有先生越發強調「謙虛」的重要性。他認爲任何主體都不能隨意代表他人。他的「自省」因此便體現爲保持對各種身份的警惕性，包括對伸出援手的「家族觀念」充滿感恩的那個自我。上一節談到《莫須有先生傳》中的「拆解」、認識立足點的變換和以佛教的闡釋和修行系統所做的觀察，都表明作者反對將群體性概念本質化的基本意圖。在這裡，他「中道」的觀察及於家人、及於「石老爹」「順子」，也及於「讀書人」和「莫須有先生」。特別是這位作爲敘述者的先生，其「名」的含義就包含了「戲中人」的認知：「人生在世實在就應該練習到同講故事一樣，同唱戲一樣」，責任就是在戲中「好好地打扮自己」〔註255〕。

這是「隱士廢名」的「內聖」與「外王」。在《莫須有先生坐飛機以後》和《一個中國人民讀了新民主主義論後歡喜的話》中，作者對「隱逸派」這一中國傳統的主體論精神譜系進行了認眞的疏理，並且直到建國以後仍在持續談論它。他的疏理仍然是與「體制儒學」相對應而言的。「先秦」、「黃金三代」是大部分中國文明論者尋找精神起源的地方，廢名也不例外。他常言，以秦爲界，此前是爲「民」的聖人，此後是爲「君」的士大夫，同有隱逸者和隱逸事，其空氣卻大不相同。陶潛是他心目中集「隱逸派」的優缺點于大成者，他喜愛他身上的「先秦」遺風，而惡其「大儒氣」。在建國後，這位隱士在他心中的地位越來越被杜甫所取代，因爲杜氏如同寫作《新民主主義論》的毛澤東一樣，更像一個「人民的詩人」。

或許是受了朱光潛與陳寅恪「儒道之辨」〔註256〕的影響，廢名也就此提出逆轉性的觀點：仙風道骨的隱士陶潛的精神是儒家式的，而接近於人民的杜甫卻更近於佛家風格。在《莫須有先生坐飛機以後》中，他就說陶公的「人生似幻化，終當歸空無」有問題〔註257〕。在《杜甫論》中又說，

〔註255〕 廢名：《莫須有先生傳》，王風編：《廢名集》第二卷，北京：北京大學出版社，2009年版，第702～703頁。

〔註256〕 朱光潛在《陶淵明》一文中提出了以儒家思想重述陶淵明的觀點，在當時反響很大。參見金浪：《以情釋儒——從〈陶淵明〉看朱光潛抗戰時期情感論美學的構建》，《中國現代文學研究叢刊》，2013年第4期。

〔註257〕 廢名：《莫須有先生坐飛機以後》，王風編：《廢名集》第二卷，北京：北京大學出版社，2009年版，第970頁。

陶潛在喝酒當中說他「重觴忽忘天。」連忙又解釋：「天豈去此哉？任眞無所先。」這樣的自我誇大，在陶詩裏不止一次，「嘯傲東軒下，聊復得此生，」空空洞洞地認爲自己得著一個東西了，這個東西是絕對的。這種絕對思想，向來是「大儒」的標誌。〔註258〕

此處的「空空洞洞地以爲得一個東西」，也就是廢名眼中被「學問家」所架空的「天命」和「眞如」。陶潛「以空爲有」終是「有個東西可得」，在廢名看來即是外求、是著相，因爲這種空觀就像一個人站在屋子中央欣賞這屋子的空，卻沒有看到自己的存在使屋子未能全空。這個被看到的「空」仍是「有」，仍然不是「顯現論」，而是「實體論」，因此是「唯物」。只有連這個觀「空」的「我」也破掉，才叫「知法如幻」。因此，陶氏在廢名眼中只是「中人以上」，其思想還是帶著政治氣的「莊周思想」〔註259〕。而杜甫則不把詩書禮樂當作教條，只是「眞實地反映生活」，完全地隨順「民」的思想感受。雖然在廢名眼中，杜氏亦並非聖人，因爲聖人已經去掉了凡夫的「貪」，〔註260〕其樂已是「法喜」，是無欲求的欣樂，杜氏卻是因爲想民之所想而不能無「貪」。這毋寧說在境界上同於聖人，很有大乘菩薩隨緣度眾的意味了。

對杜甫的評價清晰地指認出廢名本人在黃梅時的感受。相比於「大儒氣」的陶潛，他自認是一個非典型的隱逸派，因爲「出世／入世」仍是隱逸派的情懷，如范仲淹居於田園而心不在田園，心心念念仍在朝，是以中國的隱逸派「都不是消極，是積極」，而莫須有先生「是讀書人當中的少數，既不附和於大多數的讀書人，又覺得大多數的農人也不屑理會」「大多數的農人因爲是經驗派，故又最是崇拜勢力，瞧不起這般不得志的隱逸了」〔註261〕。

3.「五祖寺」：「民」與「民俗」

莫須有先生認爲「中國要治很容易」，因爲「民」懂得保持自然、隨順天道〔註262〕。在此種對中國文明的想像模式中，「智者」一直扮演著重要的角色。從《老殘遊記》開始，現代以來的中國小說一直有著在時代變化時給出預言

〔註258〕 廢名：《杜甫論》，王風編：《廢名集》第四卷，北京：北京大學出版社，2009年版，第2086～2088頁。

〔註259〕 廢名：《莫須有先生坐飛機以後》，王風編：《廢名集》第二卷，北京：北京大學出版社，2009年版，第970頁。

〔註260〕 同上，第1071～1072頁。

〔註261〕 同上，第1036頁。

〔註262〕 同上，第1053頁。

「先知」和智者的譜系。在上世紀 8、90 年代鄉土小說中,「智者」被徹底神話化了,最明顯的是阿成《棋王》中與王一生對弈的老人和陳忠實的《白鹿原》裏料事如神的朱先生,死後數年猶能以墳墓中的「看你折騰到幾時」嘲弄被時代大潮傾卷的「造反派」小將。這當然也是關於「東方文明」的知識論敘事中的一個角色功能。在這一類敘事中,「智者」常常代表著天理,是天理的化身。

「智者」在廢名的小說中亦有之。然而,即從《莫須有先生傳》中對房東太太的「禪機」式描寫也可以看出,廢名並沒有將「民間」神秘化。在《莫須有先生坐飛機以後》中亦然。當莫須有先生認為石老爹及其所代表的鄉民生活「完全是被動的,只有生活的壓迫,沒有生活的意義」時,老爹卻說起「要打七年仗」「三十五年就結束」之類的話,雖然話是從一位奇人那裡聽來的,然老爹自己並不為奇事,因為「天視自我民視,天聽自我民聽,說起來日本老奸擄燒殺無所不為,一定不討好。」於是,「莫須有先生從此毅然決然地信任老百姓的話,他簡直這樣地告訴自己:『鄉下人的話大約都是事實』。因為是事實,所以無須乎用理智去推斷了。」〔註263〕

按照廢名對「天理」「實相」的理解,理智是經驗,而經驗有多樣性,「我們憑著理智所斥責的迷信,大約都是經驗了。一個人的經驗是無法告訴別人的,世間的理智每每是靠不住的了。」然而對天道的認取這種直覺體悟超越了個人經驗的差別,「王祠堂將來還是要建立起來,將來還是有戰爭的,王祠堂簡直是世間的命運了。」〔註264〕與其說這是神秘的預言,莫如說只是民依照「天道至善」、人情倫理而行事的「生存智慧」。從三教共有的心性論角度,天道的「善」超越了人事的善與惡的對立,天道不仁,萬物芻狗,乃是絕對平等、毫無對立的「善」。然而人世對立的「善」與天道之善常常是相應的。在廢名看來,這世出世法不二的道理無須熊十力式的「體用不二」的知識論系統支撐。農民知道戰爭一定會結束,早已是明瞭「天理與人事」之關係的表現。在啟蒙主義者眼中的民眾精神之「病」,也只是民求生存的需要遇上了「民族國家」理念的可悲後果。「無人不愛國,只是怕官」〔註265〕。聖人所制

〔註263〕　廢名:《莫須有先生坐飛機以後》,王風編:《廢名集》第二卷,北京:北京大學出版社,2009 年版,第 827 頁。

〔註264〕　同上,第 986～987 頁。

〔註265〕　同上,第 828 頁。

之禮樂原本符合順應天道與人事，愛國愛家亦是本性流露，它並非由刷標語、戴「抗日」標記的帽子、或者敵人來了不「跑反」而要「死節」等舉動體現出來。在正常的情況下，中國民眾不僅愛國愛家，也如墨子的「兼愛天下」。就此，廢名特別注意到黃梅縣人不叫日本人為敵人而叫日本老，也會給上門乞討的日本兵食物〔註266〕，這與他們對於政府的「家長對孩子」的態度一樣，都是隨順「天道」的絕對平等的「真如理體」的表現。

——這是「落難民間」的廢名所發現的中國文明的「禮樂風景」。鄉村生活的內在的文化和意義是自足的。然而沒有神話化的「民間智者」，也就意味著這種自足性不來自於「世外桃源」式的封閉空間。因為超越性的寓言人物總是生活在封閉空間裏，而在黃梅縣居民的「天命」意識中，任何對日常作息秩序所受的侵擾——無論是日本入侵還是政府的盤剝——都是天道無常的一部分。廢名認為，「民」對「外患」和「內憂」的區別是清楚的。他特別指出一點：日本人來，黃梅人說逃跑是「跑反」，天下大亂也謂之「跑反」，而局內之亂謂之「鬧事」。鬧事屬人，跑反屬天。屬天之事順天即可，鬧事卻是「人為」的禍害，反教人無所適從〔註267〕。廢名正是從順天的「跑反」，看到了中國民族的「文明覺悟」：

> 莫須有先生一路上感得中國民族的悲哀，同時又感得中國民族——應該用神聖這兩個字！同時白晝又像一場夢一樣，眼前的現實到底是歷史呢？是地理呢？明明是地理，大家都向著多山的區域走。但中國歷史上的大亂光景一定都是如此，即是跑反，見了今日的同胞，不啻見了昔日的祖先了，故莫須有先生覺得眼前是真正的歷史〔註268〕。

「太陽下並無新事」，因此「地理」的逃亡也就是「歷史」的逃亡，而逃亡總有結束的一天。此種「文明的思維方式」可以消納對戰爭的恐懼，但「讀書人做官」和「現代文明」所帶來的真正威脅卻正在於破壞此順應天道的思維方式。這種本體式的威脅比任何物質上的損害都強大，因為它就是「無明」。廢名從一個標誌物的毀壞來展開他的憂戚，那就是「五祖寺」的危機。

〔註266〕　廢名：《莫須有先生坐飛機以後》，王風編：《廢名集》第二卷，北京：北京大學出版社，2009年版，第977～978頁。
〔註267〕　同上，第975頁。
〔註268〕　同上，第980頁。

　　「寺廟」和「墳」是廢名作品中代表宗教和民俗的最主要的空間證物。在《莫須有先生坐飛機以後·五祖寺》一章裏，廢名提及胡適之先生因做禪學研究故，向他打聽過黃梅五祖寺的情況，也激發起他的回憶和感慨。黃梅縣自隋唐以降即爲中國禪宗要地，五祖弘忍大師即黃梅人，有關四祖道信、五祖弘忍、六祖慧能付法傳衣的故事在黃梅家喻戶曉。胡適對五祖寺感興趣，就因爲它代表著中國思想和宗教史的一個重要轉折。廢名雖然對胡適的「疑古史學」極其不滿〔註269〕，然胡適對五祖寺的重視卻令他極爲自豪。他的許多作品都提到幼年時五祖寺的「神交」〔註270〕。多年以後，廢名在他的《五祖寺》一文中仍能清楚地記得他第一次被外祖母帶著上五祖寺進香還願時的情景。他幼時就在這裡玩耍，此間一草一木、四大天王的雕像下，有藝術、宗教和他的人生。長大後的「莫須有先生」重遊故地，在寺裏的講經臺上掉轉身子，看下面的風景，又看到了童年時的自己。這正是無時不在的「立足點」的轉換：「總之從高上看來，世界都不是實用的了，只有莫須有先生小孩子的心靈存在。」〔註271〕

　　五祖寺在廢名敘事話語中的功能並非封閉的空間符號，而是如太極八卦圖一般，是「本體」之「相」，是文明的造形，然而它並沒有本質，也無須被立爲「偶像」。組成四大天王的只是「泥」，名之爲「天王」，也只是一個假名和假象。莫須有先生看到這像，就想到了《百法明門論》中的「泥瓶喻」：於是「見之卻喜」。「本只有泥，無所謂瓶，瓶是假名，無所謂生，故瓶破而還是泥，故偶像破而泥在也。」〔註272〕這像是一個精神的提示，這種精神並非「小國寡民」「少欲知足」、讓「民」保持最基本的生存欲望，而是能「知」天命。廢名認爲，有了這「知」，中國人即便有了高超的物質科技也不會墮入西方的物質主義和資本主義，只會錦上添花而已。然而，一旦這種「覺悟」的心被破壞，文明就會進入眞正的劫毀。

〔註269〕　廢名：《莫須有先生坐飛機以後》，王風編：《廢名集》第二卷，北京：北京大學出版社，2009年版，1036～1037頁。

〔註270〕　如廢名：《五祖寺》，「五祖寺是我小時候所想去的地方，在大人從四祖、五祖帶了喇叭、木魚給我們的時候，幼稚的心靈，四祖寺、五祖寺眞是心嚮往之。」（《馮文炳選集》，北京：人民文學出版社，1985年版。）

〔註271〕　廢名：《莫須有先生坐飛機以後》，王風編：《廢名集》第二卷，北京：北京大學出版社，2009年版，第1043頁。

〔註272〕　同上，第1046頁。

　　由是而論，對他來說最值得憂慮的不是五祖寺的「形」被損壞，而是人們對它的「心」的變化。彼時的五祖寺陷入了形神兼滅的危機中：日本人炮轟它，國民黨要把它改建成學校，共產黨員梅開華則宣揚「殺五祖」，破除封建迷信。這些「破壞」信息分散在《莫須有先生坐飛機以後》的各個章節中，終於匯聚成主人公強烈的憂慮。他一反「不積極的隱逸者」的態度，向「政府」遞交請願書，認為相比於「國族危亡」來說，五祖寺在人們心中的坍塌才是真正的文明的末日。他因此批評共產黨以破迷信的名義毀寺，「在老百姓來看是必遭報應的」〔註273〕，國民黨的舉措在他看來更為可笑，「就教育說，這個中學教育抵得當年五祖寺具有教育意義嗎？那是宗教，是藝術，是歷史，」〔註274〕至於五祖寺與「讀書人」的關係，他則意味深長地寫道，「莫須有先生破進化論而著的《阿賴耶識論》是民國三十一年冬在水磨沖拿一間牛欄作住室而動手寫的了。那時敵兵是據縣城，炮擊五祖寺。」〔註275〕

（三）「無我」的啓蒙

　　指出真正的「內憂」並糾正之，是《莫須有先生坐飛機以後》的使命感所在。如本文一再分析的那樣，所謂「就路還家」「法爾如是」「本地風光」意味著沒有外在的「東西」可放下。因此，這位先生「行走民間」「留下記錄」的工作也如同禪宗語錄一樣充滿悖論。如果說新儒家學者是以聖人的身份居高臨下地啓蒙民眾，那麼，在廢名的此一文明本體——認識論結構中，相當於「啓蒙」的就是隱逸派的「無為的覺悟」。它似乎同樣是「居高臨下」的：主體站在無為法的天道的立場上觀看有為的、二元對立的「世間法」，其結果卻是以「無我之我」來「無度而度」。即如羅蘭·巴爾特所說，禪宗的生活態度是「不支配他人，不操縱，主動地放棄對他人的過度想像」〔註276〕。然而這樣一來，讓他人明瞭這一「自然法則」的「啓蒙」就變成了一項自我否定的工作。學者張隆溪曾在其早期著作《道與邏各斯》〔註277〕中指出過佛、道

〔註273〕　廢名：《莫須有先生坐飛機以後》，王風編：《廢名集》第二卷，北京：北京大學出版社，2009年版，第1032～1033頁。

〔註274〕　同上，第1047頁。

〔註275〕　同上，第1046頁。

〔註276〕　參見（法）羅蘭·巴爾特：《如何共同生活》，懷宇譯，北京：人民大學出版社，2010年，第192頁。

〔註277〕　參見張隆溪：《道與邏各斯：東西方文學闡釋學》，杭州：江蘇教育出版社，2006年版。

等「東方哲學」這一根本的悖論性：天道是無爲的，而文字早已是「有爲」之相。正因此，釋迦牟尼說法四十九年，卻常在經典中自稱「無法可說」；「不立文字，教外別傳」的禪宗，反而是留下文字記錄最多的佛教宗派。同樣，通過對五祖寺被毀的不滿及其引發的一系列關於「宗教、藝術、歷史」的綜合性思考，《莫須有先生坐飛機以後》最終明確了啓蒙的任務：使萬物在自然的秩序結構中各安其位。作者常用「工作」來換喻「修行」「無爲」「拯救」和「教育」，而所有這些「行動」都是在沒有「能啓發」的自己，也沒有「被啓發」的他者的「人我皆空」的觀照下展開的。也就是說，這是廢名心中的「菩薩行」，一種「無度而度」的「述行」式的任務。在解構主義的文學理論中，所謂「述行」（performance），是不爲「名」──能指所動，不強調眞實與否，而是切實地完成其「所指」的行爲〔註278〕，並分析其在話語結構中的功能性位置。小說中的《莫須有先生教國語》《舊時代的教育》《莫須有先生教英語》《停前看會》等章節，就用了大量篇幅來講述這種「無度而度」的啓蒙。

廢名極度厭惡私塾的官學目的論式的教育，因爲他自己曾是魯迅呼籲要拯救的「孩子」中一員。那些教書的「腐儒」顯然應該是被他批判的對象。然而，如下這段話卻表達了廢名站在「天道」的立場上回看童年後的不同結果：

> 小時候的讀書是地獄，後來才知道，黑暗的世界也都是光明的記憶，對於以前加害於他的，他只有偉大的同情了。他自己評述《火神廟的和尚》裏，塾師與和尚該是怎樣的變態人物，然而在莫須有先生筆下成了可憐的聖徒了。〔註279〕

這並不是以恕道爲「腐儒」辯護。在小說關於人生的「偶然與必然」的討論中，已經有了將「有爲法」的因果道理和無爲法的「非善非惡」並置觀照的傾向，那就是「塞翁失馬，非禍非福」的邏輯。作者認爲佛度眾生有順度和逆度，對於某些人來說，壞的教育也可能是人生的反面教材，但也只是「可能」而已。從世間法的角度，塾師與和尚之於孩子自是惡人無疑，作者

〔註278〕 參見（美）喬納森·卡勒：《文學理論入門》，李平譯，南京：譯林出版社，2008年，第213頁；（斯洛文尼亞）齊澤克：《快感大轉移──婦女和因果性六論》，胡大平等譯，南京：江蘇人民出版社，第54頁。

〔註279〕 廢名：《莫須有先生坐飛機以後》，王風編：《廢名集》第二卷，北京：北京大學出版社，2009年版，第896頁。

也沒有給他們設置「幡然悔悟」的情節，變態的塾師與和尚仍然是「變態的」，然而站在天道之無常有眞的實相來看，也確乎「只有光明」，人與人之間確乎是一個「仁」字〔註280〕。他們毋寧是扮演了「逆行菩薩」的角色，促使他趣入人生的眞理。

這正是廢名想要傳達的「啓蒙」理念：五祖寺中四大天王踏小鬼的形象所表示的乃是天道昭彰、各得其所，但誰是降魔者、誰是小鬼，卻是這個視覺敘事中意味深長的問題。從這一觀點來看，即如五祖寺的被毀，也是對眾生的逆度亦未可知。這是廢名對晚清到五四以來備受知識階層重視的「教育」主題的一種不無叛逆的詮釋：既然天道是「法爾如是」「不增不減」，只能「無爲」不能「多事」，「教育並不能給小孩子以什麼，教育本身便是罪行，而罪行是可以使人得到解脫的」〔註281〕。

在此意義上，《莫須有先生坐飛機以後》中的每一則「教育」事件都有一個「否定之否定」的邏輯脈絡。小說中對此最精彩的演繹，莫過於第六章《舊時代的教育》中莫須有先生帶著兒子純去拜會鄉下私塾先生，意圖解救像他自己小時候一樣被私塾戕害的兒童。這一充滿教育和革命意味的舉動，卻從頭至尾滲透著莫須有先生的解構性的自省意識：他知道自己是戴著「啓蒙者」的有色眼鏡去行動的。在發現那間學堂的老師只是三十歲的青年而不是想像中的「近視眼的老頭兒」時，這種自嘲的意味就已經在字裏行間絲絲縷縷地擴散開來──在「救救孩子」式的國族寓言裏，一般的「腐儒」形象都是「老頭兒」。於是「莫須有先生大失所望」。更加複雜的心理活動是，在進門前他暗示自己不要大聲說話，隨即便驚覺自己其實早已被私塾教育的慣習浸染了：

> 彷彿進了這個門戶兒童們便應該唧唧噥噥。莫須有先生連忙又覺得自己可笑，革命決不會成功，人生都是習慣的勢力了。莫須有先生進了私塾之門便默守私塾的成規了。〔註282〕

即如「獲救」事件是家族觀念在運作，人人都活在某種「觀念」「故事」和「情感結構」的慣習之中，那麼對於私塾中被教育得「話也不能好好說」的孩子們，莫須有先生知道，自己面對的並不是眼前對他滿懷敵意的三十歲的青年和一群無知的孩子：

〔註280〕　廢名：《莫須有先生坐飛機以後》，王風編：《廢名集》第二卷，北京：北京大學出版社，2009年版，第896頁。
〔註281〕　同上，第864～865頁。
〔註282〕　同上，第877頁。

當然能解救他們，絕對的能解救他們，而莫須有先生不能解救他們，絕對的不能解救他們！那麼誰能解救他們呢？他們的父兄嗎？政府嗎？都有相對的可能。只有莫須有先生有絕對的可能而絕對不可能。因為莫須有先生是先知先覺，故有絕對的可能。一個人不能解救別人，故解救是絕對的不可能。……因為勇於解救自己，故知解救別人為不可能了。……他可以盡做爸爸的良心，但他不能代表社會，代表國家，代表教師，甚至不能代表純，即是一個人不能代表另一個人。〔註283〕

這是一幅關於「不可能的教育」的精彩臨摹，這也可以說是一則完整的「禪宗語錄」，它要表達的就是「話語」起作用的方式：誰也不知道自己能在他人的命運中扮演何等角色，「老師」或「聖人」之「名」並不是絕對的。在眼前這個「鬧私塾」事件中，能夠在一群被半文不白的教育餓害的同齡人面前清晰地用國語說話的兒子純，要比莫須有先生這個成人的「挑釁者」更能帶給在場的師生以欣羨和震撼，或許就是「無度而度」的最佳例證。

但這並不意味著教育是無用功。廢名的理念是做自己該做的、認為正確的事，但要時時觀照自己動機和對象，從而放下對結果的執著——這就是大乘佛教的「菩薩行」的「啟蒙」，也是禪修的「觀照」在日常生活中的應用。當莫須有先生試圖讓他的同事、鄉下中學的校長認識到韓愈和王安石的「八股腔調」時，他忽然省覺「這樣的播種子一點效果也沒有」，因為校長對古文的愛好並不深刻，他真正愛的只是錢，而不是「學術」問題〔註284〕。

在此「無我」的基礎上，他開始了對「民」的啟蒙。被鄉民的家族意識搭救後，他「反過來請村民吃飯、給村民拜年」乃是試圖平息「階級對立」的嘗試，而他更加重視的還是「救救孩子」這一現代經典課題。在小說中，他講述了自己身為新文學家卻不願教歷史，而更願意教自然課的理由：歷史已經被「讀書人」篡改，要向小學生們傳達個中奧妙是極為困難的。而如果方法掌握得當，自然課、數學課就可以使學生獲得對世界「真相」的認識。這個方法不是校長的填鴨式灌輸，而是「將心比心」。唯有將自己的心視同孩子，「懂得小孩子的歡喜」，才有可能施加「無毒」的教育。他教余校長讓學

〔註283〕 廢名：《莫須有先生坐飛機以後》，王風編：《廢名集》第二卷，北京：北京大學出版社，2009 年版，第 875～876 頁。

〔註284〕 同上，第 882～883 頁。

生體會到生活的自然現象，則算術之樂趣便應運而生，根本無須出難題難倒學生。由其效果之佳，他更聯想到「中國的百姓不是不愛國，只是因爲無法體會愛國之樂，正如孩子不是不可與教算術，只是因教師不知如何引導其識得算術本身的快樂罷了。〔註285〕」這不僅是對傳統官學式教育的顛覆，也是對「啓蒙的科學主義」的再顛覆，因此他才說，「在這個文學革命時期，這個簡單的事當然是最艱難的事，只有莫須有先生勝任愉快」〔註286〕。

　　廢名一向同周作人一樣喜愛「童心說」。在他看來，兒童比大人更與天理和自然相近，只需要「潛移默化」的「點撥」。在教育的內容上他從不設限，儘管在擷取「中西古今」的知識以爲教育資源時，他仍偏好於他所認同的「眞理」。他喜愛莎士比亞、塞萬提斯和庾信，是因爲他們的文學體現了本體和現象的相即性。如他認爲庾信的「龜言此地之寒，鶴訝今年之雪」（《小園賦》）眞能「空」，「比莊周文章裏的龜還要顯得不食人間煙火了，莊周的龜還有點愛談政治」〔註287〕，同時又如實地呈出了事物的面貌。其詩情是「寫實」的，沒有增添一點妄想。總之，他眼中最好的文學都沒有形而上學的意味，最好的文學家則如同春天或秋天，世界是他們的題材，相遇便是開花結果；而他所反對的韓愈和王安石的文章卻「只有腔調，無感情和意思」〔註288〕，因爲他們並沒有證得「春天」的眞如之，也沒有認出現象的「世界」。

　　在文學上，他試圖把「眞實──經驗──美」之間的必然性秘訣教授給孩子，如教他們感知「魚戲蓮葉南，魚戲蓮葉北」這樣的古典詩句中因「經驗的眞實」而自然形成的韻律與詩意。有學生寫青蛙伏在蓮葉上一動不動的樣子「像羲皇時代的老百姓」，他佩服其寫實，「不是寫實不能有這樣的想像」〔註289〕；他看學生模仿魯迅的「棗樹」句式而生氣，因爲魯迅所呈現的是當時的視覺現場，「不在意中，言之有物」，不能拿來模仿。

　　最能反映出「無我」態度的是，儘管他時刻不忘「傳統」，卻倡導「全盤西化教國語」。因爲「國語」已成爲時代大勢所趨，而重新讀經卻並不能展現「經典」的內在精神，只是拾「傳統」的餘唾罷了。在破十力的「儒說」時，

〔註285〕　廢名：《莫須有先生坐飛機以後》，王風編：《廢名集》第二卷，北京：北京大學出版社，2009 年版，第 919 頁。

〔註286〕　同上，第 889～890 頁；第 883～884 頁。

〔註287〕　同上，第 993～994 頁。

〔註288〕　同上，第 881 頁。

〔註289〕　同上，第 901 頁。

他援引孔孟和程朱爲同道,因爲作爲一個佛教徒不應有「法執」,在教育中同樣如此:與一般儒者非以儒家經典教子不同,他「可以教人信佛教」,也「可以教人學孔子」〔註290〕。

　　對廢名來說,無我的啓蒙是一場意義重大的革命,然而除了與他的老師周作人「心心相印」之外,他周圍似乎並沒有眞正的理解者和支持者。這種孤獨的情形與周作人本人的遭遇一樣。在5、60年代寂寞度日的周氏儘量貼合官方意識形態寫文章,卻仍力圖在這些文章中加入自己的意圖和趣味,實踐其「爲病作醫,爲冥作光」這個願心,一字一行雖是細微,亦費心血,「所冀有半麻半麥之益」。〔註291〕在「除四害」、葬禮制度、婚戀等瑣細的話題中,甚至在回憶魯迅之際,周氏也無不在試圖激發讀者對人心和自然如實觀察的興趣、希望人們養成理解和寬容的認識態度。以廢名的邏輯,這態度是「春天」,而周氏包括萬象的題材就是「世界」了。比起民族危亡這樣的家國大事,他們殷切的心意更在於「無啓蒙的啓蒙」:「瞭解別國固是大難,而自己的事須要先弄清楚的亦復不少,兵荒馬亂中雖似非急務,但如得有人注意,少少加以究明,亦爲有益,未始不可爲相互之福也。」〔註292〕廢名在《周作人先生散文鈔》序中,對周氏這種「非爲急務,亦是急不得之務」的認識深表贊同〔註293〕。正是在這種「無我的啓蒙」的意義上,才有「活著的傳統」與「現在的傳統」。在《莫須有先生坐飛機以後》之《停前看會》一章中,廢名對於「放猖」「看會」等民俗場面的描寫,特別是祭典中「活無常」(即黃梅人口中的「地方」)與「齷齪鬼」等宗教角色,尤有周作人談鬼論奇的風采。那是介於生死之間的場景,正像死者靈魂在生者身上表演一般〔註294〕。在小說中,這一處雖淡淡著筆,在情感的分量上卻與前述「租房事件」具有同等的價值。只不過,知識論和經驗論不是發生在「知識者」和「鄉民」之間,而是生者與死者、傳統與現代之間。這一場景體現了對時間連續性的否認,所謂的生

〔註290〕　廢名:《莫須有先生坐飛機以後》,王風編:《廢名集》第二卷,北京:北京大學出版社,2009年版,第962頁。
〔註291〕　周作人:《啓蒙思想》,《周作人散文全集》8,鍾叔河編訂,桂林:廣西師範大學出版社,2009年,第514頁。
〔註292〕　周作人:《關於祭神迎會》,同上,第793頁。
〔註293〕　廢名:《〈周作人散文鈔〉序》,《回望周作人·其文其書》,孫郁、黃喬生主編,開封:河南大學出版社。
〔註294〕　廢名:《莫須有先生坐飛機以後》,王風編:《廢名集》第二卷,北京:北京大學出版社,2009年版,第933～934頁。

者和死者在一小塊一小塊的空間──時間的網結中活動；這是過去與現在之間連結的某個眼或結，生者和死者可以互相觀看。在死者眼裏，生者或許正是「幸存者」。

從啓蒙主義的角度，在空間上「自上而下」的啓蒙，是與時間上的進化論結合在一起的。而廢名在縱與橫的雙重維度上對這種結構進行了否定。也正是在「活著的傳統」的意義上，「民」的「國」與「學問家」的「國」才具有融合的可能性。這是廢名在啓蒙和救亡框架的「縫隙」之處重新結構一種風景，這其中，殘存的風俗與家族主義的觀念是突破「傳統／現代」的「夢的浮橋」。這「過去的現在進行時」所表達的，其實不僅是「文明的生死」，也是「文明與生死」的問題。

或許正是出於這種內在思路的「感應」，雖然並不贊同廢名的「宗教路子」，周作人卻在《莫須有先生傳》中讀出了禪宗「語錄」性的意義。1933年1月31日，他致信廢名談重讀《莫須有先生傳》的新體會，稱「此書乃是賢者語錄，或如世俗所稱言行錄耳，卻比禪和子的容易瞭解，則因係同一派路，雖落水有淺深，到底非完全異路也……想從別方面寫一篇亦不可得，欲寫此等文雖精通近代『文學學』尚不可至，況如不佞之不學者乎，可爲一笑。」〔註295〕

廢名在《莫須有先生坐飛機以後》中復述了自己寫作《阿賴耶識論》的經歷。爲了駁斥熊十力所代表的「錯誤」，爲了傳達不能用語言傳達的真理，莫須有先生「乃真像一個宗教徒祈禱」。因爲「即不著一字而此一部書已是完成的，因爲道理在胸中已成熟了，是一個活的東西，是世界。然而要把牠寫在紙上，或非易事」〔註296〕。果然，「朋友們對於拙著『論妄想』一章所發表的意見最令我失望，即吾鄉熊翁亦以我爲詭辯似的，說我不應破進化論。是誠不知吾之用心，亦且不知工夫之難矣。」〔註297〕

以文字立身的周作人最清楚關於文字的障難。「文學無用論」的悲哀是關於存在意義上的「無能表達」的悲哀。在《志摩紀念》裏他說，真的深情只

〔註295〕　參見馮榮光：《馮文炳生平年表》，王風編：《廢名集》第六卷，北京：北京大學出版社，2009年版，第3463頁。

〔註296〕　廢名：《莫須有先生坐飛機以後》，王風編：《廢名集》第二卷，北京：北京大學出版社，2009年版，第1083頁。

〔註297〕　廢名：《阿賴耶識論》，《廢名集》第四卷，北京：北京大學出版社，2009年版，第1840～1841頁。

有「聲音，顏色，姿勢，或者可以表出十分之一二，到了言語便有點兒可疑，」「文章的理想境界應該是不立文字，以心傳心的禪。一聲『且道』如棒敲頭，夯地一下頓然悟了，才是正理，此外都不是路。我們回想自己最深密的經驗，如戀愛和死生之至歡極悲，自己以外只有天知道，何曾能夠於金石竹帛上留下一絲痕跡，即使呻吟作苦，勉強寫下一聯半節，也只是普通的哀辭和定情詩之流，那裡道得出一分苦甘」。〔註298〕而廢名說，「唯有懂得受罪意義的人才是真正的教育家。這時才能有誠意，才能謙虛，生怕自己加罪於人，尊重對方，不拿自己的偏見與淺識去範圍別人了。」〔註299〕

〔註298〕 周作人：《志摩紀念》，《周作人散文全集》5，鍾叔河編訂，桂林：廣西師範大學出版社，2009 年，第 813 頁。

〔註299〕 廢名：《莫須有先生坐飛機以後》，《廢名集》第二卷，北京：北京大學出版社，2009 年版，第 864 頁。

第四章　文明的「覺悟」與「修行」：撬動新儒家之「胡蘭成與唐君毅之爭」

第一節　胡蘭成與唐君毅的思想共鳴

距廢名寫出《一個中國人民讀了新民主主義論後歡喜的話》不久的 1950 年，剛剛逃亡到日本的胡蘭成在給他的好友、熊十力的弟子唐君毅的信中，寫了許多爲五四運動和中國共產黨「辯護」的文辭：

> 你比我小二、三歲，五四時代我剛剛夠上了，你剛剛沒有趕上。
> 這次解放之初，可惜你也沒有在中國大陸看一看。所以你對唯物論的批評都對極，……但是當初這一段人民曾經歡迎他，中間也還久久原諒過他，這道理何在？實大可注意，決不是人民那麼容易被騙，**實有個好氣運在那裡，中共乘此氣運以行，而其主義乃使之終又違離此氣運而失墜。吾人之理，尤須能識此氣運，亦即所謂「時代的風姿」，始能理亦昇華而爲性情，使邏輯如蛛網而有日色，「日色五華無覓處，只在蛛絲往來中。」**（黑體字爲本文所加）〔註1〕

就其宏揚中華文明、反對現代西方物質主義社會而言，胡蘭成可謂與新儒家有志一同。在哲學上，他們都是信奉「天道至善」的「心性論」者。然

〔註1〕　參見薛仁明主編：《天下事，猶未晚——胡蘭成致唐君毅書八十七封》，臺北：爾雅出版社印行，2011 年，第 64 頁。

而，當新儒家的許多學人批評五四和左翼運動「泯滅傳統」之際，胡蘭成卻認爲它們都攜帶著文明革命的風骨和遺韻。此番「調和論」，在「革命」早已「揭過」的戰後的「和平時期」、在港臺和日本的知識界都暢談「民主建設」的風潮中，實大有深意在。事實上，胡蘭成與唐君毅在 50 到 60 年代後期的通信是一場逐漸顯影的論爭。引文中對五四運動和共產主義的定位，是兩個文明論和心性論者一系列相互關聯的話題的一部分，內容從「民主政治和禮樂方案」的現實選擇、對中國歷史文化的態度，到大學教育的「學院派」治學方法的討論，乃至東方文明、西方文明和其他古老文明的關係等，涵蓋了中西文明的本質和時局的方方面面。從總體上的彼此認同到開始發現細微而致命的分歧，這場在學術史上幾近無聲的論爭在 50 年代初露端倪，到 60 年代初聲音漸高，1964 年的幾封信已可謂「一場對決」（黃錦樹語〔註2〕）了。像熊十力與廢名之爭一樣，這些話題實際上表現了胡蘭成對新儒家哲學理念的質疑。從論爭的動機和觀點上看，胡唐之爭誠可謂熊十力與廢名論爭的「海外版本」——與十力著作主要面向大陸新政權的情形不同，它是新儒家在香港「開枝散葉」後，以東西方學界的交流爲主要平臺，將中華文明的思想輸出全世界、「瀛寰論道」的國際氛圍中展開的。

　　唐君毅與熊十力的思想可謂一脈相承。其父唐迪風亦曾師從歐陽竟無。唐氏少年時於哲學偏好西風，後受父病逝影響，對儒家「父子天性」感到親切。1928 年，唐氏入北京大學聽梁漱溟講《東西文化及其哲學》，受其佛學人生觀啓發，始悟「生本不樂，無欲而爲樂」。在南京中央大學哲學系就讀期間，受業於方東美、宗白華、李證剛、湯用彤。歐陽竟無與熊十力師徒都想傳其衣鉢，唐氏雖敬重歐陽，卻最終選擇了熊門〔註3〕。以 1944 年的《人生之體驗》和《道德自我之建立》爲標誌，唐氏的思想正式從西方「回歸」，以儒爲主、兼採佛釋，自謂二書「同時對熊先生之形上學，亦略相契會」〔註4〕。於大乘佛學，十力尚唯識、牟宗三崇天台，而唐氏所偏好者則是以「境界」取

〔註 2〕 黃錦樹：《胡蘭成與新儒家：債務關係、護法招魂與禮樂革命新舊案》，《中山人文學報》第 14 期，2001 年。

〔註 3〕 對唐君毅生平的簡要描述，參考胡治洪：《大家精要：唐君毅》，昆明：雲南教育出版社，2008 年，第 5～7 頁；唐君毅：《生命存在與心靈境界》下卷，臺北：臺灣學生書局，1986 年，第 469 頁。

〔註 4〕 唐君毅：《中國文化之精神價值》，桂林：廣西師範大學出版社，2005 年，第 5 頁。

勝的華嚴宗〔註5〕。其以「人文精神」作爲基本內核、融貫了天台宗的「十法界」思想所建的「一心通三界九境」的龐大形上學體系，可謂是對熊氏體用不二的形上結構的進一步發揮。

　　1949 年夏，唐君毅與錢穆等一批學人至香港，創辦了新儒家和海外中國學的陣地——亞洲文商夜學院，後更名新亞書院，錢氏任校長，唐氏任教務長。書院的校訓和校歌均貫穿著唐氏等人感於中國傳統文明「花果飄零」之現狀、繼願重拾中華文明靈根慧命之意識。以聖賢遺教、民族意識和文化信念凝聚成所謂「新亞精神」、努力爭取國際社會的認可，是唐氏後半生漚心瀝血之事業。1958 年元旦，張君勱、唐君毅、牟宗三、徐復觀於香港《民主評論》上聯名發表的著名文章《中國文化與世界——我們對於中國學術研究及中國文化與世界文化前途之共同認識》中，此一目標得到了更爲鮮明、系統的表達。文章的發表轟動了國際人文學界，被認爲是「新儒家」作爲「20 世紀的儒學思想流派」獲得國際學術界正式命名的契機，也因之被稱爲「新儒家的宣言」（以下簡稱《宣言》）。由於該文的四位簽名者之中，唐君毅、牟宗三、徐復觀三人都是熊十力的弟子，文章內也明顯透露出熊十力的基本觀點，此一事件亦可以看作是熊學一脈的新儒學學者在香港「立旗」的標誌〔註6〕。其中，唐君毅更是主要發起人和執筆人〔註7〕。他自述緣起乃由 1957 年前後在參與歐美和亞洲各地舉辦的一系列東西方文明與文化的國際學術會議時，深刻感受到西方學者對中國文化和思想的誤讀和蔑視，以及在海外治學的中國學者言必稱西方的「無自尊」的思想狀況。易言之，引發《宣言》的正是中國學人在「現場」感受到的「東方文明停滯論」的壓迫性意識形態。作爲

〔註5〕　關於唐君毅思想融攝佛學的具體研究，可參閱張雲江：《大乘佛學的融攝與超越——略論唐君毅先生對中國佛教思想發展歷程的詮釋》（《宗教學研究》2005年第 4 期）；姚彬彬：《從宗派佛教到學派佛教》（武漢大學博士論文，2013 年）；辛涼《現代新儒學的佛學詮釋》（《湖南科技大學學報·社會科學版》，2009 年 7月第 12 卷第 4 期）；張曼濤：《當代中國的佛教思想》（《哲學與文化月刊》，1979年第六卷，第 323 頁。）

〔註6〕　參見余英時：《猶記風吹水上鱗：錢穆與現代中國學術》，臺北：三民書局，1991年。

〔註7〕　唐君毅在 1958 年致胡蘭成的一封信中曾敘及此事：「關於宣言事乃君勱先生發起，弟初不喜與人共列名宣言，乃彼等共推弟起草，故全文實皆弟手筆。唯其中之意見則取於牟宗三兄者較多，如論政治科學等處，皆彼之文所嘗論。又成稿後佛觀兄亦有文字上之增改。」參見《唐君毅全集》卷二十六（書簡），臺北：學生書局，1989 年。

反擊，《宣言》從 1949 年中國之大變局的反思說起，縱橫開闔、上下古今，歷數了現代西方思維模式所製造的種種世界危機和西方古老文明皆已衰退、而中國文明持久長遠的原因。舉凡 1910 年代的東西文明論爭中的議題，都經過了《宣言》的淘澄和加工。如中國文化是通貫，西方文化是精思；中國文化是整合性的，西方文化是分裂性的；中國重內心之精神，西方重外在之制度等。在《宣言》的起草者看來，中國文化精神之核心就是由孔孟至宋明的儒家心性論，它使主體的內心涵攝了家庭、國家到宇宙萬有，此心性之無限量不可懸空擬議，唯有從事於道德實踐時，無限量之事物自然展現於前，「而為吾人所關切，而證吾人與天地萬物實為一體。」〔註8〕歸根結要，這種種議題，無不旨在建設以儒家思想為體徵的中華文化雄立於現代世界的理論依據。

　　《宣言》對抗「西方現代性」的基本觀點自然得到了最極端的中華文明論者胡蘭成的贊同。如第二章所述，在中國現代思想史上，即使在東西方文明論爭的直接參與者中，也很難找到胡蘭成這樣言必稱「中華」的極端的傳統主義者。如果說廢名在逃難中獲救的經歷使他重新認識到了「民間」的意義，胡蘭成的「華學文明方案」和詩學上的著名「宣言」——「中華的禮樂風景」，也是在逃亡和獲救的曲折經歷中醞釀成熟起來的。1945 年，胡蘭成於日降之際淪為漢奸國賊，但他既沒有像周作人一樣束手待捕，又沒有像汪精衛政府的其他大小官員一樣設法投靠「重慶」或逃亡海外，而是隱姓埋名在中國南方各地輾轉避難，或蝸居於室，或經故舊友人的引介在小學或中學教書，在山山水水、百姓田居之中，幸運地躲過了一次又一次的清查。在流亡的過程中，他曾寫作向梁漱溟問學，也給廢名寄函談過學佛心得。1948 年，隨著內戰的結束，滾滾赤潮席卷全國，他失去了在「民間」的最後一點隱蔽空間，只好接受唐君毅夫婦等新交和幾名日本故舊的扶助，經香港亡命日本，在異國他鄉渡過了後半生。可以說，流亡前的胡氏儘管自命風流才子，其所成就者卻僅僅是一些不成系統的散文和政論。儘管有政治野心和對社會時政獨到的見解，其所扮演的最「輝煌」的角色也只是汪精衛政府中的一名三流政客〔註9〕。而「逃亡」和不斷獲救於民間普通人的經歷，將他確實地「逼成

〔註 8〕　版本參見《現代新儒學研究》，劉雪飛主編，北京：中華書局，2003 年，第 327 ～417 頁。

〔註 9〕　參見黃錦樹：《胡蘭成與新儒家：債務關係、護法招魂與禮樂革命新舊案》，《中山人文學報》第 14 期，2001 年。

了」一個風格獨特的散文家和文明論思想者。從 1948 年於溫州圖書館覓得日本考古學書，再到 1949 年《山河歲月》中的「大自然五基本法則」奠定了「禮樂方案」的基調和藍圖，此後一直到 75 歲去世，亡命者胡蘭成在戰後「民主主義」時期的日本出版了一系列詩情畫意的「思想著作」：《禪是一枝花》、《心經隨喜》、《今生今世》、《今日何日兮》、《中國文學史話》、《建國新書》、《革命要詩與學問》、《中國的禮樂風景》、《閒愁萬種》……聯類革命、詩與學問，溝通傳統和現代，以「六經注我」的姿態建構了一個所謂的「華學」思想體系。在哲學上，這一體系是有著完整的本體、認識和實踐論的「心性論」系統，在橫向上則致力於哲學、文學、藝術、政治、經濟、軍事的聯動性思考，將一切詩學修辭和政論設想都歸總到「文明」的平臺上，對歷史和現實進行「文明論」式的統攝和演繹。與此同時，胡蘭成一直積極地關注學術論爭和時代議題，並將這些議題納入到自己的著作中。「明華夷之辨」「中華文明的理論學問化」等論述幾乎都圍繞著新儒家《宣言》敘及的議題展開。20 世紀60 年代與日本物理學家湯川秀樹和數學家岡潔的哲學唱和、70 年代遠觀「胡適與鈴木大拙禪學案」，晚年對湯因比文明論的回應，都是其「文明論」的思想操練。在日本他仍想要做一番事業，向社會各界推廣他的「文明論方案」。「經國報負」雖未成，卻也結識了不少政客和知識界、文化界人士，著作亦極豐，獲得日本文化界的一定認可，日本前首相福田赳夫說他是研究水戶學的中國文學大師，而川端康成許他為當世日本無人能匹的書法家〔註 10〕。同時，他也做過一些在中日兩國知識界之間交通聯絡的工作，特別是徐復觀、唐君毅等人往日本講學諸事，每每有他從中周旋策劃〔註 11〕。

　　儘管胡蘭成的政治污點決定了他對時代議題的參與常常只能是一廂情願和自說自話，但不能不承認，一些我們從後設歷史的角度出發才能看到的「邊界」，胡蘭成恰恰在他「流亡日本」、甚至流亡於「民族國家」之外的這個獨特的「外部」位置看到了。在「50 到 70 年代」的中國當代史之外，身處於美國控制下的日本，他是對「全球資本主義」社會中新一輪的反現代性革命這個話題認識最為清楚的人物之一。正像當年宮崎滔天以日本人的身份將中國

〔註10〕　參見薛仁明：《胡蘭成·天地之始》，臺北：如果出版社，2009 年，第 66 頁。水戶學與陽明學關係密切。這也是胡蘭成身為「心性論者」的證據。

〔註11〕　參見薛仁明主編、顧文豪、杜至偉箋注：《天下事，猶未晚——胡蘭成致唐君毅書八十七封》，臺北：爾雅出版社印行，2011 年，第 56～57 頁。

視爲亞洲革命、乃至世界革命的基地〔註12〕、以及實際上和胡蘭成活躍於同一時期的竹內好「以亞洲爲方法」一樣，他之所以能夠在自己的思想中接續被時勢所「打斷」的五四文化、文明論爭的體脈，正是由於這個被放逐的視點。胡與唐這場書信中的爭論是背負污名之後的胡蘭成與中國學者少有的一次「正面交鋒」，從後設視角來看，其價值除了揭發「東方文明論者」的內部問題之外，還有另一重意義：由於處於「戰後日本」這一特殊的歷史位置，胡蘭成或許是最早體驗和勾聯「新儒家」和「京都學派」之間的思想聯繫的人物。如第二章敘及，他自言在日本悟得了一個「無」字，其觀點也與鈴木大拙、西田幾多郎等「絕對無」的場所哲學學者有相應之處。然而，與唐君毅、徐復觀、鈴木大拙等人的交往卻是胡蘭成的經歷中鮮爲人知的部分，近年來才漸有學者予以關注和發掘〔註13〕。

　　於新儒學諸君中，胡與唐有終生之誼，其思想學問每多共鳴之處〔註14〕。唐君毅建構其思想體系的心路歷程起源於他年少時對自我內心的省察和對宇宙人生「何由而起」的思考。由於像廢名一樣有靜坐玄思的宗教體驗，唐君毅也認爲「這當前之現實世界決不是真實的，它是虛幻，是妄，是夢境。」〔註15〕與此同時，他建立了「至善」的本體論和心物一元的觀念。他首先發現自己修證所得往往與前人相印證，這使他確定世上有絕對真理，人人能見，「先覺後覺，必歸同一覺」，並相信「一心一印，一切眾生皆得成佛」〔註16〕。其次，他認爲吾人自我心中既有善，那麼宇宙之中一定有與此心相應之規則秩

〔註12〕　胡蘭成有意識地將自己設置爲孫中山革命的繼承者。他常在著述中提及「國父」，並在日本參加宮崎滔天、孫中山的各種紀念活動，並曾意欲發起組織「孫文蓮會」。同上。

〔註13〕　參見薛仁明主編、顧文豪、杜至偉箋注：《天下事，猶未晚——胡蘭成致唐君毅書八十七封》，臺北：爾雅出版社印行，2011 年，第 74～76 頁。

〔註14〕　唐君毅是欣賞胡蘭成才氣的。據 1950 年 9 月 7 日、17 日之唐君毅日記，他對胡的印象從初見的覺其高傲「其人頗有自得之言」，到二見便覺「其人天資甚高，於人生文化皆有體驗」。後「彼見解甚高似宗三，惟一剛一平易」（參見《唐君毅日記上》，長春：吉林出版集團，2014 年，第 37～38 頁）；另根據《天下事，猶未晚——胡蘭成致唐君毅書八十七封》箋注者言，胡唐結識十日餘，胡便向其託付《山河歲月》原稿，此後念茲在茲，「如託六尺之孤」（此句引自胡蘭成：《今生今世》，臺北：三三書坊，1990 年，第 631 頁），而唐不負其望，「慎重」「莊嚴」。兩人近三十年情誼，全始全終。同上，第 31 頁。

〔註15〕　唐君毅：《道德自我之建立》，臺北：臺灣學生書局，1985 年，第 94 頁。

〔註16〕　唐君毅：《生命存在與心靈境界》下卷，臺北：臺灣學生書局，1986 年，第478 頁。

序，而此心既具備圓融的理想，現實中也一定有此理想的對應物。這是唐君毅「悲心深重」的原點性思考，他對「中華文明精神」的信心就寄寓在此一「內」「外」相應的「心性論──宇宙論」之中：

余以中國文化精神之神髓，唯在充量的依內在於人之仁心，以超越的涵蓋自然與人生，並普遍化此仁心，以觀自然與人生，兼實現之於自然與人生而成人文〔註17〕。

從這一思想形構來說，唐氏是典型的心性論者，以心性之學爲中國文化根本命脈，認爲心性問題指向「吾人生命存在之大本大源」。他號召返本歸心，反對進化論式的線性時間觀，認爲「人之生命，即當下安頓於此一念之中，此即所謂『無待他求，當下即是』之人生境界。」〔註18〕其《中國哲學原論》專分《原性》一篇探討心性之學在歷史中的流轉之變〔註19〕。可以說，唐君毅的學說與熊十力、方東美、馬一浮一樣，都是在心性論的「即字訣」的基礎上建立其世界觀和認識論的宏大架構。他借用華嚴宗的法界觀和判教方法，亦借用《大乘起信論》體、相、用三分，以不同的體、相、用相應於客觀、主觀、超主客觀三界，展現心靈活動的九種境界。「萬物散殊境，依類成化境，功能序運境，感覺互攝境，觀照凌虛境，道德實踐境，歸向一神境，我法二空境，天德流行境。九境皆爲心靈所涵。前三爲客觀境，次三爲主觀境，最後三境爲超主客觀境。」〔註20〕

從此大開大闔的境界來說，胡蘭成與唐君毅可謂有志一同。胡蘭成在逃亡與獲救中發掘的「中華文明的禮樂風景」，是以中華文明爲最高之起點的「華學」向下鋪陳出「文明」的「金字塔」。不論是國家還是民族，個體還是群體，乃至於政、經、文化等各社會領域，其高低上下皆由對「本體」的覺悟層次不同而分佈於其上。世上萬物至高點都是「一」、「文明」、「覺悟的」、「至情」、「好」，彼此只有相異，不可能再有超越。正如諸佛遍滿三千世界，

〔註17〕　唐君毅：《中國文化之精神價值》，桂林：廣西師範大學出版社，2005 年，第4 頁。

〔註18〕　參見張君勱、唐君毅、牟宗三、徐復觀：《中國文化與世界──我們對於中國學術研究及中國文化與世界文化前途之共同認識》，《現代新儒學研究》，劉雪飛主編，北京：中華書局，2003 年，第 368 頁。

〔註19〕　唐君毅：《中國哲學原論·原性篇》，臺北：臺灣學生書局，1984 年，第 9～10頁。

〔註20〕　唐君毅：《中國文化與世界》，北京：群言出版社，1993 年，第 515 頁。

佛佛道同，功德齊等，然名號有別，因「因地發心」之有別耳〔註21〕。中華民族之所以能悟得「文明」的境界，正是由於從自心出發，感知到了絕對至善而超越了二元對立的道德主義，達到了眾生平等的境界。是以英雄流落民間並非是絕境，一枝草、一滴露都能使其存活。所謂華學的根本就是對天道的領悟，而「天道」規律建立在「大自然五基本法則」的基礎上。胡蘭成將之總結爲「大自然的意志與息法則；陰陽變化法則；無限時空與有限時空的統一法則；因果性與非因果性（連續與不連續性）的統一法則；循環法則。」〔註22〕這是胡蘭成將自己對中國傳統文化的半生體悟與日本物理學家湯川秀樹、數學家岡潔的現代科學哲學相參映的結果，是一種從「宗教——文明」的角度出發的本體式敘述，雖廣泛吸收了「三教」和日本的神道教，根骨則是他眼中的黃老和《易》學思想。在他看來，世間有情眾生及世界各民族、各文明對五種原則的認取程度，有「意識」、「知識」到「覺識」〔註23〕的層次之分，意識和知識都不能「格物」，無法與「悟識」相比。在他的「文明金字塔」中，越往上，「悟」的開顯就強烈，越向下，就越趨於無明昏暗。中華文明是對絕對之「體」的悟得，因而最高。在這裡，胡蘭成的「禮樂風景」與唐君毅的「人文精神」一樣，都以中國文明爲世界文明之正統，將本體範疇的精神顯現在所有領域中。唐君毅稱「世界人類人文思想的主流，在中國，不在西方。」「中國文化之精神於立本以持末，求絕亂源於機先，以

〔註21〕 參見胡蘭成：《華學、科學與哲學》，北京：中國長安出版社，2013 年。此書係由《革命要詩與學問》上卷改編而來，爲胡蘭成晚年在臺灣文學院授課用的講稿。參見《革命要詩學與學問·朱天文序》，臺北：遠流出版社，1991 年，第 1 頁。

〔註22〕 同上，第 21 頁。

〔註23〕 胡蘭成對於「意識」「知識」和「覺識」的解釋，也通於人與動物的界限。「動物未能造物，而能造己，自保護色至於體格，昆蟲並沒有顏色的知識，鳥類並沒有羽翮與風力浮力的知識，但是它們有意識，是以意識營造自己的身體。至人類才有知識能造物了，但亦基本在於先來造自身。人類如何造自己的體格與容貌，亦是靠意識，不是靠知識。但舊石器人與蠻族末脫高等動物的階段，是高等動物身，要到新石器文明才得人身。人身的自己營造亦不是可用知識，亦不是以意識，而是以覺識。」（胡蘭成：《閑愁萬種·造形始於人身》，北京：中國長安出版社，2012 年，第 112 頁）胡蘭成並認爲，人對自身的認識充分，就可獲得「如來身」即法身，（胡蘭成：《今日何日兮》，臺北：三三書坊，1990 年，第 110 頁）。也就是體悟到「眞如本性」，即熊十力所謂的「無寄眞人」。

撥亂反正，長治久安之道，實高於世界任何民族之文化。」〔註24〕胡蘭成則參考日本學者的考古學成果，認為中國文明誕生於新石器時代，與舊石器時代「是文明與無明之差」，中國文明才是「本格的文明的開始」，可是西洋的歷史學者（如湯恩比）「不知這兩個時代是不連續的。因為西洋人不知新石器人豁然悟得的『無』字與萬物的法姿。」〔註25〕西洋的思想，是奴隸社會產生的宿命論和原罪觀，是無明，而中國則是悟得天地法姿而得來的「井田制」社會產生，是自己創造、生生不息的文明。「孔子作《春秋》，盧騷作《民約論》，馬克思作唯物史觀，乃至黑格爾亦有《歷史哲學》，以視孔孟之辨華夷，則於明白決斷，尚未可同日而語。」因此「蓋凡思想必以史實為其大信，而弟亦寧是從西洋史之無信，乃生出了對馬克思等思想的懷疑，再從西洋文學等藝術之巫魘，乃斷然標明了華夷之辨。」〔註26〕「如今是西洋人的歷史已經走盡頭了，世界惟有我們中國人來領導才又開創得新時代。」〔註27〕同時，他還評估世界各時間、空間段的文明體系，認為中華文明兼具抽象與具象，希臘、巴比倫等古文明的輪墮、日本的滯於空，都因有不同程度之「無明」，或抽象而不能具象，或具象不能抽象，不能「理論學問化」，於「一」與「多」的辯證法則不能圓融無礙。在華梵之間，胡蘭成認為印度的「空色」不及「陰陽」，釋迦佛的「寂滅為樂」趕不上中國禪僧的「體露金風」〔註28〕，「萬法唯識」雖與《易·繫辭》的「神無方而易無體」是同路，卻不及後者「說得好」。

在這個「五基本法則」的基礎上，胡氏提出了他的全套的「文明建國方案」：「大自然五基本法則與復興禮樂，建立於五院之右設知祭院的政治體制，建立以手工業農業為主體而以機器為輔佐手段的產業體制，依於二十世紀在考古學上的及物理學天文學上的新發見，重建中國史為本位的世界史學，重

〔註24〕 唐君毅：《文化意識與道德理性》，臺北：臺灣學生書局，1986年，第667頁。
〔註25〕 胡蘭成：《華學、科學與哲學》，北京：中國長安出版社，2013年，第14頁。
〔註26〕 1961年10月27日，胡蘭成致唐君毅第五十六封信，薛仁明主編、顧文豪、杜至偉箋注：《天下事，猶未晚——胡蘭成致唐君毅書八十七封》，臺北：爾雅出版社印行，2011年，第193～198頁。
〔註27〕 胡蘭成：《華學、科學與哲學·文明正統紀》，北京：中國長安出版社，2013年，第10頁。
〔註28〕 參見胡蘭成：《禪是一枝花》，上海：上海社會科學院出版社，2004年，第88頁；113頁。

建以悟識爲本，以修行爲證，以致知爲用的教育體制。此是二千多年來第一次出現新的思想學問體系。」〔註 29〕

如上可見，胡蘭成與唐君毅都把中國文化放於世界文明的塔尖，並以復興中華文明爲己任。根據王德威的看法，唐君毅的「故國山川的悲情」（司馬長風語）也是現代中國「抒情傳統」中重要的一環。唐、胡在香港和日本的抒情，與彼時中國大陸沉從文默默講述的「抽象的抒情」正形成了對照〔註30〕。他們在理論和詩學質感上的差異之處，除了敘述方式上顯著的不同（一個以西學的「體例和規範」、一個以「天馬行空」的才子方式治哲學），最直接的就是胡氏的「明辨華夷」的思想看上去更爲偏激〔註31〕，他也因此常被認爲是「大中華主義者」。

本文認爲，胡蘭成的「只有中國文明，沒有西方文明」的「誇張的宣言和離譜的自信」（黃錦樹語〔註32〕）論述是有其語境之針對性的。他覺得許多中國學者雖自稱爲中國文明豎法幢，實際上卻「西方氣」太重，並不尊重和相信中國文明的本體意識，在與唐氏的論爭中，他的這類觀點具體體現在幾個方面：

首先，新儒家諸學人對「民主政治」的迷戀乃是受到「東方之虛、西方之實」的價值判斷的束縛，架空了中華文明「祭政一致」的禮樂傳統；

其次，儘管認爲中國哲學「體用不二」的圓融思想正好可以對治西方哲學的分裂，新儒家所用的語言和論證體式卻正是「西方哲學」的科學主義的表徵；而新亞書院的學院派教學本身即與「新亞精神」的圓融思想相悖離；新儒家學者對於西化派和左翼思潮的敵對排斥的態度也體現了「二元對立」的分隔主義。

歸根結底，胡蘭成對唐君毅等新儒家學者的質疑仍在於「傳統／現代」「東方／西方」框架的圍困，實質的重音則像廢名與十力的「進化論」之爭一樣

〔註29〕 胡蘭成：《中國的禮樂風景》，臺北：三三書坊，1990 年，第 29 頁。
〔註30〕 參見王德威：《有情的歷史：──抒情傳統與中國文學現代性》，《中國文哲研究集刊》第三十三期（2008 年 9 月），第 81～82 頁。
〔註31〕 如「不要只看眼前的西洋爲霸的唯物質的世界，那是要劫毀的，他們原來亦就只是假主，眞主只可等中國文明。」，是胡蘭成反覆申說的觀念。參見胡蘭成：《閒愁萬種》，北京：中國長安出版社，2012 年，第 142 頁。
〔註32〕 黃錦樹：《胡蘭成與新儒家：債務關係、護法招魂與禮樂革命新舊案》，《中山人文學報》第 14 期，2001 年。

落在「時間觀」上：新儒家「當下」所做之事，是否即是「文明覺悟」的體現？

由於政治和情感污點的問題，研究者對這場爭論的評價往往頗爲「情緒化」。惡胡之學人多將唐氏與胡結交通信之舉僅看作其君子人格的體現，而將胡蘭成的論學看作譁衆取寵的無聊挑釁，不欲探討論爭本身的思想和詩學價值〔註33〕；喜胡之人又往往因慕胡之才氣、急於爲胡辯護而「矯枉過正」，或難於將胡在思想和哲學方面的獨特建樹從「張愛玲」「張學」的陰影中提取出來。

如揭開這些觀念的屏障，本文認爲胡蘭成在哲學思想上的成就並不亞於唐君毅等「學院派」學者。儘管胡蘭成像廢名一樣，慣於「才子式、詩人式」的著述，並沒有遵循學術的論述規則，而是將其「基本看法和見解在不同文章文集中總是往返重複敘說，不是循著推理邏輯嚴密的層層展開，而是依著他的感性邏輯、說話式的隨機性說了又說」〔註34〕，但從其觀念本身來說，他的「文明的金字塔」與唐君毅的「心通九界」同樣是從絕對本體出發，有著心性論的「相即性」的基本框架，並能廣採各家，自立一說。其《經書新語》也如熊十力、唐君毅爲古學提新解，分說「四書」、「六經」，並單提《洪範》等三篇（收入《華學、科學與哲學》，）試圖融貫華梵中西哲學、詩學想像和現實政治訴求之間的關係。然而胡蘭成的政治污點卻每每使研究者無法

〔註33〕　如最早關注胡唐之爭的學者黃錦樹即以「正統學者」唐君毅和熊十力的「博大精深」「悲心深重」爲對比，將胡蘭成混雜了各路思想的「形而上學體系」譏爲一紙「巨額僞鈔」，視胡的「華學」和文明提案爲一本正經的自負，或許出於對胡人品的不屑，黃並未對胡的思想和詩學理脈具體話題的關係進行深入的疏理（黃錦樹：《胡蘭成與新儒家：債務關係、護法招魂與禮樂革命新舊案》，《中山人文學報》第 14 期，2001 年）；臺灣學者薛仁明因受胡氏啓發良多，其專著《胡蘭成·天地之始》多依託胡氏自身的範疇框架，對於形塑胡思想的時代語境的延展性和參照系未及深入分析（臺北：如果出版社，2009年）。長期關注胡蘭成的王德威點出了胡氏與「新儒家」、「亞洲主義者」的交集，但對胡詩學中深刻的哲學意涵亦未作深入開掘（王德威：《抒情與背叛：胡蘭成戰爭與戰後的抒情政治》，呂淳鈺譯，《臺灣文學研究集刊》第 6 期，臺灣大學臺灣文學研究所 2009 年 2 月。第 32～73 頁；）此外顧文豪：《兩刃相交：胡蘭成唐君毅關於「格物」的爭論》（《時代週報》第 162 期，2012 年1 月 5 日），以感性評論爲主，點到爲止，僅提到胡唐論爭可能蘊涵著重要的思想價值。）

〔註34〕　黃錦樹：《胡蘭成與新儒家：債務關係、護法招魂與禮樂革命新舊案》，《中山人文學報》第 14 期，2001 年。

以「客觀」的學術態度來對待他。最早、最系統地關注胡唐之爭的黃錦樹將胡蘭成的「大自然五基本法則」概括為「萬物有靈論」，認為其完全無法與唐氏悲心深重的「心通九境」相提並論。此類說法或許如廢名和十力之爭一樣，乃是現當代學界內置於「哲學」和「宗教」的價值視域中的結果──對於「前現代的」「原始的」「萬物有靈論」的貶低，恰恰反映出了黑格爾的「人類中心論」的「現代性的」症候性原點。

　　另一方面，儘管與胡蘭成在詩學和行動之間「危險的曖昧」（王德威語）不同，唐君毅是一個眾口皆碑、知行合一的謙謙君子，人稱他「天賦仁厚，終生惻怛，悲天憫人，不容自己」，更是胡蘭成的恩人和益友〔註35〕。在許多人眼裏，唐君毅一生真正做到了儒家倫理修養中的「身心上做工夫」，他的人格與他的哲學並無矛盾，這是其思想真正動人之處。然而如本文此前所敘，個體道德修養的完滿，不能反身「證明」本體心性論在各領域的實踐之「完滿」。「內聖」真正堪驗的標準不在於「道德」，因為道德標準有其相對的適用範圍。廢名在小說中解釋過的天道與人事的問題同樣是胡蘭成特別強調的問題：「或曰天子不絕對善，基督才絕對善，但天子是位，是德，天子是道身又是肉身，他的實人格與事會有不善，而位則是絕對善的，易經說的君德是絕對善的。譬如數學的點是絕對的位，用鉛筆或粉筆作的點有積，但可以當它是絕對的位來用。」〔註36〕在這裡，「位」代表著天道本體，像康德的「絕對律令」一樣不容爭辯。個人的「實人格」與「人事」會有不善，但天道的「位」是善的，即如初心菩薩發願，雖一事未行，卻已登聖位。天道的「善」正如陽光「昭朗萬有」，等施一切，而「人格」與「人事」的善則一定要有抉擇和差別。對此，胡蘭成常以「別而不隔」名之〔註37〕，其含義與章太炎的「不齊而齊」意義一致，是對絕對平等和相對差別的倫理性描述。從這一點出發，胡蘭成認為唐君毅等新儒家的對待不同事物的態度以及他們的敘述方式並不

〔註35〕　在胡蘭成眾叛親離，流落香港之際，唐君毅以萍水相逢，竟能賞識其才華而與之親厚，出資助其偷渡日本，為其保存謄抄《山河歲月》手稿，其後胡在日本每有著作問世，唐皆代為設法在國內尋求銷路，或轉送可讀之人，胡更與唐夫婦交流古琴曲、書法、戲曲等傳統藝術之種種心得，並求購音樂碟片，種種細事，不勝枚舉。儘管政治立場不同，唐從未評說胡為人之是非，胡與徐復觀後來交惡，唐對雙方的態度仍一如既往。

〔註36〕　胡蘭成：《中國的禮樂風景》，臺北：三三書坊，1990年，第26頁。

〔註37〕　如見薛仁明主編：《天下事，猶未晚──胡蘭成致唐君毅書八十七封》，臺北：爾雅出版社印行，2011年，第207～208頁。

能眞的心「通」九境。由是可以說，胡唐之能相知繼而「對決」，決非性格論所能論定，而正是「相似中差異」才導致了論爭。在強調「圓融性、整體性」的文明論者中，這種似同實異之處必將引生政治、文化等諸領域中的波瀾。即如王德威所說，「胡蘭成既非忠誠的新儒家信徒，也非簡單的大東亞主義者。擺蕩在中華文化本質論與日中親善合作論間，他的思維方式遠比我們想像的更爲迂迴。」〔註38〕

第二節　禮樂與民主：政治的「語言」和「詩學」本質

一、「名不正」：翻譯政治的表象

在給唐君毅的書信中，胡蘭成多次讚揚《宣言》和牟宗三、徐復觀等學者能從東西方哲學之參映中「明華夷之辨」〔註39〕。如學者唐文明所說，牟宗三對於民國以後「儒學第三期」的歷史任務的判定，主要就建立在東西方文化的精神差異的基礎上，也就是說，「相對於西方隔離形態的宗教而肯定中國聖賢相傳的道統乃是圓融形態的德教。」〔註40〕對此，胡蘭成是極爲認同的。然而在他看來，面對「西方」，新儒家諸位仍然太過謙虛。這特別體現在《宣言》所描述的中國文化之缺點——「正德」與「利用厚生」之間缺少一個充分擴充純粹知性的環節，即「缺乏科學精神，再之缺乏民主。」與此同時，爲了給失去社會制度支撐的儒家思想尋找可以在現代世界的全面起「用」的實踐方案，《宣言》又致力於引「民主」、「科學」之活水而入「學統」和「政統」，強調中國本土是有民主種子的，如禪讓和湯武革命。要重新煥發中國本土民主之生機，只要讓道德主體暫時讓位於認識主體，使認識主體和政治主體確立，也就是所謂的由「道統」開出「學統」和「政統」。胡蘭成則據此認爲，這種「現實性」的想法，或許正反映了本體氣象的虛弱。

〔註38〕　王德威：《抒情與背叛：胡蘭成戰爭與戰後的抒情政治》，呂淳鈺譯，《臺灣文學研究集刊》第 6 期，臺灣大學臺灣文學研究所 2009 年 2 月。第 32～73 頁。

〔註39〕　參見薛仁明主編：《天下事，猶未晚——胡蘭成致唐君毅書八十七封》，臺北：爾雅出版社印行，2011 年，第 131 頁；第 193～198 頁。

〔註40〕　唐文明：《隱秘的顛覆：牟宗三、康德與原始儒家》，北京：生活·讀書·新知三聯書店，2012 年，第 291 頁。

　　　　民國今已五十一年矣，始有吾兄等以批評的態度對待西洋之哲
學，然而對於西洋的文藝，仍未有人敢平等視之，至於民主政治，
則上下同聲，完全無批評無條件的引之爲經典。試想想，哲學、文
藝、政治，是連帶關係的，豈有西洋的哲學不足爲經典，而其文藝
或政治足爲經典的？

　　　　近讀牟宗三先生的《歷史哲學》，於中國歷史有其極精的見解，
惟一涉及民主政治云云，即不免慌亂，甚至又自疑其關於中國事情
的見解，至云「中國有吏治，無政治」，總是民主一語的權威在作祟。
學者各有專門，於其所不知的則謙虛，這是學者的好風度，但孔子
說的是：「蓋闕如也」，不是於其所不知則隨俗敬畏之。此是君子之
過。弟覺吾兄亦因遷就民主，看民主的面子，而對西洋文化的批評
多一層筆下留情，是惑也〔註41〕。

　　從引文可以總結出胡蘭成的兩個觀點，一是強調哲學、政治、經濟和學
術文化的互通性和本質上的一致性，二是認爲牟宗三等人謂中國歷史「有吏
治，無政治」的論點實是爲「民主政治」的修辭所惑。

　　如前敘，熊十力要在中國自身的思想脈絡中找到民主之源，就要面對「封
建帝制」的詮釋問題。牟宗三對「中國吏治」的討論亦然。牟氏在其「三期
儒學」的目標中，對於中國歷史的主要批評就在於政治生活「有治道而無政
治」「有吏治而無政治」，在學術上只有道統而無學統〔註42〕。根據學者顏炳
罡的總結，牟氏所謂學統就是由道德主體轉出認知主體，即傚仿希臘式的知
性形態之智，脫離儒家的「以仁通智」的文化形態，開出純粹的、獨立於「仁」
的知性成果，即邏輯、教學和科學，方能彌補中國無近代科學之缺陷〔註43〕。
如果「政統」和「學統」建立不起來，則「道統」無以發揮。由是可見，牟
宗三是在認識到傳統儒學有「知行分離」的架空傾向的前提下，試圖在自己
所處的時代以政治和科學的「實踐」彌補「理論」的不足，實際上也就是採
用現代西方意義上的「科學」和「民主」觀念來注入傳統儒學的「仁學」體
脈。

〔註41〕　唐文明：《隱秘的顛覆：牟宗三、康德與原始儒家》，北京：生活·讀書·新知三
　　　　　聯書店，2012年，第60頁。
〔註42〕　參見牟宗三：《道德的理想主義》，第155頁；《歷史哲學》，桂林：廣西師範
　　　　　大學出版社，2007年。
〔註43〕　參見顏炳罡：《牟宗三先生與第三期儒學之發展》，《東嶽論叢》1993年第3期。

正視自家歷史和現實中的「缺陷」並取長補短，在常人看來是極爲合理的表述，而胡蘭成卻對此不以爲然。在 1951 年給唐君毅的信件中，他就對牟宗三《理性的理想主義》（原載《民主評論》一：一〇，1949 年）和錢穆《中國的智識分子》下篇（原載《民主評論》二：二二）所言民主政治有微辭〔註44〕。他認爲，宇宙論、人生觀和實踐論的統合、內聖與外王的整體性、文明、文化、思想的融貫性一向是中華文明克敵致勝的法寶，既然無明是迷，文明是悟，一明俱明，一暗俱暗，何有「互補長短」之說。在 1961 年致唐君毅的一封信中，他暢談日本和臺灣的民主情況，並批評時下學人以爲西洋的民主可補孔孟之短，是不用功：「釋迦論外道，曰：法只有是佛法，別無外道之法。弟亦以爲文明只有是東洋的，故不曰東洋文明與西洋文明，亦不稱東洋文化與西洋文化，而曰東洋精神與西洋精神。西洋的是無明，而若混稱如『東西文化及其哲學』或『東西哲學思想』云云，把不同類的東西來彼此相比較，還以爲可截長補短，這是大失著。〔註45〕」在 1962 年 9 月的信中，他力陳西洋哲學與中國聖賢之學不可纏夾一處。如要補儒家之缺陷，應該起用佛學與黃老，這才是與「文明」同根共生之道。他認爲老莊注意人事與自然之際，而儒家詳於人事，亦言天道，於自然界之際稍稍疏。老莊之於中國聖賢之道如禪宗之於佛教，其好處在於對外物較儒家更無阻，能通時變，而儒家雖言經權，卻把此分成了兩回事，不能亦經亦權。「如今時衆情群動，異說紛紛，儒生於此，爲排比考較，或迎或拒，不勝其煩重，惟老莊獨能豁然」。因此覺得牟宗三的學說於黃老欠平允，卻對西洋之學似貶而實崇〔註46〕。

唐君毅在回信中，對胡氏的包容而不迎合之說是表示贊同的，稱其「天外遊龍，論世間萬法又若不與萬法爲侶」〔註47〕。事實上，《宣言》也表達了「中國文明的缺陷是枝節，可以彌補，西方性的缺陷卻是致命」的看法。在引入「民主」的議題時，唐君毅也強調中西方「民主」的性質由於地理、種族、文化等差異而不可能相同。中國文化本質上一元，大體上有一貫之精神，

〔註44〕　薛仁明主編：《天下事，猶未晚——胡蘭成致唐君毅書八十七封》，臺北：爾雅出版社印行，2011 年，第 129～131 頁。

〔註45〕　參見 1961 年 10 月胡致唐第五十六封信，編者批註曰，此信最可看出胡蘭成思想嚴屬之一面。同上，第 193～198 頁。

〔註46〕　同上，第 222～224 頁。

〔註47〕　1962 年 10 月 20 日，唐致胡第十一封信，《唐君毅全集》卷二十六（書簡），臺北：學生書局，1989 年，第 270 頁。

不似西方文明來源多樣。中國式的民主，乃是「尊重整全人格」，以此爲宇宙之至尊之貴，上下貫通，內外聯屬，不必如西方那樣強調個人自由和天賦人權。因而中國引進民主不必糾纏和拘泥製度的具體形式，而是要重拾完滿的道德心性；在「民主」的政治實踐中，必須堅持自身的特殊性〔註48〕。

唐君毅對中國「民主政治」的特殊性的堅持，也與彼時新亞書院的處境有關。50到70年代的香港，英殖民體系之下大陸知識分子的飄零感與對大陸新政府的異見相呼應，使「民主建設」時常成爲知識界的熱門話題。作爲新儒家思想教育基地的新亞書院的自我定位顯然與香港所實行的教育制度相衝突，政府強令新亞以私營企業的商業登記，唐君毅等人四處奔走，掀動社會輿論，一年後政府特別批准免於登記〔註49〕。

於香港的「西化環境」中宛如「孤島」的新亞之艱難處境，與中國學者在國際會議上感受到的屈辱感，無一不是新儒家學人樹立「中華文明意識」的心理動力。對唐君毅等堅持新亞書院的獨立，胡蘭成也一再表達其支持與讚美。他對西方「產業社會」「全民飼育」的反感極甚，認爲在中國文明的人世風景中，眾生即在「絕路」也有逢生，「一枝草，一滴露，天總給他口糧的。」而「但凡組織化的物質社會，無論俄式的或美國式的，國民都是總雇傭制，與被飼育制」〔註50〕。如果從中脫離出來就無法生存，再難說一枝草可有一滴露了。這種觀點自然與唐氏有共通之處，然而胡蘭成卻異乎尋常地執著於「名相」。在根本上，他既「不相信民主政治與代議制可解決中國問題」，也不贊同唐君毅的「中國民主的特殊性」這種較爲折衷的說法，而是一再強調要恢復先秦「禮樂」的「祭政一致」，不要「民主政治」，因爲「民主」一詞早已經遠離了文明之本，成爲了「無明」「巫魘」。

作爲散文家的胡蘭成對於「能指」「敘述」一向極爲重視。針對於「華夷之辨」，他一向有兩組修辭上的「隊列」：「人世」與「社會」、「修行」與「實踐」，「創造」與「模仿」……前者飽含詩意，後者則乾澀冰冷。他甚至認爲西人所具備的是「個別」，不是「個性」，「個性是從有生命的東西里生發出來

〔註48〕 唐君毅：《中國人文精神之發展》，桂林：廣西師範大學出版社，2005年，第195頁。

〔註49〕 新亞書院的情況以1950～1952年最爲艱難。參見胡治洪：《大家精要：唐君毅》，昆明：雲南教育出版社，2008年，第74～75頁。

〔註50〕 胡蘭成：《禪是一枝花》（第四十九則：三聖以何爲食），上海：上海社會科學院出版社，2004年，第143頁。

的。希臘還有「江山」，羅馬「惟是權力和征服欲，就不成風景」。「風景是在人的個性與物的個性裏展開的。」〔註51〕

> 文明是有人的位置，物的位置，不只是空間，卻還有人世，不只是地球與國際，卻還有天下世界：文明的演繹必是吉祥嘉慶的，而實從阿瑙蘇撒新石器時代開始，故我稱那個時代的為始生文明〔註52〕。

> 人類的營為，若只是個社會，劫毀了，如同一個銀河系消滅了就永遠沒有了，但是若能還有個人世像大自然，則社會雖劫毀了亦還可以再有，如同一個星體消滅了又有新的星體出來，大自然是永續的。中國不亡，比西洋的只有社會，中國是多了個人世。中國文明是禮樂與制度皆於現實的社會尚有個人世。所以當著劫毀，是中國民族最強〔註53〕。

> 文明的根本是修成了人身，遠離動物的三途惡趣，故幼小時可以是金童玉女，長大了，男子可以像李世民的十八歲打得天下，耕田工賈的年輕人皆有做人家的志氣，可以與皇帝是同一人世的風光，女子則掃除庭前晨露泥地上的花瓣，人與之同其新鮮，這便她亦如銀河邊浣紗的織女星，停船相問的客星是張騫。是這樣的人世，所以年紀老了可以做太公太婆，有天長地久的可靠〔註54〕。

這種修辭上的造詣向來是胡蘭成的長頂。在政治上強烈批判他的余光中也認為他「於中國文字，鍛鍊極見工夫」，「清嘉而又婉媚」〔註55〕。這種優美修辭內在的邏輯來源於「文明」和「無明」的高下之見分。如王德威所說，儘管胡蘭成與西方現代哲學家所進行的「反現代」的抗爭是一致的，但以胡對中國文化的自負，他只會在東方自身的傳統中尋找抗爭的資源〔註56〕。在

〔註51〕　胡蘭成：《閒愁萬種·可與劫毀相對的只有生》，北京：中國長安出版社，2012年，第 101 頁。

〔註52〕　胡蘭成：《山河歲月》，臺北：三三書坊，1990 年，第 16 頁。

〔註53〕　胡蘭成：《閒愁萬種·劫毀篇》，北京：中國長安出版社，2012 年，第 94～95頁。

〔註54〕　胡蘭成：《閒愁萬種·閒愁萬種》，北京：中國長安出版社，2012 年，第 75 頁。

〔註55〕　參見余光中：《青青邊愁》，臺北：純文學出版社，1978 年，第 26 頁。

〔註56〕　王德威：《抒情與背叛：胡蘭成戰爭與戰後的抒情政治》，呂淳鈺譯，《臺灣文學研究集刊》第 6 期，臺灣大學臺灣文學研究所 2009 年 2 月。第 32～73 頁。

《建國新書》裏，他認爲將 revolution 譯爲「革命」是不恰當的，因爲中國所謂「革命」是在面臨劫毀之際以主動易被動，革「天」之「命」，是「風動四方」「風行地上」，「這風要使萬物重新空氣流通，豁出生機，這完全不同於法國革命與俄國革命的單是在首都暴動就制了統治階級的死命，而且單是爲了奪取權利。」〔註 57〕同樣，他認爲中國的「禮樂」「祭政一致」才與「文明」「名實相符」，而「民主」與「共產主義」「哲學」「社會」「實踐」這樣的修辭一樣，對於中國來說皆是「名不正」的〔註 58〕。

在唐君毅看來，胡蘭成所謂的「祭政一致」和「禮樂」無非「民主」的舊名。「對於民主，弟意即堯舜禪讓之意之引申。」〔註 59〕胡蘭成「恢復古禮」、高揚「祭政一致」的提案，在他看來似乎只是鍍上了傳統中國詩學光澤的「同義反復」，頗有無事生非之嫌。

然而我們已知，新儒家原本就是以「辨名相」闖出的天下。如前文所敘，「熊學」的誕生即是建基於重釋唯識學的名相，最終將價值的重量落在「宗教」與「哲學」的分野之上。在香港的弟子與同儕們爲新亞書院的民主權利而奔波時，身在大陸的熊十力正在不斷向中國新政府呈遞他的民主思考。在《論六經》中，熊十力先把《易》訓爲自由民主思想，再用《易》的語言去「相當於憲法」的《周官》中尋找自由民主的含義〔註 60〕。這一連串的「訓」法，在思維徑路上與胡蘭成用《易》、黃老和佛經作爲文明之本體悟得的智慧、再用其概念範疇來訓「禮樂」可謂如出一轍。

誠如學者劉禾所言，翻譯的政治在某種程度上造就了現代思想史，語言的溯源和「跨語際實踐」乃是晚清以降中國思想史的結構性要素〔註 61〕。從章太炎爲剪辮髮尋找語言依據到古史辨派的登場，現代中國的政治革命、文化革命和史學革命無不以「名」的辨析爲理據。由是而論，胡蘭成與唐君毅在「民主」與「祭政一致」之間的辨析決不是「枝節」問題。胡氏提出，中

〔註 57〕　胡蘭成：《建國新書》，臺北：三三書坊，1990 年，第 16 頁。第 79 頁。
〔註 58〕　參見朱天文、黎華標編：《意有未盡：胡蘭成書信集》，臺北：新經典，2011年，第 87 頁。
〔註 59〕　參見 1961 年 11 月 7 日唐致胡信，《唐君毅全集》卷二十六（書簡），臺北：學生書局，1989 年，第 267 頁。
〔註 60〕　劉小楓：《共和與經綸　熊十力〈論六經〉〈正韓〉辨正》，北京：生活·讀書·新知三聯書店，2012 年，第 218 頁。
〔註 61〕　參見劉禾：《帝國的話語政治：從近代中西衝突看現代世界秩序的形成》，北京：生活·讀書·新知三聯書店，2009 年。

國的祭政一禮原不講「政權」和「迷信」。從他對權力鬥爭和「巫魘」的一貫分析來看，他認爲這兩者在哲學上都源於經驗與超驗的二元對立，源於神創論和實體論，而真正的祭政一禮是悟得了空有關係的結果，政治非「政權」，而是「無爲」〔註62〕。在 1955 年給唐君毅的信中，胡氏談到自己讀錢穆的《中國傳統政治》，對其以中國傳統文化之術語比附於西洋精神有異義。他認爲錢氏所謂「文明的內向與外向」，「向著何處」固是一問題，而「如何向」則是問題的根本。他解「向」爲「格物」之「格」，認爲能格物致知就意味著能通達「無我之我」，意味著悟得了文明之本。能格物，儒家的親與敬、五倫五常之語才能被盤活，而不致淪爲禮教之死物。他舉例說，王安石正是因爲不能格物而犯了形而上學之錯誤，戰爭中的日本人於中國事無所不知，卻死得不明不白，同樣是不能格物。最後的結論是，西洋之物均可採，惟格物不能以西哲比附〔註63〕。

在此，胡蘭成顯然認爲「民主」是不能格物的標誌。在以「祭政一致」爲政論基礎的《建國新書》完成之際，他曾向唐君毅再申「議會制度與禮樂政治」不可並立之說。他舉唯識學的今古之爭爲例，認爲格物致知於學統上已是足夠，只是「宋儒之解說《大學》格物致知，大非古義。」〔註64〕他認爲，「中國向來是說民本，不說民主。國以民爲本，不是由民來出主意。政治惟是要注意民間對於政府行事的反映。這就是『風』。譬如醫生要注意病人的反映，但不能聽由病人的意思來處方……政府對於國民亦是如此，這與尊重不尊重國民的話完全無關。譬如你家裏時時要注意小孩子的反映，但是不能聽由小孩子來作主張，這並不是看輕小孩子。」〔註65〕

胡蘭成也像廢名一樣，將政府與民的關係比成「孩子與大人」，只不過他卻是以政府爲父，以民爲子。有趣的是，兩人的前提都是「本體悟得」。在廢名而言，「民」由於能夠悟得天道本體，無須陷於知障的「讀書人」組成的政府來管理；而胡蘭成則是在假設政府是由通曉「禮樂之道」的覺悟者組成的情況下而發表此番議論的。可以說，他們的出發點，都是視中華的「禮樂」

〔註62〕　胡蘭成：《今日何日兮》，臺北：三三書坊，1990 年，第 91 頁。

〔註63〕　參見薛仁明主編：《天下事，猶未晚——胡蘭成致唐君毅書八十七封》，臺北：爾雅出版社印行，2011 年，第 152～153 頁。

〔註64〕　參見 1967 年 8 月 30 日胡致唐信，薛仁明主編：《天下事，猶未晚——胡蘭成致唐君毅書八十七封》，臺北：爾雅出版社印行，2011 年，第 281 頁。

〔註65〕　胡蘭成：《華學、科學與哲學》，北京：中國長安出版社，2013 年，第 192 頁。

爲一個完整自足的文明機制。胡蘭成雖然並未與廢名有深入的交集，但他主動向廢名請宜佛教，卻是因爲對其有思想的共鳴。像廢名以宗教爲科學和哲學之本一樣，胡蘭成《中國的禮樂風景》首篇獨論宗教。如朱天文所言，這是胡的「新義新證」。「流亡日本，讀書築波山中，始提出『祭政一體』，祭是樂，政是禮，祭祀而非宗教，胡先生提出原來中國的乃是祭政一體。」「論基督教、印度的吠陀和佛經、日本的神道、中國的禮樂之教，辨其所同與所異。唯特標中國有祭而非宗教。」〔註66〕

　　廢名明確表示祭祀和儒家是宗教，而胡蘭成卻認爲應取祭祀而非宗教，這種相反的判斷背後的理念恰恰相同。因爲在胡蘭成的語境中，「宗教」就意謂「神創論」，這正是廢名批判十力哲學的出發點。胡蘭成在給唐君毅的信中也提及十力哲學的問題〔註67〕，在唯識學和易學之間，胡蘭成是像十力一樣看取《易》的。在寫於70年代的《禪是一枝花》中他說，

　　　　其實萬法唯識這句話也是對的，只是不能因此就否定了客觀的存在。還是蘇東坡的比喻更明白。他譬喻掘井得泉，不能説不掘就地下無水。沒有宇宙本體的話，亦不如易經繫辭的説明更好，是故「神無方而易無體」。易無體，不是説沒有易。大自然雖是客觀的存在，但主觀可以與之完全爲一，並非如牛頓説的只可在大海邊揀得一貝殻，而是人可以把大海水當作像金盥的濯手之水。海邊揀得一貝殻與摸得象體的一耳一尾皆是瞽者。若得悟識，則可照明山河大地皆是我身，共大自然遊戲，是但爲我此身的趺宕自喜〔註68〕。

　　　　中國文明的人世眞是個偉大的風景。先説春秋戰國時諸子百家的學問的風景，範圍就超過同時代希臘的。過後中國是展開於行事與製作的造形，建築陶器衣裳之美，穀物的種類與絲絹遠比西洋的豐富多變化，論文章則如劉勰《文心雕龍》裏所列的文體的完備亦

〔註66〕　朱天文：《編輯報告》，胡蘭成：《中國的禮樂風景》，臺北：三三書坊，1990年，第1頁。

〔註67〕　薛仁明主編：《天下事，猶未晚——胡蘭成致唐君毅書八十七封》，臺北：爾雅出版社印行，2011年，第39～42頁；讀唐《中國文化之精神價值》，有孔子段落「偏於進化論」的評論，元亨利貞，禮樂。（第36封，53.8.22，見第138～139頁。

〔註68〕　胡蘭成：《禪是一枝花》（第四十九則：三聖以何爲食），上海：上海社會科學院出版社，2004年，第143頁。

非西洋所有。凡此皆因中國人的創造是知道一個生字，而西洋人則不知道一個生字。《莊子》裏有人三年以玉製成一葉，置之真葉中不能辨別，莊子曰、你這雖然巧，但是怎及得天地無心，春風吹吹千枝萬條皆生出葉子來。中國人的創作便是像這樣的自然生出來的〔註69〕。

　　所以中國成得禮樂的人世，而西洋則只造作得物質的社會。中國的祭祀遍在於萬物的與行事的喜愛，而西洋則凋離為宗教的聖工與社會的俗務〔註70〕。

儘管這些論述與十力「眾漚即是大海」的「體用不二」、「生生不息」的道德心性論同出一轍，胡蘭成對十力哲學卻亦有不滿。根據薛仁明的推斷，胡蘭成於致唐君毅的信中鮮談熊十力，可能是顧及唐的情面，自稱於熊著「愧不能讀」。但字裏行間仍頗有微辭，說「熊十力的佛學，不知何處總有著不對」。他並且認為中國的章太炎、梁漱溟，比之馬一浮、熊十力等更近先秦之儒〔註71〕，而在他的觀念中，先秦儒與文明的本質更為接近，不似宋儒已受二元主義壓迫的「污染」。

從某種意義上說，廢名在抗戰時期指出十力「鑄成大錯」，並暢談他所理解的理想政治文化，和胡蘭成在戰後 5、60 年代對唐君毅等人所致力的「民主政治」的質疑，是從相同的理念和問題視域出發的。十力哲學中的儒家自我和知識論的問題，也部分地反映在胡蘭成眼中的港臺新儒家的政治、哲學和教育理念中。在政治上，胡始終認為要先「革命」、後「民主」，在戰後的「民主」時代，這種說法顯得十分怪異。胡此說有因應時代的原因，他和日本各界人士尚在討論「第三次世界大戰」的可能性，而「反攻大陸」也仍然是國民黨的口號。但以「反對產業社會」的要求來說，胡蘭成認為「現在」才是最應該革命的時候，可見其真正所革者乃是「全球化的資本環境」，正像抗戰時期的廢名認為「日本老不足懼」，真正要對治的是其「現代自由經濟」理念一樣，胡蘭成的革命思想則自然地接入了 60 年代西方的後革命思潮，並

〔註69〕　胡蘭成：《閒愁萬種·可與劫毀相對的只有生》，北京：中國長安出版社，2012年，第 101 頁。
〔註70〕　胡蘭成：《今日何日兮》，臺北：三三書坊，1990 年，第 93 頁；226 頁。
〔註71〕　1962 年 10 月 31 日，胡致唐第六十四封信。薛仁明主編：《天下事，猶未晚——胡蘭成致唐君毅書八十七封》，臺北：爾雅出版社印行，2011 年，第 225 頁。

與這一思潮中的結構主義、後結構主義思想家一樣認為革命的起點是從「語法」上開始。

> 太古人類給萬物取名，因而有言語文字與思想。而物有象有形，就像取名的如乾坤，就形取名的如天地。六十四卦皆是象名，萬物皆是形名。事亦有象名與形名。如戰爭、買賣、入學、犁田、打工、交際，皆是形名，仁義禮智信則是象名。名有貴賤，象名貴，形名賤。尚有究極的自然未有物象與物形，而可取名「無」與「空」，取名「神」與「易」，在名的品位中最貴。

> 名的品位，是文明的品位的標記。歷史上的革命，每是把至今用慣了的名詞來加以一番洗滌褉，或重新取名，但必有其民族的個性與文明的品位，如國父所用的名詞王道、先知、先覺等。

> 西洋有物形之名，而無物象之名。惟亦有「數」的名，與「神」的名。但是他們不知數是象名。他們的「神」不是無。所以西洋可說是沒有物象的名，亦沒有「無」的名。西洋惟有物形的名。形名實，象名虛，如西洋云權力，雖也是抽象的名詞，但其所表示的權與力是實東西，不能說是物象的名詞。而如易經裏說的位，則表示卦爻之象的虛位，所以可說是物象的名詞〔註72〕。

以上《禪是一枝花》中的段落與同一時期的《華學、科學與哲學》中的《文明正統紀》一文相呼應，表達了胡蘭成文明之「名」的思想邏輯：來自於中國傳統思想的「名」是由對本體的覺悟自然流出，如要為古語找異名，也應該從「名」的「象」之來源加以考察，而「民主」顯然與「祭政一致」並不同源。在這裡，胡蘭成也旨在點出，新儒家要在吸收西洋之民主的同時超越自我和他者的心理中隱含的問題。他認為「凡事達到絕對，只有相異，不能言超越。想超越便已是不好」〔註73〕，有想超越之心，就意味著對自己的文化信心不足，站在了相對的立場上。比起廢名從「裏」至「表」、從本體到現象的討論方式，胡蘭成從「現象」追溯到本體，指出民主這個「能指」的質感已經顯示了新儒家對「西方」和「現代性」的「屈就」。

〔註72〕 胡蘭成：《禪是一枝花》（第六十八則　仰山汝名什麼），上海：上海社會科學院出版社，2004年，第194頁。

〔註73〕 1955年11月26日，胡致唐第四十封信。薛仁明主編：《天下事，猶未晚──胡蘭成致唐君毅書八十七封》，臺北：爾雅出版社印行，2011年，第152～153頁。

二、虛實之辨

如馮友蘭所說，代表了儒家最後階段的宋明理學是形而上的，現代新儒家必然接著它講。宋明理學的「形而上」途徑主要由佛教的刺激而起。釋氏心性之論的廣泛流行逼得儒家不能不「鞭闢向裏」。在形而上的義理方面，新儒家的確氣勢博大，西方哲學反成了他們的「援軍」。然而近代西方文化對於儒學的挑戰主要不在形而上，而是在形而下的領域之內〔註 74〕。在馮友蘭的語境中，形而上和形而下指的是抽象和具體，也就是說，西學帶給中國人最大的衝擊是包括科學技術和政治制度在內的「有形的」「實學」。

胡蘭成卻認為，中國文明不僅在精神的本質上不會產生壓迫性的奴隸社會，在制度之「器」方面也完全不需要傚仿西方，因為西方的制度之「器」有其嚴重的問題。他拒斥「民主」之名的最主要原因在於，「民主」代表了「二元論」的割裂式思維結構，與本體不能相入相即。於是他這樣描述「西方民主」的相貌：

> 民主制度的問題，在於雖於技術的議題，可集思廣益之效，擇善而從，但於道德的議題，於氣魄人格有關的事件的討論，則往往是歸結到一個**最無氣力**的決議案，因為**眾多人格互相抵消了，無力化了**之故。
>
> 人類要神清氣爽，則需「儉」需「疏」，而民主制度的最大弊害，譬如植物密植，枝枝葉葉交相覆蓋，陽光空氣不足，則發育不良〔註 75〕。（黑體字為本文所加）

在胡蘭成而言，祭政一致乃是「悟得的智慧」的顯現，而「民主」就像從整體上切下來的肢體一樣，已是死物：

> 西洋是祭政分離，所以會是物質與精神分離，社會是種種對立的，部分的東西的集合體。祭政分離，即祭與政兩皆從大自然脫落了。他們的人從大自然脫落，數學與物理學忘失其來歷，凡其行事與造器皆於大自然是異物。譬如動物的肌體內侵入了異物，牠會把來排除出去，今所造營的異物當然也是要被大自然所排除的。受別

〔註 74〕　參見馮友蘭：《中國現代哲學史》，廣州：廣東人民出版社，1999 年。
〔註 75〕　1951 年 5 月 24 日，胡致唐第三十三封信，薛仁明主編：《天下事，猶未晚——胡蘭成致唐君毅書八十七封》，臺北：爾雅出版社印行，2011 年，第 129 頁。

的排斥尚可，受大自然排斥，是一旦浩劫到來，你連失敗之地亦沒有，葬身之地亦沒有了〔註76〕。

他因此認為西方民主因不能體會「相即性」的真理，在政治上有「過密」的缺陷。文明是「空中生妙有」，「惟虛惟空惟無，可以悠久廣大無礙」，而「西洋的社會行事皆是過密」「過密的社會到處惟是實，惟是有，必定發展到相擠軋衝突爆裂為止。」〔註77〕此種立論的基礎仍是「萬法歸一，一歸萬法」的心性論原理。胡蘭成認為所謂的「抽象」有四級，分別是「種」「運動」「數」，最後「把卦象與數之跡亦抽離了，直究到大自然的五基本法則。」這四點都在《易》中得到了呈現。這種「一收一放」的極致的結合，也就是《般若心經》的「空即是色」，具有產生一切「造形」的能力。

在《〈易經〉是理論學問的統一場》《民志篇》《劫毀篇》等許多散文〔註78〕中，胡氏常摘引湯恩比對古代發達文明國家消亡原因的論述，並認為那些曾經發達的古國之所以「無聲無臭」地消失，非因外敵或天災，而是或因其從文明悟得的理論不能像中國的《易經》一樣「學問化」，或因社會「發展到了所謂公民社會或公民政治，其人格與知能彼此互相抵消了，文化的力量雖大，生命的力量倒小了，所以生存不下去了。」〔註79〕由於「文明大信」始於對日本學者的考古論文的關注，胡蘭成始終對古老文明的起源性論述懷抱著極大的興趣。他常說，中國文明是從「井田制出身」、從「大洪水中出身」。幾個古老文明都消失殆盡，

> 中國人何以獨獨能夠？是因為漢民族出來得遠了，新石器時代晚期從世界文明的共同發源地西南亞細亞分支出發，經過西域而至黃河中下游地面，沿路接觸的皆是異境異物，原來的生活形式發生了問題，遂要抽離事物的形乃至抽離形背後的象來重新思考過，思考到得行不去時，忽然情緒如核子的爆發為光，此就是史上第二次

〔註76〕 胡蘭成：《今日何日兮》，臺北：三三書坊，1991年，第96頁。
〔註77〕 1962年8月10日，胡致唐第六十一封信。薛仁明主編：《天下事，猶未晚──胡蘭成致唐君毅書八十七封》，臺北：爾雅出版社印行，2011年，第214～216頁。
〔註78〕 參見胡蘭成：《閒愁萬種》，朱天文主編，北京：中國長安出版社，2012年。該集收入了胡從三十九歲到七十五歲的許多零星篇章。
〔註79〕 1951年5月24日，胡致唐第三十三封信，薛仁明主編：《天下事，猶未晚──胡蘭成致唐君毅書八十七封》，臺北：爾雅出版社印行，2011年，第129頁。

的開了悟識，一次是以前渡洪水時。老子與莊子原是漢人，卻住到楚地，被楚民族的美與強執的情緒所激，格外顯明的照見了自身的漢文明，而於自然與人世乃有了新的思想上的大發見。

太古我們漢民族的來到黃河流域才有了易經，便亦是與這有相像，而彼時其他幾個民族離開西南亞細亞的共同文明發源地的，則到地中海一帶與波斯印度一帶，地理較近，新地異事異物的刺激不及漢民族所受的，他們或則沒有理論學問，或則雖有亦如巴比侖的只到得第三級，要像中國的有易經到底是不可能了〔註80〕。

胡蘭成認為，易學能夠有無窮演變的學問是因為此前的舊石器時代的生活形式發生了問題，「要抽離事物的形乃至抽離形背後的象來重新思考過，思考到得行不去時，忽然情緒如核子的爆發為光，此就是史上第二次的開了悟識，一次是以前渡洪水時。」〔註81〕不論這套文明起源論是否能得到現代以來的史學界的承認，他正是據此樹立了中國無須借西學之力開出學統和政統的理論自信。文明是本體的悟得，而文明的持存又需要「理論的學問化」，這是胡蘭成中年以後最主要的命題。此一觀點即是針對近代以來國人最感虛弱的「科學」「政治」等「實學」而設定的。《易》已經足夠代表中國的「理論之學問」，現代物理學、數學的靈感仍然需要從《易》中汲取資源，便可見一斑。在《華學、科學與哲學》一書中，他花費了大量的篇幅將《易》和他的「大自然五基本法則」與愛因斯坦等人的現代科學學說互相參比，認為前者有過之而無不及。因為人類「須得學問來說明當初的覺識與大自然的妙理的所以然，如此則可不拘於既成的制度與式樣，乃至可以離開神的名而直接從大自然來說明神，這就是理論化。理論不是從物之形說形，而是從物之象來說萬物之形〔註82〕。」在這樣的論述系統中，「民主」顯然只能是「物」之「形」，不能成「物」之「象」。而《易》已經具足了「科學」「哲學」「詩學」，是文明「能簡能繁」、抽象與具象結合的頂點，它即是文明的「理論化」，因此不必再「頭上安頭」，他甚至就此認為，中國文學並非「抒情傳統」而是「抒理傳統」，連《西遊記》亦是理性的喜樂〔註83〕。

〔註80〕　胡蘭成：《閒愁萬種·抽象尚須具象》，朱天文主編，北京：中國長安出版社，2012年，第140～141頁。

〔註81〕　同上。

〔註82〕　胡蘭成：《閒愁萬種·天理不屈》，同上，第84頁。

〔註83〕　同上。

　　從如上理論出發，新儒家「三統論」的癥結或不在於中國在開出「政統」的方法上存在著「理想」與「現實」的差距，而在於「三統」在主體的觀念和想像中早已經是不平衡的——「道統」雖佳，畢竟只是「理想」，重要的是「現實」中開出「民主政治」「科學」等「實學」。這樣的邏輯表明新儒家的問題不在於「實踐」，而在於「理論」之「體」。胡蘭成批評唐君毅在《從科學世界到人文世界》一文裏把政治經濟的價值定得很低，「嫌矯枉過正」。因為在他看來，以「文化」的、「精神」的力量「壓過」政治、經濟，乃是「虛」與「實」的二元分別所致。他認為只有在「無明」社會，才會有惟「實」「有」為上的物質主義，而在「文明」的中國，政治、經濟、哲學都是「詩學」，都是「禮樂」。因此，「政治經濟在西洋是手段，在中國則可以好到亦如歌如舞，此處正應分別也。」〔註84〕

　　胡蘭成的觀點與後結構主義的「一切是敘述」的觀點顯然有相通之處。詩學／敘述／文化並非「重於」政治經濟，而是政治本身最本質、最真實的維度。一切看上去是「現實的」「實體性」的東西，本質上都是「敘述」和「觀念」的形構物，而「文明」的敘述更意味著「詩學」。他認為政治與教化不可分立，詩學與政治亦不可分。在胡蘭成的觀點中，被 20 世紀的「思想史」所排斥的「詩學性」起到了關鍵的作用。相對於「不能清真儉疏」的「民主」，他對「禮樂」的描述本身即充滿了詩意：

> 中國歷史上的事就是如此，世界上沒有一個國家像中國的禮教普遍的徹底的實行於民間，禮者大順，應當都是順民了，然而又世界上惟獨中國人會民間起兵。原來禮者大順，樂者太始，而禮的形式中亦皆是含有樂意的。所以連女子最順從，亦有反逆活潑的喜樂，如平劇裏的梁紅玉、樊梨花、穆桂英〔註85〕。

　　對哲學家唐君毅來說，這種美學化的表述似乎玄遠得經不起推敲。在 1961 年 11 月 7 日給胡的信中他寫道：「英雄打天下，其風姿未嘗不有可愛處，而戰亂中人所受苦亦不可勝言，則民主制度使人類可和平轉移政權，免於戰亂，亦至大義之制」〔註86〕。黃錦樹即據此認為唐「悲心深重」，而胡「無理取鬧」〔註87〕。

〔註84〕　胡蘭成：《閒愁萬種·天理不屈》，同上，第 84 頁。

〔註85〕　胡蘭成：《中國的禮樂風景》，臺北：三三書坊，1990 年，第 150 頁。

〔註86〕　參見 1961 年 11 月 7 日唐致胡信，《唐君毅全集》卷二十六（書簡），臺北：學生書局，1989 年，第 267 頁。

〔註87〕　黃錦樹：《胡蘭成與新儒家：債務關係、護法招魂與禮樂革命新舊案》，《中山人文學報》，第 14 期，2001 年。

　　在唐君毅孜孜於「具體」的制度建設，至少是關注於「政治哲學」的問題時，胡蘭成似乎一直在談論詩學的問題，他對民主的看法也顯示了一個文學家的天眞。然而，掉過頭來仔細審理《宣言》和胡唐通信，會發現在某種意義上，唐關於「政治經濟」和「哲學」的討論同樣是「修辭性」的。在許多時候，唐君毅將理想的「民主」本身視爲普遍而合法的價值和制度觀念，它是超歷史、超時空的，與完滿的道德人格相應，是人性的內在需求。然而他對「東方民主」和「西方民主」氣質上之差異的描敍，卻又透露了複雜的心事。對於胡「禮樂方案」洋洋大論，唐雖有「空谷幽蘭之感」，卻每每強調，「唯當世陰霾，仍須一剛健之精神，乃能撥亂反正。」〔註88〕

> 　　處當今之世，以中國先哲之義理之精約而無統，遇西方之科學哲學之體系謹嚴組織網密者之闖入，直如鐵絲網之入桃花林，更只有繽紛四散。徒惜落紅，又何益哉？此處正須以菩薩心腸、金剛手腕，自樹學問之規模，自嚴學術之陣地，方可望有以自立於今之世，以繼絕學於當今。

> 　　對中國當前之時代說，則中國昔賢禮樂之教，太柔和，聖賢言語，智慧太高，**如不濟以剛性之理論思辨，輔以知識，則不能護法。**昔賢謂儒門淡泊，收拾不住豪傑。今日之情勢正相同。中國廟宇開門便見彌勒，使人歡喜，此固是無上智慧。然彌勒之後，即是韋馱。人自前門走入，先見彌勒，如動雜念，則韋馱在後。然處今之世，**西方思想學術武力經濟力，已逼使東方人不能出氣。東方文化之廟之前門被關了，終不免導人從後門入，則當先見韋馱。再開前門拜彌勒也。**弟以此自辯解，不知兄以爲如何〔註89〕。（黑體字爲本文所加）

　　唐君毅這一番對東西方文明「氣質」的探討，有著與梁漱溟「早慧的中國哲學」相近的成分。但相比於梁氏力圖由此探尋中國獨特的生存徑路，唐君毅的「柔」與「剛」、「簡」與「繁」卻似乎更加強化了「東弱西強」的二元對立意識，也彷彿「印鑒」了胡蘭成的質疑：號召建立「中華文明的自信」的新儒家自身，或許才是對這一立論最不自信的。胡唐書信從側面透露出，新儒家敍事的深層邏輯動力仍然是「虛」與「實」：東方「柔和」的禮樂之教

〔註88〕　1954 年 4 月 4 日唐致胡信。
〔註89〕　1953 年 8 月 31 日唐致胡第一封信，同上，第 260 頁。

智慧雖高而缺乏剛性，情志淡泊而無殺伐之氣，需要「民主」這一強大的韋馱護法，才能見「東方文明」微笑之彌勒。

在佛教中，彌勒佛是「當來下生」的未來佛。唐君毅此說將古老的東方文明付在「未來」，當下則需要貫注「護法神」的「武力經濟力」的邏輯，恐怕仍來自於「古老文明在現代難於生存」這一幽靈的困擾吧。更重要的是，唐君毅其實已經在這裡推翻了「祭政一致」乃是民主之舊名的說法。因為他本人的論述的支撐性內核，正是對「柔與剛」這類形容詞的使用。

胡蘭成認為，無論是嚮往還是厭惡，新儒家的焦慮主要都集中在「政治經濟」這一項，就是由於受制於虛實之分。一面總要強調「文化」「精神」相對於「政治經濟」的指導性作用，另一方面又以「西方剛硬之科學民主」來充盈彌補中華古老文明「早熟而脆弱」的智慧。胡氏稱《宣言》的「一面，又一面」的句式「不免慌亂」，原因亦在此。

另一方面，唐君毅則認為胡蘭成對於西洋的哲學有簡化之嫌〔註 90〕。亦如黃錦樹所說，胡蘭成的論述中存在著把「西方」視為「鐵板一塊」的批判對象的封閉性問題〔註 91〕。這是胡蘭成和廢名這樣「歧出」的哲學家常有的缺陷，也是總體性論述中常見的問題。他們似乎從另一意義上強化了「東方／西方」的二元對立。然而這種強化不僅是「賓主易位」，其內在的結構實際上發生了改變：東方哲學在其理論的自足性的意義上代表著一種「別而不隔」的先進的意識形態，在差異和同化之間，實施的是絕對性和相對性相結合的策略。如胡蘭成所說，「別人的雖是無明，但你也不能殺絕它，卻是要化無明為文明之用。所以敵我分明，同時亦要能敵我相忘，見了敵人也有喜愛，雖然喜愛，亦還是必要與之分出勝負，因為要分出勝負，歷史才得分明。」「主位不放在基督如何為我們世人，而是放在我們世人要如何為基督，大家都心疼基督，大家要如何把這無明世界來翻了，開出智慧的清明的世界。這就是基督倒成了客位，主位是我們。」〔註 92〕在 1963 年給唐君毅的第六十五封信中，胡蘭成稱「我能辭達矣，以聽他人之辭未達，猶為不易，而況兩皆未能辭達，又如何能彼此聽取乎？倘與不同者同事，而且相敬上悅，是即禮樂之

〔註90〕 1953 年 8 月 31 日唐致胡第一封信，《唐君毅全集》卷二十六（書簡），臺北：學生書局，1989 年，第 263 頁。

〔註91〕 黃錦樹：《胡蘭成與新儒家：債務關係、護法招魂與禮樂革命新舊案》，《中山人文學報》，第 14 期，2001 年。

〔註92〕 胡蘭成：《中國的禮樂風景》，臺北：三三書坊，1990 年，第 6 頁、36 頁。

治矣。」〔註93〕從這一點來說，胡蘭成所謂的「西方」，只是只能「一」、或者只能「多」的意識形態。對於其所謂「禮樂」和「民主」在絕對性的意義上不能同化的觀點，也可以從「西學」的視角來反證。如李猛在《禮的精神：孟德斯論禮與東方專制主義》〔註94〕一文中論述，孟德斯在運用西方術語來體解中國傳統思想中的「禮」時遇到了極大的困難。「禮」對他的政體比較分析構成了巨大挑戰，就在於這一名相從本體意義上的涵蓋性和貫穿性。根據李猛的分析，孟德斯從二元論的角度出發無法將「禮」包納入自己的體系中，其批評「東方專制主義」的結論就變得牽強武斷了。在他的語義鏈條中，「禮」最終被認定為「獨特的中國制度」，就是說，一個「他者」。

　　這個例子就像鏡子，從反方向幫助我們看清了胡蘭成於修辭和理念上都不願妥協的理由。唐君毅們試圖將「民主」的移植背後複雜的跨語際實踐輕輕帶過，認為「民主」和祭政一致是相同的，但所謂的「西方」實際上是決不可能承認這種等義性的。反過來說，在唐氏的「民主政治」中，真正具有分量的仍只是「體系謹嚴」「組織網密」的直覺式判斷而已。現代以來，西方科學一向給人以「精嚴的邏輯體系」的幻覺，這自然讓我們回憶起自晚清以來佛教的唯識學被廣泛用於對抗西方哲學思想的理由。而整體的東方文明被視為一套氣質玄幻的「虛化精神」，在 1910 年代的文明討論中則是一個普遍的論調。對胡蘭成和廢名來說，「下實上虛」之說乃是對「體用不二」的圓融精神的篡改。破解這種「虛實」關係是廢名與熊十力「體用」「心物」之爭的焦點所在，而胡蘭成的「政治經濟也如歌如舞」與廢名的「物是心」在本質上是一致的。他同樣認為世界的根本是「心」，是「理」，是「詩學」，新儒家所謂「實學」亦然，只不過他們下意識地使用「詩學」而不自知罷了。廢名指責十力將「心與物分成一體兩面」，胡蘭成則批評《宣言》「各論優缺點」是虛弱纏夾。總之，他們都認為以整體性為本和以二元性為本乃是兩個不能相融的系統，要想貫穿「體用不二」的精神，就不可能從西方現代性中切出「民主政治」來為我所用，這就是「豈有西洋的哲學不足為經典，而其文藝或政治足為經典的」的道理。

〔註93〕　1963 年 5 月 2 日，胡致唐第六十五封信，薛仁明主編：《天下事，猶未晚——胡蘭成致唐君毅書八十七封》，臺北：爾雅出版社印行，2011 年，第 228 頁。

〔註94〕　參見《禮樂中國——首屆禮學國際學術研討會論文集》，彭林、單周堯、張頌仁主編，上海：上海書店出版社，2013 年，第 290 頁。

　　從這一角度來說，胡蘭成的持論最大限度地消解了「西方」與「中國」的實體論意義。對於唐君毅所提出的「高遠的智慧需要剛健之精神」，他認為在禮樂系統中的高遠和剛健原就是不可分割的。樂是平等，禮是差別，它們本身已經同時包含著「理」和「事」，並不僅僅是「精神」。包括用來描述禮樂的文字、國家祭祀中的禮服、音樂等等都是「即事即理」。易言之，胡蘭成對「禮樂」的描述所強調的正是詩學、哲學與政治的一體性。他每每讚揚「國父孫中山」的禮服、國歌、演講辭，是文明之具現的「造形」，皆是禮含樂意。他將辛亥革命定義為文明革命，是為了同時賦予它詩學革命、政治經濟革命和制度革命的意義。在他那裡，「制度」也是禮樂觀念的「造形」，既非「抽象」也非「實學」，而是文明的相貌和文理。這表明他「中華文明唯一性」的極端說辭，自一開始便只是一種文化態度，其出發點並不是因為「禮樂」是中國人自己的東西，而是因為它意味著唯一的「相即性」標準。對胡蘭成來說，「名」的重要性，就是因為提起它也就意味著提起整個「覺悟」的邏輯，正像提起「民主」就意味著提起了「二元論」一樣。

三、法言與巽言

　　在胡蘭成看來，「禮樂」不是「民主」之舊名的另一個原因，是在「民主」的結構中並不包含「禮樂」中原有的教化和詩學成分。漢語「民主」一詞原本便是翻譯實踐的產物，胡蘭成強調「名」自然不是死執於名相，而是試圖指出不止在意義（所指）層面「民主」與「祭政一致」大相徑庭，「民主」所代表的西學系統已經使新儒家傳統主義論述的「表述系統」發生了質變。也就是說，「圓融的東方文明」在形式層面也受到了傷害〔註95〕。在給唐君毅的信中，胡蘭成對牟宗三的質疑主要在於其將「教化」與「政治」分離這一點。基於此，他才特別指出「禮樂」是「祭政一禮」的。他當然認同儒家的觀點：禮樂的主要功能是實施教化，但他更強調天道本身是至善又是至美，教化與詩學不可分離。在原則上，新儒家學者亦不會否認「禮樂」和「教化」中的詩學性，如唐君毅、牟宗三都曾在著作中專門談論詩藝和樂藝之道，胡唐通信也時常涉及到音樂、書法等藝道和藝術與哲學的關係。但胡蘭成指出，儒

〔註95〕　參見 1951 年 5 月 16 日，胡致唐第三十封信，薛仁明主編：《天下事，猶未晚──胡蘭成致唐君毅書八十七封》，臺北：爾雅出版社印行，2011 年，第 124 ～125 頁。

學者在具體論述中往往會不由自主地有所「蹈空」，「樂」所承擔的成分已經大量奪給了「禮」，而「禮」的詩學含義則又大大縮減。為全友道，他並未正面批評唐君毅，而是指出他所在的新亞書院的教育之問題。如唐君毅命新亞書院的學生黎華標等人向胡蘭成執弟子禮，黎華標遂也開始與胡通信。在 1962 年致唐的信中，胡蘭成指出黎華標近來寫給他的信中漸多了「道學氣」。他進而婉轉地批評了新亞的教學方式和學科分類，認為詩學（文學）與政治不應以不同的學科編目加以分割〔註96〕。在給黎華標的信中，胡直言不諱地寫道，執念未必是志氣，亦即今天朝野人士縱有賢達者，他們亦無朝氣。至於青年們，連對於五四時代的事都已無知。高者如新亞諸先生，雖云從事聖賢之學，其實只是受的五四當時胡適他們所提倡研究學術新方法之賜，雖其結論與胡適他們的分途，但亦非即聖賢之學也，不過是在做的思想之學而已。是故我很寂寞。」〔註97〕事實上，早在 1951 年的兩封通信中，胡唐兩人就有過關於「法言」和「巽言」的討論。胡自稱讀了唐著《中國藝術的精神》「喜而不寐」，讀《中國藝術的自然觀》則感到以唐之性情、學識於「法言」之正道大有可為，然而「所用語稍嫌哲學的」：

> 吾兄續寫之四篇文藝論文，待發表得拜讀後再申愚見。若前此論藝術一文，則所發明者弟皆完全同意。惟有些許小意見，此等文字，不僅發明，更須涵養，如所謂以善養人，所用字句稍嫌哲學的，詩賦不能用哲學文句，有些論文亦如此。《五經》用語各不同，蓋一事一物各有一事一物之文字，以聲還鳥，以色還花，如此方為直道，是法說更高於說法也。而以善與人，仍不能是以善養人，使自得之。今人福薄，往往慧至而福未修，知及之而仁不能守之，皆由於但能說法而不能如法說也〔註98〕。

> 孔子言好德如好色，又曰不學《詩》無以言，言之不文，其行不遠，《大學》亦言知之不如好之，凡佳文字必皆載道，如好戲之必

〔註96〕　參見 1962 年 4 月 23 日，胡致唐第五十八封信，同上引，第 207 頁。

〔註97〕　參見朱天文主編、黎華標編錄：《胡蘭成書信集》，臺北：新經典，2011 年，第 316 頁。

〔註98〕　參見 1951 年 5 月 16 日，胡致唐第三十封信，另見 1966 年 11 月 30 日胡致唐信：「華標漸成死學，轉不如初，久後將更難啟發。及今吾兄為一棒喝，於彼或有益歟！」參見薛仁明主編：《天下事，猶未晚——胡蘭成致唐君毅書八十七封》，臺北：爾雅出版社印行，2011 年，第 124～125、276 頁。

　　有故事，但若説理而無文，則如忙於交代故事而無戲（程硯秋語），

我中華禮樂之邦，理必舒爲禮樂，而今時有哲理修養之賢者似未及

此……〔註99〕

　　顧文豪、杜至偉對本年的兩封信注曰，「胡在此信中提出『法說高於說法』，對此一看法始終堅持，允爲胡唐論學的基本歧異。類似之歧異，在後續書信將日益清晰。」「胡唐雙方，這根本軒格既大，早先長達半年以上的密集通信就難以爲繼；從此，音訊往返遂由密轉疏。」〔註100〕總之，此信已將胡與新儒家諸君子之間的根本差別明確點出。胡不能同意新儒家那種學院式、哲學化的抽象表達，他認爲這樣的語言，縱可獲得一時之承認，仍終究會把路越走越窄。在 1965 年致唐的信中，胡自言悟得「文明」之要在一「無」字，而西洋人的「哲學、邏輯等等，都是實有，不能『無』也。因缺了這個『無』字，故其邏輯不能是妙意，不能化爲禮。」而中國的學者雖於此意「多少都曉得，然而要把它來貫徹聖賢之教的全面，且貫徹於日常生活事物的全面，則非從積漸之功至於豁然頓悟不可。」他進而直言唐君毅的文章雖「知游於藝云云」，卻「皆傷於太實太密。夫以兄之積漸之功，至於今日，應可一旦枷鎖落地，爲世大雄，誠所望也。」〔註101〕

　　寫散文與理論著述的形式自不應相同，然而胡蘭成謂「哲學」並不完全等於「法言」。在彼時他的語境中，「哲學」與「民主」一樣，往往都是「西方無明」的象徵。從「敘述」自足性的角度，這倒可謂是另一種意義上的「知行合一」：不論是他的書信、散文還是政論都充滿了詩意。在他看來，整體上依照「西方體例」來寫作「中國文化精神」或成立制度化的學科教育，或許就會產生問題。

　　對於胡的質疑，唐君毅曾數次委婉地表示，他不在院牆之內，不知度眾生（啓蒙）之艱辛。胡的理論雖然至大至美，然若不從俗，應世所須而爲之，則生存亦難，何談事功〔註102〕。

〔註99〕　參見 1951 年 5 月 20 日，胡致唐第三十一封信，參見薛仁明主編：《天下事，猶未晚——胡蘭成致唐君毅書八十七封》，臺北：爾雅出版社印行，2011 年，第 127 頁。

〔註100〕　參見 1951 年 5 月 20 日，胡致唐第三十一封信，同上引，第 126、131 頁。

〔註101〕　參見 1965 年 10 月 20 日胡致唐信，同上引，第 261～269 頁。

〔註102〕　如 1964 年 10 月 17 日唐致胡信，《唐君毅全集》卷二十六（書簡），臺北：學生書局，1989 年，第 273～274 頁。

　　從自我認同的角度來看，胡蘭成並非以「散文家」的身份來參與社會問題的討論，也不認可於「政治家」的稱謂，他的認同在於「英雄」「蕩子」，他們是革命、詩意和文明的主體符號。這就來到了「宏揚文明」的主體問題。胡蘭成將他自己實施「禮樂文明方案」的計劃看作是「修行」。他以蕩子身份自居，在戰後的日本講學、游說，與各方人士聯絡，有知己也屢屢碰壁。其「行動詩學」和「詩學化的行動」，無不是爲了證明大學「院牆」並不是實施「文明教化」的唯一方式，而「體制內的學者」亦非「聖人」之主體。他在日本築波山的戰後新興宗教「梅田開拓筵」長達數年的講座式教學，以及晚年在臺灣文學院短暫的教學，就是在「書院」「學院」內部實施其禮樂之道的嘗試。就講座和教學本身的反響而言，可以說是頗受歡迎的〔註103〕。在此意義上，胡的思想長年不被國內學界承認，與其說是其體制外地位和精神上的「虛高」，莫如說是政治上的污點所致。另一方面，唐君毅以「院牆」爲「道場」被「資本社會」所包圍的孤獨鬥士的姿態，常使他們在通信中流露出惺惺相惜之意〔註104〕。對於「華果飄零」的「國族」來說，他們都是「天涯淪落人」。唐君毅過世後，胡作文提及兩人半生友誼，「故人唐君毅是篤學君子，我與之言談，他幾次說：『可是學問上的見解要得人家承認，你的不得人家承認也是枉然。』他說的這個是做學問的民主精神，但是我答：孔子的思想是經過秦漢的刀兵才被承認的，我的即是要以革命的行動來證明。結果是兩人話不投機。君毅是他的學問被各大學所承認，而我的則今不被承認。」〔註105〕

〔註103〕　參見薛仁明：《胡蘭成·天地之始》，臺北：如果出版社，2009 年，第 52〜54頁。胡蘭成在 5、60 年代與岡潔、湯川秀樹在梅田開拓筵之講學甚興，聽講者頗有日本學界資深之士。胡與尾崎士郎、保田與重郎、川端康成、海音寺潮五郎等文學家、安岡正篤、岩越元朗等哲學家、漢學家、水野成夫等新聞界人士的密切交往，亦可從側面見其受歡迎的程度。胡在日本亦曾以書法家聞名，昭和四十三年由石井光次郎、福田赳夫、岡潔、湯川秀樹、保田與重郎、川端康成、堅山南風、小倉遊龜、豐道春海等人聯名發起胡蘭成書法展，胡將作品賣得的錢辦了村塾。晚年胡在臺灣文學院的授課也一度頗受歡迎，後因其影響到一些學者的「學術利益」，又因其政治污點問題而被文化界人士「圍剿」驅逐。

〔註104〕　胡曾在 1961 年 10 月的信中對唐大發感慨，謂其爲唯一解人。唐亦數度向胡傾訴自身於新亞學院事宜的種種奔波無奈。參見薛仁明主編：《天下事，猶未晚——胡蘭成致唐君毅書八十七封》，臺北：爾雅出版社印行，2011 年，第198 頁。

〔註105〕　胡蘭成：《遂志賦》，《今日何日兮》，臺北：三三書坊，1990 年，第 17 頁。

　　在胡看來，「被各大學承認」乃是新儒家的文明啓蒙悲願被「異化」的表現，而他本人的閒雲野鶴並不僅僅是時勢所迫，也與他的「民間獲救」和「人世風景」中的「一枝草，一枝露」皆可存活的詩性描述相應。

> 我所識有學者而爲政治家的，放下工作即讀書，開會之後，見客之後，即刻可以寫文章，沒有一刻光陰是浪費的，他的人正直強固有威儀，決不做無聊之事，他的讀書都是讀的有益之書，詞曲小說不讀。而我是浪費光陰多矣，往往無聊起來會一年半載什麼都不做，因爲我是蕩子，但是我的無聊與煩憂裏倒是有雲外遠雷，閃電裏襲來傾盆大雨，這是中國與世界的現時點，而我的做學問亦即是人在這風雲氣色裏。〔註106〕

　　這一觀點與薩義德的「流浪的知識分子」〔註107〕極其相近。重要的不是在「體制」之「內」還是「外」，而在於主體是否有著依附於體制的心態。在胡蘭成看來，「文明的環境」與「文明的主體」是不可分割的，孫中山革命的「詩意」，在於無時無處不是革命之所在。在晚清到五四時代，還有著使蘇曼殊這樣「蕩子」得以遊走的精神空間，在國共內戰時期，尚有供胡蘭成逃亡的「民間」，在左翼文藝活躍的延安，也同樣存在著這種空間。然而在胡唐辯論的50到60時代，無論是戰後日本，還是唐君毅所在的香港，在「後殖民」的時代，這一空間卻大大縮減了。文明的精神被壓縮到「學院」之中，而「革命行動」則變成了爭取大學被社會體制所承認。在給唐的信中，胡蘭成多次提及戰後重建中的日本有著活躍的精神，是復興中華文明傳統資源的接引站，這與日本文明分有了中華文明的餘韻是不無關係的〔註108〕，日本社會給了他這樣的蕩子以空間，但他同時也目睹這種空間因爲美國所輸送的「產業社會」的標準而在逐漸縮小〔註109〕。

　　這種「反抗空間」的壓縮不僅來自「資本主義之敵」。在胡蘭成看來，新儒家學者不知不覺間以體制內的標準來闡釋文明，這與其「放眼世界」的目

〔註106〕　胡蘭成：《遂志賦》，《今日何日分》，臺北：三三書坊，1990年，第17頁。

〔註107〕　參見（美）薩義德：《知識分子論》，單德興譯，北京：生活・讀書・新知三聯書店，2005年。

〔註108〕　在梅田開拓筵的講座《心經隨喜》和收入《閒愁萬種》集中的許多篇章裏，胡蘭成多次談到日本文明如何分有了「新石器時代」的悟識和中國、印度文明之光。

〔註109〕　參見胡蘭成：《遂志賦》，《今日何日分》，臺北：三三書坊，1990年，第2頁。

標形成了深刻的悖論。反觀他爲五四和共產主義辯護的原因，亦在於此。他指出唐君毅看不到「晚清以來社會風氣的向上一面」，乃是暗指新儒家對於胡適西化主義和共產主義的批評。在 20 年代以來的東西方文化、文明論爭中，新儒家諸學人與胡適等西化派始終存在著隔閡。唐君毅的《中國近代學術文化之反省》《中國藝術的精神》等著述，對於西化主義都有相當的批評。而胡蘭成一直到 60 年代與唐的通信，對於五四和共產主義都執此辯護的口吻，其所維護者當然不是政治立場，而是要借新儒家對五四西化派的態度，點出其思想結構中的「二元對立」意識。這種意識是同時在兩個層面上展開的：一是對於「論敵」「全盤否定」的態度；二是以新亞書院爲代表的「學院派」將思想禁錮於大學院牆內的方式。

　　胡蘭成執著於「民主」與「禮樂」的區別，似乎與他以寬和的態度爲五四和共產主義的辯護形成了對比。事實上，在他的詩學中，溫和與殺氣總是成雙出現的。一方面是溫和的「日日是好日」，另一方面，卻是「天下起兵」「江山易位」「馬蹄踏殺天下人」〔註110〕的兵戈寒氣。然而從哲學結構中來把握，帶著殺氣的決斷是在本體之「一」的決斷，天道的至善，本善，離對待，無分別，本性如是，如任何水都是濕的。而在現象上，人間的好壞善惡等「二元對立」，也只是水凝成冰，冰化成水。個體的差別，是「性相近而習相遠」之故，原無對立，因此才要「別而不隔」。

　　在胡蘭成眼中，「看不到向上之一面」，正是由於心有所執，此隔膜之見，即新亞之病。「〈中國近代學術文化之反省〉一文，謂其對於五四「所批評的都很對，但我覺得當時民間氣象尙在思想家與革命者的領導之外，自有一種好。此如五四運動的思想，至爲淺薄，但當時空氣卻實在很好。」〔註111〕爲胡所看中的「五四」之長自然不是「德先生與賽先生」，而來自於中國的「民間氣象」與「文明精神」。他認爲整個中國現代的「革命的喜悅」自孫中山革命、五四到延安，並沒有截斷過，如下的「文明景觀」，可以說徹底打破了我們所熟悉的對於現當代文化史和思想史的分割性敘述：

〔註110〕　參見胡蘭成詩：《戊申深秋有感》：馬蹄踏殺天下人 娥眉一笑國便傾 禪語不仁詩語險 日月長新花長生。《閒愁萬種》，朱天文主編，北京：中國長安出版社，2012 年，第 45 頁。

〔註111〕　參見 1950 年 11 月 19 日，胡致唐第十一封信，薛仁明主編：《天下事，猶未晚──胡蘭成致唐君毅書八十七封》，臺北：爾雅出版社印行，2011 年，第 63 頁。

　　　　彼時的人們都有新時代的明亮，喜愛新知識，對於時令節氣、
　　　山川城郭市廛好敏感的，那是時代的青春，人們不分老少，皆如夜
　　　來春雨後路面的新濕。彼時的青年對男人講尊重人格，尤其女人與
　　　貴氣、聰明、美貌是同一語。人們都覺得有一個新的世界要開創。
　　　彼時江南如江浙一帶，暑夜月下有井水處都唱起《孟姜女》來，使
　　　人想起往昔每天下將大亂時的童謠。孫先生的三民主義與建國大
　　　綱、建國方略的草稿即成於彼時，這些是建設新中國的禮制，而革
　　　命是興。孫先生說的喚起民眾，是四方風動，要有此風。其後北伐，
　　　抗戰，皆是此興〔註112〕。

　　很顯然，胡蘭成眼中的五四的文明氛圍早已是儒家學者所夢想的「天
下」，「新亞書院」的建立反而使知識者的視域縮窄了。從唐君毅幾次的答辭
來看，他有意避免了對於五四和共產主義的具體看法（這裡也有受制於書信
形式的因素在），而僅僅接應了關於「學院派」的話題〔註113〕。對於胡的質疑，
他以「院牆」內的事務為「實務」的「無奈」應之。對於新儒家如何以「內
聖」開出「外王」，以「道統」開出「學統」與「政統」，唐的看法是步步腳
踏實地。在這裡，我們仍然能讀出「虛實」之間的價值分判。唐說胡的理論
「空谷幽蘭」，暗指胡的天外遊龍的身份而使他的方案無法「行諸世間」。謂
胡閒雲野鶴，而自己從事世間鄙惡之俗務，以大乘菩薩精神自況，胡之虛飄，
己之務實，於此立顯。

　　胡在日本生活的局促緊張，以及為所謂的「志業」奔波的情況，唐也有
很深的瞭解。然而在這裡，「閒雲野鶴」卻在情急之下成為反駁的武器，似乎
說明這些散話閒談已經撓到了癢處：日常中對「道」的點滴躬行與瑣碎的雜
務是否真能合一呢？

　　在唐眼中，致力於繁瑣的人事工作，是紅塵俗諦。新亞書院的教學、雜
務與書院外的政治活動，都是貫徹道德和理想的「悲心」之表現無疑，唐的
辛勞也被學界視為實踐儒家人文精神的典範。然而於書信中，他也每每透露
出為新亞書院內外事務奔忙、身心俱疲之感。喜歡哲學和詩學的唐君毅感歎
自己成為「無奈的」事務派，顯示其中確有某種落差。如前述廢名所說，「道

〔註112〕　胡蘭成：《中國的禮樂風景》，臺北：三三書坊，1990年，第168頁。
〔註113〕　唐的回應見1953年8月31日唐致胡第一封信，《唐君毅全集》卷二十六（書
　　　　　簡），臺北：學生書局，1989年，第263頁。

即日常」，日常卻並不一定是「道」。這也正是佛家「眞俗不二」的內在不平衡之處：眞諦必具俗諦，俗卻未必具眞諦。只有覺悟的主體，所行之事，才可以說是「諦」。胡蘭成所質疑的根本，仍是「主體」和「本體」的問題，也是辯論中至深的精神衝突所在：唐所代表的「新儒家」學者，是否眞的「覺悟」了呢？

第三節　禪宗機鋒：「隨波逐浪」與「別而不隔」

只要涉及到文明之「根本」，就離不開「宗教」「覺悟」的話語。事實上，胡唐之爭激化時，雙方持論，總是落在「禪宗話頭」上：

　　——禪宗蓋天蓋地，截斷眾流，隨彼逐浪，兄等蓋天蓋地之工夫已立，截斷眾流亦已大體做到，惟隨波逐浪則尚欠缺。清末以來，錯誤百出，然其中自有向上的一面，兄等指其錯誤，皆足發人深省，而向上成就一面則少道及，然就中華民國果何所在乎？禮，時爲大，孔子時聖。若吾人於清末以來向上成就之一面視而不見，斯則吾人即已不仁，不仁者，人亦離之〔註114〕。（1951年5月24日，胡致唐第三十三封信）

　　——承賜針砭，謂弟未能及於無思之境。誠然誠然。此意弟亦非不自識，然亦未嘗不慕之，亦數十年於茲矣！弟於十五歲時即知天地間有驚天動地而實寂天寞地之一境。少年幻想自不足爲憑，後來亦時有所悟，亦非不能賤視知識學問，但世方溺於此，眾生病則菩薩亦不能不病。隨波逐浪之中自有截斷眾流、涵蓋乾坤之句，則不只關於意境，亦關於性情。（1965年10月28日，唐致胡第十四封信，）〔註115〕

　　——兄在一般之學術界外，弟則側身其中，故其所向往，雖未嘗不有契處，而言説與用心之方式，則有不同也！以雲門之句言之，兄欲截斷眾流，以涵蓋乾坤；弟則在隨波逐浪句中，對世所共尊之名與今之學術界，猶存愛惜與不忍之心。故上兩次過東京與兄言，皆

〔註114〕　薛仁明主編：《天下事，猶未晚——胡蘭成致唐君毅書八十七封》，臺北：爾雅出版社印行，2011年，第129～131頁。
〔註115〕　《唐君毅全集》卷二十六（書簡），臺北：學生書局，1989年，第311頁。

皆不能無間隔也〔註116〕。（1969年6月2日，唐致胡第十六封信）
（黑體字爲本文所加）

　　引文中雙方所用的修辭，就是唐末五代期家南禪五宗之一雲門宗接引修行者開悟的「三句法眼」：「蓋天蓋地，截斷眾流，隨波逐浪」〔註117〕。胡唐爭端激化以來，雙方頻繁使用禪語問答，顯然有其深意。除「雲門三句」外，胡蘭成還採用「雲門一字關」「一鏃破三關」〔註118〕的修辭法，化用老子的「身與貨孰親」與《大學》「在親民」的親字，與「機」和「轉」構成「三字一關」，橫釋三教，縱論新儒家之「三統」，唐氏旋即作對語，二人玩起了禪宗的「問答遊戲」。

　　胡唐思想的對決，在雙方都極重視的「經世之學」中「開顯機鋒」，也正是在禪問之中。在1961年10月胡蘭成的長信中，以「親、機、轉」三字，概述自己偶翻禪宗公案的心得。他笑言自己「剛剛開始看禪宗的書」，便深合己心，用將起來。「我一向不看禪宗語錄，近來纔看看，而與我原來是許多地方相合。我與那班禪師是『同居長干里，生小不相識』。所以我把來當閒書看，如同看六朝文。」〔註119〕這種親切便是「親」；「親」字之後，須識得「機」，如佛祖拈花微笑，諸眾不語，獨迦葉微笑，佛陀付其禪宗衣缽法統。「此微笑是靜中生動，無中生有，將起未起，世界的歷史開創之初。這便是「開天闢地」的「機」，「這比宋儒說的『要觀其喜怒哀樂未發時的氣象』更好。」然而下面還有一「轉」，胡舉三例說明此字，一是「野狐禪」、一是《紅樓夢》中的情節，一是自身實例。他有意要引友人與之述答，此三例中，已經含了歷史經典、文學和自敘傳三種敘述的方式。此僅舉其第二例。

〔註116〕　《唐君毅全集》卷二十六（書簡），臺北：學生書局，1989年，第327頁。

〔註117〕　南禪六祖惠能圓寂後，嗣法弟子分化爲湖南南嶽懷讓和江西青原行思兩個法系。到唐末五代間，南嶽一系又形成爲仰和臨濟二宗，青原一系分出曹洞、雲門、法眼三宗，合稱禪宗五家。其中，雲門文偃在韶州雲門山開創了自成一系的禪風，其說教方式獨特，被稱作「雲門三句」。據《五燈會元》曰：「我有三句話，示汝諸人。一句函蓋乾坤，一句截斷眾流，一句隨波逐浪。」悟此三句便可入道。

〔註118〕　雲門宗常有一鏃破三關，或云門一字關的修辭法，用以點破機鋒、接引眾生。一句中三句具備，一字中須具三句之義，如「花藥欄」一句，通於佛的三身：清淨法身、圓滿報身和千百萬應化身，通於體、相、用，性、理、事。

〔註119〕　1961年10月3日，胡致唐第五十四封信，薛仁明主編：《天下事，猶未晚——胡蘭成致唐君毅書八十七封》，臺北：爾雅出版社印行，2011年，第188～191頁。

　　　　《紅樓夢》裏黛玉至寶釵處見寶玉已先在，笑道：「這我可來得
　　不湊巧了。」及寶釵問她這句話的意思，她卻道：「今天他來，明天
　　我來，分開了來，如此天天有人來，豈不更好麼？」這種活潑俏皮，
　　亦只是個「轉」字。禪云：「古人言語如此，意不如此」，所以《紅
　　樓夢》那樣的文章是好的了不得。《今生今世》的文章裏哀而不傷，
　　怨而不怒，亦只是隨處有這個「轉」字。

　　胡蘭成認為，此三字可以包括禪宗全部公案。「親」「機」「轉」和「雲門
三句」，都可以說是前文多次敘及的「空色」「空有」「有為法與無為法」「一」
與「多」「頓悟與漸悟」，「真諦與俗諦」，「格物」與「致知」的通假。以雲門
三句來說，「乾坤」句即「體」，即「真諦」，「截斷」句即通於「相」、「頓悟」，
特指參禪者橫截如瀑布般妄念紛飛的第六意識思維，反照自心，頓然明心見
性，情識計較冰消水融，「掃蕩情識、徹見本來」，隨波逐浪通於「用」，「俗
諦」，亦通於「漸悟」，應機渡化，權現方便。三句各有所表，一句又富含三
句。如以「格物致知」來說，三句中「乾坤」「截斷」偏於格物，「隨波」句
偏於「致知」，而致知亦正是格物。

　　以華嚴宗的「一念三千」「一念包含十法界」建立心性論哲學體系的唐君
毅，於此自然是極為通達的。對於胡蘭成的「親、機、轉」的讀禪體悟，他
的評判和回應極其精彩：

　　　　轉以攝機鋒，親以攝現量，為兄之發明。親親、親民而無不親，
　　蓋惟中國人能有此境界，而唯兄能以之談禪。親可攝轉，轉不可攝
　　親，然親不可滯於所親，故必須有此一轉。轉而親不滯，其中間兩
　　不著處，應是機〔註120〕。

　　對胡唐二人來說，「蓋天蓋地」「涵蓋乾坤」，顯然都喻指復興中華文明的
經世偉業的雄心，無論是唐「新亞精神」的光大，還是胡恢復「祭政一致」
的「禮樂方案」、「文明革命」，就其精神指向而言都是一致的。此外，他們於
「體」、道統、真諦，都自認已經開悟。然而出現問題的卻是「隨波逐浪」。
胡蘭成稱新亞的「以意害文」的「學院氣」乃是不知隨波逐浪的結果，而唐
君毅則同樣借「隨波逐浪」將胡蘭成無法躬行實踐理想的意見遞送過去。

〔註120〕　1969 年 10 月 21 日唐致胡信，《唐君毅全集》卷二十六（書簡），臺北：學生
　　　　書局，1989 年，第 336 頁。

　　對胡氏「所悟在無」的本體論發見，唐氏也自言早在少年時已有所契會：「弟於十五歲時即知天地間自有驚天動地而實寂天寞地之一境。少年幻想不足爲憑，後來亦時有所悟，亦非不能賤視知識學問，但世方溺於此，眾生病則菩薩亦不能不病。」〔註121〕對於唐來說，截斷眾流的「頓悟」，或亦可稱儒家的「內聖」，是個人在生命中的某一刻可以完成的事件，至這個「覺悟」的時刻之後，所有的現實事務，無不是「路在腳下」「悟後起修」，爲胡所批判的知識論的剛硬、學院體制內的學科分化，雖有種種弊端，在唐而言，卻都是覺悟的聖人爲恒順眾生之「根器修爲」而行的權宜方便，即所謂「眾生病，菩薩亦不能不病」。至於胡氏選擇閒雲野鶴，自己選擇在紅塵中奔波，是兩人性情上的差異，卻不能以此來說明逍遙派高於學院派，亦不能用來說明「體用分裂」的問題。

　　「隨波逐浪」的症候，在於「文明論」的時間和空間架構。胡蘭成在1957 年致唐的信中稱，孫悟空雖然能一個筋斗翻到西天得到眞經，但這筋斗與飛機都不算正果，惟與玄奘一步一印，內聖外王之道雖迂闊，到底不廢。〔註 122〕唐君毅對這個譬喻非常讚佩，「惠函論世事謂孫行者一筋斗十萬八千里不能成正果，必服侍唐僧、步行挑擔乃成正果。善哉言乎！所喻實多，不禁一時爲之感喟無極。」孫悟空也是胡蘭成用來自喻的一個詩學形象，它與他另一個常用的形象投射賈寶玉的功能是一致的：在標識本體的意義上，他們都是石頭所變，這正是「空中生有」的「絕對無」的佛教文明觀：情到極致，便是無情。而孫悟空「西天取經」的譬喻，所說明的卻是認識論意義上的時間、空間問題，即「頓悟與漸悟」的關係。它反映了胡唐二人作爲「心性論者」的共識：文明不在未來，它是已經完成的，即如孫悟空已經悟到了空性，而能於一瞬間到達「西天」一樣。然而覺悟的主體還不是究竟成佛，只能自度，不能度人，仍要「悟後起修」，隨波逐浪，因此孫悟空仍要陪同師父，徒步求取眞經。雖是從「頭」開始，卻不必擔心無限的未來，「路在腳下」意味著「當下即是」，這是心性論者對線性時間觀的進化論模式的解構。

〔註121〕　1965 年 10 月 18 日唐致胡信，《唐君毅全集》卷二十六（書簡），臺北：學生
　　　　　書局，1989 年，第 277 頁。
〔註122〕　胡致唐第四十三封信，薛仁明主編：《天下事，猶未晚——胡蘭成致唐君毅書
　　　　　八十七封》，臺北：爾雅出版社印行，2011 年，第 159 頁。

回過頭來，在《宣言》號召西方應向東方學習的五點中，最主要的就是此一「當下即是」的觀點。中國學者們號召現代西方社會應具「一切放下」之襟袍，一念之內圓滿具足，以補其一味向前，知進不知退；學東方「圓而神」，以解「方而智」之偏〔註123〕……「孫悟空」的譬喻和「雲門三句」，意味著胡唐之間最深刻的認同，也意味一個觀點上的深刻差異。「本體」永遠意味著「我」的悟得，而這種悟得必須在「修行」的過程中得到驗證。這是所有心性論者的「常識」，然而正像我們不能把「形而上的道德本體」與個體的道德修養相混淆一樣，「新亞事務」的價值與「新亞」表述自己的方式（也就是胡蘭成從新亞弟子們那裡感受到的「道學氣」）之間，也不能輕易地聯通起來。在胡蘭成來看，唐君毅在新亞從事的事務性工作，與新亞書院所體現的「本體精神」之間，其實存在著錯位。而這種錯位，更根本的，是唐對於「時間」和「空間」的理解上的簡化。

雖然頓漸不二，但在「悟後起修」「隨波逐浪」的過程中，主體仍有「無明」之惑。取經路上遇到的魔難，也可能會導致全軍覆沒，孫悟空也同樣有「易嗔」的習氣。對於胡蘭成來說，「頓悟」雖可在人生的某一個時間點發生，但所謂的截斷眾流並不是僅僅一次就可以徹底完成的事情。不僅是截斷眾流之後方「隨波逐浪」，「隨波逐浪」也必須仍然時時伴著「截斷眾流」，才不會偏離「迴光返照」「回到自身心性」的航向。就此而言，所謂「當下即是」，是一瞬間、一瞬間的「迴光返照」。這一點同樣是廢名「禪修」的體驗。胡蘭成雖然並未實修坐禪，卻也在有意識地「實踐」此一「心性論」。他常言生活即是修行，無以此「無時無刻」，來反對「西方現代性」模式對生活的分割。他曾在信中同唐君毅談到戰後日本的生活姿態，日本人認為美國雖好，但是「放假才是假期」，而日本人的工作就是休息：「我勤勞，不過是「人生行樂耳」，工作也是行樂，美國人都一定要放假了才算行樂。」〔註124〕

胡蘭成的觀點與第一章中敘及的章太炎破解進化論式的幸福觀，也就是為了未來而犧牲當下的思想是一致的。從這一意義上說，唐君毅深重悲心、菩薩大願，發心雖至感人，其行事的基調，卻似有著於悲魔的嫌疑。在這裡，

〔註123〕　參見張君勱、唐君毅、牟宗三、徐復觀：《中國文化與世界——我們對於中國學術研究及中國文化與世界文化前途之共同認識》，《現代新儒學研究》，劉雪飛主編，北京：中華書局，2003年，第327～417頁。
〔註124〕　1950年11月7日，胡致唐第七封信，同上，第53頁。

胡唐眞正的分歧，不在於其所說的道理，而在於心境。對於心性論者來說，做事的心境比事務本身更爲重要，而心境能夠從敘述中體現出來。不管理論如何通達，理論的「質感」，終究要體現在陳述理論的方式之上。廢名極力以小說文本中構築事件的方式來證明自己的「覺悟」，胡蘭成也同樣：從一開始，他所針對的即是「敘述」本身所體現出的詩學和哲學問題，所追求的乃是從主體自我的定位到所論內容的定位的一致性，也就是在敘述層面的「知行合一」。即如在書信中的「親、機、轉」，也是現身說法。在胡蘭成來看，唐君毅的教學方式，或正有唐自己所說的「滯於所親」的嫌疑。亦如薛仁明所說，「唐君毅一生所致力者，卻正是將中國具象理論學問給抽象化，給西方哲學化。……儒學云云，卻也早已拘閉在學院內，只能竟日進行抽象概念之堆疊了」。〔註125〕而在胡蘭成看來，即便新亞的事務非唐一人所能決定，然講課的方式，表述的方式，卻仍有其可以突破之處。每一件事務的「當下即是」，並非體現於事務本身的價值，而是主體的迴光返照。要做到致知格物、體用不二，就要無時無刻不講求對境：「孔子教其門人學六藝——禮樂射御書數，都是行爲的，造型的，以進於道，沒有個單講形上學的。」〔註126〕

此番胡蘭成的婉轉批判，實已非常尖銳。這無異於是說，如果他在新亞授課，便不會講述抽象而乾澀的形上學。晚年，他在臺灣文學院將《革命要詩與學問》改編爲《華學科學與哲學》，對於朱天文、朱天心及「三三」同人的施教，即是對此「形式」與「內容」統一的身體力行的實踐。朱天文曾在《閒愁萬種》的編者代序中寫道，胡先生「寫理論學問如詩，寫私情詩意又如論述」，「我們簡直難以分類歸檔，」只能「放棄別類分門的作業企圖」「選擇用一種最簡單的概念來統一此書，亦即，胡蘭成這個人，『人』來貫徹這本集子罷。」〔註127〕這也是詩學的動人之處：他確確實實貫穿了主體自身的「理想目標」，體現了政治、詩學和哲學的一體性。

從外部來看，胡唐之爭仍然是新儒家「如何證明內聖」的老問題，從內部來看，則是本體論所導致的認識論——時間和空間上的認識秩序問題。唐君毅的邏輯在這裡就分裂開來，認爲「行」要比「知」更爲重要。然而所行

〔註125〕 薛仁明：《胡蘭成·天地之始》，臺北：如果出版社，2009 年，第 189～190 頁。

〔註126〕 1950 年 11 月 7 日，胡致唐第七封信，薛仁明主編：《天下事，猶未晚——胡蘭成致唐君毅書八十七封》，臺北：爾雅出版社印行，2011 年，第 53 頁。

〔註127〕 朱天文：《閒愁萬種（代序）》，北京：中國長安出版社，2012 年，第 1 頁。

之事與理並不合，彷彿理事相合的那一天還在未來。新亞書院在通往「文明」的道路上或許是一個「過渡時期」，然而所謂的「修行」「教育」「覺悟」都是在現行之中。

在這裡，胡蘭成對唐君毅的質疑，也正是廢名對十力的質疑。新儒家一直在本體論上反覆研磨，但在本體的概念上穩定下來之後，他們是否會如其所言，始終「當下即是」呢？「返本歸心」與「當下即是」之間的關係，也就是「悟」與「修」之間的關係，這是胡蘭成和廢名兩人一直「黏住」「新儒家」不放的地方。在廢名來說，「體用不二」並不意味著十力所有的「用」都是「依體」而起。唐君毅的「眾生病菩薩亦不能不病」，雖依大乘經論而起喻，卻沒有看到，菩薩要度眾生，自己仍須斷得「見思二惑」，乃至於「塵沙惑」「無明惑」，起後得之智，在此一過程中，每個階位的修行意味著一個全新的世界，每一上位看下位，則通通都是不對。正如胡蘭成所說，「孫悟空是反著跟斗前進」〔註128〕。

也就是說，心性論者的「當下即是」，實際上仍然包括了「漸進論」的層次。只不過「漸」與「頓」是在立體的、多維的結構關係中才能讀解。前述章太炎在唯識學和易經之間格義，就注意到了「乾」、「坤」、「阿賴耶識」、末那識、真如等時間的先後性和空間的層次不同，而與十力的完全共時性不同。無獨有偶，胡蘭成也曾進行過類似的思考：

> 印度的唯識論，顯在識是眼、耳、鼻、舌、身、意等六識。潛在識是第七識、末那識。悟識是第八識、阿賴耶識。但是論師把阿賴耶識又稱為藏識，說阿賴耶識不得就是悟識，卻是藏有種子還要把來薰〔薰〕熟（格物）了，才得豁悟。乃把豁悟（致知）另外立為第九識，所謂大圓鏡智。這是把阿賴耶識當作單是格物。

> 但是我說不如仍把阿賴耶識包括格物與致知為好。因為末那識與阿賴耶識是遠比釋迦時代更以前就已有著的印度古語，末那識在中國說就是魄，阿賴耶識是魂。日本的古語是荒魂與和魂。和魂就是悟識。西洋人沒有悟識，他們的祖先沒有參加渡過洪水在阿瑠蘇撒開啟新石器文明的一段，以來西洋人一直沒有知性的點火，西洋人的只有一個靈魂（soul）是魄。西洋人中的天才歌德在一處寫道

〔註128〕　胡蘭成：《禪是一枝花》，北京：中國社會科學院出版社，2004年，第133頁。

「人的靈魂似乎該有兩個的」，這是古代美索波達米亞文明的失落的記憶。惟漢民族、大和民族、印度民族魂靈皆有兩個，一個魄，一個魂。說三魂六魄，三是陽數，六是陰數，只是個陽魂與陰魄。陰魄是說魄無明。日本說和魂荒魂，幸魂奇魂，幸魂亦即和魂，奇魂即荒魂，和魂是有知性的喜悅，故稱幸，荒魂惟是魄力，故稱奇〔註129〕。

在陰與陽、致知與格物、賴耶與末那之間，存在著先後性。這正是胡蘭成在多種哲學文化中格義的精髓所在。原本唐君毅引《華嚴經》而造「心通九境」，從「理事無礙」到「事事無礙」，也應包含了這種層次差異，但於「躬行」之中，每一境界中各自的心象，卻是超越不得的。在新亞書院的他艱辛奔走，「同歸沒頂，梵硯燒書」〔註130〕之痛，於「事事無礙」，尚有間然。

唐君毅自己也知道，親中如無有轉，也就變成了「形而上學」。「聖人」不但不能教化「凡夫」，反而會隨凡夫一此淪墮。在此，模糊的地方，其實是對新亞書院的「現在」的定位。

由此，我們也才能理解胡蘭成為什麼會把他對延安革命的興趣與新儒家的對話聯繫起來。早在30年代胡蘭成首次嘗試文學創作之際，就已經開始鑽研馬克思主義。而他所真正感興趣的，其實是托洛茨基派的理論〔註131〕。托派理論最主要的觀點是「繼續革命論」，在本質上，它正是一個「頓悟與漸悟」的關係，是對「過渡時期」的解構：要問現在我們在幹什麼，其回答是，現在是、而且永遠是在革命的。「現在」所做之事，就應該具備革命的全部體徵。毛澤東的《新民主主義論》汲取了這個理論，處理了延安人關於「現在是什麼」的疑惑的命題。而這一點，正是廢名和胡蘭成這兩個「文化保守主義者」所看取的地方。

〔註129〕 胡蘭成：《建國新書·悟識是格物即致知》，臺北：三三書坊，1990年，第17～18頁。

〔註130〕 在「隨波逐浪」的討論後，唐君毅1969年10月21日致胡蘭成信：「唯近兩年於病眼既隨天地閉之後，還觀世變，於當世風之弊患亦深有所感。日本與世界之學潮，蓋已民證整個教育界與學術界已不能擔當世道，則弟之隨波逐浪亦有同歸波頂之危。而青年無志殆成死症，恐將至天地茫茫，人心無所歸之日，則弟亦當梵硯燒書。」《唐君毅全集》卷二十六（書簡），臺北：學生書局，1989年，第336頁。

〔註131〕 王德威：《抒情與背叛：胡蘭成戰爭與戰後的抒情政治》，呂淳鈺譯，《臺灣文學研究集刊》第6期，臺灣大學臺灣文學研究所2009年2月。第32～73頁。

第五章 文明與歷史觀：胡適禪學案與胡蘭成的「公案詩禪」

第一節 反諷的英雄：集中於「神會」的歷史症候

在 1959 年夏威夷大學主辦的「東西方哲學研討會」上，胡適和新儒家的代表人物唐君毅、牟宗三等人均列席參加。此時，胡適與他的老友鈴木大拙關於中國禪宗真偽的爭論依然熱烈。鈴木氏號稱 20 世紀日本最著名的禪學家，在西方世界影響巨大。自 20 年代初「整理國故時遇到禪宗問題」，胡適便與鈴木展開了斷續長達 40 年的論爭。而論爭的每一次升級，都以國際研討會為契機〔註 1〕。

自 1910 年代末起，國內知識界即加緊了與「國際」接軌的步伐。到了二戰後 50 年代，名目各異的東西方文化交流活動幾乎成為亞洲各國各種「學案」和論爭的外緣。這也從一個側面反映出，無論唐君毅等人因海外學者「古老文明論」的刺激而擬寫《宣言》，還是胡適對鈴木大拙的「日本——東方禪學」的不滿，都帶著「西方他者」的巨大陰影。儘管胡適代表的西化派和「新儒家」代表的文化保守派在學術立場上近乎「勢不兩立」〔註 2〕，對「東方文明」「中國文明」性質的看法也存在著激烈爭議，雙方敘述的框架卻都是在「西

〔註 1〕 參見褚瀟白：《走出「胡適禪學案」的困境──一個當代人類學的解決方案》，《佛教文化》2008 年 02 期。

〔註 2〕 參見耿雲志主編：《胡適論爭集》，北京：中國社會科學院出版社，1998 年，第 1161 頁。

學」內在化的前提下建構起來的。正如陳寅恪所言,「一方面吸收輸入外來之學說,一方面不忘本來民族之地位」,是西化派和保守派、科學派和玄學派「最低限度的共同綱領」〔註3〕。

對於胡適性格中的「中國傳統」成分和他對儒學等傳統資源的曖昧態度,學界早有所論。

身為西化健將的胡適也在深厚的理學教育下成長,在「國故」領域,他不僅對王國維、湯用彤、陳寅恪推崇有加,也在他們身上找到一種精神的契合〔註4〕。而比起強調這一代西化主義者對「傳統」藕斷絲連的依戀,本文更關注的仍是這種「西化了的傳統思維」之於「文明」本質的形塑意義。儘管一派用儒學,一派用西學,中國學者都需要在與他者的比照中排布儒釋的關係,回答何謂中國、何謂中華文明的問題;在唐君毅等人為在香港的制度環境中安置「中國傳統文化」而奔波之際,胡適則充滿了在中國的歷史中尋找西方式、特別是美國式的「自由」「民主」和「科學」根基的衝動。而「儒家」作為中國文明本質的自我遮障之處,自然也成為雙方敘述中共通的症候。

從這一角度來說,跨越近半個世紀的「胡適禪學案」可以說是唐君毅和胡蘭成之爭而外,又一宗以佛教修辭為表、以「民主」「科學」「文明」為潛在議題的案例,它深刻地反映了「現代性」的神學性質以及胡適的「科學史觀」中的機械論和形而上學觀念與儒學、理學之間的複雜關係。

一、胡適與鈴木大拙的論爭

胡適從 20 年代初即開始關注和研究中國佛教史,特別是禪宗史〔註5〕。正像熊十力的《新唯識論》乃是「反唯識論」一樣,其一系列關於禪宗史的文章和著作,組成的是一部道地的「禪宗偽史論」,它開宗明義地宣稱:中國禪宗的經典有百分之九十都是「偽史」。

在佛教界,這並不是一個顛覆性的結論。如前文敘及,不僅近現代佛學界和思想界一直糾纏於「中國化佛教」「大乘佛教」是否為「佛教」的論爭之

〔註3〕 參見陳寅恪:《馮友蘭〈中國哲學史〉(下冊) 審查報告》(1932 年),《中國現代學術經典　陳寅恪卷》,石家莊:河北教育出版社,2000 年,第 842～843 頁。

〔註4〕 參見余英時:《現代儒學論》,上海:上海人民出版社,2010 年 9 月,第 244～266 頁。

〔註5〕 參見樓宇烈:《胡適禪宗史研究平議》,《北京大學學報》,1987 年第 3 期。

中，自印度佛教誕生之初，關於佛教教義和經典的辨析就從未止息。其中，禪宗的發端尤其介於歷史和神話之間。自釋迦牟尼佛祖「拈花一笑、教外別傳」傳衣鉢於迦葉尊者始，到第二十八祖達摩祖師西來東土傳法，與梁武帝論佛、傳衣鉢於二祖慧可，建立起中國禪宗的法脈，禪宗傳奇性的祖師承續和它「超越語言」的獨特教義向來充滿了神秘色彩。這一法門對經典的摒棄和其詩學上的建樹同樣耀眼，這兩點尤其被認為是佛教「中國化」後的特殊結果。

　　胡適對禪宗說了什麼並不感興趣。他本人對佛教乃至一切「宗教」都極其厭惡，甚至將佛教傳入後的中國命名為「中國歷史中的印度化時期」，或比擬為「黑暗蒙昧」的歐洲「中世紀時代」。儘管如此，胡適卻有不得不「捏著鼻子」研究佛教的理由，那就是整理中國歷史的思想和文化脈絡，具體地說，是為了完成《中國哲學史》中卷的寫作計劃。對此，胡適的自敘是，「寫到禪宗問題時，發現以往的歷史材料可疑處甚多」，「不足以寫成信史」。他宣稱要「全部從頭改寫」，「以考證的方法，還原禪宗歷史」〔註6〕，遂開始在歐美和日本各地廣求史料〔註7〕。在 1927～1927 年之間，胡適已認定他所發現的原始性文獻將改寫整個中國禪宗史。

　　作為「新禪學史」的文眼，胡適選定了中國禪宗史上最惹人注目的一刻。唐代中期，在禪宗法脈由中國禪宗五祖（總第三十二祖）弘忍傳至六祖時（700～850）發生了爭議，最終使教派分裂，形成了「南慧能，北神秀」的局面，並漸以六祖慧能的南禪法脈為正統。在慧能之前的一百九十年間，中國禪在行門方面仍然近於原始佛教的修持，即鼓勵坐禪、實施頭陀苦行，無「話頭」或「公案」可參，也沒有所謂的「棒喝」。到了不識一字的樵夫慧能宣講《六祖壇經》，宏傳「直指人心，見性成佛」的頓悟法門，才有了「打禪機」的修行方式，形成的「南禪」（或稱「頓教禪」）才是後世印象中的「中國禪宗」〔註8〕。與天台、賢首、法相唯識等重視經教言說的「教門」相區別，禪宗更重

〔註6〕　參見胡適：《從整理國故到研究和尚》，明立志、潘平編《胡適說禪：一個實用主義者的佛教觀》，北京：團結出版社，2007 年 5 月，第 284 頁。

〔註7〕　1927 年，胡適在大西洋上撰寫《海外讀書雜記》，記錄在巴黎、倫敦發現敦煌寫本的細節。4～5 月，在東京會見常盤大定、高楠順次郎等人，交流敦煌文獻的心得，胡適的發現引起了日本佛學界的震動。

〔註8〕　參見杜繼文、魏道儒：《中國禪宗通史》，南京：江蘇人民出版社，2008 年 4 月，第 15 頁。

內證自悟，自稱爲「宗門」；與神秀代表的北宗禪的「漸悟」法門相比則更強調「頓悟」。自此以後，中國禪宗唯傳心印，不傳衣缽，此後的二百五十年內，頓悟法門越來越活躍，從惠能的弟子群體伸延各地，漸展爲德山、曹洞、雲門、法眼、潙仰等五家不同風格的禪宗家派，同一心印，法脈相承，燈燈相續。在歷史記述方面，不同於此前《高僧傳》等較爲謹愼的紀實性手法，中國禪宗經過了頓教的改革，記述祖師事蹟的文本形式也變成了與「《論語》體」相近的「《傳燈錄》」。此前中國佛教資料主要是對漢譯經、律、論三藏的訓詁和整理，而南禪的這些「語錄」則使經典的敘述系統發生了根本變化。到了宋代，「《傳燈錄》」不僅成了南禪特有的「史傳」體裁，也是宋儒競相參究的文獻。

在這一敘述譜系中，「神話」的厚度倍增。除了記載初祖達摩「我本來此土，傳法渡迷情，一花開五葉，結果自然成」這種預言式的詩偈外，最著名的要數五祖弘忍傳衣缽時，作爲對弟子悟道水準的考試，弟子神秀和慧能分別作的兩首「應試」偈子：「身是菩提樹，心如明鏡臺，時時勤拂拭，莫使惹塵埃」（神秀）和「菩提本無樹，明鏡亦非臺，本來無一物，何處惹塵埃。」（慧能）

神秀和慧能對「道」之領悟的高低，顯然關乎中國哲學中本體論和認識論的核心問題。南禪立場的說法是，比起學識淵博、受到朝廷重視、擁蠆眾多的北宗神秀，樵夫慧能對「空性」的悟得更得五祖的青睞。五祖暗傳慧能衣缽，慧能夜逃，從而開闢了中國禪宗一片新天地。

——胡適認爲，這一切都是虛構的。禪宗的「二十八祖」代代相續之說〔註9〕和慧能的傳奇背後，都有一「造星」推手，那就是慧能的弟子菏澤神會（686～760）。胡適從敦煌文獻考證的情況推斷，神會才是禪宗頓教的眞正創立者。《六祖壇經》並非慧能所作，「袈裟傳法」的故事種種，是神會一派「禪宗內部的反動派」與政府合作的產物，與禪宗公案那些「玄奧的法義」毫無關係〔註10〕。

〔註9〕 參見胡適：《禪宗史草稿：一、印度二十八祖》，《胡適全集9》，合肥：安徽教育出版社，2003年，第50～52頁。

〔註10〕 參見胡適：《從整理國故到研究和尚》，《禪宗史的眞歷史與假歷史》，《菏澤大師神會傳》，《禪宗的方法：道不可告，告即不得》，明立志、潘平編《胡適說禪：一個實用主義者的佛教觀》，北京：團結出版社，2007年5月，第285頁；第207～208頁；第113頁；第248頁。

神會之後，禪宗裏的大部分經典著作，包括五套《傳燈錄》在內，都是「僞造的故事和毫無歷史根據的新發明」〔註11〕。

胡適質疑禪宗史的方法論上的靈感，並不來自於杜威的「實驗主義」，而是赫胥黎的《聖經》研究〔註12〕。赫氏認爲《福音書》是後世信徒層層累加的產物，胡適從中得到啓發，在《六祖壇經》等文本裏找到了「相映成趣」的證據：隨著年代的向後推移，經典版本的字數也在增加，顯然是後人輾轉塗飾的結果〔註13〕。胡適的這個結論並非沒有道理：儘管南禪的禪修者宣稱只關心「生死解脫」，對「美學化」的東西毫無興趣，並特別強調教法精義不能借語言文字來傳達，卻悖論性地留下了數量驚人的「《語錄》」和「《公案》」。胡適認爲，《傳燈錄》裏印度祖師們的機緣話頭都是顯然的僞造，因爲禪史上「機緣問答的風氣起來很晚」〔註14〕。

由於把目光投向了豐富的敦煌文獻並擺脫了以「燈錄傳統」來結致禪宗史的舊框架，胡適的史料考證工作得到了包括鈴木大拙在內的中外宗教史家的讚賞〔註15〕，然而他通過文獻得出的結論卻廣遭批評。在國內，質疑胡適禪學的有錢穆、釋印順、陳寅恪、湯用彤等眾多史家和佛學研究者，胡適與鈴木的論戰則正式開始於 1927 年 8 月，肇因是胡適在倫敦《泰晤士附刊》週刊文學發表書評，指出鈴木的英文著作《禪佛學論集》中關於禪思想的文章是較弱的篇什；1949 年夏威夷東西方哲學研討會兩人公開「攤牌」，1953 年的那屆會議上兩人辯論達到最高潮。夏威夷大學在該年度第 3 卷第 1 期的《東

〔註11〕　胡適：《揭穿認眞作假的和尚道士》，《胡適口述自傳》，傳記文學出版社，1981年，第 256 頁。

〔註12〕　參見江勇振：《捨我其誰：胡適（第二部）：日正當中，1917～1927》，杭州：浙江人民出版社，2013 年，第 122 頁。

〔註13〕　同上，第 179～180 頁。

〔註14〕　胡適：《禪宗史草稿》，《胡適全集 9》，合肥：安徽教育出版社，2003 年版，第 55～57 頁。

〔註15〕　1927 年 8 月，胡適在倫敦《泰晤斯報》副刊上發表了一篇評論鈴木大拙《禪論文集》的書評，其中指出鈴木沒有注意到敦煌資料的問題。這件事對鈴木啓發很大。他在後來的回憶中說：「一九二七年，胡適批判筆者在倫敦出版《禪論文集》第一集的書評刊登在當時《泰晤斯報》的副刊《週刊文學》。因爲當時對敦煌發掘的禪資料，毫無所聞，所以認爲唐土禪宗初期的歷史觀僅止於傳來者。同時，想到在當時能作如此批評的人，在英國尚無二人，筆者感到驚訝。於是決心查看敦煌出土的資料。」轉引自柳田聖山的《胡適博士與中國初期禪宗史之研究》，見該氏編《胡適禪學案》，臺北：正中書局，民國 64年（1975 年），第 84 頁。

方哲學》上同時刊出了胡適尖銳批評鈴木的文章《禪宗在中國：它的歷史與方法》〔註16〕和鈴木反唇相譏的論文《禪：答胡適博士》。胡適文章稱，「作爲他（鈴木）的一個朋友和研究中國思想的歷史學者……他使我最感失望的是——根據鈴木本人和他弟子的說法：禪是非邏輯的，非理性的，因此，也是非吾人知性所能理解的。」「我所絕對不能同意的，就是他否定我們有理解和衡量禪的能力。……我們的理性或唯理思維方式『在衡量禪的眞僞方面』果眞毫無用處嗎？」〔註17〕此前，胡適在 1952 年 5 月 14 日於普林斯頓大學哲學系的公開討論會上題爲《什麼是禪宗》（What is Zen Buddhism）的演講中也宣稱對鈴木禪學的意見有二，一是不講歷史，一是不求理性。在該日的日記中也批評「鈴木一流人，總說禪是不可思議法，只可直接頓悟，而不用理智言語來說明。」〔註18〕

除了反對「非理性」地理解禪之外，胡適更要求把禪學運動放回它的「歷史背景」中，把「它和它看似陌生的教義視作『歷史事實』去加以研究」，「禪是中國佛教運動的一部分，而中國佛教是中國思想史的一部分。只有把禪宗放在歷史的確當地位中，才能確當瞭解。」〔註19〕

對此，鈴木的回應是，「作爲一個歷史學家而言，胡適所知的是禪的歷史背景，而非禪本身。看來，他似乎未體會到禪有其不依倚於歷史的生命。」〔註20〕「禪的方法是奇異的、不可思議的，或者說是像謎語一樣的。如果從概念出發去考察禪，那禪是不合理的，甚至是糊裏糊塗、傻裏傻氣的。有的批判家指責禪是胡弄玄虛。其實，禪的方法之所以隱諱或不可思議是因爲人類的語言無法充分地表達禪的深邃的眞理。禪拒絕邏輯的解釋，只是體會人的內心深處的經驗」〔註21〕。

〔註16〕 英文本版本 Ch'an（Zen）Buddhism in China Its History and Method，參見 Philsophy East and West, Vol.3, No.1(Apr., 1953), pp.3~24

〔註17〕 參見胡適：《禪宗在中國：它的歷史與方法》，明立志、潘平編《胡適說禪：一個實用主義者的佛教觀》，北京：團結出版社，2007 年 5 月，第 41 頁。

〔註18〕 參見胡適、曹伯言編：《胡適日記全編8》，合肥：安徽教育出版社，2001 年，第 159 頁。

〔註19〕 參見胡適：《菏澤大師神會傳》，耿雲志主編《胡適論爭集》，北京：中國社會科學院出版社，1998 年，第 2433 頁。

〔註20〕 參見（日）鈴木大拙：《禪：答胡適博士》，《禪學隨筆》，孟祥森譯，臺北：志文出版社，2000 年。原刊於夏威夷大學出版社，1953 年 4 月號，Philosophy East and West 卷三第 1 期。

〔註21〕 （日）鈴木大拙：《禪者的思索》，朱也譯，北京：中國青年出版社，1989 年，第 6~7 頁。

作爲「無我」的佛教徒，鈴木不必具有「後學」知識，也能了知歷史的「敘述性」。他提醒胡適，歷史關乎「時間」，但歷史學家們對於「無時間」並不認可，而禪是把「時間」與「無時間」並置看待的。正像本文此前對「阿賴耶識」的論述一樣，佛教徒的歷史觀通常具有相對性，他們認爲所謂「實體性的歷史」，只可能是各主體不同的「歷史觀」。然而，如同熊十力的師門對手不能不因「護教」的緣故而「屈就」於「哲學」，在以「客觀的歷史學家」自居的胡適面前，鈴木也不能不以「宗教徒」的身份來捍衛「作爲對象的禪」的特殊性。總的來說，這仍然是一場「自說自話」的論爭，雙方在不同的意義上使用「禪」這一解構意味十足的符號爲歷史「祛魅」、還原它的「本來面目」，卻使「歷史」成了一個嚴肅又荒誕的反諷性的主題。在這種情境下，需要考察的並非觀點的孰是孰非，而是論爭中雙方的敘述肌質所傳達的心理癥結。

二、反諷的英雄：菏澤神會

在某種意義上，「禪學案」的特別之處，就在於胡適的情緒太過激烈。自從以奇文《諸子不出王官論》批駁章太炎等碩學鴻儒的史學觀點而登上歷史舞臺以來，胡適一直以「科學、現代的考據法」爲傲，聲稱只留下不帶個人色彩的「事實」。而無論彼時還是此後，許多論者都曾指出這些「事實」背後多具先驗的建構性以及胡適強烈的主觀情感。「整理國故」曾引發了各種戲劇性的辯論，而「禪學案」或許是胡適在情緒表達上最明顯的案例之一，這從他的選詞用句就可以輕易看出來。在《菏澤大師神會傳》《從整理國故到研究和尚》《禪宗史的一個新看法》等一系列文章中，如「楞伽宗『氣焰薰天』，引起了『攀龍附會』的法統之爭」「胡說、僞造、詐騙、矯飾和裝腔作勢」等用語幾乎無所不在。令鈴木、釋印順和錢穆等批評者感到驚奇的是，即使是作爲一個著名的現代理性主義者和根本的反宗教主義者，胡適的態度也超乎常理——在季羨林、范文瀾等歷史研究者那裡，我們同樣可以感受到對「宗教」的某種厭惡情緒，但很少有人會表露出胡適在「禪學案」中那異乎尋常的激情。在給友人浩徐的信中，胡適稱「到巴黎、倫敦跑了一趟，搜得不少據款結案的證據，可以把達摩、慧能，以至西天二十八祖的原形都給打出來。」「打鬼」「捉妖」，「這是整理國故的目的與功用，這是整理國故的好結果。」〔註22〕錢穆認爲，「他對於禪宗的研究就不是局限於信史的重構，而是或多或

〔註22〕　參見胡適：《胡適文存》第三集，合肥：黃山書社，1996 年，第 125～126 頁。

少帶著一點『難免是過分嚴厲』和『相當富於毀滅性的』『蠻橫理論』」〔註23〕；釋印順寫道，「我讀胡適有關禪宗史的文章，有一點難以理解，就是他筆下的刻薄，有時刻薄得出乎常情。」〔註24〕

　　無論從「新禪宗史」的支撐點還是敘述的重心，都可以發現胡適的激情在神會。在巴黎發現敦煌史料中的神會語錄，是胡適一生得意之事〔註25〕。在此後一系列禪宗史的論文和講座中，他更反覆宣稱，自己在史料的字裏行間所發現的神會，在中國歷史轉折中曾起到推波助瀾的作用。「他們（如鈴木大拙，如宇井伯壽）至今不肯承認神會的重要，至今不能瞭解所謂南宗完全是神會一個人單刀匹馬打出來的。」〔註26〕而學者們對胡適新禪學史的質疑，也主要集中在他對神會的特別態度上。他們認爲，胡適幾乎完全剝奪了六祖慧能的歷史地位，而將所有的重量壓在神會身上，這是極不合常理的。即使新發掘的敦煌資料足以使名不見經傳的神會熠熠發光，卻不能因此顛覆慧能在史實和教理上的作用，更何況，胡適對神會的抬舉還有許多穿鑿附會之處。當代學者江燦騰懷疑，胡適在 1926 年一下子發現了「生平學術最大收穫之一的神會史料」，很可能是讀了日本禪學者忽滑谷快天的《禪學思想史》，而帶著有色的眼光認定了敦煌無名氏的卷子是神會的〔註27〕。釋大圓、印順與陳寅恪、錢穆都批評胡適的獨斷，認爲其所說「更無可疑的」「最顯明的」的證據都有許多可商榷之處。錢穆指出，胡適僅因《六祖壇經》中慧能讚美神會

〔註23〕　轉引自龔雋：《禪史鉤沉：以問題爲中心的思想史論述》，北京：生活・讀書・新知三聯書店，2006 年，第 7 頁。

〔註24〕　釋印順：《神會與壇經——評胡適禪宗史的一個重要問題》，耿雲志主編《胡適論爭集》，北京：中國社會科學院出版社，1998 年，第 2497～2498 頁。

〔註25〕　胡適曾寫道：「從此世間恢復了兩卷《神會語錄》的古本，這是我此行最得意的事！」參見胡適：《海外讀書雜記》，在《關於神會和尚的材料校寫後記》中他激動地寫道：「現在，在一千一百多年之後，在巴黎國家圖書館的寫本室裏，我居然看見神會和尚的《菩提達摩南宗定是非論》的標題全文，居然得讀這篇『爲天下學道者辯其是非，爲天下學道者定期宗旨』的挑戰文字，革命文字！」《胡適全集3》，合肥：安徽教育出版社，2003 年版，第 380 頁。

〔註26〕　胡適：《與入矢義高討論早期禪宗史料》，《胡適說禪：一個實用主義者的佛教觀》，明立志、潘平編，北京：團結出版社，2007 年，第 258 頁。

〔註27〕　江燦騰：《薪火相傳：胡適初期禪學史研究的最新動態及其作爲跨志世現代性宗教學術研究典範的傳承史（1925～2011）再確認》，抽印本，第 12 頁，轉參江勇振：《捨我其誰：胡適（第二部）：日正當中，1917～1927》，杭州：浙江人民出版社，2013 年，第 181 頁。據轉述者江勇振分析，因爲胡適有「微而不引」的壞習慣，因而江燦騰也無法準確判斷。

之辭便認爲該經乃神會之僞造，並定爲「顯明」的證據，然而胡適視爲「證據」的種種言語，往往「只是嗣法傳宗的後學承用祖師論句；事體平常，毫不足怪」，特別是胡適對神會「太過渲染了」「硬要把慧能的思想地位奪給神會，這實在是到處難過」「以此衡量古德，似太無情」〔註28〕；釋印順也說，胡適在創造「一切自神會所起」的起始論，而絲毫不考慮《壇經》中所討論的內容此前已有所本〔註29〕。

　　胡適如此偏頗行事，自然有其心理上的軌跡。像魯迅在「幻燈片事件」中感受到的羞恥一樣，探索胡適對這個歷史人物的異乎尋常的激情的根源，也就能錨定「禪學案」的象徵意義。

　　如本文導論所述，「東西方文明論爭」的膠結點之一乃是中國歷史敘述「主體」的問題。《新青年》的陳獨秀們以一種「青春激情」來代表社會運動的主體，而《東方雜誌》以儒佛等傳統資源爲基礎的文明論者則陷入「聖人」的主體循環之中。西化主義的代表胡適同樣也在尋找「主體」。與陳獨秀對杜亞泉的追問一樣，胡適也針對孔教運動提出了「何謂儒教」的問題：「它僅簡單意味著包括儒學經典中的原則嗎？抑或它也包括古代中國的一些國教？抑或它也包括宋明玄學和倫理學嗎？」〔註30〕這些問題並非簡單地否定儒家思想，而是在切實地思考中國傳統社會的本質及其與現代的接榫之處。胡適承認，新儒學已經具有了「現代化及國際化的意義」〔註31〕。他本人在面對西方學界之際同樣需要在「傳統」中找到一個支撐性的框架來因應對「中國」的各種質疑。胡適認爲「一個長期容忍纏足的文明」「一定有根本的錯誤」〔註

〔註28〕　錢穆：《神會與壇經》，耿雲志主編《胡適論爭集》，北京：中國社會科學院出版社，1998 年，第 2478～2479 頁。

〔註29〕　釋印順《神會與壇經——評胡適禪宗史的一個重要問題》，耿雲志主編：《胡適論爭集》，北京：中國社會科學院出版社，1998 年，第 2497～2498 頁。

〔註30〕　原文爲英文。見 Hu Shih（Suh Hu），「The Confucianist Movement in China: A Historical Account and Criticism.」CSM9.7（May12，1914）：533～536，譯文引自（美）周明之：《胡適與中國現代知識分子的選擇》，雷頤譯，桂林：廣西師範大學出版社，2005 年，第 202 頁。

〔註31〕　原文爲英文：「Confucianism，interpreted in the new light, thus assumed a modern and international significance.」Suh Hu，「The Confucianist Movement in China: A Historical Account and Criticism.」CSM9.7（May12，1914）：534. 譯文引自彭春凌：《儒學轉型與文化新命——以康有爲、章太炎爲中心（1898～1927）》，北京：北京大學出版社，2014 年 3 月，第 425 頁。

〔註32〕　轉引自（美）周明之：《胡適與中國現代知識分子的選擇》，雷頤譯，桂林：廣西師範大學出版社，2005 年，第 205 頁。

32〕，但承認這種「根本性」是令人痛苦的。「整理國故」的一個重要使命是要為中國歷史上「不好的東西」、不符合科學和民主的東西尋找一個責任人。儘管對儒學多有批評，胡適找到的「負罪羊」卻仍是「外來的佛教」。

晚清以來，幾乎所有的思想者都加入了「反封建專制」「反道學」的浪潮，然而，對它的來源、對於「誰要為此負責」的問題，胡適與章太炎、周作人、廢名等人正好代表兩種截然不同的觀點。簡單地說，他們在儒佛之間各有所偏。在《揭穿認真作假的和尚道士》一文裏，胡適認為「佛教在全中國『自東漢到北宋』千年的傳播，對中國的國民生活是有害無益，而且為害至深且巨」。他聲稱中國社會在佛教傳來之前是最有人情味的文明社會，到了佛教徒宣揚其禁欲主義，一部分宋儒吸收了其「糟粕」，中國社會才變得殘忍而不近人情。程朱理學中那些「三綱五常」的壓迫性思想都是佛教所帶來，「在佛教以前的中國，並沒禁止過寡婦再嫁」〔註 33〕，中國引入佛教，是「打翻了牛奶，哭也無用」〔註 34〕。顯然，胡適把理學家的「存天理滅人欲」看成是佛教的「禁欲主義」的變體。事實上，在「禪學案」的系列文章中，他對佛教的厭惡已經到了任情發揮的地步，以至於纏足等完全沒有在佛教任何經典中記載的理念也歸罪於中國的「印度化」。意味深長的是，胡適認為理學家們「本意真誠」，只是無法反抗強大的印度化力量，因為佛教在中國的接受是從「民眾」開始的。

而廢名等人則認為，秦朝「獨尊儒術」的專制主義正是因為有佛入中國而得以緩解的。胡適通過「五祖傳六祖」形構起來的歷史邏輯——被中國化禪宗這一「內在的外力」所刺激的宋明理學是「中國文明」的主體，與廢名在五祖的故鄉黃梅感歎「宋儒以下無歷史」的敘述相映成趣。他說宋儒「精深而不闊大」，雖然「篤厚」卻「遭了很重的毒，如總是叫人死節。過去的革命因而轉手到君主，而不能算是革命」。〔註 35〕。

——至此，已經能夠清楚地看到儒佛鬥爭如何深刻地影響了現代中國思想界對於「中國歷史」的講述方式。胡適心目中「現代中國」的性質無疑也

〔註 33〕　胡適：《中國的印度化：文化借鑑的範例研究》，耿雲志主編《胡適論爭集》，北京：中國社會科學院出版社，1998 年，第 1202 頁。

〔註 34〕　胡適：《揭穿認真作假的和尚道士》，《胡適口述自傳》，傳記文學出版社，1981年，第 256 頁。

〔註 35〕　參見廢名《一個中國人民讀了新民主主義論後歡喜的話·理智與迷信》，王風編《廢名集》第四卷（下），北京：北京大學出版社，2009 年 1 月。第 1954 頁～1955 頁。

是以「宗教性質」爲基準的，其中國史敘述中對「黃金三代」以後時段的劃分，及其所謂中國歷史上的「三次文藝復興」，同時是儒佛鬥爭的關節點。第一次「復興」是 8、9 世紀，代表是唐代偉大詩人的出現、作爲印度佛教的「中國改良版」的禪宗的產生，「白話開始出現在禪僧的詩與語錄中」；第二次是 11、12 世紀新儒學壓倒了「中世紀宗教」，即「世俗哲學」復興，第三次則是由此連帶而生的 13 世紀的戲曲、對「愛情、人生樂趣」「坦蕩頌揚」的長篇小說的湧現〔註36〕。在這三次「復興」中，佛教幾乎都起到了「啓發正史」的跳板作用。特別是胡適時常讚揚的 11 世紀程朱「新儒家」（亦即牟宗三、杜維明等學者「儒學三期論」中的「第二期」），對他來說既是「現代中國」的標誌，又是「現代的中國的文藝復興」的重要一環。如唐君毅所言，宋明理學家是「陽儒陰佛」〔註37〕。而胡適之所以認爲印度禪的中國化「是中國思想史，中國宗教史、佛教史上一個很偉大的運動」〔註38〕，就在於禪宗激發了程朱的思想：

> 幾個世紀以來佛教與禪宗的思辨哲學的薰陶，給與了宋朝的學者一種思想上的灼見（insight），而這是漢朝素樸的儒家所不具有的。宋朝的哲學家回頭去看先秦儒家與其後的儒家的經典。他們看出了許多漢朝的學派沒看到的新意義與新觀點。就像歐洲文藝復興的學者重新發現了一個中世紀前所未見的新希臘和新羅馬一樣，他們也發現了一個新的〔中國的古典〕〔註39〕。

在胡適眼中，宋明理不既是對中古宗教的反抗、對佛教和一切洋教的懷疑，又是「禪宗道家道教儒教的混合產品」〔註40〕。與這種客觀的「混合觀」不無矛盾的是，對於「印度化時期」深惡痛絕的胡適，最希望的是讓「華／梵」、「內／外」清晰分明。在考察佛教史的同時，他也試圖將以儒家爲代表

〔註36〕　參見胡適：《中國文藝復興》，《胡適演講集》（一）北京：北京大學出版社，2013 年，第 84～85 頁。

〔註37〕　唐君毅：《略談宋明儒學與儒學之關係》，《現代佛教學術叢刊》十八，《佛教與中國文學》。

〔註38〕　參見胡適：《禪宗在中國：它的歷史與方法》，耿雲志主編《胡適論爭集》，北京：中國社會科學院出版社，1998 年，第 2433 頁。

〔註39〕　Hu Shih，「Religion and Philosophy in Chinese History」（《中國歷史上的宗教與哲學》）1931 年上海召開的「太平洋學會」年會論文。）《胡適全集 36》，合肥：安徽教育出版社，2003 年版，第 601～602 頁。

〔註40〕　參見胡適：《幾個反理學的思想家》，《胡適文存》第三集，合肥：黃山書社，1996 年，第 112～113 頁。

的中國傳統思想與「外來的」佛教隔絕在「宗教／哲學」「出世／入世」「民主／專制」的一系列二元對立的兩端。出於這種心態，他對宋明理學的價值判斷也有「兵分兩路」的傾向，即斷闢佛的程朱爲「科學」、近佛的陸王爲「反科學」。然而對於不斷博弈的「新禪」和「理學」，哪些是「好」的、哪些是「壞」的很難進行截然分明的處理。其時，陳寅恪、湯用彤等人對「唐宋變局」中儒、釋、道三教的定位皆是你中有我，我中有你；亦如周作人的說法，「儒、釋、道」三教早已「一氣化三清」，宋儒的闢佛實際上是意氣之爭，「佛教來自外國，而大乘菩薩之誓願與禹稷精神極相近，法相與禪又爲宋儒用作興奮劑，去構成性理的體系，其實也已消化了，所有攻擊不但全是意氣，而且顯示出不老實。」〔註41〕胡適本人既已有了現代「科學」「理性」的客觀態度，對陳寅恪和湯用彤的治學之「科學」也極爲推崇，也不便像宋儒一樣「不老實」地直接在信仰層面攻擊佛教。《禪宗在中國：它的歷史與方法》等文章是以「給西方讀者講中國故事」的「科普」態度來敍述的。胡適耐著性子娓娓道來，以「中性」的筆觸講述「不淨觀」「四禪八定」「止和觀」「六度萬行」等等佛教修持方法在中國逐漸被接受的歷史，直到他「發現」神會。

胡適認爲，南禪不拜偶像、不事經典，甚至自己發明經典的「傳統」，都與這位在歷史上乏人注意的和尚密切相關。神會被皇室下令流放、驅逐多年，卻矢志不改，與被朝廷尊爲「兩京法主，三帝國師」的北宗神秀持續對抗，終因幫助安史之亂中的政府推銷相當於「公債」的度牒而得到了官方的承認，神會借機提請郭子儀賜他老師以「六祖」之號，並將自己的著述冠以老師的名字，自己則甘居幕後〔註42〕。

胡適的故事進行到這裡，幾乎有了圖窮匕現、蕩滌一切的快感。如釋印順所說，胡適發現神會，「如哥倫布發現新大陸一樣的使他狂喜」〔註43〕。這個人物不僅塑造了慧能的「神話」，其所宣傳的「無修之修」的教義也把佛教那些「煞有介事」的修持方法完全推翻了。在胡適眼中，神會所推動發起的頓悟禪的作用，就是推翻禪學乃至佛教本身：

〔註41〕 參見周作人：《雜文的路》，鍾叔河編，《周作人散文全集》卷 9，桂林：廣西師範大學出版社，第 422 頁。

〔註42〕 參見胡適：《從整理國故到研究和尚》，明立志、潘平編《胡適說禪：一個實用主義者的佛教觀》，北京：團結出版社，2007 年，第 286 頁。

〔註43〕 釋印順：《神會與壇經——評胡適禪宗史的一個重要問題》，耿雲志主編《胡適論爭集》，北京：中國社會科學院出版社，1998 年，第 2497～2498 頁。

南宗革命的大功勞在於解放思想，解放便是絕大的建設。由大乘佛教而至於禪學，已是一大肅清，但還有個禪在。慧能、神會出來，以頓悟開宗，以無念爲本，並禪亦不立。這才是大解放。宗密諸人不知這種解放的本身便是積極的貢獻，卻去胡亂尋求別種「菏澤深意」，所以大錯了。〔註44〕

從那以後，胡適筆下的中國禪像一柄「奧氏剃刀」，「斬盡殺絕中古時代的一切鬼、神、佛、菩薩、四禪、八定，以及瑜伽六通，等等。」〔註45〕唐代那些以禪修者姿態出現的吟禪論道的詩人，也是神會一樣的「佛教內部的破壞者」。胡適認爲，初時的中國禪詩不過是以佛教來玄談，屬於中國士大夫的「玩票」性質，及至佛教的戒律禁制漸多，文學的空氣開始改變，中國僧人又開始以打油詩、諷刺詩和狂禪的行跡來反叛佛教。公案禪和「話頭禪」中，「念佛一句，漱口三天」「佛者是何物？乾屎橛！」之類的辛辣口語比比皆是，即是以最褻瀆的方式來顛覆佛教徒奉若至寶的東西〔註46〕。在胡適眼中，中國人對佛教從未感到舒服過，中國文學的復興就是在「排毒」的過程中建立起來的。總之，在胡適筆下，第8世紀的中國禪已經「但願空諸所有」，中國人以佛教的名義把佛教驅趕出去，結束了歷史上的「印度化時期」。

以神會的「破壞」和「反叛」來重新恢復中國歷史的純潔性，就是胡適「新禪學」敘事的基本構架。錢穆質疑胡適「把慧能的作用到處奪給神會」〔註47〕，在某種意義上，是因爲抖落歷史「包袱」的快感需要一種集中的戲劇性力量，這與胡適所慣用的歷史敘事倫理有關。在《中國哲學史大綱·卷上》的「導言」中，所謂哲學史研究的三個目的——明變、求因、評判，〔註48〕已經內在地「規定」了胡適「發現問題」的方式。在具體的操作過程中，它往往演變成了「人物＋歷史流程」的模式，即將人物拉到前臺，將歷史歸於「背景」，不斷地建構歷史主體和「歷史過程」之間的「操作性」關係。這種

〔註44〕　胡適：《菏澤大師神會傳》，《胡適說禪：一個實用主義者的佛教觀》，明立志、潘平編，北京：團結出版社，2007年，第131頁，第250頁。

〔註45〕　胡適：《禪宗在中國：它的歷史和方法》，《胡適說禪：一個實用主義者的佛教觀》，明立志、潘平編，北京：團結出版社，2007年。

〔註46〕　胡適：《詩僧與諧詩》，《胡適說禪：一個實用主義者的佛教觀》，明立志、潘平編，北京：團結出版社，2007年，第223頁。

〔註47〕　錢穆：《神會與壇經》，耿雲志主編《胡適論爭集》，北京：中國社會科學院出版社，1998年，第2479頁。

〔註48〕　《胡適學術文集　中國哲學史》，上海：中華書局，1998年，第23頁。

模式的「清晰性」，正是以「情節的戲劇性」為支撐的。它需要的正是「涇渭分明」的界線，以及對「歷史主體」賦予高度象徵化的價值。

在這樣的敘事中，神會很自然地被建設成承前啟後的轉折性人物。在《整理國故到研究和尚》中，胡適只讀了一點文獻就對這位和尚另眼相看。「偽造偶像」和披著袈裟反佛這種雙重的破壞性，使這位沒有留下任何「自己」的著作、在「歷史的幕後晒笑」的和尚在胡適筆下成為一個拿破崙式的英雄。如果「禪學考據」可以稱為史學革命「經典破壞」的一個驛站，那麼神會便是其中「大鬧天宮」的猢猻主人公。神會成功的祕訣就是簡化此前的禪宗教義和修行方法，來爭取為戰亂所苦的民眾。胡適就此總結，神會「奮鬥３０年，其簡單直截的『頓悟』之力量，『袈裟傳法』的偽史的『宣傳的』力量，實在太大了。民眾站在這個『新禪』一邊，經過把佛教中國化、簡單化後，才有了中國的理學」〔註49〕。

這就是神會「英雄化」的基本過程。在胡適的描述中，八十多歲仍與北宗相抗的神會和尚無疑是極具氣魄而令人敬佩的，可他對這個「推動進步」的「英雄」也同時充滿了反諷的意味：「南宗的急先鋒，北宗的毀滅者，新禪學的建立者，《壇經》的作者──這是我們的神會」〔註50〕。

胡適排佛的立場如此鮮明，其「大快人心」「幸災樂禍」的語氣自然不難理解。然而值得注意的是，胡適認為神會主導了一場最終啟發了民主和自由的革命。在 1924 年 2、3 月間的《禪宗史草稿：一、印度二十八祖》裏，胡適已經用了「革命」來詮釋中國禪宗。他在整理後的《禪宗的印度二十八祖考》一文中寫道，「禪宗代表中國佛教史上的一個大革命，種子固然還是從原始佛教裏得來的，而革命的人物完全是中國人。但革命黨是不能不受排斥摧殘的，所以往往有『託古改制』的必要。這是禪宗『印度二十八祖』說所以起來的原因。」〔註51〕

這種說法也部分地得到了佛教史學家的認同。深受胡適、鈴木影響的日本禪學史家柳田聖山就認為，中國南禪這段歷史的重要性在於主體意識的確

〔註49〕　參見胡適：《禪學古史考》，耿雲志主編《胡適論爭集》，北京：中國社會科學院出版社，1998 年，第 2402 頁。

〔註50〕　參見胡適：《禪學古史考》(1928)、《中國禪學之發展》(1934)，耿雲志主編《胡適論爭集》北京：中國社會科學院出版社，1998 年，第 2394～2404 頁。

〔註51〕　胡適：《禪宗的印度二十八祖考》，《胡適全集9》，合肥：安徽教育出版社，2003年版，第 65 頁。

立。柳田認爲中國佛教自始多僞經，即僞稱佛祖釋迦所宣，假託聖者以立己說之權威。《六祖壇經》已經把眼光放在了「當代」，將「佛經」的「如是我聞」挪向了六祖——次一級的聖人，而六祖所宣說的這部經典本身更是號召「佛來佛斬，魔來魔斬」，反對權威，立足於空性。自此以後，隨著臨濟、雲門、法眼等各宗的興起，禪的特質越來越轉向「日常生活」，自己想說什麼就可以說什麼，假託性的僞經明顯減少了〔註52〕。

　　然而，這場具有民主意義的革命的主導人神會，卻被胡適稱爲「大騙子和作僞專家」，他的騙局說明「禪宗佛教裏百分之九十，甚或百分之九十五，都是一團胡說、僞造、詐騙、矯飾和裝腔作勢」〔註53〕。這可能使胡適的讀者產生一種微妙的感覺：反諷不僅針對佛教，也可能通過神會這個人物反彈到了作者本人那裡。其中，最可疑的是被神會「啓發」（？）欺騙（？）的民眾的位置。

　　在胡適筆下，神會是借助民眾的力量使南禪登上歷史舞臺的。相信了神會「直指人心」的「頓悟」騙局而推翻了佛教的，主要是不識字的農民和戰爭流民，而緊接著開啓了科學風範的則是上層士大夫的宋明理學。而這兩者之間在認識世界意義上的異同似乎被胡適輕易地抹平了。透過這樣的敘述，可以清晰地看到胡適鑲嵌在「客觀的歷史敘述」中的「精英政治主義」。我們很難不提出這樣的疑問：在胡適眼中，民眾和精英究竟在中國的「文藝復興」和「歷史進步」中扮演了怎樣的角色？佛教被「臥底者」驅逐後，剩下的「中國的理性的科學」是什麼？如果印度佛教已經使中國「打翻了牛奶」，而神會靠著一種中國式的、通俗化的方式再次「欺騙」了中國的民眾，那麼所謂中國式的「民主」「科學」究竟是什麼？它本身是否也是一種「政治的騙術」呢？

三、又見繁簡、科玄之爭

　　爲了以佛教爲「替罪羊」，胡適付出了許多邏輯上的代價，比如對印度佛教的繁瑣和中國禪的簡單的評價。胡適指出禪宗上承印度瑜伽派哲學，而瑜

〔註52〕　參見（日）柳田聖山：《禪與中國》，毛丹青譯，北京：生活·讀書·新知三聯書店，1988 年，第 198～199 頁。
〔註53〕　胡適：《揭穿認眞作假的和尚道士》，《胡適口述自傳》，傳記文學出版社，1981 年，第 255 頁。

伽的發展分兩路並進，一方面致力於繁瑣的「分析牛毛的把戲」而爲唯識，另一方面「越變越簡單」，終於致使中國禪宗脫穎而出。如本文第三、四章分析的那樣，繁簡與好壞自然不應有必然的聯繫，但胡適一方面對頓教禪的簡單嗤之以鼻，另一方面卻高度讚揚中國人的好簡惡繁。回想從晚清到40年代新儒家學者的「談佛之路」，以「簡單」和「繁複」來揚棄佛教、進而在中、印、西諸文明之間進退比較的思路一直存在。胡適心目中的印度是一個理論繁瑣卻沒有「科學的歷史觀念」的民族，佛教是一個「無方分無時分」，即沒有胡適意義上的精確時空概念的宗教，其歷史一向「沒有可靠的記載」。在《禪學古史考》裏，胡適提到一個「活生生的證據」：兩個印度聽眾聽了胡適1927年在上海美國學校的中國學暑期講習會的講演《中國禪宗小史》，感到萬分讚歎，因爲胡適竟能明確「慧能死於西曆 713 年」，「連佛教和尚的生死年代都記得這樣清楚詳細！」〔註54〕

　　從佛教理論來說，究其根本，其經典常用的「一時，佛在……」的起論方法，仍源於輪迴、六道之類的多維時空觀所導致的歷史相對性。特別是按照大乘圓教的理念，最高明的時間表述或許就是「一時」，之所以不標具體時間，原因有多重，其一是因爲聽經者各自的時空觀感不同——「天人一日，人間百年」，從平等的含義上來說不應標明；另外即是要表現「一即一切」，即正在讀經的人與彼現場的一體性：在主體的現前一念心中，靈山集會儼然未散——歷史從未過去，所謂「萬古一瞬」，十世古今不離於當念，正是莊禪詩學的意境所在。然而在胡適的「科學」標準下，這樣的說法自然無用武之地。胡適歷史考據具有明顯的機械論傾向，其數字決定論更是他所謂「科學性」的重要標誌。在與胡漢民、廖仲愷和朱執信等人的「井田制論爭」中，胡適同樣通過將井田讀解成「豆腐千塊」，再兌換以數字的出入，從而推斷《周禮》爲漢代有心救世者搭蓋的制度神話，並非史實。凡此種種「學案」，胡適均依照機械化的標準，架設起哲學、史學與詩學的森嚴壁壘。然而他並沒有注意到，在他的神會故事裏，「普世性」的、客觀性的「科學的懷疑精神」卻與中國民眾好簡惡繁的性格緊密地勾聯在一起。如汪暉所說，胡適這種純機

〔註54〕　參見胡適：《禪學古史考》耿雲志主編《胡適論爭集》北京：中國社會科學院出版社，1998 年，第 2394 頁。另參見《胡適日記全篇 2》：記載胡適在 1920年跟北大學生一起學梵文時，在「佛學研究會」演說《研究佛學的方法》：「他們很不以爲然。他們說佛法是無方分無時分的。哈哈！」合肥：安徽教育出版社，2001 年，第 733 頁。

械論的因果觀早在他接受系統的西學訓練以前就已見端倪，其本土來源是范縝、司馬光，以及宋明理學中的「及物窮理」「學原於思」等命題。〔註55〕相比於章太炎選擇唯識因近於平生所治之樸學，胡適的「科學方法論」中的「中西來源」，同樣值得深思。

　　「整理國故」中的不斷「破壞」，乃是爲了祭出「中國文化中的人文精神和理性精神足以構成接引民主與科學的『中國根底』」〔註56〕這個他自己也時常有虛弱之感的觀念。從這個目標出發，胡適關於「傳統中國」的說法常常因對境的不同而變化。他成名初時慣於承襲章太炎「揚諸子、抑孔學」的做法，稱「儒家早已雖生猶死」「相信非儒家諸子學說的再興是絕對必要的，因爲只有在這些學派裏，我們才能找到適合的土壤來移植西方哲學與科學的精華，特別是方法學。」〔註57〕而在面對歐美學者之時，則更習慣於強調以儒學爲代表的傳統中國的整體的科學和理性。在 1959 年夏威夷大學「東西方哲學研討會」第三次會議上發表的《中國哲學裏的科學精神與方法》（The Right to Doubt in Ancient Chinese Thought）一文中，胡適反駁西方學者認爲「東方科學是直覺性的」提法，提出孔子、老子、莊子分別以人本主義和自然主義把民族從迷信的昏睡裏救醒〔註58〕；懷疑、熱心而冷靜的求知都是儒家的傳統，其基本精神與西方科學精神的源頭希臘和後來的文藝復興是完全相符的。

　　胡適雖然自稱認同陳寅恪和湯用彤的治學方法，卻顯然沒有接受他們對宗教的「瞭解之同情」，以及「佛法，亦宗教，亦哲學」的觀點〔註59〕。如果說，晚清的章、梁和後來新儒家的學者爲了特定的目的而「以己意進退佛說」，胡適則努力將中國傳統思想和西學一股腦地塞入他所理解的「實」與「虛」的框架中去。在「問題與主義」之爭裏，他認爲實驗主義是生物進化論出世

〔註55〕　汪暉：《現代中國思想的興起　下卷第二部　科學話語共同體》，北京：生活·讀書·新知三聯書店，2004 年，第 1242 頁。

〔註56〕　（美）余英時：《重尋胡適歷程：胡適生平與思想再認識》，桂林：廣西師範大學出版社，2004 年，第 239 頁。

〔註57〕　Hu Hhih，「The Development of the Logical Method in Ancient China」，《胡適全集》第 35 卷。合肥：安徽教育出版社，2003 年，第 314 頁。

〔註58〕　中文版本參見程巢父：《胡適參加夏威夷大學「東西方哲學討論會」——〈胡適未刊日記〉整理記事》，《現代中文學刊》2011 年第 6 期。

〔註59〕　參見何建明：《胡適的佛教文化觀及其學術史意義》，《世界宗教研究》，2010 年第 2 期。

以後的科學方法，而黑格爾哲學則是此前的玄學方法。〔註60〕相比於他眼中「實際的、經驗論的前清學派」，宋明儒學又成了「玄想的、形而上學的世界觀」〔註61〕。但在面向佛學、特別是面向由鈴木大拙等人在西方帶起的「東方靈性熱」時，宋明儒學無疑也變得實了。不管怎樣，胡適求「實」的立場是絕對的，問題只在於什麼是「實」。前述與鈴木關於「理性」和「非理性」的爭論，牽繫著胡適對於理想社會的理解。他一向認為，理性代表秩序和組織化，而宗教是非理性的，代表著無秩序。而他所謂秩序和組織，又是以美國資本主義工業社會的模式為基準的。在現代以來的中國思想家中，胡適大概是對現代工業社會集約化的組織形態最迷戀的一位〔註62〕。他眼中的好社會，離不開專業化的社會分工、機械化和效率。在《我們對於西洋近代文明的態度》和《東西方文明的比較》等文章中，胡適大談「最大多數」的「樂利主義」，「用組織與立法的方式把幸福的生活推廣給社會上最大多數的人——這就是西方文明最偉大的遺產」〔註63〕。他羨慕「摩托車文明」「汽車文明」，認為「自由」「平等」「公道」「福利」由是而生，「筆桿與口舌改變不了人生，改變人生的是機器。」〔註64〕

胡適認為，中國接受新文化的方式，「最好是有機的吸收，而不是斷然的取代」，「要去尋找可以用來有機地與近代歐美的思想系統聯結起來的傳統思想」，「在新、舊內在融合的新基礎上去建立我們的新科學與新哲學」〔註65〕。而對大工業文明的徹底崇拜和中國歷史如何能「有機」地統一起來，是胡適無形中給自己提出的一個難題。他邁出的重要一步，是試圖把「宗教」徹底地從「現代文明」中清除出去，並在古今中外的一切「進步事件」中都安插

〔註60〕　胡適：《介紹我自己的思想》，《胡適全集 5》，合肥：安徽教育出版社，2003年版，第 508 頁。

〔註61〕　（美）周明之著，雷頤譯：《胡適與中國現代知識分子的選擇》，廣西師範大學出版社，2005 年 2 月第 1 版，第 193 頁。

〔註62〕　參見江勇振：《捨我其誰：胡適（第二部）：日正當中，1917～1927》，杭州：浙江人民出版社，2013 年，第 310 頁。

〔註63〕　Hu Shih，「The Civilizations of the East and the West」，《胡適全集 36》，合肥：安徽教育出版社，2003 年版，第 345～346 頁。

〔註64〕　胡適：《漫遊的感想》，《胡適日記全集》，4.642～644；又，「胡適檔案」，HS－DY01－1927－0608，轉江勇振：《捨我其誰：胡適（第二部）：日正當中，1917～1927》，杭州：浙江人民出版社，2013 年，第 347 頁。

〔註65〕　胡適：《先秦名學史·導言：邏輯與哲學》，上海：學林出版社，1983 年，第 5～6 頁。

一把「反宗教」的「科學」之劍。這種潔癖式的烏托邦基調強烈地左右著他的政治選擇和學術態度。1926 到 27 年，他對禪學史最熱中的時候，也是他與國民黨黨派政治的蜜月期，其文章中則充滿了美國式的理想憧憬。如江勇振所說，胡適對帝國主義的態度一向較爲緩頰，而對於宗教，他的最好態度也只是「容忍」〔註66〕。除佛教外，他對於基督教亦無好感，並以赫胥黎、達爾文對宗教敘述的質疑爲證據，認爲現代西方的強大正是逐步擺脫了基督教的結果，而一戰的發生則是基督教帶累之故。

胡適同樣具有超越民族國家的衝動。1911 年他就對世界主義運動感興趣，這是一種「既想找到自己的本源之根，又想獲得更廣泛認同的努力」〔註67〕。然而他的普遍主義姿態與二元對立的理性思維始終是相互支撐的。誠如余英時所說，胡適「對歷史連續性有深刻的體認」〔註68〕，他對繁瑣的厭惡、對工業性效率的喜愛與對白話文的推崇同出一轍。他認爲白話文是世界上最進步的語言，因爲它淘汰了累贅的文法變化。〔註69〕這自然使我們想到章太炎對於「萬國新語」的厭惡和與《新世紀》吳稚暉等人的辯論。胡適的「新史學」與其「新文學」被詬病的理由是一致的：他爲「中國」剔除了信仰與神話，卻也取消了「文明」中所含的詩意。然而，像胡適、吳稚暉一樣擁抱現代和未來，不顧漢語、宗教自身的特徵與歷史演變的邏輯遞序，踏平一切「歷史的贅疣」，是現代以來一種相當強大的革命態度。

有趣的是，胡適對中國文化之未來的信心就寄予在這種明顯偏頗的「一刀切」邏輯之上。在「東西文明論戰」中激烈批評「東方精神論、西方物質論」時，他祭出了三個「中國在世界上傑出」的特點，其一是中國語法的優勢，其二是社會組織的平民化，其三就是「中國人的宗教狂熱性較薄弱」〔註70〕。它們都是試圖將東扭轉到「科學」和「實學」的位置上所做的努力。1922

〔註66〕　江勇振：《捨我其誰：胡適第二部　日正當中 1917～1927 下》，杭州：浙江人民出版社，2013 年，第 353 頁。

〔註67〕　（美）周明之著，雷頤譯：《胡適與中國現代知識分子的選擇》，廣西師範大學出版社，2005 年 2 月第 1 版，第 193 頁。

〔註68〕　（美）余英時：《文藝復興乎？啓蒙運動乎？——一個史學家對五四運動的反思》，桂林：廣西師範大學出版社，2004 年，第 250～251 頁。

〔註69〕　參見《國語文法概論》，《胡適全集》，第 1.421～473 頁。

〔註70〕　胡適：《三論信心與反省》，《胡適文存》第 4 集第 4 卷，轉引自（美）周明之著，雷頤譯：《胡適與中國現代知識分子的選擇》，廣西師範大學出版社，2005 年，第 219 頁。

年 7 月 3 日的日記表示，中國由於「沒有宗教包袱之累」，可以加入美國的行列，後來居上〔註71〕；在 1927 年 7 月號的《論壇》（The Forum）發表的短文《中國與基督教》（China and Christianity）則又是「一篇奇文」（江勇振語），讚頌了老子的自然主義宇宙觀和孔子的不可知主義「如何在歷史上迫害和滅絕了景教與佛教，如今又可以來滅絕基督教。」〔註72〕

> 每當中國在迷信或狂熱的宗教籠罩下，這個理性主義、人文主義的傳統總會扮演解放的角色。中國本有的文化背景，在近代科學的方法和結論的支持下已經復甦，成爲中國知識分子抵抗任何宗教體系刀槍不入的甲胄。這些宗教體系，不管爲它們辯護的人說得再好聽，都經不起理性和科學的驗證。〔註73〕

他進而宣稱，中國雖一度被佛教征服，「但中國的人文理性精神決沒有在失望中放棄戰鬥」，並逐漸建成了「一種俗世的哲學和人本的文明」〔註74〕。在禪學案中，他正是靠神會來搭構這個「逐漸建成」的。就此而言，1919 至 1920 年代「疑古」和「信古」的「《井田制》」之爭和後來的「禪學案」，可謂現代中國陷入「自我論證」的危機的典型案例，它們充分反映了新史學的兩面性：一方面，是儒家經典地位降至百家，精神權威塌陷；另一方面，在面對「佛教」時，中華文明的「民主和科學」卻恰恰需要由「儒家思想」帶來。對於鈴木大拙等日本學者將禪作爲「東方文明」的整體特質「推銷」給西方世界的方式，胡適幾乎是下意識地拿起了「儒家」的武器。他推崇程朱等宋明理學家，也是因爲他們要超越「印度化時期」而回到孔子寶貴的懷疑精神，程朱的「格物致知」可以說是以大膽的疑古、小心的求證，重啓了孔子的精神，此後雖有陸王的「反科學運動」，終不能阻止此科學精神大盛於近三百年。朱子對《尚書》的懷疑，以及爲《詩經》「祛魅」的做法，都是胡適眼中的「中國的科學」〔註75〕。

〔註71〕 參見《胡適日記全篇3》，合肥：安徽教育出版社，2001 年，第 733 頁。
〔註72〕 轉引自江勇振：《捨我其誰：胡適第二部　日正當中 1917～1927 下》，杭州：浙江人民出版社，2013 年，第 357 頁。
〔註73〕 胡適：《胡適日記全集》，4.361～363，轉引自江勇振：《捨我其誰：胡適第 2 部日正當中 1917～1927 下》，杭州：浙江人民出版社，2013 年，第 324 頁。
〔註74〕 胡適：《中國歷史中的宗教與哲學》，轉引自（美）周明之著，雷頤譯：《胡適與中國現代知識分子的選擇》，廣西師範大學出版社，2005 年 2 月第 1 版，第 193 頁。
〔註75〕 參見《胡適文存》卷二，上海亞東圖書館 1925 年版，第 542 頁。

　　胡適的矛盾之處在於，他既承認了儒理學的「宗教性質」，又試圖徹底地擺脫它。如關於「丹霞燒佛」等公案禪中記載的、胡適所謂「背叛」和「褻瀆」性的行爲，鈴木強調它們是佛教修行者用來「參悟」的應機之舉，不是用來「模仿」的。對於鈴木的辯護，胡適只說，「虔誠的佛教徒永遠無法懂得中國的禪」〔註76〕。因爲在胡適那裡，「中國」的禪是不是「禪」並不重要，重要的是，中國的「禪」已不再是「宗教」，它屬於儒理學的範圍。然而要將「進學則在致知」的方法論與「涵養須用敬」的宗教態度統一在「理學」自身的體系中不難，要與西學相交涉、并剔除掉「宗教性」的影響卻要下一番工夫，卻顯然需要通過對具體範疇的格義和轉喻才能實現。

四、「知」的格義

（一）「能知」的問題

　　中西學之間的範疇格義是近代學術思想的客觀現象，格義的方法、效果和評價也是因人而異的。一些學者認爲，胡適的中國史著作中往往「挪用、誤用、濫用西方名詞概念」，如在解釋墨子和孟子的學說時，把孟子的「利」字哲學和「仁政」詮釋成追求最大多數最大幸福的樂利主義，並且前後矛盾，一面稱「用」即實用主義，一面又說墨子最大的流弊就是「用」、「利」字太狹，於是攻擊墨子的別家都成了實驗主義者。甚至對於「實驗主義」也是「胡適說過就算主義」（江勇振語〔註77〕），與杜威的實驗主義出入甚巨。而在禪學案中，最能說明問題的是胡適對「知」的譯解。

　　「知」是胡適學問的關鍵詞。《論語·爲政》中的「知之爲知之，不知爲不知；是知也」和「未知生，焉知死」，是他常掛在嘴邊的座右銘，他認爲，孔子與蘇格拉底的精神相通之處，就是以「知」代表「知識（konwledge）上的誠實」〔註78〕。「求知是人類最正當的需求之一，可是東方文明的態度是：『吾

〔註76〕　參見胡適：《禪宗在中國：它的歷史與方法》，明立志、潘平編《胡適說禪：一個實用主義者的佛教觀》，北京：團結出版社，2007年5月，第42頁。

〔註77〕　參見江勇振：《捨我其誰：胡適第二部　日正當中1917～1927下》，杭州：浙江人民出版社，2013年，第387頁。

〔註78〕　胡適：《中國哲學裏的科學精神與方法》，轉引自程巢父：《胡適參加夏威夷大學「東西方哲學討論會」──〈胡適未刊日記〉整理記事》，《現代中文學刊》2011年第6期，第104頁。

生也有涯，知也無涯，以有涯隨無涯，殆矣。』殊不知我們雖然無法探求那無涯的知識，但看看牛頓、巴斯德、愛迪生！」〔註79〕

　　胡適聲稱自己的懷疑精神來自於宋學中的朱子注和赫胥黎的影響，並認爲存疑主義（Agnosticism）就是「不知」主義〔註80〕。然而從引文來看，胡適的論述中顯然存在著認識論和方法論的混淆。如汪暉所說，正由於把「科學」和「科學方法」等同，胡適才會把墨子、朱子和樸學大師都視爲「科學家」〔註81〕。這一問題在胡適對禪宗的「知」的譯解中尤其明顯：對神會的基本主張「知之一字，衆妙之門」，胡適也理所當然地翻譯成「The one word 『Knowledge』is the gate-way to all mysteries.」〔註82〕

　　胡適的翻譯和解釋引發了鈴木大拙激烈的反駁。他宣稱禪宗的「知」是「般若直觀」，非一般所言的「知識」，如果被認作「知識」則一切盡失，不僅會使我們「失卻神會和慧能，連禪本身都失卻了」。「『知』是打開禪宗奧秘的鑰匙」〔註83〕。從鈴木的禪學觀來看，「知」與「覺」「悟」「般若」一樣，都是主體認識「實相」——世界本來面目的異名。般若即智慧之義，爲悟道所必須，其功能就在於打破二元對立的假相，無有自他、有無、生滅和性相。禪師的教法「直指人心」，是內在本具的「自性」，沒有主客之分，而胡適所謂知識、理性，則恰恰是以主體與客體之間的關係爲基礎的。前述章節提到的法國哲學家羅蘭·巴爾特對所謂「意義聚合關係」的描述及對「支配話語」的批判，正是基於主客關係構成了敘述織體，而敘述又進一步構成「知識——權力」的意義而言的。在巴爾特的範疇中，與「支配話語」相對應的「中性」更近於唯識學的「依他起性」、「圓成實性」和「般若」，總之，對於禪宗的支持者來說，是眞正智慧的般若與以先驗理性爲前提的「知識」在任何時候都不能混淆。

〔註79〕　轉引自江勇振：《捨我其誰：胡適第2部　日正當中 1917～1927 下》，杭州：浙江人民出版社，2013 年，第 426 頁。

〔註80〕　胡適：《五十年來之世界哲學》，《胡適哲學思想資料選 上》，葛懋春、李興芝編，上海：華東師範大學出版社，1981 年版，第 234 頁。

〔註81〕　汪暉：《現代中國思想的興起 下卷第二部　科學話語共同體》，北京：生活·讀書·新知三聯書店，2004 年，第 1226 頁。

〔註82〕　Ch'an（Zen）Buddhism in China Its History and Method,Philsophy East and West, Vol.3, No.1(Apr., 1953), pp.3～24.

〔註83〕　（日）鈴木大拙：《禪：敬答胡適博士》，《禪學隨筆　禪學大使》，孟祥森譯，志文出版社，1961 年，第 159 頁。

　　當然，在禪宗史的內部，「知」也充滿了爭議。「知之一字，眾妙之門」始見於菏澤神會再傳弟子、華嚴宗第四祖澄觀和尚之著作。神會的主要闡釋者、也是胡適考證中的一位重要人物宗密（780～874）認爲，中國禪宗初祖達摩西來「默傳心印」，這個「默」就是「不說破」，「所言默者，唯默知字，非總不言，六代相傳皆如此也。至菏澤時，他宗競播，欲求默契，不遇機緣，又思惟達摩懸絲之記，恐宗旨滅絕，遂明言：知之一字，眾妙之門」〔註84〕。在這裡，「知」是「默」的表詮用法，它表達的是認識主體直接與本體（世界本性、本相）的相契相證。神會「直接以心體爲定，以了知心體的心用爲慧。體不離用，即心不離知；用不離體，即知不離心。」〔註85〕這種以「知」爲「心之用」，以「性淨」爲心之體的「直捷了當」的方式深刻地影響了陸王的「良知論」、「心即理」和「知行合一論」（所謂「知之眞切篤實處便是行，行之明覺省察處便是知」，正是由頓教禪的「坐脫立亡」「直指人心」脫化而來），也爲後世十力大而化之的「體用不二」埋下了長長的伏線。如當代學者丁小平所分析的那樣，相比於此前的禪修者，神會、宗密等人對定、慧的理解非常獨特，因爲此前唐代盛極一時的唯識論在眞俗二諦之間、在「理」的「心體」和「事」的「定慧」之間是不能這樣直接接駁的。前述廢名和十力關於「種子」的爭論即糾纏於此。正是在這個意義上，鈴木也贊同中國南宗禪相對於此前佛教各宗的「革命性」。在原始印度佛教的「阿含部」等「部派佛教」中，「禪那」（定）和「般若」（慧）被認爲有時間上的先後秩序，要先修定，才能發慧、開悟、解脫，而修定的主要方法就是禪坐。這也是通稱的「漸悟」的方法。及至達摩初來中國，默傳心印人莫能知，主要的行持方法也就是坐禪而已。逐漸地，「定」和「慧」便有分離的趨勢，「定」被視爲方法，「慧」被視爲目的，而慧能等人的「頓悟」法門則使行者認識到定與慧的不可分離，也就是「定慧等一」。佛陀的八萬四千法門不離當下自心，「靈山就在汝心頭。在這個意義上，禪的確是否定性的，「拒絕一切類似權威的東西，只是樹立自身存在的絕對信念」〔註86〕。慧能以後，禪師們「動」了起來，在日常的勞動和參禪行腳之中，隨時隨地都有開悟的「本地風光」。

〔註84〕　參見宗密：《中華傳心地禪門師資承襲圖》，《禪源諸詮集都序》，鄭州：中州古籍出版社，2008年。

〔註85〕　參見丁小平：《「知之一字，眾妙之門」略論》（網絡版）：http://www.docin.com/p~522941842.html。

〔註86〕　（日）鈴木大拙：《禪者的思索》，未也譯，北京：中國青年出版社，1989年，第16頁。

　　神會以後，禪宗內部圍繞著「知」的爭議，與唯識論立「種子」說所引發的「實體論」之疑相類。宋代禪師認爲神會的「知」容易落入「有」相，爲對抗其「偏頗」而立「不知」爲「覺悟」的究竟。然而儘管站在慧能的反面，無論是知禮禪師「知解宗徒」，還是黃龍死心禪師稱「知之一字，眾禍之門」，「知」的本義都是對本體「實相」的「知」，並非「見聞覺知」的感官意義上的「知」；而「不知」如同「默」，同樣是對主體的本體認識功能的建構，並非胡適所謂「不認識」「不知道」的意思。如寶獨禪師「欲究無上大道，知之一字，最爲親切……幻知知無，眞知無知」〔註87〕，其「知」與「無知」都可以說是從不生不滅的「眞如本相」的角度所進行的「遮詮」或「表詮」，其意圖是「絕待」，即暫以「二元對立」的方式揭示心體「無對待」的「本來面目」。

　　胡適的「知」並沒有區分本體和認識之間的區別，但他對於「可知範圍」的描述顯然已經取消了「宇宙」「天道」「心靈」等面向。心性論的「本地風光」，禪僧的行腳悟道，在他看來只是「領略了名山大川，增長了生活經驗和知識」〔註88〕而已。這種「實證主義」的透明的普遍性，一向是晚清章太炎、周作人到廢名所力圖破解的意識形態。前文已敘，章太炎的「知」保留了「知實相」的意味。他以《訄書》重訂本中的《訂實知》挑戰了王充的《論衡·實知》篇，引用《呂氏春秋》之語，「聖人上知千歲，下知千歲，非意之也，蓋有自云也，《綠圖》、《幡薄》，從此生矣。」〔註89〕，一方面肯定王充以「經驗」爲知，另一方面也批判他忽略了經驗主體的問題的差異性，以己之不知，強以推斷聖人之「不知」。與之相近的是，在與熊十力的論爭中，廢名推論孔子實際上爲認識範圍的無限性和生死的超越性留出了餘地，因此「原儒」與「佛家」是相通的。這裡的「知」爲對話之需，多少還有「知道」的「知」的意味，而在《莫須有先生坐飛機以後》對於「天命」的種種感悟中所談的「知」，幾乎完全是對「本體」的「知」了。

　　胡適對認識主體的屏蔽頗類同於王充，他強調「知」是無限的，卻像十力一樣明確地將宗教及其本體論的合法性都排除在「知」的範圍之外。另一

〔註87〕　參見杜繼文、魏道儒：《中國禪宗通史》第四～六章，南京：江蘇人民出版社，2008年。

〔註88〕　胡適：《禪學古史考》，耿雲志主編《胡適論爭集》，北京：中國社會科學院出版社，1998年，第2407頁。

〔註89〕　《呂氏春秋譯注》（修訂本），北京：北京大學出版社，2000年，第731頁。

方面，他也把哲學視爲「本體論」的科學。經過幾次修正後的《中國哲學史》明確了哲學的基本特徵，那就是哲學包括了調和性、辯證性和世界觀——經驗世界和超驗世界上的二重性。胡適認爲，哲學是包納了一切問題的學問，「凡研究人生切要的問題，從根本上著眼，要尋一個根本的解決：這種學問，叫做哲學」，而哲學史在某種意義上就是思想史，「哲學史第一要務，在於使學者知道古今思想沿革變遷的線索。」〔註90〕

在《中國哲學史大綱》中，胡適對於唯識學的種子也發表了見解。如果說廢名批十力的「種子」是實體論的說法是否準確還有待商榷，用來批判胡適則再恰當不過。他認爲《莊子·寓言篇》「萬物皆種也，以不同形相禪」，十一個字即是「一篇《物種由來》」〔註91〕，顯然將「阿賴耶識」的種子與現象上的實體種子相混淆。章太炎在《中國哲學史大綱》出版時已經對此進行了「誆謬」，並爲胡適解釋，「不說萬物『同種』，卻說萬物『皆種』。明是彼此更互爲種。所以下邊說『始卒若環，莫得其倫』，這就是華嚴『無盡緣起』的道理。」〔註92〕

然而，這種佛學內部的本體論解釋完全不在胡適關於「本體」的認識範圍內。在胡適的語義分配之中，「知」是理性的詞彙，而「宗教」是非理性的，是「不能知」和「不欲知」的。對「知」的馴化表明，胡適對儒、道本質的理解與他對佛教思想的理解同樣是「西學式」的。他對於禪宗公案中的「乾屎橛」和「麻三斤」是對佛教的「反叛」的看法或許與一般的儒家士大夫一致，然而認爲明解和尚的「一乘本非有，三空何所歸」也是在攻擊佛教，就是一種真正的「現代」和「西方」的觀點了。事實上，胡適的「知＝knowledge」的格義，不僅成爲佛學者，也引起儒學者的不滿〔註93〕。因爲中國傳統哲學中的「知」不僅在佛教內部與「般若」「內觀」「覺」「悟」（intuition；禪學專譯 Satori）「覺識」等緊密地聯繫在一起，也與儒學的「良知」和「內省」等概念更爲近似，在一些傳統主義者眼中，胡適的翻譯幾乎抽走了所有這些範

〔註90〕　胡適：《中國哲學史大綱》，長沙：嶽麓書社，2010 年，第 17 頁。
〔註91〕　胡適：《中國哲學史大綱》第一章《莊子時代的生物進化論》，長沙：嶽麓書社，2010 年，第 23 頁。
〔註92〕　章太炎：《與胡適》，《章太炎書信集》，馬勇編，石家莊：河北人民出版社，2003 年，第 665 頁。
〔註93〕　參見錢穆：《神會與壇經》，耿雲志主編《胡適論爭集》，北京：中國社會科學院出版社，1998 年，第 2484 頁。

疇的內涵和風味。梁啓超也曾在 1922 年的北大講演中，批評胡適的《中國哲學史大綱》以知識論來論孔子，是去其精華而用糟粕，「把思想的來源抹殺得太過了」〔註94〕，或許是出於對佛教的厭惡，胡適完全無法理解大乘佛學「空有不二」的「相即性」思維，當然，他也從未接受章太炎苦口婆心爲他解釋的「無盡緣起」「萬物一元」的道理。儘管章氏是從嚴格的文字訓詁的角度指出他的「斷章取義」有違學術精神〔註95〕，胡適卻像熊十力完全無視同門呂澂的考證一樣，將作爲方法論的考證與佛教的教義徹底切斷。這意味著他幾乎無法同基本的道家思想和宋以後的「心性論者」（無論他們屬於程朱還是陸王）進行「正面」的對話。

但或許出於對抗佛教，也出於對抗「東方精神論、西方物質論」的需要，胡適經常試圖將儒學拉向他的「哲學」陣營。在他的文章中，只要相對於佛教，儒家思想的「玄學性」就會自然降低。這種分配是胡適所鋪設的「現代」認識邏輯的一環。事實上，在考證禪史的過程中，胡適批判禪宗的直接依據往往是儒家的語錄體經典。從印順、錢穆等人對胡適考證的反詰，也可以清晰地看到胡適對儒、佛史料的態度之差異，這種差異最突出的表現，就是以儒詰佛〔註96〕。此外，胡適也同樣在傳統儒家的「出世——入世」的意義上揚儒貶佛。對於「中國第一次文藝復興」中的重要事件——韓愈闢佛，他曾讚歎地寫道：「韓退之在《原道》一千七百九十個字的文章中，提出大學、誠意、正心、修身，不是要一個人作羅漢，不是講出世的；他是有社會和政治的目標的。誠意、正心、修身，是要齊家、治國、平天下，而不是做羅漢，不是出世的，這是中國與印度的不同」。而「程子、朱子」接續了韓愈的精神，宣揚「治國平天下」的學說，於是「經過幾百年佛教革命運動，中國古代的思想復活了，哲學思想也復興了。」〔註97〕

以上，胡適對佛教的看法和他的做法都與傳統士大夫和現代新儒家無甚區別。需要注意的是，除了在華梵之間、儒佛之間建設「簡潔」與「繁瑣」、

〔註94〕 梁啓超：《飲冰室合集·文集三十八》，北京：中華書局，1989 年。

〔註95〕 章太炎：《與胡適》，《章太炎書信集》，馬勇編，石家莊：河北人民出版社，2003 年，第 667 頁。

〔註96〕 參見錢穆：《神會與壇經》，耿雲志主編《胡適論爭集》，北京：中國社會科學院出版社，1998 年，第 2467～2483 頁。

〔註97〕 參見胡適：《禪宗史的一個新看法》，明立志、潘平編《胡適說禪：一個實用主義者的佛教觀》，北京：團結出版社，2007 年 5 月，第 206 頁。

「哲學／宗教」「入世／出世」的對立，對於禪宗是在何種理論脈絡上啓發了宋明理學，禪宗的「作僞」與宋明理學中的「懷疑精神」有何種「正面」的語義關聯，胡適一直有些語焉不詳。在概念的否定性的意義上，胡適可以說科學是懷疑精神，民主是「反權威」，「解放就是絕大的建設」〔註98〕。然而與此同時，被「民主——科學——知——中國」這一敘述的轉喻鏈條擠壓到最後，胡適也不得不在「表詮」的意義上對此進行說明。雖然他不認爲禪宗本身有任何值得稱道的「理論」，也不認爲「宗教」能夠有資格參與人生根本問題的嚴肅探討，（如錢穆等人的觀察，胡適似乎認爲只要擺出神會，一切是非就會昭然若揭），然而如前所述，他安立「哲學」的標準同樣是「本體論」。即使在「西學」「實證主義」的框架內，「理性」「知識」也並不是能夠直接用來說明「本體」的範疇，特別是當胡適需要向西方世界證明「中國」的民主之時，在他呼喊「印度禪變成中國禪，非達摩，亦非慧能，乃是道生！」〔註99〕之時，這個「知」與「道」，是不能僅僅以「知道」來回答的。

（二）所「知」者何：對「生活」的分歧

在研禪箚記《禪宗的方法：道不可告，告即不得》中，胡適引蘇轍《欒城集》中向省聰禪師問道的段落，「『聰曰：『吾師本公未嘗以道告人，皆聽其自悟。今吾亦無以告子。』從不告門，久而入道。乃爲頌曰：道不可告，告即不得。以不告告，是眞告敕。」引文之後，胡適僅綴一句，「此即所謂『不說破』。」〔註100〕

在箚記中，胡適並沒有進行評論。但，禪學案中分量最重的兩篇文章《禪宗在中國：它的歷史與方法》《禪宗史的一個新看法》中的主要論點，幾乎都由此處生發。這個「不說破」是胡適新禪學的「核」，是發現「歷史」的現場。從那些後來擴展後的敘述再回來看這個現場，可以感知到某種「波浪欲興」的味道〔註101〕。胡適從這個小「公案」中得出的結論是，「般若」的秘訣只是

〔註98〕 參見胡適：《禪宗史的一個新看法》，明立志、潘平編《胡適說禪：一個實用主義者的佛教觀》，北京：團結出版社，2007年5月，第206頁。

〔註99〕 胡適：《中國禪學之發展》耿雲志主編《胡適論爭集》北京：中國社會科學院出版社，1998年。

〔註100〕 胡適：《禪宗的方法：道不可告，告即不得》明立志、潘平編《胡適說禪：一個實用主義者的佛教觀》，北京：團結出版社，2007年5月，第248頁。

〔註101〕 這兩則筆記，可以與學者江勇振在「胡適檔案」裏考察到的殘稿相對應：「今年我一時高興，發願整理禪宗的史料，作爲禪宗史。每日整理一部分，用讀

在關鍵時刻保持不說破的原則，而禪門公案那些「極其荒誕而瘋狂的教法」，〔註102〕都是為此而做的布景。

從佛教意義上的體裁論來說，「公案」是「《傳燈錄》」系統中一種獨立的體式，它是對一種特別的禪問答方式的稱謂，由於是祖師們開悟的範例而稱為「公」，由於偏重對「現場」「情境」的當下決斷，借用官府以律條斷案的案例文牘而為「案」。它是禪師引導開悟的一個道具。胡適自認以他的科學眼光可以拆解所有的公案，比如 11 世紀的禪師法演所講的「賊的故事」。故事的大意是一個老賊通過「賊喊捉賊」的方式，讓他的兒子無意中學會了急中生智、脫逃求生，從而得到了「賊」的衣缽。胡適認為，這個故事表明，在臨濟宗「取代直說的奇特教學方法」中有著極為理性的構造。這是一種「可以稱作困學的教學方法──亦即讓學者透過他自身的努力和逐漸擴大的生活體驗去發現事物的實相。」〔註103〕無論是省聰的「不說破」，還是法演的詩偈「鴛鴦鄉出從君看，莫把金針度與人」，無非就是「授人以漁」罷了。胡適乾淨利落地得出結論：「這個，就是 11 世紀末的中國禪。」〔註104〕

通觀「禪學案」諸文的邏輯脈絡，這類解析正代表了胡適所謂的「宋明理學的先行形態」。有趣的是，胡適用來佐證其看法的權威人物正是朱子本人。

12 世紀最偉大的儒教思想家朱熹某次感慨地對他的門人說：

「吾儒與老莊之所以後繼無人。而禪家卻易得傳承者，乃因彼等能冒不說破的危險。使學者疑惑不決而有所審廢也。〔註105〕

很顯然，在胡適眼中，朱子和法演一個祛魅，一個建魅，然而他們都「知道」事情的「真相」。在這裡，沒有任何事情是不能用「理智」去理解的。

從另一個角度，鈴木對「不說破」的解析同樣是「祛魅」。法演所說的「賊的故事」只是讓人看清當下的處境而已，沒有什麼可弄玄虛的地方。然而與胡適的理解思路不同的是，從公案中雖然可能提取出「授人以漁」這種普遍

書雜記的體裁寫下來，作為長編的稿本。將來寫定哲學史時，當另行寫定。胡適。1924、3、12.」轉引關堂大笑江勇振：《捨我其誰：胡適第二部 日正當中 1917～1927 下》，杭州：浙江人民出版社，2013 年，第 183 頁。

〔註102〕 胡適：《禪宗在中國：它的歷史和方法》，《胡適說禪：一個實用主義者的佛教觀》，明立志、潘平編，北京：團結出版社，2007 年，第 57 頁。

〔註103〕 同上。

〔註104〕 同上，第 61 頁。

〔註105〕 同上，第 57 頁。

的教育意義，公案本身卻因不可削減的現場經驗而區別於寓言、謎和機智遊戲。謎和遊戲是抽取了敘事背景的特殊性而變成的普遍性的故事，而公案卻不能離開它的「作者」和它發生的具體情境。它之所以不能隨意模仿，是因爲其當下經驗不可複製。一方面，按照禪宗的看法，只有在開悟者那裡，才能說「認識」即「方法」，「一朝悟出正法眼，信手拈來草是劍」，他們能夠判斷弟子的身心狀態，在所謂「機緣成熟」之時予以點撥。儘管作爲「能點撥」的人，他們在世人眼中顯得有些莫測高深（這正是禪被神秘化的一個不良後果），但其實並沒有什麼是所能點撥的。金針非不是故意不授與人，而是不能，因爲按照「心性本具」「眾生本來是佛」的世界觀，禪師們不能把人們本身擁有的東西從「外面」再拿給他們。所謂「道」並非「修」出來的，「修」只是「修」生滅無常的現象，不能眞得「道」。「道」本就在那裡，無所謂「得」，這就是《圓覺經》所謂「非作故無」。禪宗的「穿衣吃飯，無不是道」是通過內觀了知人身心運轉的規律，從而改變生老病死的根本被動性。這種方法雖然名爲「修行」，卻並沒有眞的「得」到不曾有的東西。而「生死凡夫」雖然也在「穿衣吃飯」，卻「身在山中而不見山」，只能被生命的業流被動地推著走，禪宗說「魚不知水，人不知風」，即是此理。

　　然而，主體的認識差異意味著，這個「自家的寶貝」並不是人人都能察覺、認可並有能力取用的。「白隱舉手」「法演說賊」是普通的動作、生活常識的學習還是道的印證，在於公案內的主人公和解讀者之間的動態默契。如果隨意模仿同樣的行爲，便是故弄玄虛和「刻舟求劍」，是意識的「增上造作」，那也就不是禪了。

　　在鈴木那裡，中國禪的革命性就在於它對當下生活的關注。無論是趙州禪師的「吃茶去」還是「庭前柏樹子」都不具有超驗的象徵義，也同泛神論無關。這些語言來自於主體精神經驗的直接披露〔註106〕。

　　從此來說，胡適與鈴木的分歧，在敘述學的意義上就體現在對「誰」是能敘述者、什麼是所敘述的「生活」的限定上。從目的論的角度，胡適既然不能接受「佛性」「生死解脫」這類「宗教」說法，就要爲「困法」將要引導去的地方進行說明，以及「所發現」的「知識」「事物」「經驗」是什麼。

〔註106〕　參見（日）鈴木大拙《禪者的思索》，朱也譯，北京：中國青年出版社，1989年，第97頁。

胡適號召鈴木把禪放回「確當的歷史背景」中,「著重從社會關係的變化中考察思想變化的依據」,這歷史的「血肉」,就是安史之亂中的社會政治經濟的動盪。如前所述,胡適認為南禪的「發跡」來自於神會看準機會、配合唐政府發度牒以度過財政危機的政治眼光。他評價神會「以 90 歲的高年,出來為國家效力,自然有絕大的魔力,怪不得他『所輸入尤多』。」〔註 107〕而在戰事緊急之時,郭子儀忽然向朝廷替達摩祖師請諡號,正因神會在背後推動。「郭子儀能不幫忙嗎?這是神會的手腕的高超之處。神會真是南宗的大政治家!」〔註 108〕經過這位「異端」和尚的長期努力,南宗終於被「政府」正式認可,柳宗元和劉禹錫接受僧俗大眾的禮請而為慧能撰寫紀念碑文,「神會的大功也就告成了」〔註 109〕。

胡適將神會本人的品格與禪宗本身勾連起來,使二者都沾染上反諷的味道,這既反映了胡適主觀上對佛教的輕蔑,又透露出他對政治陰謀論的某種偏愛。胡適認為,禪的簡單激發了民眾,而公案「不說破」的神秘感同樣容易獲得政治利益。事實上,胡適對莊禪詩學的成就也是如此解讀的:對於 6世紀周武帝時的衛元嵩始以伴狂禪僧的形象感得「人逐成群,觸物離詠」,終又叛佛,胡適尤其感興趣,他聲稱看到了衛元嵩伴狂背後的清晰規劃,「伴狂是求名的捷徑」〔註 110〕。這類評價也同樣被他套用在禪宗整體的存在意義之上。他自然不相信有真正的「禪宗聖人」的存在,在他眼中,禪的方法說破了是三歲小兒都能進行的,而禪僧們幾乎都是沉溺在政治權謀、官能和功利中的人物。去掉「理論」的外衣,「政治」是胡適的「南禪革命」掃蕩一切之後裸露出來的東西。就此而言,「實證主義的歷史態度」、「科學、民主」和「治國平天下」的精神,或者說,胡適所理解的禪學乃至於理學家的經世之說,似乎與他本人也參與反對的「封建」的源頭——體制儒學的態度極為相近。神會「偽造」《壇經》、與政府合作的故事,散發著《儒林外史》式的、「黑幕小說」的強烈氣味。神會的歷史功能似乎僅證明了,「民主」和「科學」不是

〔註 107〕 胡適:《菏澤大師神會傳》,《胡適說禪:一個實用主義者的佛教觀》,明立志、潘平編,北京:團結出版社,2007 年,第 133 頁。

〔註 108〕 同上,第 134 頁。

〔註 109〕 胡適:《禪宗在中國:它的歷史和方法》,《胡適說禪:一個實用主義者的佛教觀》,明立志、潘平編,北京:團結出版社,2007 年,第 46 頁。

〔註 110〕 胡適:《詩僧與諧詩》,《胡適說禪:一個實用主義者的佛教觀》,明立志、潘平編,北京:團結出版社,2007 年,第 226 頁。

別的，正是「官學政治」的「陰謀論」。而從胡適版的朱子的認識中也可以清晰地看到，所謂「理性地理解禪宗」的「理性」，僅僅是「理性」地理解官場學而已。

這種「政治化」的禪解，自然與鈴木所說的「禪存在於個人的一切經驗之中」不同。雖然他們都強調禪源於生活，鈴木所欣賞的卻是中國禪師對「身邊事物」的關注，這個「身邊事物」是無限的，它包括「五蘊」（色、受、想、行、識）的全部層面，如對路邊的一朵花的欣賞、身體的酸痛、呼吸和走路的姿態〔註111〕，當然也包括胡適的「政治觀念」。因爲根據鈴木的說法，主體不同，通往「覺悟」的路徑也千變萬化，有人會睹春花而悟道，有人則必須與「政治」打交道。然而不管怎樣，在鈴木眼裏，胡適的「公案解讀」都是一種「事後」的判斷。「任何工作的道德價值都是事後出現的」「是將它自工作者分離之後做研究所得的結果。」這種「生活與工作之後才產生出語言、文字、觀念和概念，都是禪不感興趣的」〔註112〕。鈴木所說的這種「事後判斷」是一種形而上學，兌換成唯識三性，可以說是以超驗的二元對立爲基礎的「遍計所執性」；他所謂的「生活禪」，便是依據事物本然狀態而行事、不增添妄想情計的「依他起性」。只有根據依他起性，才能通過「般若直觀」，「直指人心，見性成佛」，也就是成就「圓成實性」。從這一角度來說，胡適的問題並不在於他的「政治性解讀」本身，而在於他以這種解讀涵蓋了一切，而從來沒有回到事物本身的情境之中。鈴木也藉此並批評了胡適所推崇的朱子，認爲他們對於「金針度人」的解讀都沒有「般若直觀」。

──這種對「所知之事」的分歧是圍繞著神會的濃厚的反諷意味的最終來源：無論是在社會學還是詩學的領域，胡適都能解讀出某種政治上的權謀關係，並以此作爲最主要的歷史因果，這或許意味著，這對於他來說，是最「可以理解的、自然的、邏輯的關係」。易言之，普遍主義的「knowledge＝知」和「理性」，其所能知的內容在文本內呈現爲什麼，實際上，也就是敘述主體所關心的內容是什麼。胡適相信禪宗說出來的「假」東西（乾屎橛）是真的，同時又認爲它「不說破」的東西是完全可以理解的「政治」。這顯示了胡適對能「知」

〔註111〕　參見（日）鈴木大拙：《禪者的思索》，未也譯，北京：中國青年出版社，1989年，第77頁。

〔註112〕　（日）鈴木大拙：《禪者的思索》，未也譯，北京：中國青年出版社，1989年，第77～78頁。

的主體和所「知」範圍的無意識的限定性。胡適「硬要把慧能的思想地位奪給神會」，不惜「到處難過」的眞正的原因即是：他只能在神會身上找到社會政治活動的能動性。

胡適不像章太炎、周作人和廢名一樣具有佛教相對主義的世界觀，從而陷入到建構國家統一體和解構統一體幻覺的矛盾之中。他的社會形態和目標都是極其明確的，他的全部問題，只是不知找到怎樣的主體、運用怎樣的方法來達到這個目標。就此來說，胡適一直深陷「理論」無力改變「現實」的苦惱之中。在求眞學社的演講中，他認爲西洋人的哲學史太「哲學」，需要讓「驚天地動改變社會的思想家」有更多的位置〔註113〕。周明之認爲，在他英文作品和中文的論戰文章中常出現尖銳的矛盾，這種矛盾相交之際出現的是一個空的交集：中國那些被所有文明所珍視的普遍價值觀念並沒有被實行而只是空話，而這樣一來，「他就剝奪了這些觀念在中國文化中的中心位置。」〔註114〕亦如汪暉所說，胡適用他的實驗主義「方法」來抗拒左翼陣營的馬克思「主義」，但顯然他自己也認爲，無論是「方法」還是「主義」，都與「實踐」有一定的距離〔註115〕。

由這一點來說，胡適在歷史中找到一個具有充足「行動力」的主體鏡象是再自然不過的了。他眞誠地稱神會爲「英雄」，一是因爲他反對神秀、皇室的「權威」，一是他用簡單的玄學邏輯謀得平民的支持，與政府的合作而在客觀上推動了社會發展和經濟穩定。從字裏行間，胡適無意識地描述了一種臉譜化的「中國農民起義領袖」的性格：堅韌，狡獪，慣於用簡單的口號發動平民的力量。

在胡適的禪宗故事裏，「民主」中國之「民」是「被有預謀的政治家所發動」的對象，而鈴木的解讀中，中國的平民悟道者卻充滿了美感和詩意。這充分地顯示了「美學」和「政治」兩種不同的路徑。胡適對「平民領袖」和對「民眾」的下意識的描述也反映了他精英主義的文化姿態。他對「民眾」的眞正看法在給徐志摩的信中充人分地表現出來：「無論在共產制或私產制

〔註113〕　參見胡適：《給「求眞學社」同學的臨別贈言》，《胡適全集20》，合肥：安徽教育出版社，2003年，第139頁。

〔註114〕　（美）周明之著，雷頤譯：《胡適與中國現代知識分子的選擇》，廣西師範大學出版社，2005年2月第1版，第191頁。

〔註115〕　汪暉：《現代中國思想的興起 下卷第二部 科學話語共同體》，北京：生活·讀書·新知三聯書店，2004年，第1226頁。

下，有天才的人總是要努力向上走的……至於大多數的『凡民』（王船山愛用這個名詞），他們的不向上、不努力、不長進，眞是『富貴不能淫，威武不能屈』的！私產共產，於他們有何分別？」〔註116〕

　　然而在神會「僞造經典」「煽動群眾」的行爲與胡適試圖在其中安插的「民主」「懷疑精神」之間，顯然存在著價值的「品格」與「質感」的不同。在某種意義上可以說，正是在儒學＝哲學，佛教＝宗教之間的價值分判，截斷了胡適透過中性的「知識」來表達的「客觀歷史」的法則。在他的語境中，「民主」意味著「說話的權利」，而非觀點的正確。然而，在「客觀性」之外，情感問題卻從來沒有那麼容易解決，「眞」與「僞」、「內」與「外」之間，始終有一個「好」與「壞」。這樣一來，胡適的「科學考據」和「民主自由」就與新儒家在「道德本體論」上遇到的障礙重合了：他在不期然間把這個「禪宗的實際締造者」置於一個「道德」的天平上。錢穆等人對胡適處理慧能和神會的方式的質疑的落腳點也就在此處：至少作爲獨立的人格形象，慧能和神會也不能一概而論。「一般史家稍鑒文本，很容易就能發現慧能與神會的精神意境皎然不同處，慧能的思想境界，遠高於神會這一輩的道統相爭。然而，同樣也是文學家的胡適卻似乎沒有發揮出其在歷史詩學上應有的情懷和洞察力」〔註117〕。因此鈴木才會說，胡適並不理解歷史主體的眞正意義，胡適「**對於歷史可能知道得很多，但他對於歷史背後的行爲者**卻一無所知。」〔註118〕（黑體字爲本文所加）

　　綜上，回顧「禪學案」的意義在於，禪的本質是神秘的出世的形而上學，還是政治上的障眼法，直接關係到歷史、文明自我的敘述邏輯和敘述方向。重要的不是考據的眞僞，而是結論所帶出的關於國族和文明的情感和意義。「神會主導的禪學史」，是儒家的「經世之學」與「西方民主」相碰撞、「華」「梵」「知」「道」「般若」被現代理性格義時的一處「關節增生」，它表明在胡適的「客觀歷史」中，有一種奇怪的「精神性」，就是既想強調「本體性」「終極性」的存在，又想要消解它。綜觀胡適參與的諸多論爭，其要都在於

〔註116〕　胡適：《歐遊道中寄書》，《胡適全集3》，合肥：安徽教育出版社，2003年，第56頁。

〔註117〕　錢穆：《神會與壇經》，耿雲志主編《胡適論爭集》北京：中國社會科學院出版社，1998年，第2481頁。

〔註118〕　參見（日）鈴木大拙：《禪：答故適博士》，柳田聖山編《胡適禪學案》，正中書局，民國64年（1975年），第89頁。

「破解神話」。他認爲,「神話」和「宗教」一樣是非「歷史」的,也是非「文明」的。從「黃金三代」〔註119〕的歷史疏理開始一路下來,他一直做著將「神話」拉下「人間」的工作。從《孟子》中「井田制」的眞僞到《老子》成書的年代,再到「禪學案」,但凡蘊涵了對「東方文明」詩意想像的歷史節點,都是胡適龐大史學規劃的重要驛站。聯繫胡適一生的心願——將「民主」和「科學」的觀念注入到中國的肌體和骨髓之中,就可體察到胡適推舉神會的用心;而他對井田制「神話」的解構之所以能傷害廖仲愷等人至此〔註120〕,正因爲它同樣是「中國文明」具足了「民主」理想的標誌。與此同時,當輪到胡適來回答袪除了井田制的烏托邦想像、驅除了「外來的佛教」後的「孔子、老子和莊子」的思想中能夠產生民主的「中國根底」究竟是什麼時,他所截取的「知」與「道」,仍然只是狹義的、儒家式的官學政治倫理和政治史觀,而它在胡適的歷史故事中是先驗的,無須「科學」「考據」加以解釋。從精神內核上說,它正是胡適內心深處「中華文明的主體」。

誰都可以「解」禪,但其「解」最終仍只是彈回到解讀者自己那裡。從幾個章節的分析中,我們已經一再地看到,儒理學仍然內在地支配了許多現代知識人的歷史觀和政治觀。儘管錢穆和釋印順都指出了胡適考證上的漏洞以及他在處理歷史事實時的偏激和幼稚,然而,胡適可笑的偏見卻導致了眾多對手的嚴陣以待,這本身就透露出某種消息〔註121〕。一方面是對「現代性」的深刻渴求,一方面是根深蒂固的「儒者態度」,這種矛盾來自「傳統和現代、東方與西方」的象限劃分,而被這個象限所規約、又極力要掙扎出來的心情,與對「傳統」的眷戀構成了一種「歷史的怨毒」,成爲現代中國思想界最普遍也最複雜的心理模式。爲了達到歷史、現在和未來,東方與西方的連續性,他們的「內外簡別」卻充滿了脫節與錯位。不僅是胡適的「知=knowledge」,

---

〔註119〕 綜觀現代史學界的重要事件和論爭,主要的問題都牽繫著「黃金三代」。它是各種現代或反現代的思想流派尋找價值合法性的資源庫。從某種意義上說,「三代」從神話降爲「歷史」,經典淪爲歷史考據,正是中國學界進入「現代」的一個標誌。

〔註120〕 參見余英時:《重尋胡適歷程:胡適生平與思想再認識》,桂林:廣西師範大學出版社,2004 年,第 255 頁。

〔註121〕 有趣的是,正像胡適引用朱子來表達對禪宗的不屑一樣,錢穆最有力的反駁依據也來自於儒家:「後人並不疑《論語》乃顏回傑作」。參見錢穆:《神會與壇經》,耿雲志主編《胡適論爭集》,北京:中國社會科學院出版社,1998 年,第 2483 頁。

自清末康有爲重塑孔子形象以來，史學界常有不顧一切的格義之舉。爲證明儒家思想天生具有「科學與民主」的意涵，熊十力在儒家經典中所認定爲眞者，僅有《禮運大同篇》《周官》《公羊何注》之三世義及乾坤兩篆詞，且一口咬定爲孔子五十歲後所作。從十力到胡適，現代學者一方面表達著家族主義的怨恨，在書寫自傳時又一定要從家譜開始。余英時口中「三個互相排斥的流派異口同聲地痛罵家族主義」這一「現代中國思想史上的奇蹟」，同樣體現在胡適與傅斯年的「閒話」中：「我們骨子裏是眞正的中國人」〔註122〕。

　　比這種文化上的思想糾葛更深刻、也更難於察覺的，是胡適對「禪」的理解與他建立「歷史敘述」本身的方法的一致性。回過頭來看，胡適先是憑藉「白話文革命」引發思想界的震動，既而大鬧國學之「天宮」登上新文化運動的高峰，與他筆下神會「推動歷史」的過程何其相似：根據余英時、江勇振等人的描述和相關資料，胡適在留學美國期間就抱定了要引領中國思想界的目的，並爲他的登場作過精心的籌劃。他詳盡地分析了中國思想界的形勢：「國故學」中「經學」高居首座，新一代的學者多是康、梁、章等國學巨擎的弟子，要想領導於思想革命，僅憑西學和通俗的白話文革命是不夠的，必須在上層思想界有一番精彩表演。於是，西洋「實證」與東方「考據」相結合，一番轟轟烈烈的「整理國故」，就成爲胡適歷史「亮相」的最佳姿態。1917 年，他以駁斥章太炎的名文《諸子不出於王官論》帶來了學界巨大的震驚體驗〔註123〕。該文將官學與私學、王官與諸子鮮明地區隔開來，就像在禪學史中將儒與佛、華與梵分開一樣。1917 年以後回到中國不久，胡適即在他主持的《每周評論》上打破了「二十年不談政治」「在思想文藝上替中國政治建築一個革新的基礎」的誓言，「發憤要想談政治」了〔註124〕。林毓生說，胡適這樣在政治和文藝之間的搖擺，在魯迅、陳獨秀身上也都有明顯的表現〔註125〕。而胡適對禪宗史的描述從某種意義上昭示了，主體的所「知」和所「行」的確是合一的。根據周明之的分析，由於婚姻上的挫折，新文化運動後期的

〔註122〕　余英時：《重尋胡適歷程：胡適生平與思想再認識》，桂林：廣西師範大學出版社，2004 年，第 117～118 頁。

〔註123〕　同上，第 187 頁。

〔註124〕　胡適：《我的歧路》，《努力週報》1922 年 6 月 8 日。轉引自江勇振：《捨我其誰：胡適第 2 部　日正當中 1917～1927 下》，杭州：浙江人民出版社，2013年，第 128 頁。

〔註125〕　林毓生：《中國意識的危機》，貴陽：貴州人民出版社，1988 年版，第 66 頁。

胡適開始產生一種自戀傾向,「希望自己成為一個孤獨的英雄而不朽。他想像自己是一個人類最高水平創造力之潮中的一個參與者,盡力使自己從精神上與歷史上的獨身偉人結為一體。」〔註126〕,在某種意義上,這種自我想像與他對工業社會和科學普遍主義的憧憬、乃至於官學性思維都有一致之處。胡適與國民黨的離合中堅定了自由主義的態度和形象的「上海三年半」(1927~1930),正是他文本中的神會「出山」的時刻。

第二節　東方主義的禪:鈴木禪學的問題

一、文明闡釋權的爭奪

　　鈴木大拙與胡適「禪學案」的外層故事,是「文明國家」的「文化闡釋權」問題。胡適雖然希望將佛教這顆「毒瘤」從中國歷史和現實中切除,卻也利用它反向突顯「中國」的民主和科學、包容和懷疑的精神。這種曲折的心思導致了考據中的「相由心生」,也把禪宗成了一套弄虛作假的政治敲門磚。而當鈴木大禪向西方展示禪的東方特色時,又難免觸動胡適的國族心思。在情感上「始終是一個中國人」的胡適可以冷酷地批評、也可以熱烈地讚揚中國,但不能容忍西方或日本的同行這樣做。特別是像鈴木與泰戈爾這樣的文化民族主義者也都與胡適一樣受過良好的西方教育,擅長英文寫作,能夠同時在學術和大眾層面影響西方讀者。20 世紀最初的二十年,鈴木禪學已經在歐美世界獲得了廣泛的認同,這顯然引起了胡適的警惕。在《禪宗在中國:它的歷史和方法》中,他微帶嘲諷地寫道:

> 　　我的學識淵博的朋友——前日本京都大谷大學教授鈴木大拙博
> 士,近 30 年代,一直都在做著向西方人士解說和介紹禪的工作。經
> 過他不倦的努力,加上許多談禪的著作,他已成功地贏得了一批聽
> 眾和許多信徒,尤其是在英國〔註127〕。

日本學者對於佛教在西方現代世界的傳播確實貢獻巨大。如胡適所指出的那樣,20 世紀初期以來西方社會對禪宗的理解,很大部分來自於鈴木和西田幾

〔註126〕　(美)周明之著,雷頤譯:《胡適與中國現代知識分子的選擇》,廣西師範大學出版社,2005 年,第 74 頁。

〔註127〕　胡適:《禪宗在中國:它的歷史和方法》,《胡適說禪:一個實用主義者的佛教觀》,明立志、潘平編,北京:團結出版社,2007 年,第 41 頁。

多郎等人的中介。自那以後，禪宗作爲大乘佛教、中國化佛教的重要流派和中國詩學的主要成分，成爲西方知識界注解「東方文明」的重要依據。事實上，「禪」在英語世界的標準語通用的是更接近日語發音的「zen」，而不是胡適的「chan」。此外，「公案」（Koan），「悟」（Satori）的音譯也都與鈴木的禪學傳播相關。而胡適對鈴木的發難顯然包含了對後者「東方哲人」和「中國禪的發揚者」身份的質疑。在他「把禪放回到中國歷史」的籲求中，充滿了對鈴木「壟斷」禪解的不滿。19、20 世紀之交，鈴木已經在利用陽明學和佛教術語大量翻譯西方哲學，並同時開始著手進行禪學的英譯。1900 年 30 歲時，鈴木在美國英譯馬鳴菩薩的《大乘起信論》，這是「中國化佛教」的重要經典，是許多晚清知識分子「佛教救國」的起步之處，而曾引發了熱烈討論的「《起信論》眞僞問題」，同樣是起源於日本學者的觀點。胡適對這些現象都感到不適。錢存訓曾回憶起鈴木與胡適「交手」的過程中一則不大不小的軼聞：在 1959 年的那次「東西方哲學討論」會議期間，鈴木在日本餐館請客，胡適坐首席，一再抱怨日本飯菜不好吃。錢太太許文錦屢次提醒胡適主人在對面，「胡不顧，還是這樣說」〔註128〕。

　　像學者周明之所說的那樣，胡適在普遍的、歷史的意義上針對中國傳統所寫的讚揚性的文章常常是在他那個位置上不能不爲之的。他需要論證儒學是普遍性的、指導科學思想的哲學體系，而不是一種宗教，在西方同行中確認這個前提會讓他有安全感。〔註129〕來自於鈴木這些「東方同行」的威脅，也是胡適不得不祭出中國儒家思想的原因之一。另一方面，鈴木在西方世界的努力，的確在打破資本主義社會的文化詮釋鏈鎖的「後現代」革命浪潮中起到了推波助瀾的作用。二戰結束後，隨著日本與西方文化柵欄的解除，西方世界掀起了第二撥「東方熱」。6、70 年代，禪「以其美學上的純粹主義、非教條的靈性以及對頓悟的許諾，在西方深深紮根」〔註130〕。「垮掉的一代」對東方思想的迷戀達到了極盛，因爲它提供了可能超越西方價值的東西，書店裏擺滿了《易經》《道德經》《西藏生死書》等東方經典。在一些研究者看

〔註128〕　參見程巢父：《胡適參加夏威夷大學「東西方哲學討論會」——〈胡適未刊日記整理記事〉》，《現代中文學刊》2011 年第 6 期。

〔註129〕　（美）周明之著，雷頤譯：《胡適與中國現代知識分子的選擇》，廣西師範大學出版社，2005 年，第 208～209 頁。

〔註130〕　（美）克拉克：《東方啓蒙：東西方思想的遭遇》，上海：上海人民出版社，2011年，第 145 頁。

來，鈴木、西田幾多郎的東方禪、老子和莊子的「道」和印度的當代「靈性導師」們帶給西方世界的衝擊，並不下於兩個世紀以來「西方」對「東方」的影響。如果胡適的主要任務是讓中國比「西方」更加「西方」，鈴木則促使西方關注「東方」。他的禪學影響了美國人本尼迪克特那部著名的「二戰日本調查報告」《菊與刀》、列維·斯特勞斯和羅蘭·巴爾特關於日本和其他東方國家的人類學和「思想詩學」（結集成《月的另一面》《符號帝國》等），湯因比關於文明的歷史敘述亦與鈴木禪學不無關係〔註131〕。同時，鈴木找到了使禪宗大眾化的途徑。美國新弗洛伊德主義精神分析心理學家 Erich·fromm（1900～1980）、實驗音樂作曲家及視覺藝術家 John·Milton·Cage（1912～1992）、現代製陶藝術之父 BERNARD·Howell·leach（1887～1979）等人都是鈴木的弟子。日本二戰後面對美國市場生產的大批量的武士道電影，也可以說是經過「西方化的禪」反彈後的產物。更重要的是，雖然 80 年代以後的革命烏托邦熱潮已讓位於政治實用主義和犬儒主義，「垮掉的一代」從東方思想中吸收的對個體的真實存在和精神成長的方式仍然傳遞了下去。在許多層面，他們的確曾經嚴肅認真地向東方學習深刻的思想〔註132〕。這一思想的基底，就是反思物質主義、精神墮落等現代資本主義的「異化」問題。在這些議題中，代表著日本「絕對無」哲學的鈴木與中國新儒家學者的口氣如出一轍：

> 人可以說是一種醉狂的動物，對萬事萬物總要進行干預，而很
> 少有真誠的關照，對自然也很少有耐心，更不想順從，對自然而然
> 的生活同樣也不願接受。……干預有時是成功的，有時敗得很慘，
> 但是，成功與失敗又與人的一般的好惡相關聯，所以也難有明確的
> 界說。但在一般情況下，成功的干預被稱為改良和進步，失敗的干
> 預則被稱為退化。干預導致了文明的形成和發展，文明也是人為的、
> 技巧的東西。「現代文明不一定能真實地體現事物的本來面目。現代
> 文明沒有純粹無雜的幸福了〔註133〕。

關於物質主義和工業社會如何導致道德淪落和人與物的隔膜，都是我們在中國心性論、文明論者那裡熟悉的論調。作為解決的方法，像胡適相信理

〔註131〕 （美）克拉克：《東方啓蒙：東西方思想的遭遇》，上海：上海人民出版社，2011
年，第 233～235 頁。
〔註132〕 同上，第 154 頁。
〔註133〕 （日）鈴木大拙：《禪者的思索》，未也譯，北京：中國青年出版社，1989 年，
第 74～75 頁。

性無所不在一樣，鈴木也相信「禪的般若智慧」無所不在，它能解決工業社會的所有問題。面對胡適的「理性之智」，鈴木一再強調，禪非邏輯，也超倫理，然而非邏輯不是禪的本體，那只是因爲人以邏輯作爲常識、本體自居而生成的假相，人類要想獲得眞正的自由解放和永久的安樂，就必須產生超越二元對立的相對性而達到絕對性。從這個角度來說，鈴木禪學與章太炎的「否定性」是一脈相承的。在《禪者的思索》裏，他關於個人主義和集體主義的討論正是始於「個人的否定性」：人要想成爲眞正的「個人」，是由不能成爲「個人」開始的〔註134〕。

二、禪的神秘化和美學化問題

　　面對著「西方世界」的讀者們，鈴木的表述比章太炎、釋太虛、楊文會他們更加通俗。作爲宗教家，他只是負責把「禪的眞理」以簡潔的形態傳達出來，供聽眾自由取用。然而這種「簡潔的禪」也導致了許多問題，如我們所知的「禪的神秘化」和「東方精神論」。遍佈於英美等國的各式各樣的禪修中心強化了這種印象：坐禪和瞑想和遊戲一般的「打機鋒」就是「東方」的精神特質。除了專門的西方宗教神學家和史學家外，很少有人關注禪宗「原本的」國別史及其內部錯綜複雜的派系。禪宗的「直達本心」的「空性」和「心」這些本體論的範疇，往往被直接挪移爲認識論和方法論，作爲一種「文化商品」和心靈休閒的工具而被接受下來。在這一意義上，「空性」「悟」「心」的庸俗化與神學化了的精神分析「潛意識」之間並沒有什麼嚴格的分界。禪的庸俗化必然伴隨著神秘化。「禪＝東方＝神秘主義」的快速鏈接與 17 世紀就已經極爲盛行的「東方主義」的思路一樣，都是後來薩義德等後殖民主義、後結構主義者嚴厲批判的、強化「東方／西方」二元對立的思維結構。

　　彼時，原本就反對「東方精神論」的胡適早已對流行於西方世界的復興佈道會、印度教熱、神智主義、靈修論等深惡痛絕。在利物浦大學的《中國的文藝復興》的演講裏，他認爲已經打倒了宗教的中國人應比受到「靈性主義污染」的現代西方人更可能體會到西方式的民主和科學的精神。「如果東方對這個未來世界的新文明能有什麼貢獻的話，那不在於回到東方的精神性，而是在於幫助西方去實現那些（西方文明）裏的精神性。」「現代中國

〔註134〕　（日）鈴木大拙：《禪者的思索》，未也譯，北京：中國青年出版社，1989 年，第 141～142 頁。

人的結論是：西洋文明的自救之道不在回歸過去，而在於實現它精神的潛力。」〔註135〕

鈴木並非不知道將禪「通俗化」和「神秘化」的危險。他指出，（他的西方弟子們）將存在主義和實用主義簡單地比附於禪必然會帶來許多問題。他希望禪不要被過度地「漫畫化」〔註136〕，但他同時認為，只要他希望禪被更多地人瞭解，這就是不可避免的。在給胡適的答辭中他說，「禪師們卑視那些語言販子或觀念販子，從這點來說，胡適和我都是大罪人，是佛與祖的兇手，注定要下地獄的。但若能對他人有些好處，下地獄也不是一件壞事。」〔註137〕

鈴木對禪的「西方轉譯」儘量使用了「直接曝曬法」而非「比附法」，比起胡適的「知＝knowledge」，他自認至少做到了並未在西方哲學的前提下再詮釋東方思想，亦未試圖在兩者的外部特徵中找到可以論談的相似之處。在他看來，此二者都足以讓禪喪失「真實義」〔註138〕。在倫敦進行的一場演講裏，他號召人們不應該受惑於「精神」的旗號，因為「精神的」和「物質的」旗號都可能存在相互排斥的問題〔註139〕。此外，他也反對「禪＝神秘主義」的說法，因為神秘主義的最核心的含義是「神我論」，它代表他者的、無根基的意識的突發性，而禪的內心體驗則是自力、個人的自我的主體性的。

然而另一方面，即使為了教義，鈴木也不能不適當地在「東方文明」前後承續、左右聯屬的歷史脈絡中呈現禪的性格。而正是在日本禪與印度、中國的參照中，鈴木也像胡適對待儒家的態度一樣，展現出某種「雙重標準」。對於來自於印度的禪，鈴木更習慣用「神秘」來形容：

> 印度人是神秘的。但是，他們的神秘還是思索的、默想的並且複雜的。而且，他們對於周圍世界也缺乏切實的感受。與此相

〔註135〕 參見胡適 1926 年 11 月 25 日日記，《胡適日記全集（手稿本）》，臺灣遠流出版社 1990 年，轉引自江勇振：《捨我其誰：胡適第二部　日正當中 1917～1927下》，杭州：浙江人民出版社，2013 年，第 425 頁。

〔註136〕 原文「hoping that ZEN will be saved form being too absurdly caricatured.」）。參見（日）鈴木大拙：《禪：答胡適博士》，《禪學隨筆》，孟祥森譯，臺北：志文出版社，2000 年。原刊於夏威夷大學出版社，1953 年 4 月號，Philosophy East and West 卷三第 1 期。

〔註137〕 （日）鈴木大拙：《禪：敬答胡適博士》，《禪學隨筆　禪學大使》，孟祥森譯，志文出版社，1961 年，第 163 頁。

〔註138〕 （日）鈴木大拙：《禪者的思索》，朱也譯，北京：中國青年出版社，1989 年，第 78 頁。

〔註139〕 同上，第 129 頁。

反，東方的神祕是直接的、簡潔明快的。禪便是那東方的神祕的
東西〔註140〕。

在此，東方指的是中國和日本。鈴木以「東亞／西亞」來劃分文明性格
的方式，與岡倉天心的《東洋的理想》中的思路相近。在 1935、36 年《支那
佛教印象記》、《禪與日本人》等一系列演講中，他認爲「實用主義」是中國
與現代西方人共通的特徵，因此，禪從印度來到中國，其特色也趨於「生活
化」和「實用化」。鈴木就此認爲，重視具體性的中國精神也許比印度人的高
超玄想更適於使西方人初步瞭解佛教的精神。正如威廉巴拉所說，在鈴木那
裡，中國人的實用主義精神「可能從來沒有比在禪師們的軼事、矛盾語句和
詩歌中表現得更好的。」「西方人通常都認爲中國的宗教和哲學思想完全表現
在孔子和老子兩個人身上；鈴木卻告訴我們，中國佛教中某些偉大人物，至
少和這兩個人具有同等的地位。」〔註141〕

「禪」的神祕傾向通常是鈴木所反對和警惕的。從「神祕／生活」的對
比來說，鈴木對印度佛教乃至於對印度文明性格的態度，與胡適對印度的輕
視有某種相似之處。當然，從禪者的角度，這或許是一種策略：在面對胡適
這類將不能以「邏輯」來解答的問題都視爲「另有所圖」的「理性主義」的
二元逼迫，鈴木也難免要以「神祕」來詮釋禪了：

> 眾所周知，神祕主義的基本性質是拒絕邏輯的解析。比較而言，
> 東方的思想方式偏重於整體的把握，西方的思想方式偏重於具體的
> 分析。這樣，東方文化可以說是具有神祕性的。一般地，東方精神
> 往往是不確定、朦朧的，西方人很難充分地領會它的深義。
>
> 禪的所謂的曲折隱晦也是東方精神的根本條件。所以，如果要
> 理解東方，首先應該理解這種神祕性；如果要理解禪，更要懂得這
> 種神祕性〔註142〕。

儘管鈴木說服西方人「懂得東方，理解東方」，「把禪置於東方文化的基
調上」，但他聲稱這是爲了讓他們認識到「西方」的局限性，而不是把「東西

〔註140〕（日）鈴木大拙：《禪者的思索》，未也譯，北京：中國青年出版社，1989 年，
　　　　第 9 頁。
〔註141〕威廉巴拉：《禪對西方世界的意義》，鈴木大拙《禪與生活》，劉大悲譯，北京：
　　　　光明日報出版社，1988 年，第 2 頁。
〔註142〕（日）鈴木大拙：《禪者的思索》，未也譯，北京：中國青年出版社，1989 年，
　　　　第 8 頁。

方」的對立本質化。說禪是神秘的，既是面對胡適的「理性」時的無奈之舉，也是爲反對「物質主義」的思維方式而強調「東方」特質的一種權宜之計。如果宗教是「有神論」，哲學是「理性思維」，那麼禪「不是哲學也不是宗教」；而反過來，若把禪的內質和方法聯繫起來，「禪又是具有一切宗教精神和所有的哲學精神的。」〔註143〕正像周作人「東洋的悲哀」並不僅爲了「東洋」一樣，鈴木的「東方的禪」也並非即是「東方」。在鈴木看來，要挑出一根刺，使用與它相同的另一根刺是可能的。而解除「對立」的結果，就是世界性的文明聯合，「基督教徒和佛家弟子像大魚和小魚在禪海裏共生」〔註144〕。

鈴木以「禪學」的這種普遍主義態度來對抗胡適的「理性」的普遍主義，是雙方衝突的根源之一。而正像胡適的普遍主義中有儒家中國的情懷一樣，「日本」在鈴木禪學中也同樣不是能夠輕易拔除的「身份」。對於日本禪學的下意識的自豪感，如同胡適對中國儒學、胡蘭成和廢名對中國禪宗的態度一樣，同樣體現在鈴木的書寫當中：

> 在禪宗的誕生地中國，純粹的禪的形式已經不存在了，其傳承
> 已經中斷了。現在，只有在日本，禪才能得到正統的倡導。

> 禪的組織化形成於中國宋朝初期的法演時代，但其完善則有賴
> 於日本德川中期出現的天才的人物白隱禪師了。〔註145〕

鈴木的禪學裏並非無「歷史」，然而國族性格與歷史觀念已經滲透在他對禪的特質的概括中：比起印度的「靜慮」、中國的「日常」，鈴木敘述中「日本」與「禪」的結合在現象上的結果，就是不對稱、不均衡的美學。他闡述了一個重要的觀點：禪可以超越道德，但不能外於藝術。而屬於禪的藝術的「內容」，則被他自然而然地與「日本人的藝術性格」勾聯起來：「日本人的不均衡，不對稱，偏於『一角』，安貧守寂，嗜簡，喜孤絕，所有這一切，莫不由深知禪理而來。」「一在多中而不失其爲一，多在一中而不失其爲多；周遍含容，一多無礙。」〔註146〕

〔註143〕　（日）鈴木大拙：《禪者的思索》，朱也譯，北京：中國青年出版社，1989年，第17頁。

〔註144〕　同上，第17頁。

〔註145〕　同上，第81～82頁。

〔註146〕　鈴木大拙：《禪與繪畫藝術》，《禪與藝術》，哈爾濱：北方文藝出版社，1988年，第12頁。

　　在論述者的主觀情緒中，大乘佛教「一」與「多」的「圓融」與日本的美學是相得益彰的。然而在第二章裏提到日本對「空」的執念，不僅僅在周作人所讀解的「國家神道」中，也在鈴木和他的思想同儕西田幾多郎的「絕對無」思想中。70 年代，編輯整理了胡適禪學案的柳田聖山與梅原猛進行了一場禪學對話〔註147〕。這兩位都是受鈴木和西田影響甚深的佛教文化學者和亞洲主義者，後因胡適考據的影響而開始重新審視「絕對無」哲學對日本現代歷史走向的意義。他們都指出，鈴木對於「公案」，特別是對「無」字公案過於強調，以至於大大減消了東方諸宗教、中國禪的歷史和禪學本體論本身的豐富性與複雜性。

　　在南禪引發了佛教內部的革命的意義上，鈴木也贊同胡適的觀點，只不過在他看來，這場革命的意義在於恢復了佛陀開悟的本來面目，而不是刺激了宋明儒的思想復興。鈴木認為，在佛滅後的漫長歲月中，佛的教法隨著各宗派的分化，已經喪失了它原初的、新鮮的生命，那就是對生活的「直下承當」。而南禪並不拘泥於靜坐的形式，而是抓住「身邊的事物」、在電光石火之間，讓被「日常生活」的邏輯所束縛的身心發生爆炸性的頓悟，就是南宗禪帶給日本、也帶給當代世界的最有價值的東西。

　　柳田和梅原認為，西田與鈴木試圖讓「空」「無」成為一個清晰的東方座標的努力無疑有其益處，至少在西方思想萬能的時代，他們「抓住身邊的東西，讓人們意識到東方思想的偉大。」〔註148〕然而他們指出，「無」字並不是中國南宗禪的精神重心（從上文中禪師們對「知之一字，眾妙一門」的爭議就可見一斑）。中國禪宗初祖達摩面壁九年的事蹟說明，他所傳的法更多地是印度人所喜歡的靜坐和瞑想，而這些教法在頓悟法門之後也並沒有消失：它們同樣是後來禪宗法脈中的重要部分。然而，為了彰顯東方的異質性，在鈴木大拙的禪學中始終存在著把「空」固化的傾向，「日本近代哲學」的締造者西田幾多郎則偶然讀到在中國寂寂無聞的公案集《無門關》，便抓住了一個「無」字，靠與鈴木大拙的對話而習禪，建立了「無＝禪＝日本」的精神鏈條。這極大地影響了當代日本禪宗史的研究思路：「對公案以前的禪，很少有

〔註147〕　參見（日）柳田聖山、梅原猛：《關於禪的對話》，《禪與中國》，毛丹青譯，
　　　　　北京：生活·讀書·新知三聯書店，1988 年。
〔註148〕　（日）柳田聖山、梅原猛：《關於禪的對話》，《禪與中國》，毛丹青譯，北京：
　　　　　生活·讀書·新知三聯書店，第 187〜188 頁。

（日本）人認眞對待過。」〔註149〕就禪本身的精神來講，所有的偶然性可以說是一種「禪機」，抓住身邊的東西可以成就正史，但，上述鏈條中最後抵達的「國族性格」卻在召喚一種排除偶然的穩定性和普遍性。這同樣造成了鈴木和西田的「我執」的悖論：鈴木禪學裏有「日本」也有「中國」，卻沒有「日本的偶然」。易言之，鈴木仍然懷著「日本人」的情懷，也懷著要建立一種關於東方的穩定價值觀的意圖，這種情懷和意圖讓他沒有必要（如果不是有意屏蔽的話）在西方讀者面前展露他自身的「禪學形成過程」中偶然性和排它性的一面。

　　同爲社會活動家，宗教家鈴木要承擔的責任倫理或許與哲學家胡適並不相同，但這並不代表鈴木不必爲此所引發的社會和思想的問題負責。本文第二章中提到的 20 世紀 80 年代由日本佛教徒發起的「批判佛教」運動，即可以說是對鈴木等「空性論」「頓悟法門」在現代世界、特別是「二戰」中的負面影響的一次檢討。

　　胡適把懷疑精神與儒家傳統相對接，與鈴木把「不均衡的、直覺的、神秘的東方主義」安到禪學上的舉動，毋寧說有某種共通之處。而具有「儒家中國」情懷的胡適可以清楚地看到鈴木的國族意識，以及他把禪作爲一種「超歷史」的工具加以普遍化的傾向。正像胡適的禪宗史敘述中有著「中國──儒家──東方」的等義性結構一樣，鈴木禪學也同樣具有「日本──佛教──東方」的嵌套系統。在這一點上，他們也是彼此的鏡子。同樣，他們面對不同對象而採取的「權宜之計」，也很容易被轉化爲固定的姿態。神會是胡適反諷性的精神鏡象，而反對把禪學神秘化的鈴木也不能不依靠「神秘感」讓禪與「西方」結緣。某種意義上說，他們都是本質主義的文明論者，都試圖將自己隱沒在所宣揚的理念之後。在他們充滿「所指」的錯位的對話中，所謂東方文明的本體和身份的問題再一次全部顯影出來。那麼，是否有第三條認識和方法的路徑，能夠揭發兩者的問題，並找到新的敘述切口呢？

第三節　胡蘭成重解《碧巖錄》：歷史的本眞與唯我

　　在日本的後半生，胡蘭成與包括鈴木大拙在內的許多宗教界人士接觸過

〔註149〕　（日）柳田聖山、梅原猛：《關於禪的對話》，《禪與中國》，毛丹青譯，北京：生活·讀書·新知三聯書店，第 184 頁。

〔註 150〕。當胡適和鈴木爲「誰來代表東方文明」的問題暗暗較勁時，胡蘭成在其 70 歲時的著作《禪是一枝花》（1976）的序言裏，宣稱自己不僅瞭解胡適與鈴木的論爭，並持有超越雙方的自信：「胡適與鈴木大拙的論爭，胡適執於考證的史實，而鈴木則以爲禪可以超越歷史云云，皆不如我的這說的好。」〔註 151〕

　　試圖從胡適與鈴木的論爭中另闢路徑的研究者代不乏人，但他們多數都試圖以概念間的通兌來調合雙方的觀點，如認爲胡適所持的是理性之智，鈴木所持的般若之智〔註 152〕。而胡蘭成敏銳地看到，禪學案反映的是辯論雙方「歷史觀」的根本差異，他並不試圖「調合」，而是認爲自己會比他們說得更「好」。胡適的「科學家」和鈴木的宗教徒身份決定了他們的文明想像和歷史詮釋各自的局限，而胡蘭成的「有意識」的政治目的論與胡適神似，他的世界觀和方法論接近於鈴木〔註 153〕，而他的身份認同、切入論爭的著眼點、乃至於「身體力行」的詩學成果，卻把胡適和鈴木論爭的「結構」徹底改變了。

　　《禪是一枝花》是胡蘭成關於佛教的兩部「專論」之一。60 年代的《心經隨喜》以日文寫作、演講並出版，而《禪是一枝花》的寫作因緣，則是作者在被臺灣文學院「驅逐」〔註 154〕後，幸得作家朱西寧等襄助，在陽明山租

〔註 150〕　參見薛仁明主編：《天下事，猶未晚──胡蘭成致唐君毅書八十七封》，臺北：
爾雅出版社印行，2011 年。胡致唐信中，每敘及與日本政、經和宗教、文化、
文學界人士的交往。另外，胡蘭成曾在《今生今世·閒愁記》（臺北：三三書
坊，1990 年，第 639～640 頁）中提到與臺灣李瑞爽一起拜會鈴木大拙的情
形。李是牟宗三弟子，亦尊稱胡爲「蘭成先生吾師」。

〔註 151〕　胡蘭成《禪是一枝花·序》，上海：上海社會科學院出版社，2004 年，第 2 頁。

〔註 152〕　參見洪常穎：《傳統與現代的紛爭──以胡適和鈴木大佐的論爭爲例》，《重慶
科技學院學報》，2009 年第 9 期。

〔註 153〕　在 1964 年 9 月 4 日胡蘭成致唐君毅第六十八封信中，以《易經·大象傳》解
釋魏晉南北朝的歷史格局。他認爲南北潮的事無一中心思想，而能以《易經》
包容。道德的標準是多樣的，道德是行爲，亦不止是行爲，還是思。但思不
是思維，若道德落於思維，或落於禪悅似的藝術境界，那就與其落於功利，
同於偏亡。這可以說與鈴木大拙反對胡適的觀點有所印契。薛仁明主編：《天
下事，猶未晚──胡蘭成致唐君毅書八十七封》，臺北：爾雅出版社印行，2011
年。第 233～237 頁。

〔註 154〕　彼時胡蘭成應國民黨立委之邀赴臺講學，很快遭到一批文化界人士的「圍剿」
而被逐，後得作家朱西寧相助。其事參見薛仁明：《天下事，猶未晚》臺北：
爾雅出版社印行，2011 年。第 292 頁。

房間住下，始有機會重拾多年前與唐君毅論辯時打過的禪宗機鋒。此番是胡蘭成生命中最後一次「落難」與「獲救」，他也據此為其 40 年代開啓的「文明的大信」作了總結。《心經隨喜》是借解析大乘般若經典《般若波羅蜜多心經》來談論中、印、日文明之異同，《禪是一枝花》則重解宋代公案禪經典語錄《碧巖錄》百則，將公案的歷史背景牽引到自身所處的時代現場。如本文第二章敘及，這兩個文本是由作者特殊的歷史位置促成的，是站在戰後日本及全球新一輪「宗教復興」的語境中始能完成的工作。不同的是，《心經隨喜》還只是「隨喜」而已，而《禪是一枝花》雖是借佛家之言來談自己的「文明」心事，卻已頗有了與佛家解經釋論的「正統」方式相較量的意味。從某種意義上，它綜合了胡適「重寫禪宗史」和鈴木大拙傳達「禪修體驗」的意圖。如果說，胡適找到的「依託」是實際創作了《六祖壇經》的神會，胡蘭成的「抓手」則是南禪的教法與詩學的瑰寶——「公案禪」「傳燈錄」最初的經典之一《碧巖錄》〔註155〕。

此書是北宋時奉化雪竇寺重顯禪師（980～1052）的頌公案百則，晚他一輩的圜悟禪師（1063～1135）加上垂示、頌古、評唱〔註156〕，圜悟住河北靈泉碧岩室，因此得名。因「不事經典」，南禪自身的精神和歷史主要以「傳燈錄」的形式延續下去。在這個傳統中，《碧巖錄》是如《史記》一般的樞紐性著作，是禪師導引信眾、「接心會見」的主要依據，具有近似於「教下」的正統地位，與王陽明一派的學說關係尤其密切。幾位作者禪師皆是三教通家，隨著南禪的教法逐漸凝固為一種詩學傳統，晚期的「傳燈錄」越來越套路化，處於始端的《碧巖錄》還遠未封閉，處處是日常生活的「鮮烈新意」，也充滿了「正典」的莊嚴感。也正是因其飽滿的詩情，它還是一本「不該留下的書」：對於執迷文字相的習禪者來說，死守《碧巖錄》是「近於自殺」的行為。圜悟的徒弟大慧禪師曾想燒掉其師的著作，淨土宗第八祖蓮池法師（1523～1615）也在《竹窗隨筆》中寫到妙喜禪師欲毀掉《碧岩》之板的軼事。然而所謂「道與邏各斯」（張隆溪語）的悖論乃與文字相伴相生，碎書是「碎學人之情識」〔註157〕，與禪師的棒喝無異，文本是藥是毒，皆依主體「一念心性」

〔註155〕 （宋）圜悟克勤：《碧巖錄》，尚之煜校注，鄭州：中州古籍出版社，2011 年。
〔註156〕 頌古指以偈頌的形式表達對公案中禪心的領悟，即常說的著語或下語，本身即是模仿詠史體裁的宗教文學；評唱，是對「公案」「頌古」再進行更通俗和細緻的評說，顯示公案禪的門眼。
〔註157〕 蓮池大師：《竹窗隨筆》，福建莆田廣化寺印行，2003 年，第 86 頁。

而定。不管怎樣，此書「畢竟流傳下來，並成爲禪的主要經典」〔註158〕。

　　《碧巖錄》尤爲日本學者所重視。即如胡蘭成所說，「至今在日本被奉爲禪宗第一書。」〔註159〕鈴木大拙深信日本禪延續了中國禪的正統血脈，與《碧巖》研究在中國漸衰、而在日本禪史和詩學史上始終具有重要地位的史事有關。其近代以來的讀者包括了明治時期奉陽明學、水戶學等維新派人士和現代以來三島由紀夫等「浪曼派」和「反浪曼派」成員。從文學史的角度，它也是中日兩國「莊禪詩學」最燦爛的成果之一，是日本中世以後的「五山文學」傳統的「聖典」。鈴木說它是「一本充滿了禪的情氛的書」〔註160〕。每一則對公案的評點，都是在神話、史書、小說、詩歌和散文之間炫目的切換。與此同時，它所展現的是「歷史的套層故事」，不同時代的修行者彼此問答、唱和，通過接駁歷史與現實，「祖師」與「自我」，如同累加在同一塊畫布上的油畫草稿，形成了一層又一層的敘事積澱。修行的問答，與修行者的「敘事動作」彼此衍生，與評唱、垂示等新鮮的詩學形式縱橫迭加，產生無窮盡的意味。

　　這樣一部樞紐性的典籍，「重解」的難度可想而知。胡蘭成卻頗爲自信地點出他重解的目的：「《碧巖錄》自彼時以來八百五十年，未有能全解者。近年臺灣的中國文壇忽流行言禪，雖初緣疏淺，亦是一機一會，我所以寫此《碧巖錄》新語，於百則公案皆與以解明，庶幾發昔人之智光，爲今時思想方法之解放。」〔註161〕

　　「思想方法之解放」顯然是針對「禪學案」等學術案例和思想界的種種動態而作的發言。在單一文本所可能輻射的廣度內，胡蘭成試圖回到那些儒佛辨正的歷史關節點，將哲學、詩學、政治和歷史都接駁到「我」──絕對主體的場域裏來，通過對「禪機」的親身演繹同時在詩學和歷史維度上重啓禪宗的價值，並給「中國文明」或「東方文明」一個綜合性的定位。該書與同一時期的《華學、科學與哲學》一樣，多有對老莊之學和印度禪、日本禪在宗教、哲學義理和文化上的比較辨析，顯然是作者60年代以後的閱讀心得。

〔註158〕（日）鈴木大拙：《禪者的思索》，未也譯，北京：中國青年出版社，1989年，第85頁。

〔註159〕胡蘭成：《禪是一枝花》，上海：上海社會科學院出版社，2004年，第3頁。

〔註160〕（日）鈴木大拙：《禪者的思索》，未也譯，北京：中國青年出版社，1989年，第85頁。

〔註161〕胡蘭成：《禪是一枝花》，上海：上海社會科學院出版社，2004年，第3頁。

　　如前文所述，胡蘭成是對「整體主義」的思維方式最為執迷的文明論者，這部重解公案的著作，對於他本人在與唐君毅的辯論中堅稱的哲學、政治、詩學和歷史的「融貫性」，可謂「身體力行」的垂範。在詩學的意義上，作為向《碧巖錄》致敬的作品，《禪是一枝花》比他的前作《心經隨喜》更上層樓。如果說，前者是煞有介事戲仿「解經」的體例，從經題開始進行逐句解讀、橫向鋪展，後者則完全遵循《碧巖錄》的「套色」風格，在原有「垂示、著語、評唱」的基礎上，又綴上「胡式」風格的「垂示」，構成了寶塔式的複雜結構，每一則之間更相互呼應，在文體上，可謂胡蘭成所有著作中結構最複雜、也最講求「形式主義」的一例，其精緻的文本思路構成了一種絢爛的解放效果。總的來說，它是以禪自身的方式所書寫的禪宗史——由於禪對自我的否定性，「正確」的禪宗史或公案解讀並不存在，然而有效的解讀卻仍有其標準。在理想的狀態下，它必須同時囊括所有此前「發生過的」層次，並且提出新解。實修的禪者對文學家的以禪入文往往不屑一顧，認為是「以禪為美」的「外行話」，而當代禪學家林谷芳認為，《禪是一枝花》並非如此。它優美的文字裏，有著對禪正確的理解。作者有「超乎外相及專業障礙，直取本源，卻不以本害權的本領」，他能夠看到「宋之後心靈的乾枯閉鎖，乃可以見到多數儒者之為名相所惑，由是，中國宋之後許多文化問題乃可以從生命情性的切入得解。」由此「能共接上禪家的不共，看似簡單，其實不易。」〔註162〕

　　在這個層面上，《禪是一枝花》也是一種獨特的「禪修寫作」。如果說，廢名的《莫須有先生傳》有著公案禪的境界、《莫須有先生坐飛機以後》將印度佛教傳統的禪坐體驗融入到普通人對「現實」世界的感受中，那麼《禪是一枝花》從形式到意義都是宋代公案禪在現代的延續。通過對「公案」之「公」的詮釋，它要說明的是：胡適和鈴木的「禪宗歷史」之爭與唐君毅安置新儒家的「當下」一樣，必須與「我」相關才是有效的。從中國禪宗的始發點，到晚清章太炎的唯我主義到後結構主義方興未艾的現場，所有這一切都被胡蘭成吸收到自身的境遇中去：「文明是鏡」，「歷史是我」。

〔註162〕　參見林谷芳：《寫人，就是印心——〈天地之始〉推薦序》，薛仁明：《天地之始》，臺北：如果出版社，2009 年，第 8～9 頁。

一、歷史主體與「知」的辯證：反對歷史目的論的「無名大志」

由於以「蕩子」的身份治學，胡蘭成並不需要像釋印順或錢穆一樣，在以「考據」爲前提的學界內部質疑研究者的態度；他也並不否定胡適的考據，而是喜氣洋洋地接受了它：「慧可斷臂立雪，我亦不喜，還是被賊斫臂可信。及讀胡適的考證，非常高興。」〔註 163〕

引文中的慧可是中國禪宗的二祖，爲向面壁九年的初祖達摩求法，立於雪中三天三夜，甚至自斷一臂，感動得「天降紅雪」，終於以「我心未寧，乞師給我安」，換得達摩一句「把心拿來，我爲你安」，慧可由此頓悟法性本空、無「心」可安，遂獲傳衣缽，繼承法統。與五祖弘忍傳六祖慧能衣缽的故事一樣，這是「達摩系」的禪樹立其以心印心、教外別傳的歷史法統的重要事件。在胡適而言，它自然也是神會等禪學家所創的「神話」之一〔註 164〕。而胡蘭成表示對此公案「亦不喜」，及慶胡適考證辨僞之功，其動機卻不在於揭發事件本身的「虛構性」：

> 我也這樣的喜愛禪宗的有些地方説假話，如撚花微笑的故事及
> 慧能傳衣的故事。宜蕙説小孩兒有時説謊話，是爲了想説更眞的話。
> 但像慧可斷臂及永嘉的證道歌〔註 165〕，則假造得很不好，應當除外
> 〔註 166〕。

顯然，胡蘭成所肯定的並不是胡適的考據結果。「考據」而來的事實之眞假判斷或有可能與他所呼喚的某些價值相重疊，但「事實」之眞並不等於胡蘭成由「文明的覺悟」所強調的「本體」之眞。

即如鈴木所說，胡適「對於歷史或許很瞭解，卻並不瞭解歷史中人物的眞實」。胡蘭成也認爲，「歷史觀可以比歷史的事實更眞，如圖畫比照相更眞。」〔註 167〕

〔註 163〕 胡蘭成：《禪是一枝花·序》，上海：上海社會科學院出版社，2004 年，第 1頁。

〔註 164〕 參見胡適：《禪宗史的眞歷史與假歷史》《揭穿認眞作假的和尚道士》等，參見明立志、潘平編《胡適説禪：一個實用主義者的佛教觀》，北京：團結出版社，2007 年 5 月。

〔註 165〕 《永嘉證道歌》是唐高僧永嘉玄覺（665～713）作，爲其開悟後的心得記錄。翰林學士楊億記述了禪師拜見六祖慧能時的一段對話。「夢裏明明有六趣，覺後空空無大千」爲其名句。

〔註 166〕 胡蘭成：《禪是一枝花·序》，上海：上海社會科學院出版社，2004 年，第 2頁。

〔註 167〕 同上，第 3 頁。

　　一直以來，胡蘭成致力恢復傳統中國從「天道」「宇宙」出發的視角來建立他的文明論述：世間萬象無不是眞體之化現，然而只有最好的事物、最好的敘述才能既「顯」眞又「知」眞。與之相應的是，歷史上的禪師們同樣在「事實」上造假，所造之「假」卻有「好」與「壞」的區別：「即禪的典故有些不實，也不能以此來貶低禪的思想。（……）不但文學，便是哲學、乃至如科學，亦可不因其所據事實的不實而影響其思想與理論的價值。」〔註 168〕

──佛教祖師的事蹟，既可以在實證的意義上來考證，也可以、而且經常需要在其他場合被看作是寓言或神話。用佛教術語來說，這些事蹟與那些神秘的咒語、眞言乃至佛像的姿勢一樣，都只是「表法」的形式。在胡蘭成看來，僞造的歷史和「考據」的事實應該被平等地對待，只要那些很可能是虛構的故事背後有著精神的本眞性，便不可一概論爲作僞〔註 169〕。如是一類關於「眞」與「假」的本體哲學的「文學化表達」，乃是胡蘭成文學中最常見的、幾乎已經「風格化」的部分，在他的作品中隨處可見：

　　　　如曹雪芹的改動自傳，倒是創造。禪宗所傳靈山會上撚花微笑，是與《莊子》裏所說黃帝的事，堯與許由的事一般，這裡沒有眞不眞的問題，只有好不好的問題，如同年青人的說假話。年青人愛向人捏造理想的事實，若要說眞，亦可說是沒有比這更眞。近世日本的大學者折口信夫說奈良朝時代《萬葉集》裏女人的返歌多是說的假話，所以好。(《禪是一枝花·序)》〔註 170〕

　　　　世界上有一種絕對好的東西，它只是這樣的，若不是眞的有過，你要理想亦無從理想起，捏造更休想。古來讀《堯典》皆覺得它只是這樣的，不帶絲毫疑義……所以讀《堯典》是要以直感，知道它的好在前，證明倒在其後，其實證明不證明都無所謂。(《華學科學與哲學》)〔註 171〕

〔註 168〕　胡蘭成：《禪是一枝花·序》，上海：上海社會科學院出版社，2004 年，第 3頁。
〔註 169〕　同上。，第 1 頁。
〔註 170〕　同上。
〔註 171〕　胡蘭成：《華學科學與哲學》，北京：中國長安出版社，2013 年版，第 92～93頁。

「好」本身既是「眞」，又是對「眞」的讚歎。「眞」是「一」，好是「多」，只可言差異，不可言超越。無論是神話、理想主義還是情人的歌唱，如能在本體論的懸崖上立足，在「一」上過了關，「假的」也可以是「好的」，如透不過，則唯有墮落爲二元論的左右兩般。

——這種「好」和「眞」的思路與鈴木禪學相通，旨在破壞胡適式的對「事實」的理性主義幻覺。但要同時超越兩者，顯然需要更進一步的準備。胡適的新禪史以神會作爲其「過渡時期」的歷史主體，而胡蘭成「好」和「眞」的本體論的敘述結構，也必須落實在象徵性的歷史主體的述行動作上。也就是說，在胡蘭成所理解的公案禪裏，誰在哪裏「覺悟」了「什麼」？

（一）達摩、寶誌與神會：「知」與「不知」

以《禪是一枝花》第一則重解「武帝問達摩」的公案爲例。達摩具名菩提達摩，生於南印度婆羅門族，出家後傾心大乘佛法，於梁普通元年（520）由海路抵廣州。梁武帝迎至金陵，因談論佛理不契，達摩遂渡江入魏。止嵩山少林寺，終日壁觀，號「壁觀婆羅門」。後傳授衣法於慧可，後被推爲東土禪宗初祖。

達摩西來傳法，是中國禪宗史的開端性事件，在《碧巖錄》中自是第一則。雪竇禪師舉公案云：

> 【舉】梁武帝問達摩大師：「如何是聖諦第一義？」摩云：「廓然無聖。」上問：「朕建寺齋僧有何功德？」摩云：「無功德。」帝曰：「對朕者誰？」摩云：「不識。」帝不契，達摩遂渡江至魏。
> 〔註172〕

胡蘭成認爲，達摩本人在這則公案中的角色並不是最重要的。他只是按照大乘佛法「標準」的「空性」之義中規中矩地回答了梁武帝，而武帝試圖以世俗的得失邏輯來叩問眞諦的道理，結果必然是「不契」，是以武帝不會，達摩離去，「都不爲奇特」〔註173〕。從佛理來說，達摩「西來」即是「如來」之義：無所從來，亦無所去，無一法可傳。於是胡蘭成評道：「卻說達摩西來，這就是多此一舉，無端端的惹是生非。但文明的歷史就是多事多出來的。這層道理達摩還不及中國人更懂得。」〔註174〕

〔註172〕　胡蘭成：《禪是一枝花》，上海：上海社會科學院出版社，2004年，第1頁。
〔註173〕　同上，第2頁。
〔註174〕　同上，第3頁。

　　這裡的「中國人」，指的是梁武帝身邊的高僧寶誌（418～514）。在胡蘭成看來，「西來」這一歷史動作之所以能被我們看到，或者說，它作為中國禪宗歷史「開端」的意義建構，實際上是在達摩「至魏」後經由寶誌點撥梁武帝而完成的。寶誌對答梁武帝的幾句話，讓帝認識到達摩乃是真正的聖僧，遣人去追，達摩卻「招亦不歸」。如此，「達摩的這三答一走變成千古的不尋常了」。達摩之「去」，「遂成了歷史的機，一失難追了。」〔註175〕

　　照胡蘭成的看法，這則公案的講述方式本身已經象徵了整個中國禪宗歷史的形塑過程。這也符合敘事學意義上對「歷史」的建構性觀念：所謂「歷史」，乃是由主體的問題意識發動而形成的，從這個層面來說，「歷史」也就是公案。「禪宗對中國歷史究竟起到怎樣的作用？」這個問題是一個「述行」結構，它預先設定了主體和客體的位置。也就是說，胡蘭成要處理胡適神會式的「反諷英雄」的悖論，必須在歷史話語的內部重審「主體與對象」的關係。

　　從敘事學的角度，有了寶誌的指點，達摩的「無來無去」的「不可能的」任務才最終完成。這個人物使達摩的「來」「不契」和「去」重新奔流起來。像胡蘭成中年以後的所有文本一樣，對這則公案的解讀鮮明地反映了他「中華文明」的本位立場。他認為，儘管中國和印度皆有高超的哲學、一早已親證了「本體」的絕對真理，而佛教在印度衰落下去，卻在中國得以持存，個中原因便是印度人「不知托開」。如達摩不能自行解釋自己行為的意義一般，高妙的真理在印度只是「顯體」不能生「用」。而中國的黃老識得「機」，孔孟則有積極入世之思想，這一點，正是印度的佛教徒要向西宏傳教法的原因。至少在「正統」的中國禪宗史裏，達摩的「震古爍今」之語就是「吾觀此土有大乘氣象」，所以作偈頌曰，「我本來此土，傳法度迷情，一花開五葉，結果自然成。」而胡蘭成強調，不管達摩的舉動用意為何，他的意圖只有通過寶誌這個「二傳手」才達到了圓滿。不論「一花開五葉」是歷史還是神話，它都形成了一種持續性的精神氛圍。是這種氛圍，而不是乾癟無味的「史實」，造就了可供回憶、講述和再創造的「文明」。

　　看上去，這仍然是對中、印等「文明」程度的高低進行價值分判的敘事。在此，胡蘭成的用意，不是達摩和寶誌本人的「覺悟」之高低，而是他們扮演的角色如何以「無我」的姿態織造了「文明」的歷史。在第十八則公案「慧

─────────────────────

〔註175〕　胡蘭成：《禪是一枝花》，上海：上海社會科學院出版社，2004 年，第 328 頁。

忠國師無縫塔」裏，胡蘭成將釋迦佛說法四十九年比喻為蹈海行船：開出一道浪頭波紋來，「大海依然是個鴻蒙。慧忠國師百年之後的無縫塔，即是說的大自然的這鴻蒙。但是先頭的船過去了，後頭還有船來，所以國師說吾有付法弟子耽源。」〔註176〕這是將「說法者本無法可說」的佛教原理用於描述「講述歷史的方法」和「歷史本身的形態」。在第二十則「龍牙無西來意」中，他又以此為跳板，再次迴護了達摩的故事：「達摩若是只為有意開悟東土眾生而來，那他就是小了。他的應當是更有無名的大志。所以龍牙要說『沒有祖師西來意』也可以說。但是亦不可執著於無意這一句。沒有名目的大志動處、則生出名目，有名目即是有私意了，這私意是好的，無論是為開悟東土眾生，或只為愛一人。翠岩拿禪板打來，是為要開這一竅。」〔註177〕

　　與其說，達摩要傳予東土「佛法真諦」，不如說，他並非真的攜帶著任何「歷史使命」而來：達摩的「歷史目的」是自我否定的。「空」需要以「有」來顯，敘述也總是需要一個開端，所以達摩無之如何地來了，他的「來」如船過無痕。在這裡，胡蘭成所說的「無名目的大志」，與廢名在《莫須有先生坐飛機以後》中的「有罪的教育」「無我的啓蒙」精神相通。法本無可傳，又不能刻意去傳，只有見「機」行事。「機」是梵禪與中國儒道文化結合的範疇，胡蘭成常常提到的「聲前一息」「起興」，都是「機」的異語。胡氏所宗者為黃老之說，因而極喜「機」字，與《禪是一枝花》同時段的《華學、科學與哲學》「下卷」即是專講《機論》，對於「機」「興」等範疇的解釋，往往橫生妙意，甚至認為此一字妙趣，比宋儒「要觀其喜怒哀樂未發時的氣象」要來得好〔註178〕。

　　胡蘭成釋「機」的獨特性，要追溯到他對唯識學的看法。他認為，玄奘的唯識論是對印度佛教的一個革命，它安立「識」的概念，避免了幻妄變異的「因緣觀」墮入「循環論」、「無窮過」和虛無主義。這與前述章太炎對於「賴耶緣起」與「真如」關係的解讀相類〔註179〕。他進一步認為「機」是對

〔註176〕　胡蘭成：《禪是一枝花》，上海：上海社會科學院出版社，2004年，第61～63頁。
〔註177〕　同上，第69～70頁。
〔註178〕　參見薛仁明主編：《天下事，猶未晚──胡蘭成致唐君毅書八十七封》，臺北：爾雅出版社印行，2011年，第227頁。
〔註179〕　胡蘭成原文：「印度人惟曰因緣，然而因緣是幻妄。釋迦破之，而承認因緣之外有法。論師繼之，更把因緣破盡了。而不以為此外尚可有法。玄奘遊學印度，正當論師時代的晚期，他乃彌縫釋迦的有法與論師的無法，結合兩說，

印度佛教「空色」和「因緣」的一種超越：「印度人雖知有空色，而不知有陰陽」，「陰陽這一關不通過，法的問題畢竟亦難圓滿解答」。中國的禪宗「以機說法，機不是依於因緣，這樣就一下子解除了從來佛教的對因緣的困惑。而肯定有萬物之機，亦就是極明確地肯定了法了。這裡盤山禪師說的『三界無法』，不是印度佛教所說的有沒有法，而只是一個廓然豁然的意思。所以雪竇禪師頌此則：『白雲為蓋，流泉作琴』，當然是三界有法。」〔註180〕

因緣到底是幻是真的確是佛教史中辯論不休的問題。唯識學雖以「識」與「因緣」相區別，但兩者的複雜關係的解釋卻產生了很多概念和義理上的糾纏，以至法相唯識中衰千年。胡蘭成認為，中國的禪「機」早已從這個困局中跳了出來。在他的解釋中，「機」可以說是控制「天道」與「人事」之界線的那個按扭和軸承。與其說胡蘭成所宗的是「中國化佛教」的「圓融哲學」，不如說他的解釋本身已於無意中複製了「中國化佛教」諸宗在歷史上的形成過程，特別是以原有的「陰陽」「動靜」來極力說明「絕對本體」不離「生滅現象」這一難解的認識論結構。

按照胡蘭成的理解，達摩的智慧並不低於寶誌，但他只能「發球」、不能「傳球」，傳球另有其「機」。因為來到了中土，賓主的位置就變了。胡蘭成對「敘述」的認識立足點極為敏感，他一向迷戀易學和禪宗詩學中的「人境」「偏正」「賓主」〔註181〕等構造法，正因為它們體現了言說中自我和他者的位置，以及由此產生的權力關係：「凡人行事說話是要對景，就令人感動」〔註182〕。如洞山禪師以「五位回互正偏」來接人解答，分別是「正中偏、偏中正、正中來、偏中至、兼中至」，胡氏就此評說：「座標一改變，即高低大小寒暑亦都隨之而改變。冰可以為火，火可以不熱。」〔註183〕達摩自梵入華，主動成了被動，他的佛教理論就化成了他與武帝的問答場景本身：

提出了一個「萬法唯識」的主題。玄奘以為雖然十二因緣皆是妄識，但是八識並非皆妄。所以法還是有，但法是與阿賴耶識為一。」《禪是一枝花》，上海：上海社會科學院出版社，2004年，第113～114頁。
〔註180〕　同上，第114頁。
〔註181〕　此句化於臨濟義玄：《四料簡》：「有人奪人不奪境，有時奪境不奪人，有時人境俱奪，有時人境俱不奪」。胡蘭成同樣喜愛引用的王陽明弟子王龍溪的「眾人和應，君子異應，聖人敵應。」，亦是此意。參見《禪是一枝花》第125、185～186頁。
〔註182〕　胡蘭成：《禪是一枝花》，上海：上海社會科學院出版社，2004年，第58頁。
〔註183〕　同上，第122頁。

　　　　「廓然無聖」是初機混茫，萬物尚未然。對朕者「不識」是初
　　機相接，未有名字。「建寺齋僧無功德」是機機不連續。凡此蓋非達
　　摩始意所及。〔註184〕

　　胡蘭成眼中的達摩與寶誌，與胡適筆下的神會的根本差別就在這裡：他
對歷史人物自身沒有任何道德品評的意味，他只考察他們在敘事中的功能。
達摩本人或許不知道「機」，「一花開五葉，結果自然成」也可能是後人杜撰，
但他原本就只存活在這個故事裏。三問三答，一如胡蘭成常用的「男女情歌
對唱」，是與「中土文明」試探中擦撞出的火花，而寶誌則讓這火光穩定下來、
傳遞下去。正如胡蘭成眼中「中國」的自我形象——太極「陰陽魚」一樣，
達摩與寶誌也正是一體。眞與好、體與用之間原本沒有隔閡，然而要用語言
描述出來，就像要描述連續性的、不可分割的時間而採用擬聲詞「滴」與「答」
一樣：要完成一個敘述，就需要人爲地製造「開端」和「結尾」，製造對話者，
也就是通常所說的「主體」。主體的「動作」也是假的：達摩的「傳法」，寶
誌的「接引」，只是敘述這一行爲自身的邏輯表現。日常的「動作」中含著「道」
之味，表現在敘述中，胡蘭成稱達摩是太極拳的「擒住」，是第一掌；寶誌不
讓達摩的「去」落地，恰如第二掌「托開」，故事就寫了下去〔註185〕。兩個人
的「共謀」成就了「歷史之機」：達摩與武帝「不契」、西來好像是白費工夫，
多了一事；而寶誌對達摩的肯定，「亡羊補牢」，爲時已晚，又仿若少了一事。
於是陰陽相合，完成了對武帝在否定和肯定意義上的雙重啓蒙，「體」和「用」、
「滴」與「答」仍是一體。

——這則公案完整的「述行」意義，在胡氏此後的公案解讀中時時有新枝生
出。他通過在各則公案之間跳宕，用不同的方式一再渲染它的價值。在第二
十則「龍牙無西來意」中，當達摩的事蹟已經在中國落地生根，成了一個常
規的「話頭」，龍牙山的證空和尚分別問翠微和臨濟禪師「如何是祖師西來
意」，這兩人一個拿過禪杖，一個拿過蒲團，都去打這個問話者。而證空所答
皆是「打且任打，要且無祖師西來意。」胡蘭成解曰：臨濟拿蒲團打證空，
是打響了「達摩的行處與時節因緣」。而證空不取一捨一，變成偏廢；「亦不
把未有名目的大志與動處並動時結成一個理論的體系，他對臨濟亦像對翠微
的強橫，這才是堪傳授的好弟子。他道：『打即任打，要且無祖師西來意。』

〔註184〕　胡蘭成：《禪是一枝花》，上海：上海社會科學院出版社，2004 年，第 2 頁。
〔註185〕　同上，第 213 頁。

如此來對揚。便是因於動處與動時，而成了有名目的私意裏，亦仍一寸寸都是未有名目的大志」〔註186〕（黑體字爲本文所加）。

在胡蘭成那裡，聖人和英雄的境界是做春天，讓世人去做春水春花〔註187〕。這與廢名在《莫須有先生坐飛機以後》中提到的「詩人自己好比是春天，或者秋天，於是世界便是題材，好比是各樣花木，一碰到春天便開花了，」「處處是這個詩人自己表現」〔註188〕，是完全一致的。

且不論是否有以聖人自喻的虛榮在，這種敘事的邏輯卻是值得探究的：因爲從認識主體的角度來說，「未有名目的大志」實際上是「天道」的象徵，也就是「春天」，而看不見的「春天」不在別處，只能在看得見的「春水」「春花」這「有名目的私意」裏。從國族論的主體立場來說，「國」能帶給「民」的也正是「不知人事」的四季的境界。

在這裡，胡蘭成實際上演繹了鈴木大拙在與胡適的論爭中未能鋪展的觀點：「歷史的角色或創造者不是歷史學家可以做客觀掌握的。構成他的個體性或主觀性的東西，不能從歷史性的考察去獲得。」〔註189〕這同樣是在說，在「時勢造英雄」和「創造歷史」的宏大敘事中，重要的是歷史主體的「述行位置」，是他們的角色功能，與其個人的人格並沒有直接的關係。胡適所宣揚的客觀的「科學精神」似乎與此並不衝突，然而就我們所知，他的「普遍主義」設置難以走出「特殊性」的陷阱：禪宗問題表層是故弄玄虛的謎題，裏層則是清晰的政治意圖，這就使「客觀的、中性的」宣言與對「歷史事件」的先驗性的「政治」設定發生了一種致命的疊合，使胡適不能不用極爲「擰巴」的邏輯來處理佛教和中國歷史的關係。作爲「佛教」代言人的神會被描述成一個老謀深算的政治家，因其在民間勢力廣大，而成爲統治者平息安史之亂的左券。重要的是，在胡適眼中，神會本人似乎並不相信他所宣揚的教義，而是一開始就打著「宗教」的幌子行騙，他把老師慧能推到前臺，自己則充當隱藏在幕後的推動者，在他那些玄虛的謎面背後，除了鮮明的政治意

〔註186〕　胡蘭成：《禪是一枝花》，上海：上海社會科學院出版社，2004年，第66～67頁。
〔註187〕　同上，第198頁。
〔註188〕　廢名：《莫須有先生坐飛機以後》，《廢名集》第二卷，北京：北京大學出版社，2009年，第881頁。
〔註189〕　（日）鈴木大拙：《禪：敬答胡適博士》，《禪學隨筆　禪學大使》，孟祥森譯，志文出版社，1961年，第155頁。

圖之外別無其他。——這些無不說明，胡適給神會設定了一種充滿道德主義意味的「知」，它恰恰與他「科學的」「客觀的」的意圖產生了衝突。這類敘述意圖與敘述結果的「知行悖反」，最後往往必須通過一種常見的「大歷史」邏輯來疏通：「歷史」乃是無情的滔滔江水，神會與慧能只是局限於自身歷史處境中的「英雄」，他們不知道那些政治權術將要刺激中華民族自身的「眞理」潛能：「具有懷疑精神」的程朱理學。然而這種歷史邏輯，反過來又令胡適所推舉的「人類的理性」變得尷尬了。

換句話說，當神會所「知」的本體和對象都是「政治倫理」的時候，胡適就無法阻止神會成爲一個反諷的英雄。而在胡蘭成對公案禪的重解當中，有著與胡適截然相反的歷史觀和認識論秩序：他清晰地從「天理」與「人事」的兩重角度來談論「知」的分配。

在第六十三則著名的「南泉斬貓」〔註 190〕公案中，胡蘭成評道，「就人事來說，貓兒可說是做了兩堂僧眾的贖罪者，但是就天道來說，就安不上這種宗教的感情。」歷史上的戰爭大事，往往是「抗命者皆誅，來降者皆赦，不分個人的情節。」第六十四則中，南泉禪師的弟子趙州禪師聽說了斬貓事件，便脫下草鞋戴在頭上出去，其師便說：當時你要在，那隻貓便有救了。胡蘭成解曰：南泉斬了貓，是站在天道的「當斷即斷」的角度，而趙州的搞怪做奇則是人事的「拗」，如小孩子跟父母耍賴。天道不分是非曲直，而人事則要講是非曲直。「歷史」形成的方式，是一節節地「發」於天道，成於「人事」。〔註 191〕

很顯然，與唐君毅的「道德形上」體系的出發點一樣，胡蘭成在這裡的觀點是「天道至善」，大自然沒有一樣不善不美。人事的褻瀆與否，要審視其「發心」是出於「天」還是出於「人」。按照「天道」與「人事」的二分法，胡適的神會「知」的是人事，不知的是天道；而胡蘭成的達摩「知」的是天道，不知的是「人事」。寶誌則是既知天道，亦知人事的「圓融」人物。他是

〔註 190〕　其事見《禪是一枝花》第六十三則〔舉〕池州南泉寺一日東西兩堂爭貓兒。
　　　　　　方丈普願禪師見之，遂提起貓兒云：「道得即不斬。」眾不對。禪師遂斬貓兒
　　　　　　爲兩段。第六十四則〔舉〕南泉禪師復舉前話，問弟子趙州從捻，趙州便脫
　　　　　　草鞋，於頭上戴出。南泉云：「子若在，恰救得貓兒。」上海：上海社會科學
　　　　　　院出版社，2004 年，第 170～173 頁。
〔註 191〕　胡蘭成：《禪是一枝花》，上海：上海社會科學院出版社，2004 年，第 171～
　　　　　　174 頁。

胡蘭成所選定的那個中華文明的歷史主體：他「懂得」達摩是高僧，表明他有本體之覺悟；他與帝王的應對，顯示出他也具有胡適筆下的神會的「政治智慧」。然而由於拋下了胡適在神會身上附著的「壞的佛教」的思想包袱，寶誌的形象也恢復了禪學的本體尊嚴。他知道自己要使「達摩和武帝的對話」成爲一個故事，將「話頭」奪過來，也將賓主的位置奪過來，激活「眞理」，這就是被後來北宋黃廷堅等人用於詩學理論的「點鐵成金」「奪胎換骨」。以模仿「頌古」的方式，胡蘭成這樣描述寶誌的功績：

　　水滸傳裏捎公張橫的歌聲：

　　昨夜華光來趁我　　臨行奪下一金磚

　　寶誌是把達摩的草鞋都奪下來了〔註192〕。

　　對於「知」字，胡蘭成自然不像胡適那樣，僅僅解釋爲「知道」經驗或知識。在《建國新書‧文明是知性的風姿》一文中他寫道：

　　　　單說知，爲何不也說理與情呢？理是因知而生，情亦因知而生，理與情都不過是知的風致。所以中國古來講政治也是一個知字，知縣、知府、知制誥、知平章事，講倫常也是一個知字，如子莫若父，朋友稱知己，男女相悅是說知心的人。純情是知性的清潔。相悅是知性的喜悅。知性若萎了，理便成了沒有創造性的因果律，情便變得是無明的煩惱之情。

　　　　知性並非普通所謂的知識與智慧，是要把知識與智慧來照明，但是人每會被知識與智慧所障礙，爲避免被混同，所以老莊特意說無知，心經裏亦特意說無智亦無得。釋迦、孔子、孟子各有其獨創的用語，覺、仁知、良知。孔子說的仁是格物，仁知就是格物致知。我在這裡則用知性兩個字。中國民間說聖人無所不知，孟子說聖人生而知之，這都是眞眞曉得聖人，眞眞曉得知性的說話了〔註193〕。

　　從這種「知」的認識態度出發，胡蘭成對於「知」與「不知」的辯證法的使用可謂嫻熟以極，特別是對於他最喜愛的《紅樓夢》的解讀。說寶黛二人若非相知，則無從諦觀起，但寶玉也未必「都知道得黛玉」。黛玉「是所謂『法王法令不如是』，否則她與賈寶玉兩人也不會時時對鬧又對泣了。

〔註192〕　胡蘭成：《禪是一枝花》，上海：上海社會科學院出版社，2004年，第2頁。
〔註193〕　參見胡蘭成：《建國新書》，臺北：三三書坊，1990年，第7頁。

但這『不如是』才是絕對的真實，而再也沒有人比賈寶玉更是這真實的知己了。」〔註194〕

　　相比照之下，胡適的「哲學」也是對世界本體、本真的探討，他的「客觀」本應是對「天道」的異名和轉換，但他講述和看待問題的方式，卻把無情的天也拉到了「有情」的場域。如前所述，胡適認為中國禪宗是對佛教的「自反」，其主要理由之一就是禪僧們以「丹霞燒佛」「佛是乾屎橛」等話語來「自我褻瀆」。對此，胡蘭成是以「心性論」的「返照自心」來加以解釋的。禪僧說話不避「死忌」和「不潔」，只是「激烈」，並非「不恭」，「像小孩說便溺，所以無礙。」而「有些禪居士的曠達，與人說話故犯死忌，故觸不潔，那都是不敬。」

　　　　雖然說禍福無二，佛卻從來沒有說過一句不吉祥的話。因為大
　　　　自然雖然是凡不可逆的亦皆可逆，但沒有一樣不是善的。而且大自
　　　　然的每一飛躍皆是幸運的。所以大自然又必是美的，而人亦不可以
　　　　說不潔的話。譬如禪宗說誦經無功德，是要你更向上，而狗肉和尚
　　　　引此語文飾其不習上進，則是他引的這句話錯了。

　　　　一切聲是佛聲，是放一，而同時尿聲與佛聲仍要分別，是得二。
　　　　佛地無粗細是放一，但你對長上還是不可用粗言，是得二。順逆兩
　　　　用，這才是機輪無阻。可惜許多人不知邏輯皆可逆，都在邏輯的潮
　　　　中死了。倘若一旦得活。即邏輯的百川都可以倒流。〔註195〕

　　胡適與胡蘭成同樣看中主體的政治能力，也同樣有著「印度是出世，中國是入世」的文明評判，但胡適執著於華梵的內外之別，讓他對「中國化佛教」和作為其象徵符號的神會的處理變得滑稽。而胡蘭成的故事邏輯則沒有此類衝突：達摩、武帝與寶誌相互配合所演繹的故事，原本就是只能在擅長讀解天道與人事的「位置」變化，並從中分配角色的「中國文明」的語境中才能演繹出來的故事。

（二）「扮演」的文明

　　回到胡蘭成介入「禪學案」的「考據」原點。他認為禪宗的說假話，其實就是一種現象對本體的「扮演」：「中國人知道自己在做戲，這就有解脫的

〔註194〕　胡蘭成：《禪是一枝花》，上海：上海社會科學院出版社，2004 年，第 224 頁。
〔註195〕　同上，第 202 頁。

境界」〔註196〕。這個「知道」，知的不是具體的事相，而是事相本質的「假」。在這個意義上，胡蘭成不喜歡慧可立雪的故事，是因為它「過於認真」。慧可帶著鮮明的求道目的，與達摩的「無名大志」不同，有著將「道」對象化的執著，強求於事相，不能「遊戲神通」；「感動上天」「天降紅雪」，都是道德主義者常用的方式，散發著虛矯之氣。胡適試圖在禪宗史中打撈的，是富於「科學的懷疑精神」的中華文明；而胡蘭成則認為，真的文明是會玩耍和「扮演」的。

敘述可以創造不同精神取向的故事，也可以有不同的闡釋眼光。而歷史和文明即由這些敘述方式所蘊攝的「心」所組成。「慧可立雪」的故事裏有著令人厭惡的精神強制性，然而換一種眼光，卻可以從這個「死局」中「轉」出來：「實達摩與神光都是泥佛，達摩面壁，神光立雪問佛法，都是耍的泥佛戲。你說耍的泥佛戲不足道，但是小孩得之就會喜之不盡。小孩於春節燈市買得金翠朱漆的小泥人兒，雖然一回兒就失手打破了，也是可以的。立雪修行真是真，卻不妨當作西遊記看，單是騙騙小孩的謊話。而這正是文明的最真最真〔註197〕。」

對於魯迅等啟蒙者在「批判國民性」中的二義性兩難、新儒家在「體」和「用」、胡適在「理性」之名和「政治」之實間的矛盾，胡蘭成總是試圖以「真、假、好」的辯證撫平之。「真」、「好」和「扮演」，像「親、機、轉」一樣，是對釋道本體論和認識論哲學的個人化演繹，也是胡蘭成形塑「文明歷史」的修辭模式。唯有知「真」前提下的「遊戲」「扮演」，才能解決東西方二元對立的壓迫感，並與盛行於西方的「文明論」決一高下。在《借天之棒打人，亦要會奪天之棒打天》中他寫道：「湯恩比只會說要挑戰，而中國人卻是與天賭勝負」〔註198〕。在《中國的禮樂風景》裏，他舉出 1930 年梅蘭芳（1894～1961）在美登臺的事件。這一事件曾經引起轟動，一些評論者認為梅氏成功地拉近兩種不同文化的距離，並且獲得美國各界觀眾的讚賞，而魯迅等人則持不同的意見。胡蘭成就此點評：

〔註196〕 胡蘭成：《借天之棒打人，亦要會奪天之棒打天》，《閒愁萬種》，北京：中國長安出版社，2012 年，第 92 頁。

〔註197〕 胡蘭成：《禪是一枝花》，上海：上海社會科學院出版社，2004 年，第 237 頁。

〔註198〕 胡蘭成：《借天之棒打人，亦要會奪天之棒打天》，《閒愁萬種》，北京：中國長安出版社，2012 年，第 92 頁。

　　　　梅蘭芳戰前到蘇俄美國演戲，備受西洋人讚揚，魯迅刻薄之曰：
　　中國人且休得意，印第安酋長出演，西洋人亦拍手叫好的。又曰：
　　大家看梅蘭芳，是男人看的他扮女人，女人看的他扮男人。意思是
　　色情下品。但反過來說，這個「扮」就好玩，文明的所爲都是這樣
　　好玩的。而扮都成了眞。看霸王別姬，虞姬一出場觀眾就看的是梅
　　蘭芳扮，但是再看下去，就只看的虞姬，不是誰扮的，而是眞的虞
　　姬，亦不是平劇在重演歷史上的往事，而是眞的事在現實的新開頭。
　　伏羲觀天地萬物之象與跡而畫八卦，便也是這樣的創造，而非摹寫。
　　水色即是水，松聲即是松，虎形即是虎，紅粉即是女，此是眞的發
　　見了物的本體〔註199〕。

京戲、武術同是異位而觀的「東方文明」的符號，在現代以來中國的啓
蒙思想者那裡，總是能引起不同程度的警惕。在魯迅的譏諷語調中，蘊涵著
「東方主義」的緊繃感。而胡蘭成通過「假亦眞時眞亦假」的辯證法，解決
了魯迅的觀看者焦慮，以及東西之間的歷史性緊張。

　　　　中國人是世界上最強者，因爲他見多識廣，凡事能看得開。看
　　得開是因爲他能看得眞。舊約裏一婦人聞前方兵敗，約櫃被奪，曰、
　　以色列的榮光去矣。約櫃是上帝對以色列人建國的約言所藏。中國
　　有夏禹傳下來的九鼎，至於殷周，皆奉爲建國的象徵，而到了要保
　　不住了，卻說是國之祚命在德不在鼎，比以色列人的對約櫃能看開，
　　就不致落膽。中國人是看任何事物皆有其理，而理並不限於任何事
　　物。〔註200〕

九鼎、約櫃等「物」和祭典儀式是文明的「造形」，也是必不可少的國族
的象徵符號，然而它們的「名」既由人所賦予，也可以因人而改變。中國人
和以色列人對於九鼎和約櫃的不同態度，決定了他們的文明能走多遠。雖然
要面對眼前的「現實」，但「現實」要以與之相即的「天道」的開闊境界才能
盤活。「即是像《紅樓夢》大觀園的悲歡愁絕，亦是有著大荒山青埂峰下靈河
畔的悠悠歲月爲其境界的。」〔註201〕——胡蘭成不僅以這套邏輯來排布各文

〔註199〕　胡蘭成：《聲的究極》，《中國的禮樂風景》，北京：中國長安出版社，2013 年，
　　　　　第 107 頁。
〔註200〕　胡蘭成：《借天之棒打人，亦要會奪天之棒打天》，《閒愁萬種》，北京：中國
　　　　　長安出版社，2012 年，第 91 頁。
〔註201〕　胡蘭成：《禪是一枝花》，上海：上海社會科學院出版社，2004 年，第 24 頁。

明古國的高下，並推舉中國爲第一，更將之作爲「處理」歷史和現實的問題的不二法門。

──首先是對井田制的看法。

　　如前文敘及，胡蘭成的政論和詩學主要建立在其「文明始源論」的基礎上。他常說中國人在渡過「大洪水」的劫難後，在新石器文明中「開了悟識」，既有文明的造形，又有理論的學問化〔註202〕。而歷史上，兩者最突出的表徵就是井田。在寫作《禪是一枝花》之前的一段時期，胡蘭成就關注了胡適與胡漢民、廖仲愷等人的井田制論爭。他指出，廖仲愷、胡漢民拘泥於對「事實」的概念化想像，自然會被胡適「豆腐千塊」的「數字化」的釋義所牽制。他本人則直接將井田的眞僞直接挪移到詩學和文明的層面去解釋。他證明「井田實有」的依據，亦有一定考古學依據和政治、經濟理論的支撐。在收入《華學、科學與哲學》的《文明正統記》一文中，胡蘭成認爲中國從未有過眞正意義上的奴隸社會，井田制就是重要的依據。「當時的是井田制規定了八口之家，百畝之田，若使用奴隸，則爲勞動力過剩，而收穫量不足以養活奴隸。工賈亦授田，同樣的受到限制。產業體制裏用不進奴隸勞動，縱有家庭奴隸亦不能是奴隸社會的。民國的考證家，說夏禹是一條蟲，說井田制是僞傳，但井田制是千眞萬確有過的，而且到周朝末年爲止，存在發展過幾達三千年之久。」〔註203〕

　　1938年到1940年先後在香港《南華日報》和上海《中華日報》任主筆期間，胡蘭成曾廣泛涉獵領域的知識，但主要依據仍然來自於其富含詩學特徵的。「歷史的建構性」看法，即歷史並非由事實，而由歷史觀所組成。「詩經裏描寫種田牧畜建宅，有這樣高興，爲希臘的荷馬史詩中所無。西洋的是奴隸社會，奴隸主視勞動爲下賤，而奴隸又怨恨勞動。中國沒有被奴隸社會所污損，皇帝亦親耕，皇后亦親蠶。後世採桑採茶的風景之美，皆爲西洋所無。此是一證據。」〔註204〕

〔註202〕　一些學者認爲，關於「新石器時代」和民族始源地的說法對於民國以來的思想界具有深遠影響。章太章、宋教仁等都曾據此研判楚文化的重要地位，宋教仁還曾經試圖以此扭轉中國文明不尚武功的一般印象。由於本文對此說未及核證，僅附注於此。

〔註203〕　胡蘭成：《文明正統論》，參見《華學科學與哲學》，北京：中國長安出版社，2013年，第16頁。

〔註204〕　同上。

如前所述，保守派和西化派的討論，往往有東方之「虛」、西方之「實」的價值弱勢感，胡蘭成卻認為，中國文明的精神既非阿拉伯數字所能涵蓋，又包含了可量化的數字原理。易學、黃老之學和禪宗在數字的問題上都具有實化虛、虛化實的能力。「萬法歸一，一歸何處」的「一」，「應該是一個省思」〔註205〕。如佛教中「劫」這個時間概念，可以等於四十三億二千萬年或「大梵天之一白晝」，但大乘佛教對其的解釋，是從「實」和「虛」「兩面包抄」的。從漸教的說法，「劫」是結結實實要經歷的漫長的時間，同時有相對於不同維度時空的不同換算法則；而從頓教的角度，無論多麼漫長的「劫數」也只是一念心的當下徹悟。《摩訶止觀》稱「利根者圓教下一生頓超十地」，《宗鏡錄》談「一念成佛」，《楞嚴經》的「不歷僧祇獲法身」，達摩則在《破相論》中，將由凡夫成佛所須經歷的時間——「三大阿僧劫」解釋為三大恒沙的毒惡之心。無數的「劫」，其實是無數的二元對立的意識心〔註206〕。凡此皆是從「頓教」的角度對線性時間觀和數字上的「唯名論」的解構。

從這一角度來說，胡蘭成既承認井田制是一種精神烏托邦，但並不認為這精神只是一場虛構。在本體論上，他和唐君毅一樣算是主觀心性論者，認為存在著一種態度（心），也就存在著與之相應的制度和社會（物）的「應然性」，而井田作為一種「融貫天地」、強調「無私之公」的自然態度，已經在《史記》等典籍中得到了充分的表述，那麼在精神上的層面上，它已經在古代社會發揮了作用。

> 太史公曰「諸子皆出於王官」，這一句話今之研究諸子者皆把來輕易看過。而如此即不知諸子與希臘思想家的一個重大相異處。希臘的思想家是，講哲學與幾何學物理學，就只講哲學幾何學物理學，而中國諸子則雖也講這些，但是還有其儒家、道家、法家、兵家、農家、名家、陰陽家的身份，此即是各有其從井田制王官的出身〔註207〕。

胡蘭成由此推論出整個「禮樂制度」在自然意義上的合法性：以四季運轉的自然規律來選擇官員，不論這種詩意的「自然哲學」實現的程度如何，

〔註205〕 胡蘭成：《心經隨喜》，北京：中國長安出版社，2012 年，第 3 頁。
〔註206〕 參見（唐）湛然：《摩訶止觀輔行傳弘訣》，三秦出版社，1995 年；釋延壽：《宗鏡錄》，西北大學出版社，2015 年，賴永海、楊維中譯注《楞嚴經》，北京：中華書局，2010 年；楊曾文：《菩提達摩四行論》，2006 年。
〔註207〕 胡蘭成：《閒愁萬種》，北京：中國長安出版社，2012 年，第 80 頁。

都體現了文明覺悟的本眞性。至少在《史記》中的上下文的邏輯來說，井田制作爲中國本土文明的「聖杯」，並不是胡適的「豆腐千塊」所能窮盡的。「井田制」和「大洪水」一樣，都是用來「興起」的「話頭」，不僅用來講述「起源」的故事，也用來製造文明的情氛。在政治哲學的意義上，它意味著文明上而非主權上的大一統，也就是章太炎等人皆心心念念的、不拘於二元對立的「無私之公」：「井田制八口之家，百畝之田，男耕女織，是一個完全的生活單位，包括產業、政治、與祭祀等全面。」〔註208〕這種整體主義的想像，是中國「黃金三代」的文明思想中沒有「奴隸制」、沒有「原罪」和「巫魘」的證明。他並且認爲，所謂「王氣」「民族的志氣」，就是從分有了「天道之公」的「井田」中產生。「中國往時的工匠稱小民或小人，譬如陶瓷匠，他們有何氣概，而其作品乃能如此雄大，自然而涵蓄，使今之陶藝者追思敬歎？……井田廢後，保證他們仍是王民的即在那統一的生活樣式，他們只要敬業，雖沒有自己的志氣，亦是生在那時代民族的志氣裏，所以他們的作品這樣大氣。」〔註209〕換句話說，歷代中國之民的「行動的大力」，從建造漢唐、開通西域與南洋海道，到歷朝天下大亂時的民間起兵，「其實是同一個力量，是早先從井田制培養出來的」，在現代，「清末民國到今天還是有民間的這大行動力的，最顯著的是表現於北伐，與對日抗戰。」〔註210〕

顯然，這種敘事並非建基於事實考據，而是建立在對「本體」的要求上。它使胡適那剛硬的數字化成了「繞指柔」，肯定了胡適的諸子論，也反駁了熊十力等人從「九流出於王官」引申出的「儒家正統論」。同時，其哲學——詩學的表述並不排斥以現代科學理性的理論框架進行「經濟」「制度」的討論，只不過時刻強調這種討論要以「文明」的「認識態度」爲前提。在《文明正統論》〔註211〕胡蘭成就以這種綜合性的方法分析了東西方歷史上的稅務制度，他認爲，印度的種姓制度並不意味著「奴隸社會」。這是因爲，以二元對立的心態出發的數字化的物質主義的觀念，必然與數字化的社會制度相應，而「無時分無方分」、「眾生平等」的印度文明並非如此。印度僧侶以平等的心態沿門托缽，無論富貴貧窮一路乞食而去；而西洋的僧侶要過活卻要靠徵

〔註208〕 胡蘭成：《中國的禮樂風景》，北京：中國長安出版社，2013年，第76頁。
〔註209〕 同上，第57頁。
〔註210〕 胡蘭成：《閒愁萬種》，北京：中國長安出版社，2012年，第82頁。
〔註211〕 胡蘭成：《文明正統論》，參見《華學科學與哲學》，北京：中國長安出版社，2013年，第16頁。

收什一稅。從這一點來說，胡適拘泥於「事實」的考據而喪失了文明的「意境」，正是「西洋思想」的結果。胡蘭成因而說，「民國的考證家」「北大的先生們不用功」〔註212〕。

> 西洋沒有一統的思想，故亦沒有一統的天下（……）至今西洋人於實務的學問只可是技術的，不能亦是哲學思想的學問的統一與完全。天下國家的統一與人世的完全，是惟獨從井田制出身的中國文明的體制有之，中國春秋戰國時諸子，是文明的學問化到了普遍而徹底的程度。而此亦是惟獨中國之所以有天下士之故了。所以太史公司馬遷的「諸子皆出於王官」一語，眞是極大的見識，而今之學者不知此雄大局面，他們的研究先秦諸子云云，又怎能不是貧弱的呢〔註213〕。

——其次，關於禪宗在中國和日本歷史上的作用。在 1961 年 10 月 31 日致唐君毅的信中，中，胡蘭成精簡地描述了他參解禪宗公案的心得，並將中國禪僧對中國的戰亂興亡的作用作了一番分析：在六祖之後，禪宗的幾次盛期都起於戰亂，如黃巢之亂、靖康之變和忽必烈的登臺，以及流亡宋僧進入日本並參與到戰國紛爭中的事略。胡氏讚美禪僧以剛烈決斷、殺伐兩活的方式來成全天道、隨順人事，「此事決非儒者所能」〔註214〕。

　　從井田制的「天下王官」，胡蘭成推出的是「文明國家主義」，他復興國家的理論以黃老之學爲筋骨，其「天下起兵」的敘述則通常自「黃巾起義」開始〔註215〕。如柄谷行人所說，黃巾起義是「基於道教的千年王國運動」，其後在中國歷史上每當王朝交替時，即發生類似的運動〔註216〕。而佛教自傳入中國後即與黃老「匯合」，成爲這類運動的理論支柱。從這個角度來看，胡蘭

〔註212〕　胡蘭成：《文明正統論》，參見《華學科學與哲學》，北京：中國長安出版社，2013 年，第 90 頁。

〔註213〕　胡蘭成：《閒愁萬種》，北京：中國長安出版社，2012 年，第 81 頁。

〔註214〕　胡蘭成：《禪是一枝花》，北京：中國社會科學院出版社，2004 年，第 188～191 頁。

〔註215〕　參見《華學科學與哲學》之《黃老篇》、《民志篇》。北京：中國長安出版社，2013 年，第 16 頁。

〔註216〕　佛教在中國和日本，都是作爲適合穿透各「階層」和血緣、地緣關係的普世宗教，適應於「世界帝國」的統治而被接受的。參見（日）柄谷行人《世界史的構造》關於「世界帝國」（第三章）和「普世宗教」（第四章）的相關論述。趙京華譯，北京：中央編譯出版社，2012 年。

成讚美「禪僧」，是將之作爲「文明」與「國家」相結合的象徵。他的敘述給了禪者在中日兩國的歷史中進行「撬動」和「點撥」的政治實踐的位置。這同樣使我們想到胡適賦予神會的功能。儘管胡蘭成也認同將「儒家中國」作爲中國思想的主流，但他不但不欲將佛教的功用分離出去，反而這樣解釋禪與士大夫的關係：「雖禪宗，亦還是要與士相接觸才好，像江邊柵中的水與柵外的水。唐朝如宰相裴休，北宋如歐陽修蘇東坡皆禮敬禪師。」〔註217〕

英雄和蕩子的形象都能輕易在唐以降的禪宗詩學中找到。然而與胡適的「打油詩」「諷刺佛教詩」的情感取向不同，胡蘭成認爲，這種詩意的表達裏有著對禪者的敬意。禪者在體制之外輔佐君王，乃是「接引」「起發」「點撥」歷史進程而不受「位」的限制。「豐臣秀吉只是做了個春天，而讓世人做春水春花。」〔註218〕《禪是一枝花》第七十三則裏記載了南禪洪州宗派的祖師馬祖道一（～788年）的事蹟。如果說，慧能、神會、懷讓這幾輩的禪師還在爲南禪打天下，這位馬祖則是真正讓「公案」「話頭」大盛於天下的人物。後世耳熟能詳的禪宗「三段論」：「即心即佛」、「非心非佛」、「平常心是道」，便出自馬祖。對於馬祖的精彩公案，二百五十年後宋仁宗時代的雪竇重顯禪師頌曰「日面佛、月面佛，五帝三皇是何物！」而胡蘭成評道：「原來雖人類的歷史，如五帝三皇，亦只是造化小兒的好玩兒玩出來的。」〔註219〕

此處要說明的是，禪宗指導通達佛道的方法主要並非語言。在南禪各宗派裏，「棒喝」「體勢」「圓相」等，由以聲音、動作、表情等隨機逗教，也成爲傳達禪意的一種風格和象形符號。由於宋代士大夫對於這些語言之外的「接引」方式的興趣，它們被轉化成了凝固的文字，並與原有的「問答」和「話頭」結合起來，逐漸發展成「公案」〔註220〕。

胡蘭成試圖在文字的層面重新恢復這些「聲音」和「姿勢」原有的「解脫功能」，並且引導人們想像這些語言所指涉的「動作現場」。他不僅強調中國文明中充滿太極八卦的動勢，「打」「玩」「奪」等攜帶著強勢能量的動詞，也是他的抒情詩學中的關鍵詞。如第十一則「黃檗大唐無禪師」，「禪僧的喝

〔註217〕　胡蘭成：《禪是一枝花》，北京：中國社會科學院出版社，2004年，第3頁。

〔註218〕　同上，第186頁。

〔註219〕　同上，第16頁。

〔註220〕　參見繼文、魏道儒：《中國禪宗通史》，南京：江蘇人民出版社，2008年4月，第545頁。

與掌與棒皆是中國的，印度沒有。禪僧的拂子原是晉人的塵。佛是雙手結印，拂子則是動的。禪僧還動到刀槍，如耶律楚材隨成吉思汗出陣，如姚廣孝說燕王舉兵。」〔註221〕他將這些動勢在中印禪學中參比，得出中國文明最智慧的結論。本是浩劫的對象的，卻能主客易位，主動的來參加這浩劫，這就是中國獨有的民間起兵天下皆反的觀念〔註222〕。在《禪是一枝花》第三十二則「臨濟佛法大意」中，他用這些動詞來解釋中國對日本抗戰勝利的緣由：「搦住他使他不得脫身，就是搿，就是擒住。抗戰本來是被動的，纏住他不放，卻換了主動，這裡就有個賓主互換。而於是給了他一個世界性的決定的打擊。而然後是托開。蔣總統廣播對日本以德報怨。因這『便托開』才可有新的開始。而如第一次世界大戰協約國打敗德國後，加他以天文數字的賠款，則是不知托開，成了張愛玲小說裏說的兩個屍首背對背拴著、沉到底。」〔註223〕——禪僧「打」出文明、小孩子「玩出」文明，動詞的選用乃是「中國文明能長生久遠」的關鍵。「天道無言」，人事則是「打」出來、「反」出來的。禪僧開悟時打破茶碗，英雄打出江山，歷史「如禪僧的棒喝，如戲臺上的蝦兵蟹將反著筋斗前進。」〔註224〕這個「打」和「反」既充滿「革命的浪漫主義」詩情，也難免有為自身的流亡處境辯護的意味。在《玉堂祭》一文中，他觀賞日本人的夏祭，看煙花一記一記打在夜色的山上，「把山也打出意思來，請山下也下來茶社喝茶吧」〔註225〕。

——再次，對現代以來的中國革命者的評價，特別是對孫中山與毛澤東。

　　胡適對禪宗的詮釋與他對國民黨政府的態度有內在的聯繫，胡蘭成的公案論同樣關係著他對中外政治思潮和派別的看法。他用「天道」（真諦）與「人事」（俗諦）的闡釋路徑來評判現代中國革命人物，特別是孫中山與毛澤東。初到日本，胡蘭成對中國時事的觀察文章曾頗受日本各界重視，特別是他的《毛澤東論》。〔註226〕。在他看來，毛澤東就如同「無名大志」

〔註221〕　胡蘭成：《禪是一枝花》，北京：中國社會科學院出版社，2004年，第45頁。
〔註222〕　胡蘭成：《閒愁萬種》，北京：中國長安出版社，2012年，第55頁。
〔註223〕　同上，第95～96頁。
〔註224〕　同上，第42頁。
〔註225〕　同上，第16頁。
〔註226〕　胡蘭成：《毛澤東論》（1951年發表於日本《改造》雜誌第32卷第4號，清水董三日譯，東京：清水書店），小北漢譯，《胡蘭成全集　甲輯　政論卷》（下）小北主編，槐風書社，2016年，第920～925頁。

的達摩，應於天命之機，但還沒有「扮演者」的自覺，而孫中山則是寶誌，知行合一。「孫文說行易知難，毛澤東是行之而不覺，故當初解放軍的勝利出於他本人的意外，而其後建設的失敗乃使他的理論指導一下子成了可疑的。」〔註227〕

「知和行」的關係是中國思想界在梁啓超、孫中山的時代就一直反覆探討的話題。胡蘭成認爲，重要的並非直接討論「知」與「行」之間的空隙，而首先應該分辨「知」與「行」所依據的是「天道」還是「人事」。如革命之機是天道，而「權柄」則是人事。「若把歷史之機看做只是在於權柄，那就差了。孫中山先生把大總統讓給袁世凱。他是雖然捨了權柄，但是握住了革命之機。惟有革命之機不可以放棄，若把來放棄，就等於放棄了歷史。這才是老子說的『魚不可脫於淵，國之利器不可以示人。』」〔註228〕在他看來，孫中山的「行易知難」實際上是「能知能行」的表現；毛澤東則是「應上了」天道運轉的規律才得以勝利。權柄是人事，而「革命之機」是天道。「因爲中國獨有其民間起兵的傳統，爲他國所無。毛澤東是行之而不覺。」〔註229〕正因毛的行事偶然與「天道」相應，人事上的計算籌量就算不到他的勝利：

> 明治維新運動當年志士們的見識可說是許多都錯誤，如反對幕府開港，即毋寧是幕府的理直，志士們的理非，可是理直者在理非者面前抬不起頭來。這使我想起政治如文章，那邊雖然理直，可是死的，這邊縱然理非，可是活的。再說中國共產黨昔年，其中央委員會的革命形勢判斷與行動綱領更是錯誤的連續，正統派反對派一般的無知，可是在與這些見識毫不相關的地方生出了毛澤東的紅軍，這更立證了見識的界限〔註230〕。

胡蘭成認爲，中國共產黨能夠從彼時的亂局中脫穎而出，使死水重新流動，是其農民和抗日政策「應了天」的緣故。然而他們原本只須像達摩一樣等待「結果自然成」，「寫一篇好文章，下筆如有神，事先不用擬定內容語句。何況是搞政治變革，確是必須步步生蓮花，一路超越自我地前進。」「中國人

〔註227〕 胡蘭成：《閒愁萬種》，北京：中國長安出版社，2012年，第5～6頁。
〔註228〕 胡蘭成：《禪是一枝花》，北京：中國社會科學院出版社，2004年，第194頁。
〔註229〕 胡蘭成：《閒愁萬種》，北京：中國長安出版社，2012年，第5頁。
〔註230〕 同上，第5頁。

在接人待物時，都是以『約於禮』爲常規，對於人民政府的關係，也只願是淡淡的君子之交。」〔註231〕而土地革命及其結果，卻是在應行「無爲」之時用了「重典」，被「現代產業社會」所拘，偏離了「天道自然」，強行改造「人事」了。

以上仍然是他無時不在宣揚的「反現代工業社會」的聲氣。須加以注意的是，與胡適評神會不同，胡蘭成對毛澤東的評判並無反諷意味。從話語的「動力」上來說，是因爲他沒有對宏觀的「歷史方向性」的執著。中國人既了悟天道無常就能夠接受失敗和殺伐，也因此具有「渡劫」的能力。對於革命中的暴力的價值評判，也只有從「天道」和「人事」兩邊包括，才能從死局中「轉」出來：「挨受劫毀的民間，與參加劫毀的共產黨員，工作隊的知識分子與非知識分子，似乎是分成了兩邊不同的人種，其實卻都是中國人，兩邊對於浩劫這個感覺是同的」「人殺人有罪，天殺人無罪，但是他們漸漸的也覺得自己是在扮戲了，人到底不能是天，至多是在天與人之際，所以會有明明知道自己在做戲的感覺了。這也只有中國人能如此，西洋人是認眞到底的。」〔註232〕

值得注意的是，廢名也曾在《一個中國人民讀了新民主主義論之後歡喜的話》裏稱「毛澤東就是孫中山」，其理由是，延安政權不僅對農民在中國歷史和現實中的基礎性位置有切膚之體驗，更依此而行事，援引「階級論」，正是王陽明的「知行合一」和孫中山「知難行易」的最新體現，與此同時，他也委婉地建議新政權能夠眞正爲「民」服務，也就是發揮「無爲」之治。

胡蘭成和廢名的這種論調雖然看上去是傳統主義者的老生常談，而比照此後逐漸常識化的「延安話語」邏輯卻顯得具有陌生感。這反過來提醒我們注意馬克思主義文藝中的「階級論」的政治抒情與傳統主義的密切關係。某一政權（人事）的勝利不是因爲其本身的理論和主義，而是其借了「文明」「天道」的氣運的講述方式，一直在建國後的「革命浪漫主義」和80年代新一輪的歷史反思中或隱或顯。胡蘭成對毛澤東的評價，與毛自己的「天若有情天易老，人間正道是滄桑」的理路正是相應。王德威曾評價胡蘭成的書寫是全面「抒情

〔註231〕　胡蘭成：《毛澤東論》，（1951年發表於日本《改造》雜誌第32卷第4號，清水董三日譯，東京：清水書店），小北漢譯，《胡蘭成全集　甲輯　政論卷》（下）小北主編，槐風書社，2016年，第920～925頁。

〔註232〕　同上。

化」的政治，字裏行間的已經帶有法西斯主義色彩，令人想起 T.S.艾略特、馬丁·海德格爾、艾茲拉·龐德、以及保羅·德曼等與納粹的唱和。同時他強調，胡蘭成是在東方的抒情系統內醞釀這套政治學說的。說他是「法西斯美學的中國代言人」「不符合他高傲的心性和思想淵源」，更有意義的問題是他如何在現代中國文學文化的脈絡中，醞釀自己的叛逆的詩學和政治學。」〔註 233〕可以說，胡蘭成的「天道」與「人事」說，是現代性的「抒情政治」和「政治抒情」的一個典型版本。但其「叛逆的詩學和政治學」的「自己的來源」——佛教、易學的理路，卻恰恰是被現代性的研究者們「割除」的部分。人與天地相親，始能順應天地之「機」；天道絕地，超越了對與錯的分判，如斬貓的南泉；然而人事仍然需要有其分判與應對，如同在「南泉斬貓」公案中，面對「當斬不當斬」的質問而耍賴的趙州禪師〔註 234〕；所謂歷史偉人，應是立於「生死瀕際」的「天與人之際」。這是胡蘭成化解糾結的歷史團塊的方式。而這個「立」卻並非「一分為二」的看問題，「界際」也並非意味著「天」與「人」之間還有可供緩衝的中間地帶。胡蘭成對「野狐禪」公案的解讀亦是對此的說明，也是面對此前章節中論述的「即」字的「墮落」問題的一種解決方式。對於某開了悟的禪師以「不落因果」一語而墮落狐身五百年、最後在百丈禪師的導引下，以「不昧因果」一語懺悔了罪行，方重得人身的「公案」，胡蘭成評道：如說不「落」因果，則違反了世間倫常道德，妄說「酒肉穿腸過，佛祖心中留」，如說不「昧」因果，內在於二元對立而無法超脫，雖然行善，卻只是不悟的凡夫。因此還要有一「轉」，超越這兩者，還在因果中，而不「縛」於因果——可以說，這種動詞變化完整地表述了佛教的整個結構脈絡：從「不落」、「不昧」

〔註 233〕 王斑和王德威分別在《歷史的崇高形象：二十世紀中國的美學與政治》（孟祥春譯，上海：上海三聯書店，2008 年）和《抒情與背叛：胡蘭成戰爭與戰後的抒情政治》（呂淳鈺譯，《臺灣文學研究集刊》第 6 期，臺灣大學臺灣文學研究所 2009 年 2 月）中描述過於 20 世紀西方法西斯美學和政治脈絡與中國的關聯。對現代資本模式的反抗和法西斯美學的關係，是「反現代的現代性」命題中極為重要的課題。拉庫拉巴等人對於海德格爾的解讀，對王斑和王德威也有重要的影響。參見（法）菲利普·拉巴特：《海德格爾、藝術與政治》，劉漢全譯，桂林：灕江出版社，2014 年。

〔註 234〕 趙州禪師的「回答」是將草鞋脫下來倒著頂在頭上揚長而去。參見（宋）圓悟克勤：《碧巖錄》，尚之煜校注，鄭州：中州古籍出版社，2011 年，第 324 頁。胡蘭成：《禪是一枝花》，北京：中國社會科學院出版社，2004 年，第 185 頁。

到「不束縛」，也就是從俗諦到眞諦、從對有爲法的「知」到「無爲法」、從「空」到「假」再到「非空非有」的「中道」之境。

　　　　不落因果是獸身，不昧因果是人身，而還須一轉是不縛因果
　　　（行於因果而得解脫），是如來身。這一個「轉」字即是天地未濟。
〔註235〕

　　野狐禪公案涉及到胡蘭成本人的「背叛」問題。如王德威所說，「終其一生，胡蘭成從未承認任何叛國、不忠的指控，反而振振有詞的訴諸思想的辯證與情愛的眞諦。這使問題變得更爲複雜。是胡蘭成背叛了抒情美學，抑或是他顯示了一種莫測高深的，抒情化了的背叛美學（alyricism of betrayal）？最後，胡蘭成的抒情美學必須涉及讀者的閱讀倫理問題。」〔註236〕只要還有一個實體性的國家或者女性被背叛，那麼這種修辭上的「詭圈」就會無限地增殖和衍生下去。這個問題，王德威或者不是不知道答案，而是他，或者我們都沒有勇氣突破這個被「詩學」「敘述」圈起來的圍場。

　　而胡蘭成並沒有這個顧慮。他所有的解讀都是自我辯護，但他本人並不眞的需要自辯。「扮演」一詞已經到了言說所能抵達的極致。言說本身是扮演，即如生活是扮演一般，並沒有一塊實體的「綠地」存在。在給唐君毅的信中，他諷刺新亞書院讓學生在後臺化妝，卻不能到前臺演戲〔註237〕。對他來說，意不意識到自己在演戲才是最重要的。即如廢名所說，「人生是夢，不是人生如夢」。有了對此的「覺識」，那麼扮演到底也是本眞到底，有了這樣的覺識，才能既依從於因果的規律、背負責任（也可以說是背負「現代性的業報」〔註238〕），同時又從罪感的隱影中「轉出」天地未濟。

〔註235〕　公案其事：百丈禪師講經，有狐來聽，曰：前生爲僧，以答人問，云『不落因果』，遂五百年來墮爲野狐身，今求和尚爲開脫一語。」百丈云：「不昧因果。」其狐遂死，葬以僧禮。是夕，百丈爲諸弟子說此事已，弟子中有黃檗者，徑上前擊師一掌，百丈視之，黃檗亦對視，二人大笑。胡蘭成的評述，參見1961年10月3日，胡蘭成致唐君毅第五十四封信，薛仁明主編：《天下事，猶未晚——胡蘭成致唐君毅書八十七封》，臺北：爾雅出版社印行，2011年，第188～191頁。

〔註236〕　王德威：《抒情與背叛：胡蘭成戰爭與戰後的抒情政治》，呂淳鈺譯，《臺灣文學研究集刊》第6期，臺灣大學臺灣文學研究所2009年2月，第32～73頁。

〔註237〕　薛仁明主編：《天下事，猶未晚——胡蘭成致唐君毅書八十七封》，臺北：爾雅出版社印行，2011年，第148頁。

〔註238〕　參見林鎭國：《形上學、苦難與歡娛的佛教》，賀照田主編：《東亞現代性的曲折與展開》，《學術思想評論第七輯》，長春：吉林人民出版社，2002年，第191頁。

二、反諷與偶然：歷史是「我」

如上，胡蘭成認為，經典可以如神會一般偽造，自我也可以如梅蘭芳一般扮演，只要造出來、演出來的是「本體上的真」。「時節因緣，對世人要應病與藥。如達摩見南朝佛事侈汰，其答梁武帝問便說造寺寫經度僧，並無功德。所以雖是勸人為善，亦要見人說人話，見鬼說鬼話，而且今天必要是說的今天的話。」〔註239〕

今天必須說今天的話，是胡蘭成自認能走出「禪學案困局」的最後一步。胡適為了讓歷史敘述滿足於他的「科學」「理性」觀念而強將重負堆積到神會身上，神會的「個人」理性也因此被「歷史」理性所玩弄。「個人」完全被作為「他者」的宏觀歷史和歷史目的論所掌控，這種理性主義的認識論範圍上的矛盾，正是現代性的神學邏輯的表徵──「歷史」是過去之物，對於「前人」，「後人」具有絕對的精神權威，然而歷史敘述本身卻抹去了「後人」的主觀視角。

就此而言，胡蘭成強調，歷史是不能被「觀念」所框定的。「事實」雖然可以考據，但考據的功能卻不是為了鎖定「事實」的意義──意義之箭已射出，回到原地尋找是徒勞的。「達摩西來」的公案之後，雪竇禪師的頌和圓悟禪師的注解，所表達的正是對博物館式的歷觀念的拆解，而胡蘭成本人對此的進一步解讀，更是面對胡適而言：「聖諦不過是箭跡，人家箭已射過新羅國去了，你還在這裡問跡？對朕者誰？是像張騫的乘槎到了銀河見一女子，亦不知是織女，而等後年問了嚴君平知道是織女，他已不能再來了。但這一對面，世上已千年，所以注云：『腳跟下草已數丈。』」〔註240〕「五四運動時胡適之說打倒舊禮教……當時自有當時之機與當時之事，你若今日仍來順著說，就不親切了。」〔註241〕

禪宗語錄只是「箭跡」，離開了彼時的情境，「意義」就發生了變化。易言之，歷史不能在「過去的事實」中找，也不能求其確定性的結果，留下的、並且仍然持存的，只是歷史寫作者、考察者和閱讀者的精神氛圍，這是胡蘭成反覆表達的歷史觀的一部分。對他來說，要避免「文明國家」走向「國家主義」的專制性，需要糾正的便是那種隨時會將歷史「必然化」的傾向。

〔註239〕 胡蘭成：《禪是一枝花》，北京：中國社會科學院出版社，2004年，第20頁。
〔註240〕 同上，第2頁。
〔註241〕 同上，第52頁。

　　無論在胡適、鈴木大拙還是胡蘭成那裡，「主體」與其所成就的「歷史大勢」之間都具有無法掌控的偶然性。如果把「歷史」和「文明」看作是宏大的、確定的、不可動搖的過去之物，偶然性就會被視爲一種威脅，需要被隱藏到敘述的「幕後」。胡適發現神會的過程中對偶然性的排斥是顯而易見的，這種排斥必然產生反諷。相反，如果敘述者能夠承認偶然性的存在，反諷也就消失了。在鈴木大拙的禪學表述中，禪以其不均衡的美學面貌出現，其內在精神就是抓住偶然，而發現其中含藏的必然。胡蘭成則進一步將鈴木的思想主題化，強調偶然性「倒是正解」〔註 242〕。

　　正像胡適偶然發現神會，西田幾多郎偶然發現《無門關》一樣，文明本質的宏大想像往往是由歷史的邊角料生發而來；歷史「轉折」的關節點充滿了「險決」之眞，「差一點織田信長就敗於桶狹間，差一點明治維新就沒能成功，差一點聖德太子與芭蕉就沒有來到世間。天意的不增不減是偶然的，是歷史的幸運。」〔註 243〕

　　然而，如果一味地爲「偶然成就正史」的邏輯開解，也會遭遇到另外的問題。比如：「遊戲」和「扮演」如何能避免虛無主義的玩世不恭？

　　這樣的問題在「蘇曼殊神話」中就已經出現過。而在胡蘭成發表言論的70 時代，西方世界的後結構主義理論也在同樣的意義上受到批評。解構理論製造了一場又一場的「敘述革命」和「文化革命」，但其對「偶然和反諷」不求甚解的結果，卻製造出了玩世不恭的現代犬儒主義和虛無主義。當其反對工業資本主義的革命性能量耗盡之後，其反啓蒙理性的歷史目的論的姿態也凝固下來，變身成一種與全球化消費社會的邏輯相適應的新的本質主義。後馬克思主義學者特里・伊格爾頓曾針對 60 年代以降歐美文學和文化政治理論中嬉皮士的遊戲化傾向做出嚴厲批判：「通過描述一個確實不存在救贖的世界來減輕這種緊張……這就是後現代主義的後悲劇領域。」〔註 244〕虛無主義成爲一種「遺忘的政治」，一種「更狡詐的、消費型的資本主義」，它消費的是「僞東方主義」等文化。「後現代主義對規範、整體和共識的偏見是一場政治大災難」，因爲在沒有什麼可以再破壞之後，「非規範已成了規範」〔註 245〕。

〔註 242〕　胡蘭成：《禪是一枝花》，北京：中國社會科學院出版社，2004 年，第 113 頁。
〔註 243〕　胡蘭成：《心經隨喜》，北京：中國長安出版社，2013 年，第 92 頁。
〔註 244〕　（英）特里・伊格爾頓：《理論之後》，商正譯，北京：商務印書館，2009 年，第 57 頁。
〔註 245〕　同上，第 16～17 頁。

嚴肅的上班族就是曾經的嬉皮士，後結構主義的「遊戲神通」所造成的反彈也許使國家主義更加固化了。

前文已敘及嬉皮士文化與鈴木大拙等人的「東方禪學」的關係。據胡蘭成考證，日本和美國的嬉皮擺上樂器而無演奏，便算一曲完畢的前衛音樂，正是從《碧巖錄》裏「傅大士講經」一節學得來的。但學得「皆似則似，是則未是。分別在於：禪也講打破，但是禪知『無』，知動之機；前衛講打破，卻是沒有一個『無』。前衛主於動的造形，而不知動之機自『無』而出。前衛徒然追求新奇，但其本質已非，無源之水，流不長的。」〔註246〕

到目前為止，除了摒除宗教徒的立場和將「賓主」易位到中國之外，胡蘭成與鈴木大拙的基本觀點都是一致的。然而，正是在伊格爾頓所提出的問題的癥結之處，我們才能看清鈴木的問題，以及胡蘭成在面對這個問題時所做的工作。

偶然性本身並不構成反諷，關鍵在於排除自我的偶然。如前述，禪的思想、無的思想、東方的思想，在西田幾多郎和鈴木那裡常常是劃等號的〔註247〕，而追索《碧巖錄》在中日之間流轉的命運，會發現這個等式的建構充滿了偶然性。「無字」公案主要是趙州禪師所宣，然而在《碧巖錄》裏，雪竇的百則頌古並沒有對「無」加以特別的強調。西田的「絕對無」思想根源於公案禪語錄《無門關》，而且僅是其第一則〔註248〕；《無門關》在中國的禪語錄中地位並不重要，它是受到《碧巖錄》影響而「偶然出現的一本書」，西田也只是偶然讀到了它，就從中建立了近代日本哲學中影響最大的思想體系，該體系則進一步影響了竹內好在60年代的「以亞洲為方法」的理論，乃至著名的「竹內魯迅」的形象建構。而西田和鈴木的問題在於，他們恰恰未能察覺他們自身在建構這一表述體系時所遭遇的偶然性。

在與胡適的辯論中，鈴木一直強調禪來自於生活本身，來自於「內心」，來自於自己本具的「佛性」，公案是直指人心，見性成佛的工具。但鈴木並未讓他的聽眾深刻認識到，這個「心」和「性」必須先是「我」心。參禪最終

〔註246〕　胡蘭成：《禪是一枝花》，北京：中國社會科學院出版社，2004年，第180頁。
〔註247〕　參見（日）柳田聖山：《禪與中國》，毛丹青譯，北京：生活·讀書·新知三聯書店，1988年。
〔註248〕　（日）柳田聖山、梅原猛：《關於禪的對話》，《禪與中國》，毛丹青譯，北京：生活·讀書·新知三聯書店，1988年，第183～184頁。

是「我」的覺悟，「我」不是任意的，它是唯一的，是不能縮減、不能對象化的「我」。偶然性是唯一之「我」的偶然，而真正的普遍性的平等，也只能建立在這個「我」的基礎上，而鈴木禪學在其大眾化傳播的過程中，卻減弱了對這個所歸處的說明（一個原因是，「我」很自然地被與「個性主義」「存在主義」混淆起來）。

胡蘭成認為，對「萬法歸一，一歸何處？」這類「話頭」，如果回應以佛教本體論的那些「標準答案」，如「歸於『無』」，就很可能「不及格」。因為「那是觀念邏輯學的話，一點意味也沒有」〔註249〕。有趣的是，五祖弘忍對於慧能那超越於師兄神秀的著名偈子——「菩提本無樹，明鏡亦非臺，本來無一物，何處有塵埃」的評價，也同樣是「未能見性」。儘管在後來的「南禪神話」中，五祖的這句批評被認為是對慧能免遭師兄弟嫉害的掩護，但從所謂的真如「本性」來說，慧能的「空」亦只是對神秀之「有」的一種解構，它本身並非究竟。後世對於慧能答案的推崇和「標準化」，與嬉皮士文化對偶然性的任意使用一樣，走向了另一個極端。

綜上，胡適與鈴木的禪宗案說明的，仍然是現代思想界最常見的問題：在普遍主義的建構中，對「特殊性」的強調往往被架空：「我」的任意化造成了「我」的消失。

針對於此，胡蘭成的每一則公案禪解都有相同的結構，那就是既反對「過去」崇拜，又反對「未來」。他的「歷史」總是正在進行著的故事，並且時時刻刻皈依「我」的經驗。他的根本觀念是：所有對「歷史」和「未來」的想像，一定要收束於「我」。

在《碧巖錄》中，雪竇禪師對達摩公案的解讀是：「雪竇禪師顧視左右云：『這裡還有祖師嗎？』自云：『有。喚來與老僧洗腳！』」胡蘭成就此評論道：「這就不像佛經說的盲龜浮木難再相逢，機是花發今年枝，而且好人好事必定是與我有干係的。」「達摩去了，這裡有志氣亦何必追？雖然相憶，豈不聞江山代代出英才。」〔註250〕

這是胡蘭成對歷史的「隔空應答」。從某種意義上說，它也可以看作是對中國禪宗自六祖慧能以來「以心印心」的「傳燈錄」傳統的一個接續。像他對唐君毅所言，他讀公案，原是「當閒書看，如同看六朝文」，也像周作人自

<hr />

〔註249〕　胡蘭成：《禪是一枝花》，北京：中國社會科學院出版社，2004 年，第 133 頁。
〔註250〕　同上，第 2 頁。

言「非專業」地讀佛經，卻得了心靈相契，自稱「與那班禪師是『同居長干裏，生小不相識』」〔註251〕。

這種自信並非空穴來風。如前所述，胡蘭成得到了林谷芳等禪者的贊同，是因為從其文本來說，他的確能夠瞭解「禪」在結構上的性質。從美學的角度，他也抓住了禪宗詩學的特性，並且沒有曲解禪本身的精神。其要害在於，公案不是寓言，儘管它保留著轉化成寓言的可能，但勢必會掏空它原本具有的「現場性」。而胡蘭成並沒有將公案當成寓言來讀。〔註252〕他知道「公案」是特殊性與普遍性的結合，既是「我」自己的事，又是發生於任何地方的事。但「一即一切」並不僅僅是詩學理論，而要落在自我的感知之中。即如廢名的「本地風光」是對空間上的精神烏托邦的「即時性」的詮釋，胡蘭成的「代代出英才」不僅意味著歷史是「正在進行」的，也呼應著他對公案中所蘊藏的「公與私」的關係的理解。

回顧學者汪暉對章太炎的哲學──政治構想的解讀：看上去最極端的個體主義，實際上正是源於絕對的、自然狀態的「無私之公」。而要用詩學的方法來說明「東方哲學」在「一」與「多」相互涵攝的圓融關係，沒有比公案禪更為適合的了。公案的核心在於「公」的含義。其中，「從哪裏來、到哪裏去」「何為生命之本」「何為生死解脫」這類本體論哲學，當然是「公」的普遍性所在，但提出和解答問題的方式卻無法重複。如禪師們常說的，如人飲水，冷暖自知。在這一意義上，「公案」之公，也是絕對之私。

正因「我」是偶然的和個體的，歷史才能從先驗論中解放出來。胡蘭成的達摩以「無名大志」避免了歷史主體的實體化和歷史目的論，馬祖用「遊戲」和「扮演」化解了歷史的嚴肅性，以及作為個人的主體和作為總體的歷史之間的二元性緊張關係。南泉斬貓是「天人之際」，寶誌則既知天道，又知人事──這是胡蘭成以「禪解」的形式對時代的哲學和思想命題所做的左右逢源的應答。然而如果對馬祖的想像只停留在「扮演」和「遊戲」，就無法擺脫「虛無主義」的嫌疑，而寶誌所代表的「圓融評述」則難免又會落入到新儒家的「體用不二」和胡適的「理性」「客觀」的陷阱中去。

避免政治哲學和文化哲學的這兩種困局，才是重解胡蘭成「參公案」的真正意義，同時，它也是胡蘭成所建立的「文明禮樂」故事的歸依處。在1961

〔註251〕 薛仁明主編：《天下事，猶未晚──胡蘭成致唐君毅書八十七封》，臺北：爾雅出版社印行，2011年，第124頁。

〔註252〕 同上，第124頁、188～191頁。

年給唐君毅的信中，胡氏引用他所聽的山本玄鋒禪師講經的句子，「一切諸經，皆不過是敲門磚，是要敲開門，喚出其中的人來，此人即是你自己。」〔註253〕

　　他據此找到了從所有「公案」的牆壁中衝殺出去的方法，就是永遠不忘記「我」的經驗。以第十二則「麻三斤」的解讀爲例：

　　　　【舉】：僧問洞山：「如何是佛？」山云：「麻三斤。」圓悟著語
　　　云：「指槐罵柳。」雪竇頌云：「金烏急，玉兔速，善應何曾有輕觸。
　　　展事投機見洞山……」〔註254〕

　　胡適將此視爲「不說破」的原則，鈴木大拙則認爲「麻三斤」是祖師對於「當下生活情境」的「如實如是」的回答。而《碧巖錄》的作者、也是公案的第一解讀者圓悟克勤所批判的對象，實際上也包含了胡適和鈴木的解法。

　　公案要說的是「如是」，「如」不是假設，「就是這樣」才是它最主要的含義。禪者參公案的目的，是堵住以「有爲」、「邏輯」的心去問「爲什麼」的習慣，它提出問題，卻把所有從理性思考得出的「答案」都「打死」，最終讓「是」在心中爆裂開來，「虛空粉碎，大地平沉」，證悟解脫。在這一終極的意義上，所有的公案都是「困法」，然而它作用的目的和範圍顯然於胡適「解決具體問題」的「困法」不同。可以說，放棄理性思考是禪宗公案所設置的基本困境。參禪者自然不能以推理的方式來解讀前人的開悟場景，但試圖以「無我空觀」這些佛教現成的答案來回答問題同樣是死路一條。圓悟克勤批判了「空」「有」「非空非有」等所有的「正確」答案，歸根結底，這些答案都充滿了「人我」和「法我」的執著，也就是真理在手的傲慢，以及想「獲得正解」的欲望。

　　在此情形下，胡蘭成找到的方法是：無論怎樣，都要將問題的死水轉化爲其他的東西。在引用了《碧巖錄》的原文之後，他開始了自己的解讀：

　　　　此刻我要來寫，卻想起從前一段事：有男子陪女子從東京去橫
　　　濱，兩人立在擁擠的電車裏，男的面對她，喜愛她是個現代的漂亮
　　　女子，只覺越看越近，越看越喜，越看越是她，越看越是我。而她
　　　叫他叔叔，什麼都是真的，什麼都是不對。兩人一路說話，他想要

〔註253〕　薛仁明主編：《天下事，猶未晚——胡蘭成致唐君毅書八十七封》，臺北：爾雅出版社印行，2011 年，第 188～191 頁。
〔註254〕　胡蘭成：《禪是一枝花》，北京：中國社會科學院出版社，2004 年，第 45 頁。

説的是我與妳此刻這樣的在一起，而他卻來説蘿蔔。電車飛掠過軌
道邊的地裏種有蘿蔔。他道：「小時跟在灶頭看我母親把蘿蔔切成半
月的一片片做湯，單加了醬油，什麼作料都沒有，晚飯桌上擺出來，
此時簷頭也正有半月出來了，我喜歡湯碗裏的一片片蘿蔔，薄薄的，
透明的。」電車搖搖的，他説時眼睛盡看著站在面前的她，千言萬
語都説不著她。這一天眞正是「金烏急，玉兔速」。這蘿蔔即可比那
麻三斤，如雪竇説的善應何曾有輕觸。她若有所覺，亦只是一個疑：
不會吧？〔註255〕

　　直接用一段仿若言情小説的段子來「解」公案，已經是從那個問答的「對
境」中「殺」出去了。然而「公案」之間是橫向聯繫的。胡蘭成的「解」中
提到蘿蔔，乃是呼應著另一則公案「趙州蘿蔔」而來。其事爲：有人問趙州
和尙「你見過南泉禪師？」州答：「鎮州出大蘿蔔頭」〔註256〕。這是典型的「所
問非所答」的「公案套路」，即如本則「如何是佛？麻三斤」一樣，其「設機」
並無秘訣，只是像雪竇禪師説的「指桑罵槐」罷了。但胡蘭成的解釋顯示，
答辭雖然都出於「偶然」，卻並不「隨便」。聯想總是有其特定情境的。談戀
愛而説蘿蔔，就像《詩經》的問桃花答婚嫁。這是胡蘭成常説的「起興」，旁
逸斜出。但那「蘿蔔」説出來之後，卻又轉成了童年的記憶，帶著童年記憶
的「他」，現在正在這個「戀愛的現場」，這個搖晃的電車裏呢。

　　這再一次標明了，「歷史」是時間「空間化」的結果。時間不僅是一個「名
相」，不僅是「象」，還有其「形」。月亮和薄薄的蘿蔔片是一種象形的比附，
但重要的是，那是「我」自己的童年回憶。

　　這一段優美的描述也正對應著鈴木大拙的公案禪理：「禪，沒有歪理，沒
有語言遊戲，更沒有詭辯」〔註257〕。公案裏的「亭前柏樹子」「吃茶去」只是
日常生活而已，是禪師們將生活轉成道用後所留下的痕跡。但要理解這些痕
跡，回不去古人的生活，唯有在自己的生活中去尋找：禪的美來自於經驗，
但這經驗只是「我」的經驗。（以唯識學的框架，「事出必有因」，蘿蔔、戀愛
和童年的味覺與視覺，都儲存在「阿賴耶識」中，隨時準備著被提轉出來。）

〔註255〕　胡蘭成：《禪是一枝花》，北京：中國社會科學院出版社，2004年，第45頁。
〔註256〕　同上，第89頁。
〔註257〕　（日）鈴木大拙：《禪者的思索》，未也譯，北京：中國青年出版社，1989年，
　　　　　第29頁。

　　以「寶誌」、以「孫中山」、以「孫悟空」、以禪僧或蕩子的形象，都可以映像和比擬自己，但這些比擬都不能將「我」徹底消解。它們是一個又一個的舞臺面具。

　　眾所周知，胡蘭成散文最強烈的風格化特徵，就是他總是不斷地談到自己。在對歷史的解讀中不斷摻入個人經驗，這在正統歷史學者那裡不可容忍，更被胡蘭成的反感者視爲極度的自戀，然而他本人表示，這是避免犯下「追逐箭跡、刻舟求劍」的最佳方法。在第九十七則「金剛經云若爲人輕賤」中，他評述「雪竇禪師這樣讀經解經的方法，與今天學校裏教師的講要切題甚是不合。他的讀佛經只是聞風相悅。而他的解經則是創造。你若要說他是杜撰亦得。然而歷史上的事，當交代之際，譬如出的序題是唐朝，而出來的答案卻是宋朝。國父的偉大，便亦在於他的不切合於清朝出的序題，而只答他自己的新題。」〔註258〕

　　顯然，評述雪竇禪師的解經是「新題」和「創造」，也是對自己的禪宗新解的自贊。胡蘭成的這種無所不在的自戀與郁達夫這類「國族隱喻」式的「私小說家」相比，有一個步驟上的致命差別：前者直接用小說主人公所受的愛情挫傷來隱喻和召喚國族的悲情主義：「祖國啊，你快強大起來吧！」儘管作者本人的經歷與小說主人公是幾乎可以完全對應的，但兩者卻不能同時出現，它們是相互替代的轉喻式的關係。當問蘇曼殊「我是誰」的時候，他會迷失於「是中國人還是日本人」的身世之恫中。這個依附於一個「生滅」「有爲」的社會屬性的「我」，並不是最後的、不能消化的那個唯我主義的「我」。

　　而在胡蘭成那裡，先有不能被喻體所掩蓋的「我」，才可以在此基礎上建設「自我」和他者、和共同體、和世界的種種象徵性和普遍性的關係。

　　在「我」與「情境」之間，是有一種間隔的，這種間隔或許就是「即心即佛」的那個「即」字，也是「體用不二」的「體」和「用」之「間」的那個東西。直接投入「情境」（不論是「歷史」還是「民族」，還是「公案」中的故事）的水池中，一個會游泳的人也可能一下子忘了自己本有的能力，而在水中胡亂掙扎；而如果想到「我」，情境就變成了「我」的「用」。這也是法演的「賊喊捉賊」的故事所可能傳達的另一重含義。

　　上述例證中的月亮，在「普遍性與特殊性」的關係中走了好幾遭：它首先是公案中的「月亮」，一個普遍性的時間——視覺——詩學標誌，而解

〔註258〕　胡蘭成：《禪是一枝花》，北京：中國社會科學院出版社，2004年，第240頁。

讀者通過它架起了一座夢幻般的浮橋：「蘿蔔」這個場景是在《今生今世》中出現過的，它是胡蘭成「自傳」的一部分。由此參比，這個「他」的確就是「我」。「他」在那個晚上所看到的月亮，在「想像界」（歷史）中打上一個實在界（自我）的標記。其次，在對「國族」的觀念性思考中，月亮才進一步轉化成「國族的美學」，借著這種「普遍性」，情境切換到東京到橫濱的車上，這個場景令人想到張愛玲的小說《封鎖》。熟悉張胡之緣的人皆知，胡蘭成正是通過閱讀這篇小說與張氏結緣的。橫濱的電車的時代情境是「戰後日本」，與《封鎖》中的「抗戰上海」對應了起來。它是普遍的，關乎所有的男女；也是特殊的，他和這個女人——他和張愛玲的相遇。當他們的情事成為文壇故事的一部分之後，在這個新的場景中，他的流亡生活也在雙重意義上被再現了。

童年的月亮、橫濱的電車，都是與歷史相「親」的方法，一個是與「禪宗史」，一個是與「現代中國史」。最後，它又回到了唐宋公案的場景中：金烏玉兔穿越如梭，歷史的時間，也就是「我」的時間。

通過這種機巧的時空轉換，歷史的問題被轉換到了當下，「他們」的問題也被轉化為「我」的問題，並在「我」的情境中獲得了解答。與此同時，它更新了公案，把公案中的「心」傳遞了下去——這是「傳燈錄」本來的意義。

歷史敘述的這種「多層性」與「唯我性」，就是胡蘭成自認為能夠超越「禪宗案」中兩位主角的地方。他認為，胡適和鈴木大拙這樣的哲學家，也包括湯因比這樣的文明論者對歷史和文明的解讀，都在圓悟克勤早已預料到的那些「錯誤答案」裏徘徊。他們的真正失誤，就在於忘記了問題乃是「我」的問題。胡適無視於禪自身的特徵，鈴木則模糊了不同歷史之間的差異。二者都將自我的特殊性隱藏在某種普遍性的面具之後。而胡蘭成「本真的英雄」，也因為「歷史是我」，創造了「既是歷史的」，又是「個人」的同時性。

我們都是歷史的「公案解讀者」，分析和講述的內在動力都是「我」，答案都是在「我」的自力造作的欲望中產生的，然而在解讀者拼命索解時，卻忘記了這個出發點。神會是隨著史料的發現而偶然被抓來的人物，胡適在他身上押上了歷史主體的全部重量，甚至無暇顧及基本的史學原則；西田幾多郎偶然拿起《無門關》建立了「絕對無」的思想，偶然性和「我」卻早已消失在他們所秉持的「真理」和所發現的歷史邏輯之中。胡適將「儒家」和「美國工業主義」的自我情感隱藏在神會這張以客觀為名的、反諷的面具下，鈴

木將禪宗普遍化以便於它的傳播，卻讓人忽略了它是（日本的）（鈴木的）禪這個維度。

　　引入「我」，是同時衝破「實證的歷史」和「超歷史的神秘主義」之間的唯一路徑。

　　將歷史（公案）的形式和內容消化於自我的、私人的體驗之中，而歷史（公案）最終也只有在「我」的體驗中才能傳達出來。這就是胡蘭成版本的唯意志論：「俺在高高處行，深深處隱，平平處夢，若無高高深深平平處，可曾有俺？答：高處深處平處乃因俺而有，非俺因高處深處平處而有。」「處」可碎，「我」擊碎不得，因爲「我」即是大自然的意志〔註259〕。

> 　　天無二日，世無二主，畫八卦的只有一個伏羲。他是像一株芙
> 蓉生在雁蕩山最高處，便只是這株芙蓉花開得自在，此地沒有佛，
> 沒有法，沒有祖師，也沒有英雄美人，但又是什麼都沒有失落放過。
> 但這株芙蓉花亦即是英雄美人的現在身。有人重重憂患，但他的人
> 亦還是生在無憂患處。〔註260〕

　　這就是「絕對無」本體論哲學的又一種詩學表達，是《禪是一枝花》這一標題的緣起，同時也是胡蘭成「革命」「詩」「學問」的形象綜合。隴菲在《我觀胡蘭成》一文中，談到胡蘭成的《建國新書》的主旨，是秉承孫的「革命尚未成功，同志仍須努力」遺志，展現中國禮樂風景的搖曳新姿，「如懸崖的花枝，向風試探。」〔註261〕在那個「什麼也沒有放過」的「自在之處」，「我」所有見聞覺知的資源，無論來自公共還是私人的領域，無論來自感官還是理性，都可以被靈活運用，其各自的來源卻仍清晰可辨：選取任何一點，又都可以牽延至全部，無有不足。引入「我」的經驗，意味著對詩學、哲學、歷史、政治等各觀念領域的「激活」，特別是詩學。第一章敘及的「莊禪詩學」的套路化，與儒學的「體制化」乃是關於同一個歷史過程的不同表述。具體到公案禪同樣如此：從宋代開始，公案禪逐漸成爲一種大眾流行文化現象。《天聖廣燈錄》《建中靖國續燈錄》等已經有了官僚佛教的意味，到了南宋，王山十刹一類的國立寺院，都帶有政治性國家體制的色彩。禪院問答已經形式化

〔註259〕　胡蘭成：《禪是一枝花》，北京：中國社會科學出版社，2004年，第218頁。
〔註260〕　同上，第19頁。
〔註261〕　參見隴菲：《我觀胡蘭成》，薛仁明：《胡蘭成：天地之始》，臺北：如果出版社，2009年，第315頁。

和知識化，並培養體制內的知識分子。「我」的經驗性成分被撤除後，批判人生的任務就從唐代的禪學中退縮下來，移交給了宋學。如同柳田聖山所說，公案變成了心理主義，失去了光。〔註262〕

胡蘭成的詩學和思想成就，在某種意義上，不僅是如王德威所說，是在中國自身的文化文學傳統中對「現代性」的問題的演繹，同時，他也對這個傳統進行了「革命」性的接續。《禪是一枝花》不僅是對「公案禪」的延續，也將「賦、比、興」從現代的《詩經》解讀和「古典文學教育」中解放出來。他的「詩學」原理萬變不離其宗，而「內容」則可以就地取材，演化無盡。達摩的故事還有後續：過江後，這位印度禪僧曾被同行的和尚毒害數次。對此，胡蘭成這樣「贊」：

假如我能畫畫，我要畫出少林寺的達摩如雁蕩山上的一枝花。

德山禪師見溈山禪師的這一則，雪竇頌曰：「雪上加霜！」但為佛法就有這樣的激烈新鮮。〔註263〕

有趣的是，與胡蘭成生活在同一時代的、那位將禪學應用到「後結構主義」理論中的羅蘭·巴爾特，在巴黎高等研究院的課堂上，曾被學生指出對禪宗佛祖「拈花微笑」故事的知識錯誤。對此巴爾特的回答是：知識從來沒有連貫性。「我」對「作為一些教義的、系統的、歷史的本體」完全不瞭解。「佛祖只是一個名字，如同一個小說人物的名字一樣。那本來可以是我本人……我之所以選擇佛祖，是因為我想送給他一枝鮮花！因為我很喜歡佛祖。可是，什麼是熱愛佛祖的最佳方式？是從歷史出發，還是從我的現實出發談論他？是依照他的生平，還是根據我的生活？」〔註264〕

巴爾特與學生的問答無異於也是一則公案，它很像胡適、鈴木和胡蘭成的故事的縮略版，也讓我們回到本文的問題中：索解歷史或「民族」等宏大命題，一定要收到不能縮減的「我」（那就是萬法所歸的「一」），但如何由「我」再（從敘述中）回到萬法？

「文明」的基調已定，藍圖已畫，關於「我」「現在」應該做什麼的問題，

〔註262〕 （日）柳田聖山：《禪與中國》，毛丹青譯，北京：生活·讀書·新知三聯書店，1988年，第169頁。

〔註263〕 胡蘭成：《禪是一枝花》，北京：中國長安出版社，2013年，第20頁。

〔註264〕 （法）羅蘭·巴爾特：《中性》，張祖建譯，中國人民大學出版社，2010年，第97～98頁。

胡蘭成最清晰的「回應」蘊含在《禪是一枝花》第五十三則「馬大師野鴨子」〔註265〕中。全文的敘事脈絡如下：

——其事為：馬祖與其弟子百丈看到野鴨子飛過。師云：是什麼？丈云：野鴨子。師云：什麼處去也。丈云：飛過去也。大師遂扭百丈鼻頭。丈作忍痛聲。師云：何曾飛去。

——對此，雪竇禪師的頌古詩是「野鴨子，知何許，馬祖見來相共語。話盡山雲海月情，依前不曾還飛去。」並下批「欲飛去，卻把住。道！道！」

——胡蘭成評說：雪竇的頌，其詩如靜物畫，下面必動起來：將飛去的鴨子一把攬住，讓人喝采「好本領」，但是下一手又怎樣呢？總不能扭住不動，撳死鴨子。這便是雪竇禪師接了前人的話頭答了，又拋給後人的問題：「道！道！」就是「說呀，說呀」。

胡氏繼而說：這要是我來答，便是「我一攬住，我就乘之而飛。」而到此處也沒有結束。「我」自稱將此答案得意地呈給兄長〔註266〕看了，卻被兄長問住：「飛又是怎樣的飛法？說呀！說呀！」於是「我」也卡住了。

接下來，兄長的回答，方是這則公案「轉出」的地方，也是解公案這一「述行」回到「中華文明」主題上的方式：

> 把這天地之機，野鴨子的欲飛去之勢，畫為伏羲的卦象，制為治世的禮樂，在歌舞裏，在書法與圍棋裏展翅翱翔，五里一徘徊，下視山川城郭皆明劃〔註267〕。

「野鴨子」公案的內在層次，是胡蘭成關於華／梵之差和儒、佛、道三教辯證的看法。他認為印度原始佛教只樂意「寂滅為樂」，因此說野鴨飛過只是幻覺、妄識，到這個時候也就了了。而中國的禪宗在「有為法」中認真「演戲」，「攬住」鴨的欲飛之機，答「乘之而飛」，也已是到了禪宗的頂點。胡蘭成是以黃老為體，以佛為境，以儒為用。唯有「我哥哥」的話，才是黃老與

〔註265〕 胡蘭成：《禪是一枝花》，北京：中國社會科學出版社，2004年，第145～146頁。

〔註266〕 根據朱天文陳述，因不能見容於國內，胡蘭成使用化名「李磐」寫作並發表《禪是一枝花》等作，並使用女子語氣寫作。文中「一竿子所謂哥哥嫂嫂表哥表姐三姐同學云云原來都是胡先生的化身。『真事隱假語村言』，想當年，不得上如此耳。」參見朱天文：《山河歲月序》，胡蘭成：《山河歲月》，臺北：三三書坊，1990年。第3頁。

〔註267〕 同上，第146頁。

儒的事，也就是中國式的「文明的造形」和「體中生用」，是看破之後的入世，這才是胡蘭成眼中文明金字塔的最高點。

個人與其歷史象徵形象的關係，在此前的章節中也有過多次的討論。相由心生，年輕的胡適希望在中國歷史上扮演的角色，恰恰是他的「考據學」所描述出來的神會和尚的樣貌；而胡蘭成則以寶誌的「禪僧、蕩子、流亡者」的「點撥者」形象自居。在某種意義上，《禪是一枝花》成就了對胡適尋找「民主」之意圖的一種回應：向還未徹底凝固和對象化的、充滿各種可能性的歷史過程的致敬。以「無名目的大志」來到中國的達摩、作為「政治亡命者」而在日本使禪宗發揚光大、進而影響形成了武士道的祖元，「文明革命」的孫中山，「天下起兵」的毛澤東，都或隱或顯地象徵著「中國文明」的本體、認識和實踐。而若要問胡蘭成文明、歷史、中國的主體是誰，他會說，那只能是「胡蘭成」。

從「常識性的」的價值判斷的角度上來說，胡氏的這一自我宣示在「現實」中的「不合時宜」，其反諷性大概遠超於胡適的「神會」吧。但對於胡蘭成的理論來說，卻並不存在「反諷」的問題：「人事」原本就有不同判斷的角度，也無法度量。至少，「政治」上的失敗，在「詩學」上結出了果實。因被臺灣文化人士「圍剿」而與朱天文等結文學法緣〔註268〕，使臺灣新人文小說、電影中有了「張腔胡調」，並藉此寫出《華學、科學與哲學》《禪是一枝花》以為總結，是他本人很感安慰之事。然而，這裡最尖脫（尖銳？）的問題是，與新儒家的「內聖」一樣，「日日是好日」這一類「禪話」是自我安慰、自我辯護，還是真的悟得了的表達，對於不同的接受對象來說，同樣是無法自證的。

這種難於自證的困境，也就是現代性的歷史困境和現實困境。歸根結底，現代史是「詩學」與「行動」分裂的歷史。正像海德格爾、保羅·德曼、鈴木大拙等人所遭遇的質疑一樣，宗教、文化、哲學和文明的「詩學敘述」在「遭遇」現代國家主義之後，不管其最初的出發點為何，總是會產生無以「自證」的悖論。

「人可以一樁樁做的都是絕對的，但不可以一樁樁是鑄的宿命。大海之水順流逆流，戲臺上的蝦兵蟹將可以一路反斛斗前進。」〔註269〕像這樣的言

〔註268〕　參見薛仁明：《天地之始》，臺北：如果出版社，2009年，第83～84頁。
〔註269〕　胡蘭成：《禪是一枝花》，北京：中國社會科學院出版社，2004年，第42頁。

論很難不被認爲是一種對其個人政治立場的辯護。但，即使對文本的體悟是「個人的自由心證」，有一點仍然是可以分說的：胡蘭成對於「參公案」、對於「文明的修行」、對於個體「我」的「歷史選擇」的危險性非常清楚。他多次強調，在印度因明學學者的辯論中，輸者需要「斬首謝過」，在參公案的過程中，禪者因「不對機」，斷手斷腳、喪身失命的情況也屢見不鮮。「野狐禪」案子中，「一轉語下錯，墮爲野狐五百年」，並不僅僅是言語上的誇飾。因此胡蘭成說，「孫悟空被灌口二郎神的細犬所咬，人生百歲就像這樣的隨時都在臨於劫壞，只要你知道了，當下承當得。」〔註270〕一旦主體掩蓋自我，其墮落的後果並不是「詩學」上的。或者說，「詩學」和「哲學」一樣，對於眞正的「行者」而言是生命；形而上學和國家主義的因果也要由每一個背後的「形塑者」來背負。因此胡蘭成常用一個「驚」字：「天道驚險　人世驚豔」〔註271〕。正是因爲到了極致，才有了其「文明論」中的極致的抒情與惆悵。「實存主義裏沒有惆悵，而空生岩畔的境界有愁恨。」〔註272〕不管怎樣，他是抉擇過的，對於抉擇的後果也非常清楚。這是他不論如何「誇張」和「自負」，以至於「自我辯護」，卻從未在其文本中「抱怨」自己的「下場」緣故。

　　大乘佛教的悲智雙運、遊戲神通，並不意味著視現實爲玩笑，相反，眞正的「遊戲」需要以生命相交付。「菩薩行」意味著在必要的情況下，犧牲生命或名譽而無犧牲之相。正像當年因「空性論」的鼓舞而引刀成一快的譚嗣同一樣，三島由紀夫寫下《豐饒之海》第四部《天人五衰》的最後一個字後自盡，這是對《憂國》中所描寫的自殺場面的模仿，也是一場相互解構的革命：在「詩學」中自殺與在「現實」中自殺，是爲了撕破「心」與「物」、精神與物質的二元對立。然而可悲的是，即便這種激烈的、以個體經驗來突破「現代觀念」體系的行爲，也仍然會被「現代」的詮釋系統所吞噬。即使是最先看中胡蘭成詩學魅力和思想含量的王德威，也唯有不斷突顯其「政治」與「詩學」的悖謬，以面對歷史「他者」的質疑。這也是他給讀者和包括自己在內的詮釋者的一個提醒——不管胡蘭成的禮樂方案多麼迷人、將自身的「背叛經歷」比附和連類「文明」和「革命」的能力多麼驚豔，最後，詩學的仍然是詩學的，而它所攜帶的蠱惑力量和它所昭示的倫理缺失似乎是一體

〔註270〕　同上，第 254 頁。
〔註271〕　胡蘭成：《閒愁萬種》，北京：中國長安出版社，2012 年，第 45 頁。
〔註272〕　胡蘭成：《禪是一枝花》，北京：中國社會科學院出版社，2004 年，第 27 頁。

兩面的。在《抒情傳統與中國現代性》中，他反覆提出問題：如果抒情意味著情與志、文與人眞誠的相互反照，周作人、胡蘭成等人對自己的政治的選擇又如何自圓其說？〔註273〕「我們的問題正是，胡蘭成──還有他自比的毛澤東──可不就是抒情主體現代化後，最令人費解的面目？」〔註274〕

究竟是「行易知難」，還是「知行合一」，對於這些「主體」來說，可能並不存在眞正的矛盾。因爲「知」是知道觀念有其邊界，這也就站在了「知」的盡頭。

〔註273〕（美）王德威：《抒情傳統與中國現代性──在北大的八堂課》，北京：生活・讀書・新知三聯書店，2010 年，第 46～47 頁。
〔註274〕同上，第 47～48 頁。

結　論

一、再述「圓與切點」

　　「現代性」一直重疊著「反現代」的維度。如果拒斥「西方現代性」帶給我們的東西，尋找「另類選擇」，就必須證明我們的故事是什麼、推動它的「主體」是誰、以及「主體」現在在幹什麼。

　　在創造性地重新書寫「何謂中國」的故事時，儒與佛等傳統資源成為現代思想者爭奪的符碼，他們從中尋找能動的主體，以此建構新的身份認同。但他們賦予那些救世的菩薩、佯狂的禪僧的意義卻截然不同。這提示我們，在考慮採用怎樣的理論來對應當下的生活之前，首先要注意到的是，「科學家」和「玄學家」對於「日常生活」本質的理解已經大相徑庭了。因此，在面對和處理現代思想進程中那些數不清的痛點和疑點之時，「現實」問題往往需要推回到宗教和哲學本體論的層面去加以觀照：是世界觀的差異形成了不同文明的目的論。「實體論」和「空性論」的對決、「民族國家」「文明國家」兩種闡釋框架的碰撞，以及「文明」和「國家」之間的離合，往往讓現代中國思想的敘述主體陷入到一個又一個「歷史的怪圈」之中。特別是現代性的理念已經通過話語表述的過濾裝置，以一種透明的方式控制和改變了所「知」的內容和所「知」的範圍，這使反現代的思想不能不一再遭遇「自反」。現代科學主義「唯心」「唯物」的二元分化，使主體要麼過於強調「精神」，要麼過於強調「物質」，或者陷入「一體性」「兩面性」的二分法之中。人們更多地關注「理論和實踐」之間的差距，卻很少質疑「實踐」到底是什麼。忽略「肉

身」經驗的知識論導致了「哲學」的遊戲，「體用不二」的圓融哲學也變成了與「殘酷現實」不符的「戲論」。

處於這些矛盾之中，一部分傳統主義者最「激進」的策略就是試圖勘破闡釋框架的邊界。他們認識到，要使東方「真俗不二」的「圓融哲學」生效，就需要彌合「知」與「行」的縫隙，探討「即心即佛」的「即」字的作用範圍、解析「超驗」和「經驗」之間的界線規則。他們認為，本體不會離開現象而單獨存在，這避免了以公理和自然的名義壓迫個體的藉口，但另一方面，本體界和現象界之間仍然有其不同的運行規律，迷失了這一點，同樣會導致虛無主義和犬儒主義的逃避責任和道德墮落。

在此意義上，章太炎、周作人、廢名、胡蘭成等人所勾勒的是同一類世界觀和認識論圖景，其「總體性敘述」的主題和修辭均可見精神的相吸。在解構的意義上，他們反對一切隔膜於個體生命經驗之上的法則，不論是「自然之公理」，還是以社會、國家、民族抑或階級的名義。他們認為，這才符合「天道至善」的絕對意義。在建構的意義上，他們語境中的「中國」和「中國文明」不是一個單純的地理範疇，而更多地是一個體悟的場所。其「文明」所指是一種態度，顯示著「悟得」「覺識」的智慧，這種智慧比科學主義的「社會」和「知識」多了「天數」的不定性，從而超越了西方模式所設定的價值「成敗」的桎梏。在「天道」「天演」「真如」「輪迴」的宇宙論視野裏，「革命」的治亂只是一閃即逝。然而他們的目標並非超然世外，而是建立以「覺悟的中華文明」為名、以個體對個體的社會契約為基本關係結構、以文化和風俗的約定俗成為情感紐帶、以當下性為目的論的超國家的共同體。它有著完全不同於「西方模式」的關於個體和集體的空間性關係，以及關於當下的時間想像。

如柄谷行人所說，無論是自由主義還是極權主義，對於政治共同體的理解都建立在「個體——集體」關係的基礎上，而「喪失了個體與個體的關係層次。個體與全體的看法本身是由個體與個體的關係而來的，這一構造恰恰被忽視了。處於這種思考回路之中就無法歷史性地把握社會」﹝註1﹞。易言之，喪失了這種關係層次，社會主體和敘述主體可能會處於既看不到自我、又看不到他者的狀態之中。島田虔次和狄百瑞都曾指出過，中國在宋、明時期「現

﹝註1﹞ （日）柄谷行人：《哲學的起源》，林暉鈞譯，臺北：心靈工坊文化出版社，2014年，第86～87頁。

代意識」的覺醒多限於士大夫階層，缺乏相應的人格承擔〔註2〕。在熊十力和胡適等人的話語結構中，也的確往往可以看到「民」處於被啓發、被利用的地位。無論是尋找符合「西方」還是「反西方」模式的過程，理解「主賓」結構都是重要的：借用列維納斯批判海德格爾的話：只要放棄對他者境遇的「face to face」的超越性倫理，就是納粹〔註3〕。

　　章太炎等人則恰好利用佛教的解構思維，建立起一種以「個體──個體」爲關係基礎的價值結構。其哲學所對應的視覺圖景，是一個由「一收一放」的動力邏輯所構成的圓。收回來是一個點，放出去是整個世界。華嚴宗的「萬法歸一，一歸萬法」、莊學的「至大無外、至小無內」、禪宗的「寬則遍法界，窄也不容針」、唯識學的「眾緣性空唯識現」爲它提供了理論上的依據。在這裡，那個切點「一」，也就是絕對的「個體之我」。文學家廢名和胡蘭成「六經責我開生面」，自認達到古今中外圓通的境界，正是因爲他們相信眞理的位置只有一個，即超越「有對待」的道德價值論的「一念心性」。如章太炎所說，佛法「理論極成」而「聖智內證」，卻並非爲宗教、解脫生死、提倡道德起見，「道德尚且不是佛的本旨，何況宗教呢？」〔註4〕胡蘭成常用孫悟空和賈寶玉來比擬文明、革命和歷史，因爲從無情無欲的頑石所生的孫悟空和賈寶玉都是「無中生有」的「絕對之我」的象徵。這個點雖然是絕對的，卻沒有「自足」的本質：眾生皆有「我執」，圓上的每一個點都是相同的，因此「我」也就是「我們」，然而「我」又是唯一的，因爲每一個點都佔據著圓上不同的位置，圓與「地面」的關係也在不斷地改變，也就是說，內在和外在的「因緣」是無常的。因此，章太炎等人的倫理觀才是「不齊而齊」的思想：平等是絕對的，而差別是相對的。

　　明確了這個認識論結構，我們才能理解「個體──個體」的價值論相對於「個體──集體」的優越性。「我」沒有本質，我們才能發現現代世界的本質是「關係」和「敘述」。在章太炎等人看來，必須辨別體和相、形和象的關

〔註2〕　參見（日）島田虔次：《中國近代思維的挫摺》，甘芳萍譯，南京：江蘇人民出版社，2005 年；（美）狄百瑞：《儒家的困境》，黃水嬰譯，北京：北京大學出版社，2009 年。

〔註3〕　參見（法）列維納斯：《從存在到存在者》，吳蕙儀譯，南京：江蘇教育出版社，2006 年，第 116～119 頁。

〔註4〕　章太炎：《論佛法與宗教、哲學以及現實之關係》，轉引自姚奠中、董國炎《章太炎學術年譜》，太原：山西古籍出版社，1996 年，第 181 頁。

係，才能生出政治、革命之「用」。章太炎因此對「文明野蠻的見」和各種「主義」的敘事陷阱比同時代人更爲敏感；木山英雄認爲，周作人的清晰明快的觀念正是他最複雜曖昧的地方。當他明晰地、反覆地闡述他的倫理觀點時，總能把我們帶得更遠。廢名對於熊十力等「學問家」在普遍「哲學」背後的「我執」的發現亦不可謂不犀利；而胡蘭成看似以「政教合一」的思路宣揚「祭政一禮」的國家制度結構，但與「體制儒學」不同的是，他首先將「法令」「制度」定義爲本體論意義上的「文明的造形」、一種源於「悟識」的創造性織體，這與章太炎以「文化」和「習俗」來主導國家共同體的運行思路是一致的。另一方面，儘管佛學所謂的因緣關係只是「場所」或「位置」，是虛幻而無「自性」的，它卻構成了「我」的存在性本質。因此，章太炎等人對於種種共同體「名言」的臧否，其要害在於這些範疇和它們的使用方式是否與「存在」的情境名實相符。章太炎認爲，要爲國家的戰爭發動民衆，首先要解釋戰爭的「體、相和用」，也就是實際上發生了什麼。在此意義上，「復仇」要比「公理大義」更貼近人與人之間、國與國之間的爭鬥的「緣起」，他也正是在這一前提下談論「民族主義」的。周作人和永井荷風共感的「東洋的悲哀」，其詩意同樣來自於對人類具體情境之苦的感受。大乘菩薩「爲病作醫，爲冥作光」的慈悲觀，是因應無常變化的具體情境來實施的「無我相、無人相」的救度，而不是超驗的博愛主義。廢名發現黃梅鄉下的村民對於進村乞討的日本人也能施以援手，這種容忍在某種意義上就來自於對「苦」的存在性的感知。他將之視爲中華民族「文明覺悟」的表徵，因爲痛苦就是痛苦，跟敵我的立場沒有關係。在同樣的意義上他接受了延安的「階級論」，在他看來，「階級」要比起「國家」更貼近彼時「民」的經驗性生存……也就是說，在他們的認識圖景中，主體所做的選擇是「存在性」的。梁漱溟和廢名以佛教爲個人自證之境界，以儒學爲用，也是出於同樣的邏輯，因爲儒家思想是中國人集體性的存在經驗。他們所認取的並非士大夫意義上的儒家，而是基於求生存的欲望而產生的「現世主義」儒家。即如周作人所說，中國人「固執著簡單的現世主義，講實際而又持中庸，所以只以共濟即是現在說的爛熟了的共存共榮爲目的，並沒有什麼神異高遠的主張。從淺處說這是根據於生物的求生本能，但因此其根本也就夠深了，再從高處說，使物我各得其所，是聖人之用心，卻也是匹夫匹婦所能著力，全然順應物理人情，別無一

點不自然的地方。我說健全的思想便是這個緣故。」〔註5〕在文學的角度,「立地皆眞」後「隨波逐浪」正是詩意產生的地方。只要這種源於經驗的態度還在持存,革命、政治和經濟都可以「多元」,不同的群體之間也非敵我,而是「別而不隔」。在此意義上,章太炎的「眞常唯心」和胡蘭成的「文明是扮演」誠可謂斯皮瓦克所謂的「策略的本質主義」,不同的只是其資源完全來自於亞洲自身的傳統。

在主體的身份認同方面,這些唯我主義者始終強調,並非在「青年」「公民」等「名相」之外另有一個「我」,而是「我」唯有在這些關係網絡中才能被指認。而他們常用的英雄、禪僧和蕩子則是一種「自我否定」的符號,宣稱「我」不會被封存在「群體」的網絡之中。的確如汪暉所說,這些「個體」是臨時性的,然而其「普遍意義」也正在於此。對於本文導論中提到的「誰是中國未來社會政治的主體」,這個陳獨秀向杜亞泉、同時也是汪暉向新儒家學者、文化保守主義者提出的問題,答案可能是雙重否定的:「無緣大悲」的菩薩與應機教化的禪僧不同於士大夫在「山林與廟堂」之間徘徊的隱逸性主體,亦非西方啓蒙思潮中的個人主義和浪漫主義的自我抒情者。「絕對之我」是「一」與「多」這一「中國圓融哲學」的主體標誌,是「俗諦」的經驗性存在和領悟「眞諦」的唯一出發點。如蔡志棟評價章太炎,「採用任何一種眞理觀都難以解決章氏爲自身設置的感覺的主觀性問題」〔註6〕,這一點同樣適用於廢名和胡蘭成。在世界觀原理上,他們認爲「我」的絕對性經驗不能削減,是因爲「世界」因「我」而顯現;「個體先於群體」的價值優先性,也是因爲「國家」因「我」而存在。

很顯然,在這個唯「我」的視覺圖景中,最重要的是確認切點「我」的位置。是否看到這種「位置」的相對性,決定了唯我主義者和「先驗論者」、「表象主義」者和二元論者的差別。在某種意義上,這也是大乘佛教的「中道」與機械論化了的「中庸」的區別。後者或被「陰陽魚」的二元切分所迷惑,或視圓爲一個虛空中的整體,而忘了「我」的立足點。「我」是所有社會觀念和身體感覺的集合,其隱蔽則產生了「普遍主義」的基本問題。主體忘

〔註5〕　周作人:《中國的思想問題》,《周作人散文全集8》,鍾叔河編訂,桂林:廣西師範大學出版社,2009年,第711～712頁。

〔註6〕　蔡志棟:《章太炎後期哲學思想研究》,上海:上海社會科學院出版社,2013年,第151頁。

記了「自己」的發聲位置和「他者」在位置上的差別，將普遍性的敘述在同一個平面上鋪展開來。或許正因如此，蘇曼殊的詩學和熊十力的哲學走向了他們所批判的體制儒學的一側。忘我是我執的一個悖論性顯影。蘇曼殊「無端哭笑」的「我」乃是「出世——入世」的二元結構中國族的象徵符號，而新儒學被詬病的原因之一則是掩蓋「我」的儒家本位。如呂思勉所言，「儒家之義孤行」，「夫儒家者，九流之一，一種制度，由儒家一而觀之如此，由別一面觀之，不如此也。」〔註7〕

　　「我」當然不僅是精神上的身份認同。身體是最堅固的妄想凝結而成——佛教理論中這個看似不可思議的論斷，似乎在20世紀東西方政治哲學「知行分裂」的命題中得到了寓言性的印證。知識主體的「啓蒙」、「度眾生」並非「形而上」的精神之願，而是整個身心結構都隨之改變。然而道家、佛家甚至於儒家思想中所具有的「身體」經驗，在現代新儒家的修身結構中往往轉化成了意識形態「政治倫理」「人際關係」的修養。爲了避免「宗教的狂信」，科學主義者和哲學家們害怕談論關於「身體」的修行，好像身體會把「精神」污染了。排除「身體」顯然是現代性的另一個主要後果。西化派尤其受到知識論的宰制。胡適版的「禪宗史」把宗教性和文化性意圖都訓爲政治意圖，而他在重寫中國歷史的過程中透露出其「政治」的所指，常常只是「政權」意義上的「政治」。相對的，胡適找到的「文獻」，其本質也不過是一種敘述。這種轉義鏈條的簡化模式，或許要比「脫離現實」的問題更深刻。「文學家是屏弱的」「理論是蒼白的」、詩學和哲學是否要對實踐的後果負責的討論，是20世紀的戰爭和傷害之後的大問題。這個問題在倫理層面或許是無解的，但在個體的身體層面卻有確切的答案：眞要「圓融不二」，就一定要放入自己的生命、「身體」，也一定要知曉個體思想選擇的代價。因此三島由紀夫才說，要想勘破「戰爭迷狂」的秘密，就加入那神秘的抬神輿的隊伍，化成「不透明的他者」，把「他」變成「我」；胡蘭成的性格或許的確是自戀的，但那並不是他的文本的「述行」意圖。他的「我」類同於竹內好將魯迅建設成的那個基點：「我」像公案的結構一樣，既是自己的，又是世界的。它是一個象徵性的點，總是介於民族國家與文明國家的「間架」位置。這個點如同漩渦的核心，將歷史的流脈和未來同時吸納進去。這也就是「即心即佛」的「即」

〔註7〕　呂思勉：《井田制度的論戰三》，《中國古代社會·附錄》，黎明書局，1933年，第293頁。

字的位置。如果說，英雄如魚，游蕩在文明的「水」中，那麼詩僧蘇曼殊所在的，是同一時間點上的神話空間；而廢名、胡蘭成則是將歷史各個時刻空間化了。

從時間性的層面來說，近現代中國的理想設計常常深刻地受制於現代性的時間倫理。爲了未來而預支和忍受「現在」，是線性時間觀的邏輯後果。而唯我主義者和「向內觀照」的心性論者的看法恰恰相反，他們反對將「文明」視爲幸福的目的論的做法。如蔡元培所說，幸福的根本只在於「現前一念心性」﹝註8﹞，「文明」不在於過去和未來，它只存活於當下。廢名和胡蘭成在逃難中建立了這種「大信」：在抗戰的當下找到「本地風光」，不惑於「物質落後」「科技落後」的「現實」。聽上去最抽象的「文明」，不在於離開「戰亂」的「和平」未來，就在溫熱的、還存留有「文明覺悟」的鄉村經驗秩序中。他們的「文明的禮樂風景」，是在「我」「立地皆眞」的現場生成的。

對於魯迅的「荷戟彷徨」，胡蘭成致唐君毅信中的「行者取經，一步一印」提供了這樣一種「頓悟與漸悟」結合的路徑：路在腳下。這一時空想像與托洛茨基的「繼續革命論」有相應之處。30年代胡蘭成對托派理論深感興趣，於他後來所建構的宗教性文明論述來說並不是一個偶然的插曲。在關於2、30年代左轉風潮的研究思路中，「階級性」與傳統「三教」的深刻淵源是一個經常被壓抑的線索，而廢名和胡蘭成的文章則明確寓示了將佛教的因緣論轉化成「階級論」的思想邏輯。

歸根結底，怎樣看待世界已經決定了闡釋框架和建立價值判斷的邊界。「圓與切點」是從視覺隱喻的角度來解釋反形而上學敘事的一種方法：雖然眞俗不二，最終凡聖有別，我們不能在同一時間既是圓上的某一點，又是圓之外的全知的上帝。

二、邊緣的處境與理論有效性的質疑

既要汲取現代性「工具理性」中的某些品格、接受「科學」和「民主」的滋養，又要擺脫其世界觀的設定和歷史目的論，這其中的取捨選擇，導致了以傳統東方哲學爲基礎建立總體性敘述來抵抗西方現代性之侵蝕的種種努力中的「內耗」與「悖反」。特別是，儘管三教傳統對於「現代性」的時

﹝註8﹞　蔡元培：《新唯識論序》，《熊十力全集》（卷二），武漢：湖北教育出版社，2001年版，第4頁。

空倫理擁有充足的破解「裝備」，但對逝去的帝國輝煌的懷舊往往讓這些「武器」發生故障。迷戀科學的分類主義的西化派胡適則遭遇了「客觀的」「歷史」的態度和強烈的主觀情緒、反「封建」的體制儒學與深入骨髓的官學思想之間的問題，而對於章太炎等人來說，佛教的自我消解和自我反省有時會導致解構和建構之間的矛盾，更多的時候，則是敘述和敘述者本身被邊緣化的處境。

按照韋伯的看法，「無論哪種亞洲大眾宗教都未能依照神或佛的戒律來爲世間的理性化的倫理轉型提供動機和方向。」〔註9〕佛教哲學原本是以無我之我、眞與俗、經與權的方式進行「潤物無聲」的微調，其本身在「實踐」或「敘述」中發揮的作用、留下的痕跡就很難判斷了。但，來自於「現代性」所構織的主流思維模式的排斥才是眞正的問題所在。當「圓」只是作爲一個光滑的整體被觀看，也就是在現行秩序被普遍地認爲是實然之物的情況下，解構性的思想者無法自證與「圓」的關係，只能被排除在外。他們的理論在時刻準備著成爲撬動這個「圓」的支點，讓內部的人看到「形而上學的顚倒」，但在缺乏適當的「槓桿」的情況下，他們既無法進入「秩序」本身，也無法讓其「理論」生效。許多章門弟子認爲，佛學是章太炎思想中的「異物」和「彎路」。如學者陳少明所說，章太炎對譚嗣同的《仁學》不以爲然，然而《仁學》在現代思想史上被討論的程度遠超過《齊物論釋》；熊十力的《新唯識論》在「哲學論證的深入程度」上同樣不能與《齊物論釋》相比，卻經現代新儒家的一再表彰而入經典之林，而「《齊物論釋》在排遣了名相之後，本身也在思想史上被排遣了。」〔註10〕廢名晦澀的小說和「不自量力」地與哲學家十力爭辯的意義，在當時即令他的文人朋友們困惑，至今也未充分被學界重視。終其一生，胡蘭成的「禮樂方案」也未得到中國學界的承認。儘管他對戰後的日本浪曼派成員構成了一定的影響、以朱天文、朱天心爲核心的臺灣文學社團「三三」在某種意義上也承繼了他的觀念，這種細微的詩學意義卻與他本人的「宏大抱負」相去甚遠〔註11〕；王德威將他的「禮樂方案」放在「中

〔註 9〕 《經濟・社會・宗教——馬克斯・韋伯文選》，上海：上海社會科學院出版社，1997 年，第 44～47 頁。

〔註10〕 陳少明：《排遣名相之後：章太炎〈齊物論釋〉研究》，《哲學研究》2003 年第 5 期。

〔註11〕 在日本，胡蘭成欲聯繫各界，把他的文明論、民主研究與政治經濟研究所的工作聯合，成立太平洋學會，而抱負未得實現。在 1951 年給唐君毅的信中，

國抒情傳統」中，卻不能不時刻提醒讀者其詩學中的「大東亞主義」的歷史暴力刻痕；黃錦樹則以唐君毅和熊十力的「博大精深」「悲心深重」為對比，將他混雜了各路思想的「形而上學體系」譏為一紙「巨額偽鈔」。在「正統學者」面前、在冷戰時期日本和臺灣的「民主」風潮中，胡蘭成天馬行空的「明華夷之辨」總是顯得反諷和「不合時宜」。讓他感到心寒的是，反對的聲音多是如「你不佩服民主，那麼你是贊成獨裁？」的「淺薄之問，惟有對之發歎。」〔註12〕如其自謂，「可以瞻遠，而無近樂，不能被時人接受，我乃以理與時人之情爭，終多挫敗耳。此意弟前曾和梁先生說，其時梁先生正遭知識分子圍剿，歎為知音，而自視焰然，故亦以奉獻於大君子也。」〔註13〕

這些「圓」外的人儘管早有答案，卻不能說服、也不能掌控歷史的「共業」和慣性。從某種意義上說，他們的選擇「謬誤」在於他們是「知道得太多的人」〔註14〕（齊澤克語），他們看到了各種不同歷史觀念本身的形塑過程。通過以他們為「鏡」，我們才看到現代東亞的歷史是如此深刻地被隔絕在不同的觀念的牆壁之中。20 世紀的思想是流亡的思想，他們在困厄時思想發生巨變，察覺自己往昔之「不明」，有時獲得「大信」，有時是新的陷落。然而他們都在試圖回答，為什麼「儘管人們做著非常不同的錯誤事情，但說著非常相似的正確話語。」〔註15〕對於他們來說，現代的危機來自於一種總體的意識形態，不僅來自於西方模式。在胡蘭成看來，以天道不仁為名，稱個人的選擇「不落因果」，要受因果之罰；稱「不昧因果」雖然「政治正確」，卻未免拘束。他提出「不縛因果」，這在一些人眼裏或者是理想的、詩學的，卻也未嘗不是生命的真實體悟。最終，追求平等和自由的我們真正遭遇的是自己：或許我們並不真的願意相信平等。

提到日本各界人士在聚會上推杯換盞，「我豈是為此而來？」，亦有「每談學問，輒感寂寞」等語。（薛仁明主編：《天下事，猶未晚——胡蘭成致唐君毅書八十七封》，臺北：爾雅出版社印行，2011 年，第 93～95 頁。）在《閑愁萬種》中他也寫道：「我若願意，我可以書法超出生老病死，但是我不肯只做得善書者。」（《閑愁萬種》，北京：中國長安出版社，2012 年，第 76 頁。）

〔註12〕 參見薛仁明主編：《天下事，猶未晚——胡蘭成致唐君毅書八十七封》，臺北：爾雅出版社印行，2011 年，第 216 頁。

〔註13〕 同上，第 63～64 頁。

〔註14〕 （斯洛文尼亞）齊澤克：《快感大轉移：婦女和因果性六論》（第二部分），胡大平等譯，南京：江蘇人民出版社，2004 年。

〔註15〕 （法）雷吉斯·德佈雷、趙汀陽：《兩面之詞：關於革命問題的通信》，張萬申譯，北京：中信出版社，2014 年，封底頁。

餘論　愛奧尼亞模式：「個體」與「當下」的烏托邦飛地

　　王汎森認爲，章太炎以齊物論攻擊帝國主義，在理論上無奈，在行動上亦毫無建樹〔註16〕。湯志鈞認爲，章氏想從佛學中汲取「改造」，這種「高妙的幻想」「沒有實現，也不可能實現」〔註17〕。蔡志棟（也包括汪暉）則認爲，由於章太炎太重視個體主觀感受和個體間的絕對差異，所以「不能很好地提供群體原則。結果便是：能否成功地改變世界將成爲一個謎。」〔註18〕的確，由於質疑人類能動改造世界的「權力」的「公共合法性」，「個體烏托邦」的構想自始就是不穩定的。但從另一方面來說，章太炎等人的理想設計的根本理念原本就將順其自然的「無爲」視爲「啓蒙」和「覺悟」的應有之義。如胡蘭成認爲，中國古代的祭政一禮實際上就規定了「政治」的「無爲性」〔註19〕。怎樣的理論（名）與怎樣的共同體（實）配合是「因緣和合所生」，是介於必然與偶然之間的「機緣」。依照胡蘭成等人的歷史邏輯，共產主義「實驗田」的失敗是「理念」指導「實踐」的結果，它沒有「應上歷史之機」。只要無法確定社會的變化與烏托邦理想模式相匹配的精確程度，我們就不能避免這些設計在「強大的歷史慣性面前的脆弱性」〔註20〕。但在這兩者恰好「因緣會遇」之時，理想模式也可能自然而然地出現。

　　柄谷行人在其近著《哲學的起源》裏，就試圖證明「個體——個體」的烏托邦在歷史上確實存在過。他將古希臘「前雅典」「前蘇格拉底」時期的愛奧尼亞城邦和初創時期的美國都納入某種最接近於「理想烏托邦」的範型中。從政治哲學的角度來看，柄谷行人一向試圖確立一種以個體與個體之間的關係爲基礎的、遊動性的鬆散共同體思想，這就是化用康德理念後的「世界共和國」。它是柄谷針對其一直批判的「資本——民族——國家」三聯環的西方現代模式而建立的理想範型。在「哲學的起源」地愛奧尼亞，這個理想的核心就是「isonomia」。在柄谷那裡，這個希臘詞匯是指「一種沒有任何支配性

〔註16〕　參見王汎森：《章太炎的思想——兼論其對儒學傳統的衝擊》，上海：上海人民出版社，2012年，第102頁。

〔註17〕　湯志鈞編：《章太炎年譜長編》，北京：中華書局，1979年，第199頁。

〔註18〕　蔡志棟：《章太炎後期哲學思想研究》，上海：上海社會科學院出版社，2013年，第155頁。

〔註19〕　參見胡蘭成：《今日何日分》，臺北：三三書坊，1990年，第93頁。

〔註20〕　參見彭春凌：《儒學轉型與文化新命：以康有爲、章太炎爲中心（1898～1927）》，北京：北京大學出版社，2014年，第226頁。

政治——經濟集團存在的、『自由』和『平等』在其中得到統一的政治原則」〔註21〕。

> 由各個共同體遷移而來的殖民者組成的愛奧尼亞，從一開始就存在著「個人」。愛奧尼亞的城邦是由這樣的「個人」〔訂立的〕「社會契約」而來的。愛奧尼亞的城邦在某種意義上就是工商業者的議事會。在非國家獨佔式交易的情形下，交易利潤得以被平均化。……isonomia 根本上是以遊動性為前提的，並且，為愛奧尼亞帶來新的遊動性的，正是工商業的發展。〔註22〕

　　如評述者丁盟所說，因為歷史上的愛奧尼亞由移民組成，沒有形成土地所有者和無土地的勞動者之間的階級對立，也不受傳統氏族社會結構的約束，在其中生活的市民共同體自然而然就是一種建立在社會契約式的個體自主選擇基礎上的政治形態。「工商業的自由貿易、無氏族結構羈絆的獨立個體、自由遷移的空間、基於個體選擇的政治聯合，這些均構成了 isonomia 的社會基礎。」〔註23〕

　　柄谷行人的愛奧尼亞與雅典模式的區別，在某種意義上也是章太炎與梁啟超在「獨／群」思想上的區別。在柄谷看來，愛奧尼亞超越了雅典城邦奉行的民主制：世所崇敬的「雅典民主」事實上是以國內階級對立、國外對他國（城邦）進行政治支配和經濟掠奪為基礎的。在雅典民主模式中，要「自由」就不能要「平等」。而與雅典相對，另一個城邦斯巴達則以「平等」原則為基礎放棄了「自由」。而在愛奧尼亞，無土地者不會去他人的土地上勞作，相反他會遷移到別的城市，因此大土地所有制就不成立。在這個意義上，「自由」和「平等」就得以產生了。

　　「愛奧尼亞」模式的形成不是人類主觀意識形態「作用」於土地，而是事實群與歷史偶然性的結果。而柄谷進一步表示，愛奧尼亞的這種存在形態被提煉成一種哲學思想的時刻，正是在它快要面臨衰落和被侵犯的危險，也就是快要失去這一因緣的時候才開始。思想總是後設性的。「愛奧尼亞沒落之

〔註21〕　參見（日）柄谷行人：《哲學的起源》，林暉鈞譯，臺北：心靈工坊文化出版社，2014 年，第 53 頁。

〔註22〕　同上，第 57、42 頁。

〔註23〕　丁萌：《想像的 isonomia——讀柄谷行人〈哲學的起源〉》，http://book.douban.com/review/6840961/。

後，在其他城邦作爲理念蔓延開去」〔註 24〕。這就是以原子性的單體和非實體的想像爲基礎的哲學形態，也是後來《荷馬史詩》、伊壁鳩魯哲學、希羅多德〔註 25〕歷史學的起源。在某種意義上，柄谷的愛奧尼亞正是周作人所擇取的那個「希臘」〔註 26〕。與其對峙的，則是將超驗的「歷史神話」和整體歷史觀念延續下去的「柏拉圖主義」的意識形態。「愛奧尼亞」和「希臘」在思想上的異見，構成了存在性的經驗主義和先驗派這兩種思考向度，一直延續到近代笛卡爾和尼采、克爾凱郭爾的對立。柄谷並且認爲，初創時期的美國也具有這樣的因緣條件，它是在一塊暫時沒有被外族侵犯的土地上，以得天獨厚的「地理屏蔽」優勢，由原子式的移民組成的鬆散共同體。在長達百年以上的時間內，它展示出了哲學、法學、文化和經濟上的活力，一種超越我們所熟悉的現代民族國家的潛能〔註 27〕。然而，當《獨立宣言》中天賦人權的哲學具現爲《權利法案》中的憲政權利後，自由與民主也開始從自然哲學和普世願景轉化成「國家性」的想像，被內置在種種二元性的排他結構中，並形成了一種前所未有的堅固的角色意識，個體性的自由共同體也很快也被帝國主義所取代。

在這一意義上，章太炎等人的思想或許也會作爲一種理念傳遞下去。他們想傳遞的不是一種理論，也不是宗教，而是一種認識論態度。它也在等待它的「因緣」。神智健全地面對這個艱困的時代，要比不假思索就試圖「改造」它更好。只要認清我們到底需要什麼，理想就是可能的。

〔註 24〕　（日）柄谷行人：《哲學的起源》，林暉鈞譯，臺北：心靈工坊文化出版社，2014年，第 25 頁。

〔註 25〕　在柄谷行人看來，愛奧尼亞遺產的希羅多德的《歷史學》，與雅典的史學家修昔底德的歷史學，恰恰是反形而上學和形而上學的對立。同上，參見第 98～102 頁。

〔註 26〕　一些研究者認爲，周作人對於希臘思想存在著誤讀（如黎楊全：《文化復興與國民性重建——論周作人對古希臘文化的誤讀》，《江西社會科學》，2007 年第 9 期，第 129～133 頁）。這或許正是因爲「希臘」並非鐵板一塊，而是存在著「愛奧尼亞」和「雅典」等不同的認識論模式。

〔註 27〕　（日）柄谷行人：《哲學的起源》，林暉鈞譯，臺北：心靈工坊文化出版社，2014年，第 73～76 頁。

參考文獻

一、基本文獻

1. （明）《王陽明全集》（新編本），吳光等編校，杭州：浙江古籍出版社，2010 年。

2. （清）《龔自珍全集》，王佩諍校，上海：上海古籍出版社，1999 年。

3. （清）《譚嗣同全集》（增訂本），蔡尚思、方行編，北京：中華書局，1981 年。

4. （日）《鈴木大拙禪論集：歷史發展》，徐進夫譯，臺北：志文出版社，1975 年。

5. （日）鈴木大拙：《禪學入門》，謝思煒譯，北京：生活·讀書·新知三聯書店，1988 年。

6. （日）鈴木大拙：《禪與生活》，劉大悲譯，北京：光明日報出版社，1988 年。

7. （日）鈴木大拙：《禪者的思索》，未也譯，北京：中國青年出版社，1989 年。

8. （日）鈴木大拙等：《禪與藝術》，徐進夫譯，哈爾濱：北方文藝出版社，1989 年。

9. （宋）程灝、程頤：《二程集》，北京：中華書局，2004 年。

10. （宋）釋普濟：《五燈會元》，重慶：重慶出版社，2008 年。

11. （宋）圓悟克勤：《碧巖錄》，尚之煜校注，鄭州：中州古籍出版社，2011 年。

12. 《胡適學術文集：中國佛學史》，上海：中華書局，1997 年。

13. 《民報》《新青年》《東方雜誌》《海潮音》

14. 《章太炎全集》，上海：上海人民出版社，1985 年。

15. 《章太炎政論選集》，北京：中華書局，1977 年。

16. 鮑耀明編：《周作人與鮑耀明通信集》，開封：河南大學出版社，2004 年。

17. 耿雲志主編：《胡適論爭集》，北京：中國社會科學出版社，1998 年。

18. 郭長海、郭君分編：《李叔同集》，天津：天津人民出版社，2006 年。

19. 胡蘭成：《禪是一枝花》，上海：上海社會科學院出版社，2004 年。

20. 胡蘭成：《胡蘭成作品集》，北京：中國長安出版社，2013 年。

21. 胡蘭成：《胡蘭成作品系列》，臺北：三三書坊，1990 年。

22. 胡蘭成：《亂世文談》，臺北：印刻出版社，2009 年。

23. 胡蘭成：《戰難和亦不易》，臺北：遠景出版社，2001 年。

24. 胡適：《禪宗史草稿》，《胡適全集 9》，合肥：安徽教育出版社，2003 年。

25. 胡適：《胡適日記全編》，曹伯言整理，合肥：安徽教育出版社，2001 年。

26. 康有爲：《大同書》，湯志鈞導讀，上海：上海古籍出版社，2005 年。

27. 黎華標編錄：《胡蘭成與黎華標通信錄》，臺北：印刻出版社，2007 年。

28. 李叔同：《弘一法師全集》，北京：新世界出版社，2013 年。

29. 李叔同：《李叔同集》，東方出版社，2008 年。

30. 李叔同：《李叔同說佛》，西安：陝西師範大學出版社，2004 年。

31. 梁啓超：《飲冰室合集》，北京：中華書局，1989 年。

32. 梁漱溟：《梁漱溟全集》，濟南：山東人民出版社，2008 年。

33. 柳亞子編：《蘇曼殊全集》，北京：當代中國出版社，2007 年。

34. 馬勇編：《章太炎講演集》，石家莊：河北人民出版社，2004 年。

35. 馬勇編：《章太炎書信集》，石家莊：河北人民出版社，2001 年。

36. 唐君毅：《人生之體驗》，桂林：廣西師範大學出版社，2005 年。

37. 唐君毅：《生命存在與心靈境界》，北京：中國社會科學出版社，2006 年。

38. 唐君毅：《唐君毅全集》卷二十六《書簡》，臺北：臺灣學生書局，1991 年。

39. 唐君毅：《中國文化之精神價值》，桂林：廣西師範大學出版社，2005 年。

40. 唐君毅：《中國哲學原論·導論篇》，北京：中國社會科學出版社，2005 年。

41. 王風編：《廢名集》，北京：北京大學出版社，2009 年。

42. 熊十力：《十力語要初續》，上海：上海書店出版社，2007 年。

43. 熊十力：《新唯識論》，上海：上海書店出版社，2008 年。

44. 薛仁明主編、顧文豪、杜至偉箋注：《天下事，猶未晚　胡蘭成致唐君毅書八十七封》，臺北：爾雅出版社，2011 年。

45. 章太炎：《菿漢三言》，虞雲國標點整理，瀋陽：遼寧教育出版社，2000年。

46. 章太炎：《國故論衡》，陳平原導讀，上海：上海古籍出版社，2011年。

47. 章太炎：《國故論衡疏證》，龐俊、郭誠永疏證，北京：中華書局，2008年。

48. 章太炎：《國學概論》，曹聚仁整理，上海：上海古籍出版社，1997年。

49. 章太炎：《國學演講錄》，上海：華東師範大學出版社，1995年。

50. 章太炎：《訄書（初刻本、重訂本)》，朱維錚編，北京：生活·讀書·新知三聯書店，1998年。

51. 章太炎：《訄書詳注》，徐復注，上海：上海古籍出版社，2000年。

52. 章太炎：《太炎先生自定年譜》，香港：龍門書店，1965年。

53. 止菴編訂：《周作人譯文全集》，上海：上海人民出版社，2012年。

54. 鍾叔河編訂：《周作人散文全集》，桂林：廣西師範大學出版社，2009年。

55. 朱天文、黎華標編：《意有未盡：胡蘭成書信集》，臺北：新經典出版社，2011年。

二、研究資料彙編

1. 《漢語佛學評論第三輯（專題：民國佛教學檔案)》，上海：上海古籍出版社，2013年。

2. 方克立、李錦泉主編：《現代新儒家學案》，北京：中國社會科學出版社，1995年。

3. 傅永聚、韓鍾文主編：《二十世紀儒學研究大系》，上海：中華書局，2002年。

4. 黃夏年主編：《民國佛教期刊文獻集成，全國圖書館文獻縮微複製中心》，2006年。

5. 覺醒主編：《佛教與現代化》，北京：宗教文化出版社，2008年。

6. 彭林、單周堯、張頌仁主編：《禮樂中國——首屆禮樂國際學術研討會論文集》，上海：上海書店出版社，2013年。

7. 張曼濤主編：《現代佛教學術叢刊》，北京：大乘文化出版社，1976～1978年。

三、研究專著

1. (愛爾蘭) 葉芝：《幻象：生命的闡釋》西蒙譯，北京：作家出版社，2006年。

2. （奧）維特根斯坦：《文化和價值》，黃正東、唐少傑譯，北京：清華大學出版社，1987年。

3. （奧）維特根斯坦：《哲學研究》，李步樓譯、陳維杭校，北京：商務印書館，2002年。

4. （波）諾貝特·埃利亞斯著，王佩莉、袁志英譯：《文明的進程——文明的社會起源和心理起源的研究》，上海：上海譯文出版社，2009年。

5. （德）海德格爾：《尼采》，孫周興譯，北京：商務印書館，2002年。

6. （德）海德格爾：《形而上學導論》，熊偉、王慶節譯，北京：商務印書館，1997年。

7. （德）黑格爾：《宗教哲學》，魏慶證譯，北京：中國社會出版社，1999年。

8. （德）沃格林：《宗教與現代性的興起》，霍偉岸譯，上海：華東師範大學出版社，2009年。

9. （俄）托洛茨基：《文學與革命》，劉文飛等譯，北京：外國文學出版社，1992年。

10. （法）菲利普·拉古—拉巴特：《海德格爾、藝術與政治》，劉漢全譯，桂林：灕江出版社，2014年。

11. （法）李維—史陀：《月的另一面》，廖惠瑛譯，臺北：行人出版社，2013年。

12. （法）羅蘭·巴爾特文集：《中性》，張祖建譯，北京：中國人民大學出版社，2010年。

13. （韓）白永瑞：《思想東亞：朝鮮半島視角的歷史實踐》，北京：生活·讀書·新知三聯書店，2011年。

14. （美）艾愷：《最後的儒家——梁漱溟與中國現代化的兩難》，王宗昱、冀建中譯，南京：江蘇人民出版社，2003年。

15. （美）陳榮捷：《現代中國的宗教趨勢》廖世德譯，北京：文殊出版社，1987年。

16. （美）德里克：《中國革命中的無政府主義》，孫宜學譯，桂林：廣西師範大學出版社，2006年。

17. （美）杜維明：《東亞價值與多元現代性》，北京：中國社會科學出版社，2001年。

18. （美）弗雷德里克·詹姆遜：《語言的牢籠：馬克思主義與形式》，錢佼汝、李自修譯，南昌：百花洲文藝出版社，2010年。

19. （美）弗雷德里克·詹姆遜：《詹姆遜文集（第2卷）批評理論與敘事闡釋》，王逢振主編，北京：人民大學出版社，2004年。

20. （美）弗雷德里克・詹姆遜：《詹姆遜文集（第 3 卷）文化研究和政治意識》，王逢振主編，北京：人民大學出版社，2004 年。

21. （美）克拉克：東方啓蒙：東西方思想的遭遇〔M〕，於閩梅、曾祥波譯，上海：上海人民出版社，2011 年。

22. （美）盧西思・派伊：《中國人的政治文化》，胡祖慶譯，臺北：臺灣風雲論壇出版社，1992 年。

23. （美）瑪里琳・艾維：《消逝的話語 現代性、幻象、日本》，牟學苑、油小麗譯，南京：江蘇人民出版社，2012 年。

24. （美）米歇爾・吉萊斯皮：《現代性的神學起源》，張卜天譯，長沙：湖南科學技術出版社，2013 年。

25. （美）佩里・安德森：《當代西方馬克思主義》，俞文烈譯，北京：東方出版社，1989 年。

26. （美）芮沃壽：《中國歷史中的佛教》，常蕾譯，北京：北京大學出版社，2009 年。

27. （美）塞繆爾・亨廷頓：《文明的衝突與世界秩序的重建》，周琪等譯，北京：新華出版社，2010 年。

28. （美）澀澤尚子：《美國的藝伎盟友：重新想像敵國日本》，牟學苑、油小麗譯，南京：江蘇人民出版社，2011 年。

29. （美）王斑：《歷史的崇高形象：二十世紀中國的美學與政治》，孟祥春譯，上海：上海三聯書店，2008 年。

30. （美）周明之：《胡適與中國現代知識分子的選擇》，雷頤譯，桂林：廣西師範大學出版社，2005 年。

31. （日）柄谷行人：《歷史與反復》，王成譯，北京：中央編譯出版社，2011 年。

32. （日）柄谷行人：《世界史的構造》，趙京華譯，北京：中央編譯出版社，2012 年。

33. （日）柄谷行人：《哲學的起源》，林暉鈞譯，臺北：心靈工坊出版社，2014 年。

34. （日）島田虔次：《中國近代思維的挫摺》，甘芳萍譯，南京：江蘇人民出版社，2005 年。

35. （日）岡倉天心、九鬼周造：《茶之書・粹的構造》，江川瀾、楊光譯，上海：上海人民出版社，2011 年。

36. （日）高橋哲哉：《戰後責任論》，北京：社會科學文獻出版社，2010 年。

37. （日）溝口雄三、小島毅主編：《中國的思維世界》，

38. （日）溝口雄三：《溝口雄三文集》，北京：生活・讀書・新知三聯書店，2011 年。

39.（日）古屋安雄著，陸若水、劉國鵬譯，《日本神學史》，上海：上海三聯書店，2002 年。

40.（日）加藤周一：《日本文化中的時間與空間》，彭曦譯，南京：南京大學出版社，2010 年。

41.（日）加藤周一：《日本文學史序說》，唐月梅、葉渭渠譯，開明出版社，1995 年

42.（日）堀幸雄：《戰前日本國家主義運動史》，北京：社會科學文獻出版社，2010 年。

43.（日）柳田聖山：《禪與中國》，毛丹青譯，北京：生活·讀書·新知三聯書店，1988 年。

44.（日）梅原猛：《地獄的思想》，劉瑞芝、卞立強譯.成都：四川人民出版社，2005 年。

45.（日）梅原猛：《佛教十二講》，雷慧英譯，成都：四川人民出版社，2008 年。

46.（日）木山英雄：《北京苦住庵記》，趙京華譯，北京：生活·讀書·新知三聯書店，2007 年。

47.（日）三島由紀夫：《葉隱入門》，隰桑譯，南京：江蘇文藝出版社，2011 年。

48.（日）山口益：《般若思想史》，肖平、楊金萍譯，上海：上海古籍出版社，2006 年。

49.（日）實藤惠秀：《中國人留學日本史》，譚汝謙、林啓彥譯，北京：生活·讀書·新知三聯書店，1983 年。

50.（日）松本史朗：《緣起與空——如來藏思想批判》，肖平、楊金萍譯，北京：中國人民大學版社，2006 年。

51.（日）藤本箕山、九鬼周造、阿部次郎：《日本意氣》，王向遠譯，長春：吉林出版集團，2012 年。

52.（日）藤田正勝：《西田幾多郎的現代思想》，吳光輝譯，石家莊：河北人民出版社，2011 年。

53.（日）丸山眞男：《日本的思想》，區建英、劉岳兵譯，北京：三聯書店，2009 年。

54.（日）小泉八云：《和風之心》，長春：吉林出版集團，2013 年。

55.（日）野村浩一：《近代日本的中國認識》，張學鋒譯，南京：江蘇人民出版社，2014 年。

56.（日）義江彰夫：《日本的佛教與神信仰》，北京：商務印書館，2010 年。

57.（日）中薗英助：《詩僧蘇曼殊》，甄西譯，太原：山西教育出版社，1999 年。

58. （日）竹內好：《近代的超克》，李冬木等譯，北京：生活·讀書·新知三聯書店，2005 年。孫歌：《竹內好的悖論》，北京：北京大學出版社，2005年。

59. （日）子安宣邦：《國家與祭祀》，北京：生活·讀書·新知三聯書店，2007年。

60. （日）佐藤慎一：《近代中國的知識分子與文明》，劉岳兵譯，南京：江蘇人民出版社，2006 年。

61. （斯洛文尼亞）齊澤克：《快感大轉移：婦女與因果性六論》，胡大平等譯，南京：江蘇人民出版社，2004 年。

62. （斯洛文尼亞）齊澤克：《敏感的主體——政治本體論的缺席中心》，應奇等譯，江蘇人民出版社，2006 年。

63. （斯洛文尼亞）齊澤克：《意識形態的崇高客體》，季廣茂譯，北京：中央編譯出版社，2002 年。

64. （斯洛文尼亞）齊澤克：《因爲他們並不知道他們所做的——政治因素的享樂》郭英劍譯，南京：江蘇人民出版社，2007 年。

65. （匈）阿格妮絲·赫勒：《日常生活》，衣俊卿譯，成都：重慶出版社，2010年。

66. （以）艾森斯塔德：《大革命與現代文明》，劉聖中譯，上海：上海世紀出版集團，2012 年。

67. （英）弗蘭克·克默德：《結尾的意義》，劉建華譯，瀋陽：遼寧教育出版社、牛津大學出版社，2000 年。

68. （英）蘇文瑜：《周作人：中國現代性的另類選擇》，康凌譯，上海：復旦大學出版社，2013 年。

69. 《區域：亞洲研究論叢第二輯》，北京：清華大學出版社，2012 年。

70. Thierry Meynard: The Religious Philosophy of Liang Shuming: the Hidden Buddhist, Bill Academic Pub, 2011.

71. 敖光旭：《亦僧亦俗的文化奇人——蘇曼殊》，廣州：廣東人民出版社，2008 年。

72. 卜正民：《爲權力祈禱：佛教與晚明士紳社會的形成》，張華譯，南京：江蘇人民出版社，2005 年。

73. 蔡志棟：《章太炎後期哲學思想研究》，上海：上海社會科學院出版社，2013 年。

74. 曹世鉉：《清末民初無政府派的文化思想》，北京：社會科學文獻出版社，2003 年。

75. 陳春香：《南社文人與日本》，北京：商務印書館，2013 年。

76. 陳建軍：《廢名研究劄記》，臺北：臺灣秀威出版社，2005 年。

77. 陳平原、王德威:《晚明與晚清:歷史傳承與文化》,武漢:湖北教育出版社,2004 年。

78. 陳平原:《觸摸歷史與進入五四》,北京:北京大學出版社,2005 年。

79. 陳平原:《中國現代學術之建立:以章太炎、胡適之爲中心》,北京:北京大學出版社,1998 年。

80. 陳世強:《蘇曼殊圖像:畫家·詩人·僧徒·情侶的一生》,北京:中國青年出版社,2008 年。

81. 陳星:《孤雲野鶴——蘇曼殊》,濟南:山東畫報出版社,1995 年。

82. 陳星:《說不盡的李叔同》,北京:中華書局,2005 年。

83. 陳永忠:《章太炎與近代學人》,天津:百花文藝出版社,2012 年。

84. 戴季陶:《日本論》,北京:九州出版社,2005 年。

85. 鄧子美:《傳統佛教與中國近代化——百年文化衝撞與交流》,上海:華東師範大學出版社,1996 年。

86. 董炳月:《「國民作家」的立場——中日現代文學關係研究》,北京:三聯書店,2006 年。

87. 杜繼文、魏道儒:《中國禪宗通史》,南京:江蘇人民出版社,2008 年。

88. 方朝暉:《「中學」與「西學」:重新解讀現代中國學術史》,保定:河北大學出版社,2004 年。

89. 馮友蘭:《中國現代哲學史》,北京:生活·讀書·新知三聯書店,2009 年。

90. 馮自由:《革命逸史》,北京:中華書局,1981 年。

91. 傅樂詩等:《近代中國思想人物論——保守主義》,時報文化出版事業有限公司,1980 年。

92. 傅偉勳:《從西方哲學到禪佛教》,上海:三聯書店,1996 年。

93. 干春松:《制度儒學》,上海:上海人民出版社,2006 年。

94. 高恒文:《周作人與周門弟子》,鄭州:大象出版社,2014 年。

95. 高瑞泉:《天命的沒落:中國近代唯意志論思潮研究》,上海:上海人民出版社,2007 年。

96. 高瑞泉:《中國現代精神傳統:中國的現代性觀念譜系》,上海:上海古籍出版社,2005 年。

97. 葛兆光:《西潮又東風:晚清民初思想、宗教與學術十論》,上海:上海古籍出版社,2006 年。

98. 葛兆光:《中國禪思想史》,北京:北京大學出版社,1995 年。

99. 龔雋:《禪史鉤沉——以問題爲中心的思想史論述》,北京:生活·讀書·新知三聯書店,2006 年。

100. 郭朋等：《中國近代佛學思想史稿》，成都：巴蜀書社，1989 年。

101. 郭齊勇：《熊十力傳論》，北京：中國社會科學出版社，2013 年。

102. 郭應傳：《真俗之境——章太炎佛學思想研究》，合肥：安徽人民出版社，2006 年。

103. 郭勇：《他者的表象——日本現代文學研究》，上海：上海交通大學出版社，2009 年。

104. 哈迎飛：《「五四」作家與佛教文化》，北京大學出版社，2002 年。

105. 哈迎飛：《半是儒家半釋家——周作人思想研究》，人民文學出版社，2007 年。

106. 韓東育：《從「脫儒」到「脫亞」——日本近世以來「去中心化」之思想過程》，臺北：臺大出版社中心，2012 年。

107. 韓毓海：《天下》，北京：九州出版社，2011 年。

108. 何建明：《佛法觀念的近代調適》，廣州：廣東人民出版社，1998 年。

109. 賀桂梅：《轉折的時代：40～50 年代作家研究》，濟南：山東教育出版社，2003 年。

110. 賀照田：《當代中國的知識感覺與觀念感覺》，臺北：臺灣社會研究雜誌社，2006 年。

111. 賀照田主編：《東亞現代性的曲折與展開》，《學術思想評論第七輯》，吉林人民出版社，2002 年。

112. 侯外廬：《中國近代啟蒙思想史》，黃宣民校訂，北京：人民出版社，1993 年。

113. 胡輝傑：《周作人中庸思想研究》，開封：河南大學出版社，2010 年。

114. 胡治洪：《唐君毅——大家精要》，昆明：雲南教育出版社，2008 年。

115. 黃江蘇：《周作人的文學道路：圍繞「文學店關門」的考察》，北京：中國社會科學出版社，2013 年。

116. 霍巴德、史萬森編：《修剪菩提樹：「批判佛教」的風暴》，龔雋等譯，上海：上海古籍出版社，2004 年。

117. 江燦騰：《中國近代佛教思想的諍辯與發展》，臺北：南天書局，1998 年。

118. 江勇振：《捨我其誰：胡適（第二部）：日正當中，1917～1927》，杭州：浙江人民出版社，2013 年。

119. 姜義華：《章炳麟評傳》，南京：南京大學出版社，2002 年。

120. 姜義華：《章太炎思想研究》，上海：上海人民出版社，1985 年。

121. 蔣海怒：《晚清政治與佛學》，上海：上海古籍出版社，2012 年。

122. 藍吉富：《二十世紀的中日佛教》，臺北：新文豐出版公司，1991 年。

123. 李歐梵：《浪漫之餘：中西文學的回想》，香港：三聯書店，1986 年。

124. 李歐梵：《現代性的追求》，北京：生活‧讀書‧新知三聯書店，2000 年。

125. 李向平：《救世與救心——中國近代佛教復興思潮研究》，上海：上海人民出版社，1993 年。

126. 李澤厚：《中國思想史論》（上中下），合肥：安徽文藝出版社，1999 年。

127. 梁啓超：《大乘起信論考證》，北京：商務印書館，1924 年。

128. 梁漱溟：《東西文化及其哲學》，北京：商務印書館，2013 年。

129. 梁濤：《儒家道統說新探》，上海：華東師範大學出版社六點分社，2013 年。

130. 廖炳惠，黃英哲，吳介民，吳叡人：《重建想像共同體——國家、族群、敘述》，行政院文化建設委員會。

131. 林谷芳：《禪——兩刃相交》，臺北：橡樹林出版社，2005 年。

132. 林毓生：《中國傳統的創造性轉化》，北京：生活‧讀書‧新知三聯書店，1988 年。

133. 林毓生：《中國意識的危機》（增訂本），穆善培譯，貴陽：貴州人民出版社，1988 年。

134. 林鎮國：《空性與現代性：從京都學派、新儒家到多音的佛教詮釋學》，臺北：臺灣學生書局，1999 年。

135. 劉長東：《宋代佛教政策論稿》，成都：巴蜀書社，2005 年。

136. 劉誠、盛曉玲：《情僧詩僧蘇曼殊》，上海：學林出版社，2004 年。

137. 劉果宗：《東亞佛教史》，北京：文津出版社，2001 年。

138. 劉軍：《日本文化視域中的周作人》，上海：上海文藝出版社，2010 年。

139. 劉俊哲、段吉福、唐代興：《熊十力唐君毅道德與文化思想研究》，成都：巴蜀書社，2008 年。

140. 劉全福：《翻譯家周作人論》，上海：上海外語教育出版社，2007 年。

141. 劉巍：《中國學術之近代命運》，北京：北京師範大學出版社，2013 年。

142. 劉小楓：《共和與經綸：熊十力〈論六經〉〈正韓〉辨正》，北京：生活‧讀書‧新知三聯書店，2012 年。

143. 柳無忌：《蘇曼殊傳》，北京：生活‧讀書‧新知三聯書店，1992 年。

144. 盧冶：《否定的日本——日本想像在兩岸當代文學／文化當中的知識考掘學》，臺北：秀威出版社，2014 年。

145. 羅志思：《再造文明之夢——胡適傳》，成都：四川人民出版社，1995 年。

146. 羅志田：《國家與學術——清季民初關於「國學」的思想論爭》，北京：生活‧讀書‧新知三聯書店，2003 年。

147. 麻天祥：《晚清佛學與近代社會思潮》，開封：河南大學出版社，2005 年。

148. 馬以君：《燕子龕詩箋注》，成都：四川人民出版社，1983 年。

149. 毛策：《蘇曼殊傳論》，北京：中國人民大學出版社，1995 年。

150. 眉睫：《廢名先生》，北京：金城出版社，2013 年。

151. 眉睫：《文學史上的失蹤者》，北京：金城出版社，2013 年。

152. 歐陽軍喜：《五四新文化運動與儒學》，西安：陝西人民出版社，2001 年。

153. 彭春凌：《儒學轉型與文化新命——以康有爲、章太炎爲中心》，北京：北京大學出版社，2014 年。

154. 彭訓文：《懺盡情禪空色相》，北京：北京聯合出版公司，2012 年。

155. 錢理群：《周作人傳》，北京：北京十月文藝出版社，2005 年。

156. 錢理群：《周作人研究二十一講》，北京：中華書局，2004 年。

157. 錢穆：《中國近三百年學術史》，北京：商務印書館，1997 年。

158. 邵盈午：《蘇曼殊新傳》，北京：東方出版社，2012 年。

159. 釋太虛：《法相唯識學》，北京：商務印書館，2002 年。

160. 釋印光：《印光法師文鈔》，北京：宗教文化出版社，2008 年。

161. 釋印順：《唯識學探源》，北京：中華書局，2011 年。

162. 舒蕪：《周作人的是非功過》，瀋陽：遼寧教育出版社，2000 年。

163. 宋益喬：《情僧長恨——蘇曼殊》，太原：北嶽文藝出版社，1987 年。

164. 孫郁、黃喬生主編：《回首周作人·研究述評》，開封：河南大學出版社，2004 年。

165. 湯用彤：《隋唐佛教史稿》，南京：江蘇教育出版社，2007 年。

166. 湯志鈞：《改良與革命的中國情懷——康有爲與章太炎》，香港：商務印書館，1990 年。

167. 湯志鈞編：《章太炎年譜長編》，北京：中華書局，1979 年。

168. 唐德剛譯注：《胡適口述自傳》，桂林：廣西師範大學出版社，2009 年。

169. 唐文明：《隱秘的顛覆：牟宗三、康德與原始儒家》，北京：生活·讀書·新知三聯書店，2012 年。

170. 唐文權、羅福惠：《章太炎思想研究》，武漢：華中師範大學出版社，1986 年。

171. 田廣：《廢名小說研究》，北京：中國社會科學出版社，2009 年。

172. 汪暉：《中國現代思想的興起》，北京：生活·讀書·新知三聯書店，2004 年。

173. 汪榮祖：《康章合論：汪榮祖人物書系》，北京：中華書局，2008 年。

174. 王長元：《沉淪的菩提》，長春：長春出版社，1999 年。

175. 王德威：《被壓抑的現代性——晚清小說新論》，宋偉傑譯，北京：北京大學出版社，2005 年。

176. 王德威：《歷史與怪獸：歷史、暴力、敘事》，臺北：麥田出版社，2011 年。

177. 王德威：《抒情傳統與中國現代性——在北大的八堂課》，北京：生活·讀書·新知三聯書店，2010 年。

178. 王德威：《想像中國的方法》，北京：生活·讀書·新知三聯書店，1998 年。

179. 王恩洋：《中國佛教與唯識學》，北京：宗教文化出版社，2003 年。

180. 王汎森：《章太炎的思想》，上海：上海人民出版社，2012 年。

181. 王風：《世運推移與文章興替：中國近代文學論集》，北京：北京大學出版社，2015 年。

182. 王克非：《中日近代對西方政治哲學思想的攝取》，北京：中國社會科學出版社，1996 年。

183. 王錫榮：《周作人生平疑案》，桂林：廣西師範大學出版社，2005 年。

184. 王向遠譯：《日本物哀》，長春：吉林出版集團有限公司，2010 年。

185. 惟慈：《中國佛教的復興》，上海：上海古籍出版社，2006 年。

186. 吳汝鈞：《絕對無詮釋學：京都學派的批判性研究》，臺北：臺灣學生書局，2011 年。

187. 吳曉東：《廢名·橋》，上海：上海書店出版社，2011 年。

188. 吳曉東：《鏡花水月的世界》，南寧：廣西教育出版社，2003 年。

189. 吳曉東：《象徵主義與中國現代文學》，合肥：安徽教育出版社，2000 年。

190. 夏丏尊：《弘一法師永懷錄》，長春：時代文藝出版社，2009 年。

191. 肖平：《近代中國佛教的復興：與日本佛教界的交往錄》，廣州：廣東人民出版社，2003 年。

192. 肖霞：《日本近代浪漫主義文學與基督教》，山東：山東大學出版社，2007 年。

193. 徐從輝：《周作人研究資料》，天津：天津人民出版社，2014 年。

194. 徐復觀：《無慚尺布裹頭歸——徐復觀最後日記》，臺北：允晨出版社，1987 年。

195. 徐嘉：《現代新儒家與佛學》，北京：宗教文化出版社，2007 年。

196. 許地山：《陳那以前中觀派與瑜伽派之因明》，《許地山全集第三卷》，長春：時代文藝出版社，2000 年。

197. 許倬云：《我者與他者：中國歷史上的內外分際》，香港：香港中文大學出版社，2008 年。

198. 薛仁明：《胡蘭成：天地之始》，臺北：如果出版社，2009 年。

199. 薛毅、孫曉忠編：《魯迅與竹內好》，上海：上海書店出版社，2008 年。

200. 學愚：《佛教、暴力與民族主義——抗日戰爭時期的中國佛教》，香港：香港中文大學出版社，2011 年。

201. 荀春生、朱繼微編譯：《展望二十一世紀：湯因比與池田大作對話錄》，北京：國際文化出版社，1985 年。

202. 楊海成：《胡蘭成的今生今世》，北京：團結出版社，2006 年。

203. 楊聯芬：《晚清至五四：中國文學現代性的發生》，北京：北京大學出版社，2003 年。

204. 楊念群：《儒學地域化的近代形態：三大知識群體互動的比較研究》，北京：生活·讀書·新知三聯書店，1997 年。

205. 楊儒賓：《異議的意義：近代東亞的反理學思潮》，臺北：臺大出版中心，2012 年。

206. 楊維中：《中國唯識宗通史》，南京：江蘇人民出版社，2008 年。

207. 姚彬彬：《從「宗派佛教」到「學派佛教」——現代文化思潮與中國佛學的轉型》，麻天祥指導，武漢大學博士論文，2013 年。

208. 姚奠中、董國炎：《章太炎學術年譜》，太原：山西古籍出版社，1996 年。

209. 余英時：《宋明理學與政治文化》，桂林：廣西師範大學出版社，2006 年。

210. 余英時：《現代儒學的回顧與展望》，北京：生活·讀書·新知三聯書店，2004 年。

211. 余英時：《現代儒學論》，上海：上海人民出版社，2010 年。

212. 余英時：《現代危機與思想人物》，北京：生活·讀書·新知三聯書店，2005 年。

213. 余英時：《重尋胡適歷程》，桂林：廣西師範大學出版社，2004 年。

214. 曾倚萃：《溝口雄三的中國方法：超克亞洲的知識脈絡》，臺大政治系中國中心，2008 年。

215. 張春香：《章太炎主體性道德哲學研究》，北京：中國社會科學出版社，2007 年。

216. 張桂華：《胡蘭成傳》，長春：北方婦女兒童出版社，2010 年。

217. 張吉兵：《抗戰時期廢名論》，華中師範大學出版社，2008 年。

218. 張菊香、張鐵榮：《周作人研究資料》，天津：天津人民出版社，1986 年。

219. 張菊香、張鐵榮編著：《周作人年譜》，天津：天津人民出版社，2000 年。

220. 張瑞芬：《胡蘭成、朱天文與「三三」：臺灣當代文學論集》，臺北：秀威出版社，2007 年。

221. 張頌仁、陳光興、高士明主編：《我們的現代性：帕沙・查特吉讀本》，上海：上海人民出版社，2013 年。

222. 張祥龍：《拒秦與漢和應對佛教的儒家哲學》，桂林：廣西師範大學出版社，2012 年。

223. 張旭東：《全球化時代的文化認同》，北京：北京大學出版社，2005 年。

224. 張昭軍編：《章太炎講國學》，北京：東方出版社，2007 年。

225. 章念馳編：《章太炎生平與思想研究文選》，杭州：浙江人民出版社，1986 年。

226. 章永樂：《舊邦新造：1911～1917》，北京：北京大學出版社，2011 年。

227. 趙汀陽：《天下導論：世界制度哲學導論》，中國人民大學出版社，2011 年。

228. 鄭彭年：《日本西方文化攝取史》，杭州：杭州大學出版社，1996 年。

229. 鄭師渠：《晚清國粹派》，北京：北京師範大學出版社，1997 年。

230. 止菴：《周作人傳》，濟南：山東畫報出版社，2009 年。

231. （日）伊藤一夫：《近代日本文學思潮史序説》，桜楓社，1969。

232. （日）伊藤德也：《周作人と日中文化史》，勉誠出版，2013 年。

233. （日）遠山茂樹：《天皇制と帝国主義》，岩波書店，1992 年。

234. （日）喜田川守貞：《近代風俗志》，岩波書店，2003 年。

235. （日）吉田精一：《永井荷風》，楓桜社，1979 年。

236. （日）久本福子：《柄谷行人論》，葦書房，2000 年。

237. （日）三島由紀夫：《英霊の声》，河出書房新社，1990 年。

238. （日）三島由紀夫：《作家論》，中央公論新社，1974 年。

239. （日）三島由紀夫：《文化防衛論》，築摩書房，2006 年。

240. （日）山岸德平、三谷栄一著：《徒然草評解》，東京：有精堂，昭和五十二年。

241. （日）山口昌男：《「挫折」の昭和史（上下）》，岩波書店，2005 年。

242. （日）小森陽一：《記憶せよ、抗議せよ、そして、生　延びよ──小森陽一対談集》，シネ・フロント社，2010 年。

243. （日）小森陽一：《日本語の近代》，岩波書店，2000 年。

244. （日）松本哉：《永井荷風の東京空間》，河出書房新社，1992 年。

245. （日）植村和秀：《「日本」への問いをめぐる闘争──京都学派と原理日本社》，柏書房〔パルマケイア叢書〕，2007 年。

246. （日）西田幾多郎：《哲學論文集III》，岩波書店，1989 年。

247. （日）川本三郎：《荷風と東京——「斷腸亭日乘」私註》，都市出版，1996年。

248. （日）川本三郎：《大正幻影》，岩波書店，2008年

249. （日）竹田篤司：《物語「京都學派」》，中央公論新社，2001年。

250. （日）中見眞理：《柳宗悦：時代と思想》，東京大学出版会，2003年。

251. （日）中川右介：《昭和45年11月25日：三島由紀夫自決、日本が受けた衝撃》，幻冬舎，2010年。

252. （日）中村哲：《柳田國男の思想》，法政大学出版局，1985年。

253. （日）藤田正勝、西田幾多郎：《生きることと哲学》，岩波書店，2007年。

254. （日）藤田正勝：《西田幾多郎の思索世界：純粋経験から世界認識へ》，岩波書店，2011年。

255. （日）内藤湖南：《日本文化史研究》，講談社，1976年。

256. （日）尾崎久彌：《江戸軟派雜考》，春陽堂，1925年。

257. （日）福田　　　：《柳田國男の民俗学》，吉川弘文館，2007年。

258. （日）保田與重郎：《日本浪曼派の時代》，新學社，1999年。

259. （日）木山英雄：《周作人「対日協力」の顛末　補注《北京苦住庵記》ならびに後日編》

260. （日）柳田國男，《柳田國男全集》，筑摩書房，1990年。

261. （日）林房雄、三島由紀夫：《対話：日本人論》，IPS（日販），2002年。

262. 戴季陶：《日本論》，社會思想社，市川宏訳、竹内好解説，1972年。

263. 劉岸偉：《東洋人の悲哀——周作人と日本》，河出書房新社，1991年。

264. 魯迅論集編集委員会編：《魯迅と同時代人》，東京：汲古書院，1992年。

265. Ashis Nandy. *The Illegitimacy of Nationalism: Robind ranate Tagore and the Politics of Self.* "The Journal of Asian Studies.", Vol.54.No3(Aug., 1995)

266. Israel Abraham. *Chapters on Jewish Literature.* Philadelphia: Jewish Publication Society of America, 1899.

267. Susan Daruvala. *Zhou Zuoren and an Alternative Chinese Response to Modernity.* Harvard University Press, 2000.

268. Zizek, *The Parallax View*, The MIT Press, 2006.

四、研究論文（擇要列舉）

1. 陳懷宇：《赫爾德與周作人——民俗學與民族性》，《清華大學學報》（哲學社會科學版），2009年第5期。

2. 陳平原：《論蘇曼殊、許地山小說的宗教色彩》，《中國現代文學研究叢刊》1984 年第 3 期。

3. 陳少明：排遣名相之後──章太炎《齊物論釋》研究，《哲學研究》2003 年第 5 期。

4. 陳振國：《廢名佛教哲學思想研究初探──〈阿賴耶識論〉解讀》，《南京師範大學文學院學報》，2010 年 3 月第 1 期。

5. 程巢父：《胡適參加夏威夷大學「東西方哲學討論會」──〈胡適未刊日記〉整理記事》，《現代中文學刊》2011 年第 6 期。

6. 褚蕭白：《走出「胡適禪學案」的困境──一個當代人類學的解決方案》，《佛教文化》2008 年 2 月，總第 94 期。

7. 丁賦生：《陳獨秀對蘇曼殊文學創作的貢獻》，《南通師範學院學報》，1995 年第 2 期。

8. 董炳月《周作人的「國家」與「文化」》，《中國現代文學研究叢刊》，2000 年第 3 期。

9. 傅新毅：《種子說的緣起》，《宗教學研究》，2005 年 03 期。

10. 高杉一郎：《憶周作人先生》，《魯迅研究月刊》，2004 年第 11 期。

11. 龔雋：《近代佛學從經世到學術的命運走向》，《哲學研究》1997 年第 5 期。

12. 顧文豪：《兩刃相交：胡蘭成唐君毅關於「格物」的爭論》，《時代週報》2012 年 1 月 5 日，第 162 期。

13. 管興平、李漢芝：《論廢名小說的含蓄與晦澀》，《湖南第一師範學報》，2002 年 3 月第 2 卷第 1 期。

14. 賀桂梅：《村莊裏的中國：趙樹理與〈三里灣〉》，《「社會史視野下的中國現當代文學──以趙樹理爲中心」會議論文集》2014 年。

15. 洪常穎：《傳統與現代的紛爭──以胡適和鈴木大佐的論爭爲例》，《重慶科技學院學報（社會科學版）》2009 年第 9 期。

16. 黃錦樹：《胡蘭成與新儒家：債務關係、護法招魂與禮樂革命新舊案》，《中山人文學報》第 14 期，2001 年。

17. 黃錦樹：《世俗的救贖？：論張派作家胡蘭成的超越之路》，《中山人民學報》第十三期，2001 年。

18. 黃軼：《蘇曼殊思想新論》，《中州學刊》2006 年第 6 期。

19. 黃永健：《蘇曼殊詩畫的禪佛色彩》，《深圳大學學報》，2003 年第 6 期。

20. 江弱水：《胡蘭成的人格與文體──讀〈今生今世〉》，香港：《讀書人》第二十四期，1997 年 2 月。

21. 金理：《胡適「名教批判」論綱》，《現代中文學刊》2011 年第 6 期。

22. 金文京:《胡蘭成對臺灣文學之影響及其與日本近代文藝思想之關係》,載於《文化、認同、社會變遷——戰後五十年臺灣文學國際學術研討會論文集》,行政院文化建設委員會出版,何寄澎主編,2000 年 6 月。

23. 金勇:《情與佛:走不出的生存困境——蘇曼殊小說新論》,《河南大學學報 (社會科學版)》1994 年第 1 期。

24. 李亞娟《以「人」爲目標的文學政治實踐——周作人思想研究 (1906~1946 年)》,博士學位論文 2013 年。

25. 李昱:《〈齊物論釋〉與章太炎的「內聖外王」之道》,《南京大學學報 (哲學·人文科學)》2005 年第 6 期,

26. 劉俊哲:《試論熊十力的道德體用觀》,《哲學研究》2008 年第 7 期。

27. 毛策:《蘇曼殊小說的四個模式》,《山東社會科學》,1988 年第 2 期。

28. 毛曉平:《周作人與浮世繪、民間美術及其他》,《民間文化論壇》,2011 年第 2 期。

29. 木山英雄、劉軍:《周作人與日本》,《魯迅研究月刊》,2003 年第 9 期。

30. 木山英雄:《周作人——思想與文章》,收於趙京華編譯:《文學復古與文學革命——木山英雄中國現代文學思想論集》,北京:北京大學出版社,2004 年。

31. 慕維仁:《章太炎、魯迅、汪暉:想像一個更好未來的政治》,《東吳學術》2015 年第 3 期。

32. 慕維仁:《中國民族主義、國家主義與弱國聯盟》,《讀書》2003 年第 12 期。

33. 潘黎勇:《論「以美育代宗教」說與蔡元培審美信仰建構的世俗性》,《文藝理論研究》,2012 年 02 期。

34. 裴效維:《蘇曼殊小說論》,《文學遺產》,1983 年第 1 期。

35. 邵盈午:《蘇曼殊:中西文化衝突下的選擇》,《徐州師範學院學報》,1988 年第 2 期。

36. 邵盈午:《蘇曼殊與拜倫》,《天津師範大學學報》,1986 年第 3 期。

37. 孫緒敏:《蘇曼殊詩文中的佛教意識》,《南京師範大學學報》,2000 年第 2 期。

38. 孫宜學:《斷鴻零雁,蘇曼殊的感傷之旅》,《中國文學研究》,1999 年第 2 期。

39. 孫之梅:《民國前南社的遺民情節》,《山東大學學報》,2003 年第 2 期。

40. 汪榮祖:《章太炎對現代性的迎拒與文化多元思想的表述》,《中研院近代史研究所集刊》第 41 期,2003 年 9 月。

41. 王德威：《抒情與背叛：胡蘭成戰爭和戰後的詩學政治》，呂淳鈺譯，《臺灣文學研究集刊》第 6 期，臺灣大學臺灣文學研究所 2009 年 2 月。

42. 王有爲：《試析章太炎〈亞洲和親會約章〉》，《學術月刊》1979 年 06 期。

43. 吳學國：《唯識學：緣起論與業力說的矛盾消解》，《學術月刊》，1998 年第 10 期。

44. 徐從輝：《「東洋人的悲哀」：周作人與浮世繪》，《文學評論》，2012 年第 6 期。

45. 許蘇民：《爲什麼說康德黑格爾見識不大：章太炎中西哲學比較》，《江西社會科學》2015 年第 2 期。

46. 楊厚均：《廢名創作中禪意的形成與嬗變》，《湘潭大學學報（哲學社會科學版）》，1999 年第 3 期。

47. 楊聯芬：《蘇曼殊與五四浪漫文學》，《陝西師範大學學報》（哲學社會科學版）2004 年 03 期。

48. 楊聯芬：《逃禪與脫俗：也談蘇曼殊的「宗教信仰」》，《中國文化研究》，2004 年春之卷。

49. 姚彬彬：《1921 年前後關於柏格森哲學與佛學關係論辯始末》，《華東師範大學學報（哲學社會科學版）》2014 年第 3 期。

50. 姚彬彬：《略論廢名與熊十力關於唯識「種子」義之辨》，《佛教文化》2010 年第 2 期。

51. 余光中：《山河歲月話漁樵》，《青青邊愁》，臺北：純文學出版社，1978 年。

52. 宇恒偉、李利安：《胡適宗教研究方法關鍵詞的解讀》，《江南大學學報（人文社會科學版）》2006 年第 5 卷第 5 期。

53. 袁荻湧：《淺談蘇曼殊與外國文學關係》，《文史雜誌》，1987 年第 6 期。

54. 曾遠鴻：《蘇曼殊詩歌的「情」「佛」衝突及意義》，《淮北煤師學院學報》，2002 年第 2 期。

55. 張瑞芬：《一枝花話，話一枝花——論張愛玲、胡蘭成與朱天文》，臺北《印刻文學生活雜誌》，2004 年 7 月。

56. 張學敏：《精神家園的追尋者：從廢名鍾愛的「黃昏」意象說起》，《安陽工學院學報》，2008 年第 5 期，

57. 張昭軍：《章太炎對〈周易〉義理的多維闡釋》，《周易研究》，2004 年第 3 期。

58. 章永樂：《過去的未來——評汪暉〈現代中國思想的興起〉》。原文：Zhang Yongle, "The Future of the Past: On Wang Huis Rise of Modern Chinese Thought, "New Left Review62(Mar/Apr2010), 47~83.

59. 趙京華：《周作人與柳田國男》，《魯迅研究月刊》，2002 年 9 月 09 期。

60. 周質平：《胡適論辛亥革命與孫中山》，《現代中文學刊》2011 年第 6 期。

後　記

　　以當今學界的慣例來說，這實在不是一篇聰明的博士論文。在開題之前，導師們通常都會建議我們以小見大，或大題小做。進行「總體性敘述」、提出什麼「學說」、「範式」則是不明智的，因爲這些宏大的敘事往往是由一個論域自身的發展需求所引發，是一個學術平臺綜合實力的體現，是學者和學術環境長期磨合直到機緣成熟的結果。總之，不是僅憑博士研究階段的個人經驗和所掌握的資源就能達成的目標。因此，我的初衷同樣是選取個案、精耕細作，平順地結束人生的「博研時段」。然而在準備開題的過程中，我卻一再地感到，在學界現有的主要範式之內，我所關注的個案的闡釋土地的養料似已不再豐沛；另一方面，這些個案仍然散發著無窮的魅力，如拔絲一般指向更廣闊的地域。這不僅表現在它們本身所輻射的歷史廣度，也在於，文本中許多意猶未盡之處都呼喚著其他的視角和闡釋話語。此外，看上去不相關的歷史事件之間存在著強烈的應和，特別是在讀到《學術思想評論·東亞現代性的曲折與展開（第七輯）》中關於日本 20 世紀 80 年代「批判佛教」的思潮與 20 年代中國佛學界的論爭宿命般的相似性之後，我深信整個東亞的文化哲學和詩學的問題域是一個巨大而敏感的、迴環性的網絡，每一個時間和空間段落內的話題都會迅速地傳導到其他時間和地點；加之我的思維原本就是橫向性的，不知不覺就走到了自己最想避免的寫法之中。

　　事實證明，這種寫法的確處處是陷阱。從晚清拉出一條「佛教和文明」的宏大線索，串連這條線的卻只是幾個看上去單薄的、甚至稱不上是「事件」的「學案」，這種架構眞的能成立嗎？文明、現代性、宗教、國家、亞洲主義、儒學、儒教、心性論……每一個基礎概念都宏大且充滿歧義，每一個小事件

牽涉出無窮的層面，難收難放；更遑論時間從晚清跨到 20 世紀 70 年代，空間從中國大陸跨到港臺、日本，學科從宗教、哲學跨到文學，無疑踢到太多的「鐵板」，許多觀點都需要大量的資料去驗證，而我作爲一個沒有出國機會的軍人，一個沒有宿舍、去一趟圖書館都要折騰一天的在職生，卻對此毫無辦法。凡此種種，讓我的「紙上談兵」演變成近三年的精神煎熬，「輕鬆愉快」地走完博研歷程的美好設想自然泡湯，也使我的導師、家人和朋友深受其苦。

從「坐冷板凳」、「有一分材料說一分話」的學術規範來說，論文中的漏洞恐怕不計其數。但這也引發了我的思考：深度、精度和廣度的平衡是每一位學者的追求，然而現實中，我們總是需要做出取捨。因爲有的研究是基於發現範式而說話，有的則直接從範式的內部開始，而始於「內部」的研究可能讓我們看不到範式本身。要發現現有框架的邊界，就需要發明其他的範式。這一類「刺挑他者」的範式本身就是假性的，卻自有其象徵性的功效。如同星座，不過是於我們所在的位置以有限的視覺仰望夜空時所導致的錯覺罷了，但它構成了一種有效的意義圖示。反過來說，僅僅從對某一顆恒星的科學研究出發，我們就很難看到、也再難認同星座的意義。我提出的「文明與佛教」的線索，是相對於「儒教中國」和「民族國家」這兩個強大的範式本身而言的。爲了讓這個框架本身變得清晰一些，我甚至不能不剔除許多花費大量工夫得來的論述細節。我隱隱感到，以範式爲對象和在範式內的「精工」乃是兩種不同類型的研究，其問題意識和評價標準也許只能並行不悖，卻無法眞正融合。

在所關注的歷史人物那裡，我同樣感覺到了這種衝突。章太炎、廢名和胡蘭成的綜合性思想的嚴密性都曾被質疑，但他們運用這一「範式」的核心目的，或許只是一個能夠看到「相似性」和「差異」的裝置而已。

相對於現代性的話題，佛學自身或許不是一個能「立」住的範式，卻是一個能讓我們發現盲點和激活邊界的工具。譬如，現代以來的人文學界所談論的「世界」，時常是指人類的社會關係的世界，而並非包含所有存在的整體。「後殖民主義」幫助我們看到這個「世界」所掩蓋的西方中心論的狹隘性，佛教話語則使我們進一步發現這個「世界」中的「人類中心主義」。在佛教思想中，世界不僅是人類的世界，也是眾生的世界；不僅是此生的地球和「這個宇宙」，也是輪迴的、無盡的世界。這是傳統東方哲學當中極具魅力的一部分。或許很少有人注意到，「the world」也是佛教所謂「浮世」的譯名。

　　現代以來，一些思想者試圖據此擴展「世界」的邊境。在他們看來，民族或國家不但不是終極的目的，在現實認同的迫切需要中，也只有視野遠爲廣闊的世界觀和寬容的倫理觀，才能使共同體的自由和平等的訴求變得切情入理。然而，在以「民族國家」的「政治關懷」爲主流的一個多世紀中，這樣的努力卻被邊緣化了。佛教自然並不是「新」的哲學範式，佛教文學也一直是一個成熟的類型。但當我發現，某些我們在當下爭論不休的問題和答案在佛教哲學中都有相應的討論，卻常常被視爲「無效」或令人感到隔膜和陌生時，我深深地感覺到，佛學（也包括儒學）已經從「現實關懷」的敘述中被隔離了出去。比起禪宗的「究竟存極，不存軌則」，研究者們更願意引用康德的「絕對律令」來寫作。佛或儒的術語不能成爲有效的方法論，而只能成爲被研究的「對象」，這正是「西學內在化」和學科化的結果。被摘下了「哲學」之冠的佛學流浪到詩學的世界，與整個「詩學」的邊緣化一起，變成文學蛋糕上的漂亮裝飾。然而在「佛教作家」內部，視「莊禪思想」爲「修行」抑或爲「修辭」，卻是南轅北轍的兩條道路。

　　答案總是有的，它甚至太多了。但令人困擾的是，我們所提出的同樣的問題，或許是基於不同的世界觀而生。似乎按照韋伯的說法，一個人無法以信仰來治學。然而講述的魅力往往正在於對所述之事的信仰。愛爾蘭的詩人葉芝眞的相信他所講述的那些神怪傳說，而追求平等和自由的人們是否眞的相信他們的理想呢？如果言說者不相信他們自己的言說，那麼我們的「思想努力」又會是什麼呢？

　　悖論的是，不管是基於「宗教」還是「哲學」，我們也從不願放棄對普遍眞理的追求。這或許是眞正的「普遍性」之所在。在論文中提到的思想者那裡，我讀到了對絕對眞理的渴望。萬物萬象通向一個絕對的、唯一的東西，這眞理如「狗喝沸油」般又香又燙，是令人站不住又挪不開腳步的東西。對他們來說，它並不是當自己的理念受到質疑時梗著脖子的虛榮，而是一種自然的法則，是「就是如此」「法爾如是」的東西。這是一種無條件的喜悅，正因唯一，它可以包容各種不同的經驗。而當他們試圖傳達自己的體悟時，卻遭遇了難於言傳的痛楚。這些痛楚通過顯示屏、通過紙頁，傳遞到我心裏。孤獨的論文寫作和機械的鍵盤觸擊只是假象，這是一場面對面的內心戰爭，我不能不讓這些逝者的夢想、傲慢和痛楚湧進來。誰的內心能強大到無所謂地讓它們流過，毫無痕跡、毫不阻塞呢。

　　我想探討的，最終是關於我們是不是眞的相信平等和自由的問題。在博研第一年的時候，這個問題就在醞釀，卻在提交匿名評審的最後十天才彷彿剛剛開始。這是一場漫長的、失敗連連的鬥爭，唯一的成果是我的內心終於開始有了一些成長，卻也是以搭上許多人的許多精力爲代價的。在經歷了十餘稿的纏鬥後，我的導師李楊教授最終放棄了讓我換題目、縮小論域等「救亡運動」，甚至也不再要求我「考慮別人的想法」。他只給我一句話：你能說服自己就行了。到最後，我也沒能完全說服自己，而只挪動了一小步。只是這一小步，也是靠導師和家人的耐心與成全才勉強完成的。對於容忍我所有任性的決定、爲我造成的所有麻煩買單的他們，我心中的滋味難於用感恩，也難於用愧疚來形容。在入學之初，我的導師爲我提供了一個基本的願景，這個願景讓我相信學術是有「心」的。儘管我們感興趣的學術領域不盡相同（喜歡推理小說和武俠小說的愛好也是），但還是歸結到同一個命題。我們無數次的爭辯眞應了那句話：「佛說原來怨是親」。

　　人在感覺無依無恃之時，正是好運當頭。感謝當代文學教研室的曹文軒老師、陳曉明老師、張頤武老師、韓毓海老師、計璧瑞老師和賀桂梅老師。在開題報告會上、在課堂上、在私下的面談中甚至在郵件裏，他們曾以「糖和鞭子」雙管齊下，使我最終完成了論文。正是教研室溫暖、藹然、充滿彈性又不失準則的學術和人情氛圍，導師們的莊諧並出，嚴溫交加，給了我近五年求學生涯的心靈居停處。在被反覆修改的「後遺症」磨光了激情後，陳平原老師和彭春凌老師提出的建議卻激發了我繼續探索這個「可疑的論題」的勇氣。感謝黃子平老師和人民大學的孫民樂老師，他們的想像力、學識和人格，是我有心難求的財富。與賀桂梅老師的每次交談，都能在黑暗中帶給我一線光明。和趙京華老師、唐小兵老師、曠新年老師、李長聲老師的緣分，如飲白水，無香也見情。在戴錦華老師、車槿山老師和吳曉東老師的課堂上，我受益匪淺。而每當我陷入無止盡的猶豫和自我折磨之中，就以黃子平老師和賀桂梅老師的話當做定心丸：博士論文是無限的，只要寫完就可以了。

　　與紐約大學的謝俊師兄、北京師範大學歷史系的傅正先生的「學術友誼」是論文最後階段的意外收穫，他們是令我驚歎的青年學者。已經畢業的皮坰勳師兄的精彩論文曾讓我興奮又備感壓力。感謝我的兩個同門師妹朴婕（也是我的答辯秘書）和王柯月，還有兩位當代專業的碩士師妹羅雅琳和許曉迪，在我的頭腦麻木到對論文的形式和內容完全失去了判斷力的時刻，她們於繁

重的課業中擠出時間，閱校了我論文中最冗悶的章節，並提出許多精闢的建議。以及「遠援」和「外援」：葉彤老師，王焱老師，鄭勇老師。揚州大學文學院的柳宏院長和諸位領導、老師。上海大學語言學專業的陳一萱（陳海葉）教授和首都經貿大學的劉玥章同學。北京傳媒大學的周月亮教授。我本科、碩研期間的導師張方教授、黃獻國教授、張志忠教授、邢軍紀教授、張志強教授和譚曉明教授。亦師亦友的魏甫華先生。還有尹昌龍、林祁、周勁翔、朱自奮、徐貴祥、谷海慧、廖建斌先生。已經走上工作崗位的朋友和同學李淑英、吳舒潔、陳榮陽、卓敏、范雪、顏水生、孫牡丹、季亞婭、李想、王新國、朱航滿、魁葵、劉菁、韓旭。共同奮鬥的丁小鶯、陳新榜、王飛。我所有的師弟妹們，還有陳欣瑤、李浴洋、陸揚、張一帆、白惠元……他們不時的鼓勵和問候，以及在金永兵老師的指導和幫助下，和創意寫作專碩班的「忘年交」們「共闖文化市場」的愉快經歷，都令得了「博論拖延症」而吃盡了苦頭的我一次又一次地被「治癒」。這些人和事讓我感到，我們所面對的學術和生活的課題或許看上去無比尖銳，但若能自然地迎上去，它們也可能會陡然變得柔軟，就像佛陀讓魔鬼的箭矢變成繁花一樣。